汉代经学与文论

张金梅 著

中华书局

图书在版编目(CIP)数据

汉代经学与文论/张金梅著. —北京:中华书局,2022.10
ISBN 978-7-101-15896-0

Ⅰ.汉… Ⅱ.张… Ⅲ.①经学-研究-中国-汉代②古典文学-文学研究-中国-汉代 Ⅳ.①Z126.273.4②I206.2

中国版本图书馆 CIP 数据核字(2022)第 172076 号

书　　名	汉代经学与文论
著　　者	张金梅
责任编辑	葛洪春
责任印制	管　斌
出版发行	中华书局 (北京市丰台区太平桥西里 38 号　100073) http://www.zhbc.com.cn E-mail:zhbc@zhbc.com.cn
印　　刷	三河市中晟雅豪印务有限公司
版　　次	2022 年 10 月第 1 版 2022 年 10 月第 1 次印刷
规　　格	开本/920×1250 毫米　1/32 印张 13⅞　插页 2　字数 350 千字
国际书号	ISBN 978-7-101-15896-0
定　　价	88.00 元

目 录

序

在“经学与文论”这个研究领域，张金梅教授著述颇丰、影响较大。2012年出版的《〈春秋〉笔法与中国文论》被誉为这一领域的重要成果，相关系列论文也在学界获得好评。壬寅年《汉代经学与文论》的问世，既是著者学术研究的新收获，也是这一领域研究的新进展。可喜可贺！

《四库全书总目》卷一《经部总叙》喟叹："盖经者非他，即天下之公理而已。"既然是"天下之公理"，自然也是中国文论之公理。从滥觞处讲，"经学"与"文论"其实是一体的：中国文论开山之纲领"诗言志"出自五经之一的《尚书》，中国文学理论批评最早的范例性文本《诗大序》本为经学之典籍。事物的起源决定事物的性质，经学与文论在滥觞处的同体同构，建构起中国文论的信仰、观念、谱系、规则、方法和范例，建构起中国文论的经学范式。从这个意义上讲，《汉代经学与文论》可谓立意深远，截断众流。是书以"关系"为中心论题，从历史发生和逻辑分析相结合的视角，论述汉代经学与文论的文化发生背景和意义生成规则，通过对散见于汉代各种文献典籍中相关资料的搜集、整理，寻绎出汉代经学对文论的文化心理、审美观感、价值系统、诠释方式的影响因素，探析两者的会通化成，从文化探源中寻求汉代文论所赖以形成、发展的基本规律，并揭示其在中国当代文论建设中的普适性。

由两汉经学所建构起来的中国文论的经学范式,借用《文心雕龙》的关键词来表述,其要旨有三:一是"道沿圣以垂文,圣因文而明道"的话语行为;二是"若征圣立言,则文其庶矣"的基本规则;三是"唯文章之用,实经典枝条"的核心理念。本书探讨经学与文论之关系,诠解并通变中国文论的经学范式,不仅可以重塑三千年中国文学批评史的灵魂与体貌,亦能重建二十一世纪中国文论的知识图谱与话语体系。

本书在概述汉代经学与文论的文化场域之后,着重讨论了汉代经学与文论的话语规则。"话语"(discourse)的本义是谈论、讨论、谈话、讲述、论说、说出等等,故"话语"首先是一种言语行为(用作动词),当然也是言语行为的结果(用作名词)。作为当代话语分析理论(discourse analysis theory)的一个关键词,"话语行为"必须完成七项任务:建构意义(significance),确认活动(activities),获得身份(identities),表明关系(relationships),明确政治立场和策略(politics),构建联系(connections),确认符号系统与知识(sign systems and knowledge)①。《文心雕龙·征圣》篇讲"作者曰圣,述者曰明","先王圣化,布在方册",无论是"述"还是"作",也无论是"述而不作"还是"述中有作",经学(包括儒家元典的创制、阐释和再阐释)首先是一种话语行为,大体上都会完成上述七项任务。而中国文论经学范式的话语行为,最为经典的表述,应该是《文心雕龙·原道》篇的"道沿圣以垂文,圣因文而明道"。《原道》篇对"文学"的定义是"心生而言立,言立而文明,自然之道也",这一定义是经学话语行为的必然结果和理论结晶。"明道"既

①[美]詹姆斯·保罗·吉著,杨炳钧译:《话语分析导论:理论与方法》,重庆大学出版社2011年版,第12—14页。

是两汉经学也是刘勰那个时代的“文学”所要建构的意义,意义建构的活动是“垂文”,建构活动的主体是“圣(人)”,圣人要表明的是“文”与“道”的关系,其立场和策略是“因文明道”,最终构建的是天地人(三才)之宇宙联系,这一联系的符号系统与知识谱系是“道—圣—文”,而此一话语行为的符号和谱系既是经学的也是文学的。“道沿圣以垂文,圣因文而明道”,作为对中国文论经学范式之“话语行为”的经典表述,近乎完美地呈现出经学(也是文学)话语行为的主体、活动、目标、意义、关联、世界等等,同时也清晰地勾勒出这一话语行为的路径或轨迹。

本书第三章讨论文论空间里的汉代经学书写,而经学的书写规则也是文论的书写规则,这一规则就是依经立义。本书对“依经立义”有着颇为详细亦非常精彩的论述。“依经立义”首倡于王逸,约言于刘勰。王逸《楚辞章句序》:“夫《离骚》之文,依托五经以立义焉。”刘勰《文心雕龙 · 辨骚》篇转述此言并简化为“王逸以为诗人提耳,屈原婉顺,离骚之文,依经立义”。我们知道,刘勰对王逸骚论的评述,是放在整个汉代“屈原论”的历史语境之下的,王逸的骚论宗淮南、马迁而异班固,自有其合理之处;但说屈骚“依经立义”则属于刘勰所评骘的“褒贬任声,抑扬过实”。但是,若从经学范式的层面考察,王逸“依经立义”之论,是为屈骚寻找一种经学的合法性,是对“依经立义”这一传统命题的重新阐释。“依经立义”,其“依”有所本,其“立”有所创,看似为汉代经学与文论“从变从义”(董仲舒语)的圆融立场,实为经学阐释学的题中之义。比如春秋三传的“依经立义”就因传者即阐释主体不同而“立义”有异。比如《春秋 · 哀公十四年》的经文“西狩获麟”,《公羊传》释为“孔子受命之瑞”,而何休《春秋公羊传解诂》则释为“炎汉受命之瑞”。《穀梁传》则聚焦于几个关键词的细读:“狩”“获”的选择和“来”“有”的不用。到了汉代的纬书，“西狩获麟”则演变为更加神奇的故事。《左传》则专注于叙事，将微言大义隐藏于复杂的叙事之中。无论是《左传》的叙事、《公羊传》的记异、《穀梁传》的贵中国，还是《春秋纬》的代汉立法，虽说是依托于经，究竟为从义从变、立义各异。本书对“依经立义”的重新解读，建立在真实而厚重的例证和深刻而圆融的论述之上，具有较高的创新性。

本书最重要的创新，是揭示出汉代经学与文论的意义生成规则，亦即依经立义在中国当代文论建设中的方法论意义。具体而言，这一方法论意义又表现在两个层面：一是时间寻求，就是内求经典传统，即“依经立论”，在文学思想和文学理论的层面，重新解读儒道释文化元典和历代文论经典，重新阐释中国文化和文论经典的范畴术语和理论命题，进而揭示其当代价值；二是空间寻求，外求他国理论，即“借石攻玉”，通过对西方文化及文论的借鉴、印证及比较对话来达到互识、互补的目的。无论是时间寻求还是空间寻求，落到实处，都是“通经致用”，也就是刘勰所说的“唯文章之用，实经典枝条”。“文章之用”既有现实层面的，所谓“君臣炳焕”“军国昭明”；也有历史层面的，所谓“不述先哲之诰，无益后生之虑”。就后者而言，《文心雕龙》之总论（如《征圣》《宗经》等篇）和文体论（如《史传》《诸子》等篇）反复论及《尚书》《春秋》一类经典的历史功用，这也就是后人常说的六经皆史，经史一物。李贽《焚书》说：“经史一物也。史而不经，则为秽史矣，何以垂戒鉴乎？经而不史，则为说白话矣，何以彰事实乎？故《春秋》一经，春秋一时之史也。《诗经》《书经》，二帝三王以来之史也。而《易经》则又示人以经之所自出，史之所从来，为道屡迁，变易匪常，不可以一定执也。故谓‘六经’皆史可也。”知古而鉴今，通古而明道，“变则其久，通则不乏”，“望今制奇，参古定法”（《文心雕龙·通变》篇），实乃经学与文学的无用之大用。

诚如《汉代经学与文论》所言，欲深度理解经学与文论之关系，需要时间与空间的双重寻觅。《四库全书总目》卷一《经部总叙》在描述了“自汉京以后，垂二千年”的经学简史之后概而言之：“要其归宿，则不过汉学、宋学两家，互为胜负。夫汉学具有根柢，讲学者以浅陋轻之，不足服汉儒也。宋学具有精微，读书者以空疏薄之，亦不足服宋儒也。消融门户之见，而各取所长，则私心祛而公理出，公理出而经义明矣。”从时间上讲，“汉学”与“宋学”是一个古今问题。而中国传统文论与西方现代文论，则既是一个时间（古今）问题，又是一个空间（中外）问题。因此，四库馆臣的“消融门户之见”同样适用于“消融中西之见”：以“世界的中国”之眼光看“中国文论的经学范式”，其效果同样是“各取所长，则私心祛而公理出，公理出而经义明矣”。从逻辑上讲，经学范式既然属于“世界的中国”，则必然属于“世界”。杨慧林先生指出：“圣言至尊，圣言中的歧义不仅关涉到生存的理解，也关涉到生存的方式；圣言失去了确定性，信仰者也就失去了安身立命的依托。”[①]无怪乎刘勰要在“长怀序志”的《序志》篇中喟叹：“文果载心，余心有寄！”刘勰的“文”是“鼓天下之动”的“道之文”，是中国文论经学范式的根柢与荣华，也是包括张金梅教授在内的中国文论家和中国学者的安身立命之处。

张金梅是“70后”教授，在国内学术界，“60后”和“70后”学者逐渐走向前台，影响愈来愈大，地位愈来愈高，而必须承受的负担和压力也愈来愈重：就家庭而言，是普遍的“上有老、下有小”；

① 杨慧林：《基督教的底色与文化延伸》，黑龙江人民出版社2002年版，第27页。

就工作而言,不少人是“业务、行政双肩挑”;就学术而言,所有人都要应对“数量化”“品质化”之双考;就心态而言,如何在学术上“超越自我”“更上层楼”,才是真正的烦恼……置身于此种学术语境和文化生态,从业者更需要对学术的虔敬和信仰,需要彦和式“文果载心,余心有寄”的心灵栖居。在这个意义上讲,张金梅教授的《汉代经学与文论》,其价值不仅是学术的更是精神的。

李建中

武汉东湖心远斋

引言　汉代经学与文论的研究视界

经学自确立以来，虽代有升降，但都不失为中国传统学术之正统。诚如著名史学家范文澜先生所说："'五四'运动以前两千多年里面，所谓学问，几乎专指经学而言。学人以名列儒林为荣，著述以敷赞圣旨为贵，派别繁杂，训解浩瀚。"[①] 两汉是经学"昌明"与"极盛"时代[②]，时下国学研究与传播亦日受重视，因此探讨汉代经学与其他学术门类包括文学、文论的关系，渐渐成为交叉研究的热点。

一、汉代经学与文论的研究现状

对于两汉经学与文学的探讨，近三十年来，多有成果问世。仅就著作看，就有刘松来《两汉经学与中国文学》（后文简称刘著）[③]、

① 范文澜：《中国经学史的演变（延安新哲学年会讲演提纲）》，中国社会科学院近代史研究所编《范文澜历史论文选集》，中国社会科学出版社 1979 年版，第 265 页。

② 皮锡瑞将中国经学史划分为十个阶段：经学开辟时代、经学流传时代、经学昌明时代、经学极盛时代、经学中衰时代、经学分立时代、经学统一时代、经学变古时代、经学积衰时代、经学复盛时代。参见皮锡瑞：《经学历史》，中华书局 1959 年版。

③ 刘松来：《两汉经学与中国文学》，百花洲文艺出版社 2001 年版。

陈松青《先秦两汉儒学与文学》①、冯良方《汉赋与经学》②、边家珍《汉代经学与文学》(后文简称边著)③、程勇《汉代经学文论叙述研究》(后文简称程著)④、侯文学《汉代经学与文学》⑤、吴从祥《谶纬与汉代文学》(后文简称吴著)⑥、张峰屹《两汉经学与文学思想》(后文简称张著)⑦等,但具体到两汉经学与文论的专题探讨,则只有程著和张著。

程著在区分"(中国)文论"与"(西方)文学理论"的基础上,将植根于经学语境中的汉代儒家文论划分为"经学文论叙述"和"经学视野中的文论叙述"两个层面。在他看来,"经学文论叙述"是"汉儒在对作为圣人垂范之'文'的经典文本的释义过程中引领出来的对于'文'的看法和主张,那些涉及'文'的本原、功能、创造方面的叙述本身即是经学的有机构成,它显明地表现出儒家知识分子在国家政治文教制度的整体构想中对文化创造进行规定和规范的努力"。而"经学视野中的文论叙述"则以"经学文论叙述"为依据和本原,旨"在一个更为广阔的视野中,详细讨论以经学为学问基础、思想前提和意识形态语境的汉儒关于诗、赋、楚辞的理论,以及这些理论是如何从'经学文论叙述'中转出的"⑧。作者重点关注的是"经学文论叙述"的形成,即今文经学文论叙述、古文经学文论叙述和谶纬经学文论叙述,对"经学视野中的文论叙述"则未

① 陈松青:《先秦两汉儒学与文学》,湖南师范大学出版社2005年版。
② 冯良方:《汉赋与经学》,中国社会科学出版社2004年版。
③ 边家珍:《汉代经学与文学》,华龄出版社2005年版。
④ 程勇:《汉代经学文论叙述研究》,齐鲁书社2005年版。
⑤ 侯文学:《汉代经学与文学》,人民出版社2010年版。
⑥ 吴从祥:《谶纬与汉代文学》,中国社会科学出版社2015年版。
⑦ 张峰屹:《两汉经学与文学思想》,生活·读书·新知三联书店2014年版。
⑧ 程勇:《汉代经学文论叙述研究》,齐鲁书社2005年版,第4页。

涉及。

张著分涉“两汉经学与《诗》学思想”“两汉经学与辞赋文学思想”“谶纬思潮与两汉文学思想”上中下三编。上编先论四家《诗》说的共同旨趣和《毛诗大序》《礼记·乐记》的文学思想意义，后析董仲舒、翼奉、刘向、班固、郑玄等人的《诗》学思想；中编主要探讨两汉经学与《楚辞》学、赋学的关联；下编在例说、论析谶纬佚文的文献形态、文献价值，述评自唐迄今谶纬名义研究，镜考两汉谶、纬分合演变的基础上，对两汉谶纬思潮发展及其对士人的影响、谶纬思潮与两汉辞赋、诗歌创作的内在关联、谶纬佚文中的文艺观念等进行了详细论述。张先生虽然将其所论纳入“汉代经学与文学”的研究框架之中，如在“绪言”里还特殊说明舍弃对《韩诗》、“鸿都门学”和蔡邕、两汉散文如史传和政论（奏疏）、东汉的某些子书（尤其如《论衡》等）进行专题研究的各自原因，但是其文学思想史的研究视域无论是在学理依据，还是在研究实践上都不乏对文论的渗透、滋养和观照。

其他各著多是在探讨汉代经学与文学关系的同时，兼论汉代经学与文论。较具代表性的，如刘著下编专设一章探讨“经学语境中生成的汉代文学理论”。该章以“发乎情，止乎礼义”为题，下辖“《诗经》经学阐释体系的形成”“经学语境中的诗学话语体系”“经学语境之外的文学理论之声”①三节。其中，前两节关涉《诗经》的经学阐释和诗学话语。如第一节着重分析《诗经》经学阐释体系的形成（即汉儒在运用史实阐释《诗经》诗义过程中形

① 第三节“经学语境之外的文学理论之声”重点阐述汉代经学语境之外的文学理论，包括“‘发愤著书’与创作主体个性的张扬”“反对摹拟与文学独创性的弘扬”“‘疾虚妄’与文学真实性的提倡”等。从汉代经学与文论关系的视域看，其重点在阐述文论本身，而较少分析两者之间的关系。

成的“诗义与史实基本吻合”“诗义与史实部分吻合”“诗义与史实了无关系”的“历史化”阐释方法和着眼于政治教化的功利性价值取向）及原因（史官文化的必然产物、孔孟《诗》论的继承发展、时代政治的必然要求）；第二节主要探讨在《诗经》阐释过程中产生的“情志并举的诗歌本质论”“‘美’‘刺’对举的诗歌功能论”“‘赋’、‘比’、‘兴’与诗歌的表现手法”“‘《诗》无达诂’与汉儒[①]的诗学接受理论”。从汉代经学与文论的视域看，其着重点主要是《诗经》学中的文学理论，其他领域则较少涉及。

边著下编分设四章，分别从“董仲舒的经学与文学思想”（如其对“六艺”的认识、天人感应理论和文学上的物感说、中和论及其对文学的启示、“《诗》无达诂”论等）；“经学与汉代诗学”（包括《毛诗序》的作者问题、汉儒解《诗》与对诗歌社会功能的认识、尊王媚权的经学思维方式与“温柔敦厚”的诗教观等）；“汉人的经学观念与辞赋观念之关联”（以司马相如、扬雄、班固、王充为参照）；“经学意识与汉代的屈骚评论”（包括刘安的以《诗》论骚、扬雄以圣人为参照的屈原评论、班固评论屈骚的经学与文学两视角、王逸的依经论屈骚）四个层面论述经学与汉代文学观念的关联。边先生所论，给人良多启迪，但亦不乏可商兑之处。其一，“董仲舒的经学与文学思想”一章与后三章不在一个逻辑层面，且其“《诗》无达诂”论亦属汉代《诗》学范围，更不宜单列；其二，第二章中的“汉代诗学”是汉代《诗经》学的泛用，指涉过宽，略失精准，而探讨的具体内容，其取舍、主次恐亦有轩轾；其三，汉代谶纬经学与文学思想的关联暂付阙如。

---

① 标题虽拟为“汉儒”，但实际所述则不限此范围。其涉及汉迄清文论通史，甚至西方诗学接受理论。

吴著虽也隶属于两汉经学与文学课题，但其探讨的仅是汉代经学的重要组成部分——谶纬与文学的关系。而具体论述谶纬与文论之间的关联，则是上编基础篇中的“谶纬与汉代文学创作”及“谶纬文艺观”两章。在简要梳理谶纬对汉代不同时期（西汉后期、王莽时期、东汉前期、东汉中后期）文学影响轨迹的基础上，作者先从文本（题材素材、人物形象、语句字词）、思维（政治神话思维、天人合一的系统思维、由此及彼的比附思维、由微知著的类推思维）、创作心理（想象、艺术构思、审美情趣）三层面分析谶纬对汉代文学创作的影响；然后从经典观（简述纬书中神化孔子作经纬、神化儒经义理的概况）、诗学观（以《诗纬》为核心，主要包括对“诗者，天地之心”“诗者，持也”的论述；解说《诗》篇；以时令、阴阳五行、星宿分野说诗等）、乐论思想（以《乐纬》为中心，主要论述音乐的起源、功用、乐感以及“天人感应”思想和音乐人事体系）三方面对汉代谶纬的文艺思想及文艺价值进行深入论述。

在两汉经学与文学课题之外，亦有一些研究儒家文论话语的课题或研究经学与文论关系的课题涉及到汉代经学与文论关系的探讨。如程勇《早期儒家文论话语研究》紧承其《汉代经学文论叙述研究》，在对轴心时代儒家思想和儒家文论话语详细论述的基础上，着重探讨了汉代经学成型与汉儒思想质素、今文经学文论话语建构、古文经学文论话语建构、谶纬经学文论话语建构、经学话语与汉代文学世界等专题，切实将其汉代经学文论研究向前推进了一步①。吴建民《经学与古代文论之建构》以历史朝代为序，将不同时期（先秦迄清）产生的文学理论放在各自的经学背景中去考察。在观照“经学与汉代文论”时，作者先综论“经学对汉代文论之影

① 程勇：《早期儒家文论话语研究》，中国社会科学出版社2015年版。

响”,然后分述“董仲舒的文艺思想”“《诗大序》的诗学理论”“扬雄文论思想中的经学因素”“经学家班固、何休、郑玄诸人的文论思想”“经学与王逸的文学批评思想”[①]。

至于一些专题研究汉代经学与文论关系的学术论文,较具代表性的主要还是程勇的“经学文论叙述”研究系列[②]、吴建明的“经学与古代文学批评理论”研究系列[③]、孙蓉蓉的“谶纬与文学研究”系列[④]。而其他相关论文,则多围绕汉代经学对诗、赋、楚辞等文学观念及批评的影响展开,其详情可参见吉峰、张恩普《反思与进路:经学视野下两汉文学理论研究述评》[⑤]。

二、汉代经学与文论的研究设想

综观学界既有成果,虽不乏精到之论,但在“汉代经学与文论”课题的视阈内考察,仍可不同程度地推进和完善。

首先,汉代经学与文论课题涉及两个领域,一是汉代经学,一是汉代文论。经学作为汉代主流意识形态必然会对汉代文论产生重要影响,但这种影响为什么会产生,多大程度、多大层面上产生,或者说其产生的文化背景、思维方式是什么,有什么思想经验和历

① 吴建民:《经学与古代文论之建构》,南京大学出版社 2016 年版。

② 程勇的系列论文主要围绕其中国博士后科学基金第 36 批资助(2004036475)、第 47 批资助(20100471556)、第 4 批特别资助(201104644)、国家社科基金后期资助项目“早期儒家制度美学研究”(15FZW024)等展开。

③ 吴建民的系列论文主要表现为教育部规划项目“经学与古代文学批评理论”(10YJA751088)的阶段性成果。

④ 孙蓉蓉的系列论文主要表现为国家社科基金项目“谶纬与文学研究”(08BZW002)的阶段性成果。

⑤ 吉峰、张恩普:《反思与进路:经学视野下两汉文学理论研究述评》,《文化与传播》2015 年第 4 期。

史隐秘等,都值得探讨。

其次,《诗》《书》《礼》《易》《春秋》虽是经书文本,但是藉由它们展开论说而形成的汉代经学文献,尤其是《诗大序》《礼记·乐记》[①]等既是经学文本,又是文论文本,以它们为核心建构的汉代经学文论是汉代文论的一个重要组成部分。将汉代经学文论分述为今文经学文论、古文经学文论和谶纬经学文论,虽有一定范型作用,却不利于解释今古文经学合流和谶纬中一些与今古文经雷同的文献。

第三,对汉代经学与文论关系的探讨,除研究汉代经学对文论的影响外,还可关注两者之间的会通及对后世的影响,即在一个更为广阔的视野中,详细讨论沾溉浸染经学的汉儒关于诗(包括乐府)、赋、楚辞、史传的理论,以及这些理论是如何从经学中转出来的,对后世影响怎样。而现有成果多围绕赋、楚辞揭示汉代经学对文论的影响,不仅对史传涉及较少,而且即使论述汉代经学对赋论、楚辞评论的影响,也大多以人为纲,个案分析具体明晰有余,而理论陈述抽象概括不足。至于对后世的影响,则暂付阙如。

为了更好地解决上述问题,本书拟以汉代经学与文论的关系为论题,从历史发生和逻辑分析相结合的视角,论述汉代经学与文论的文化发生背景和意义生成规则,通过对散见于汉代各种文献

① 《礼记·乐记》的作者和成书在学界颇受争议,代表性观点有二:一种观点认为其作者是公孙尼子;另一种观点认为其作者是西汉时河间献王刘德、毛生等人。当今学者王祎通过先秦古书通例、古籍辨伪理论,假以考古成果,尝试作出了一个发展的、动态的推测:今本《乐记》的部分乃至主体最初发端于战国时期的公孙尼子,中间经采乐者、诸子等的增删,最后定型于毛公、刘德等人。该意见较为公允,有一定说服力。参见王祎:《〈礼记·乐记〉研究论稿》中"《乐记》的作者及成书考辨"相关论述,上海人民出版社2011年版。

典籍中相关资料的搜集、整理，寻绎出汉代经学对文论的文化心理、审美观感、价值系统、诠释方式的影响因素，探析两者的会通化成，从文化探源中寻求汉代文论所赖以形成、发展的基本规律，并揭示其在中国当代文论建设中的普适性。具体而言，本书拟分五章探讨。

第一章论述汉代经学与文论的文化场域。自汉武帝“罢黜百家，独尊儒术”伊始，经学就是中国传统社会的主流意识形态。而经学的形成与汉代社会的大一统政治格局密切相关，并受惠于先秦以来的“天人合一”思潮和早期先民的类推思维，二者在文化背景、思维方式层面为经学的成熟提供了丰富的话语资源。前汉的“天人合一”思潮作为经学思想得以生发的文化场域，赋予经学家从关系的角度进行思考的认知方式。后经董仲舒的改造成为既符合儒学内在理论逻辑，又能适应汉王朝需要的“天人感应”学说。前汉的类推思维从“类”的划分、界定、推衍出发，直接受惠于西周礼乐文化而成就“因德而类”新理论。春秋战国的诸子百家在利用礼乐传统的同时，发展出“援类而推”“引譬援类”的言说方式，使得类推思维逐渐走向成熟。在经学的文化场域中，类推思维与“天人感应”学说相互渗透，既促进了经学的发展，也为经学与文论之间关系的会通创造了条件。

第二章论述汉代经学与文论的话语规则。在汉代经学与文论视域中，以读经为本、解经为事、依经立义的普遍的解读模式和意义建构方式的形成，一方面在于孔子奠定了“述而不作”的文化范型和话语模式，另一方面在于历代（尤其是汉代）经学家（包括古文家和今文家）、史学家、文学（论）家对其解读模式和意义建构方式的阐释和发挥。他们以此为中心而历史地展开的各种人文阐释活动，实际上是古代知识分子在面向现实之际，依托于对传统的确认来争取批评权力的精神行为，是一种叙事的产物，或者说是儒家士人的乌托邦式的虚构，是一种政治策略的产物，其中积淀着大量的思想经验和历史隐秘，并最终形成了崇道、尊圣、宗经为一体的依经立义话语规则。其一“述而不作”首创于孔子，后经由孟子、司马迁、班固、桓谭、王充等人的阐释和发挥，其意蕴不断得到丰富和发展。“述而不作”是在我国传统社会特定的文化语境中形成的，深刻地体现了先民的思维方式和价值审视，成为我国古代文人主要的思维方式与阐释原则之一。其二，经学滥觞于先秦而产生、兴盛于两汉。有汉一代，孔子由儒家一家之“圣人”变成天下之“圣人”，《诗》《书》《礼》《易》《春秋》也由儒家一门之“经”一跃为天下之“经”。而围绕孔子及“五经”的传授、评说、笺注、阐释所形成的经学则与先秦以降的“崇圣”“宗经”话语言说方式和意义建构方式密切相关。其三，“依经立义”首次见于王逸《楚辞章句序》，后经刘勰引用加以简化而成，前者旨在评论屈骚，后者意在辨述骚评，都是王逸评论《离骚》的精准断语，一定程度上反映了汉代依经评骚的大体风貌。作为汉代经学和文论的话语言说方式、意义建构方式和话语解读模式，“依经立义”话语规则萌芽于先秦，确立于汉代，是先秦以降“述而不作”和“崇圣宗经”思潮发展的必然结果。其“依”有所本，其“立”有所创，以“从变从义”的圆融立场实现经典的传承与创新，表现出限制与自由的对立与统一，为汉代经学与文论的同源互动关系奠定了坚实基础。一方面，汉代经学通过建构与其政治哲学相一致的文学理论，为统治阶级文化政策的制定提供依据，主动规范文学的发展。如儒家经典本身所包孕的文学思想既理所当然地呈现为一种经学话语，又自然而然地成为后世文学理论发展的源头，它们凭借其载体所拥有的话语霸权地位，被信奉儒学的作家和文论家们所贯彻和实践。另一方面，信奉儒学的作家和文论家们在接受和实践儒家文学理论的同时，又会依照经典文本的有关论述，根据自己的现实感悟和创作体验对传统文论命题不断进行新的阐释。这些接受和阐释既是经学研究的有机组成部分，又是文论建构与创新的有效途径，其从不间断、循环往复的阐释、接受历程使植根于儒家经典的文论话语得到前所未有的强化，内涵也日趋丰富圆通，并逐渐积演成为后世普遍接受的文学理念。

第三章论述文论空间里的汉代经学书写。探讨"五经"文本在汉代授受、流传、整理、研究活动中所包孕的文学思想。汉代经学文本对文艺本源论、创作论、文本论、功能论多有论及，且对中国文论发展影响至深至远。在先秦"诗言志"说基础上，汉儒对"志"为诗之本源进行了全面论述，但也进行了道德化限定与政治性规范；受性情论影响的"情本论"虽然注意到"情"之于文艺的发生学意义，但也进行了政治道德限定，或具有神秘化倾向；与"志本论""情本论"相似，"心本论"认为人心之动生诗乐，但又主张"心"非个人心理活动，而是受政治与伦理调控的心理世界。感物说在《乐记》中发端，为感物美学奠基，人心之动源于外物感发，音乐为其产物；诗人以美刺反映社会时世，诗成为显现政治的工具；普通百姓（劳者、饥者）对现实生活不满，愤懑之情发而为诗。由此，"感物""美刺""食事"构成了汉儒关于文学创作的三大关键词。从"六诗"到"六义"体现了汉儒对文艺作品认知的巨大进步，前者以乐分诗歌类别，后者之"风雅颂"为诗之体，"赋比兴"为诗之法，具有政教色彩；汉代"治道文质论"以文质言"礼"、君子之德与各朝文化特点，为汉代改制提供了理论基础，他们虽倡导文质相副，但具有鲜明的重质轻文倾向。与统治意志勾连，汉儒认为诗乐系可经世济邦的"经国大业"，不仅应当教化百姓（化下），讽谏君上

（刺上），前主后次，而且具有愉悦人情之功效，虽终被政治道德功用掩盖，但审美功能亦不可忽视。

第四章分析经学视野中的汉代文论叙述。“依经立义”圣化言说方式和意义建构方式直接影响决定了汉代的骚评、史论和赋论。有汉一代，屈赋被文人高度接受、广泛流传和师范模拟。这些拟骚之作在“追念闵伤”屈原，以“嘉其义”“赞其志”的同时，融入作者自己的人生经历和情感体验，为屈骚称“经”奠定了坚实基础。同时，受“罢黜百家，独尊儒术”主流意识形态的影响，汉代士人又掀起了一股研究屈原及其《离骚》的热潮，贾谊开其端，王逸集大成。对屈原其人，他们虽都以儒家的行为原则为标准从品格、出处上加以探讨，却走出了两条截然不同的人生路向；对屈原其文，则从其渊源、旨义、风格、体例等多方面展开批评，依经立义，以《诗》评骚，力图挖掘其间的相似相同性，从而确立骚的经典地位。史论自《左传》“君子曰”发轫，是针对历史事件、历史人物发表评价，并蕴涵论者内心“微言大义”的评论文字。发展至汉代，史论受经学影响的痕迹日趋明显，诞生了《史记》和《汉书》。司马迁作《史记》于体例多有创新，在提出“发愤著书”说的同时，并以“寓论断于序事”“藏美刺于互见”“定褒贬于论赞”的史迁笔法有效地发展了“春秋笔法”。班固以“光扬大汉，轶声前代”为志而成《汉书》，受经学影响更为明显。不仅将经学服务于汉室的理论特质落实为《汉书》中“综其行事，旁贯五经”的写作手法，还通过对司马迁及其《史记》的批评，全面展现了经学对史论的影响。而作为“一代之文学”，赋是汉代最富时代气息的文学样式。一方面，汉赋创作具有鲜明的“尚文求美”之艺术倾向；另一方面，汉赋批评则有着特殊的“尚用讽谏”之功利要求。因此，创作上艺术美潜滋暗长，批评上功能论贯穿始终，两者并驾齐驱，共同形成了两汉赋学唯美、尚用的重要特色。然而,汉人论赋以“依经立义”为出发点和归宿,囿于儒家“美刺”功利致用之文学观念,往往在汉赋尚美的艺术倾向和讽谏的思想追求上表现出矛盾。其关于赋体(赋之文体论)、赋法(赋之创作论)、赋美(赋之艺术美)、赋用(赋之功能论)、赋评(赋之批评论)的丰富思想,无不打上经学的烙印。

第五章阐述汉代经学与文论的赓续影响。《毛诗序》因其对经学与文学的双重文本《诗经》的阐释而成为历代经学与文论研究的典范。一方面,在经学史上,《毛诗序》尊废纷纭,僵持难下,被四库馆臣称为“说经之家第一争诟之端”。汉代至中唐,汉唐经学居学术主流,“尊序”乃思想界共识;中唐至明代前期,变革汉唐儒学产生的理学占据学术思想制高点,“疑序”“反序”甚至“废序”声浪高涨;明中期至晚清以前,理学趋于衰微汉学复兴,“存序”与“尊序”再占上风。中国古代思想史所演绎的关于《毛诗序》之悖反式解读,与儒学嬗变密切勾连。在近现代学术转型过程中,《毛诗序》在总体上经历了从遭受质疑评判到客观理性评骘的过程。近代,《毛诗序》随传统文化一道饱受质疑,尤其遭到维新派的批评;“五四”至新中国成立以前,《毛诗序》更是作为封建意识形态之典范被全面否定;新时期以来,《毛诗序》在现代学术视野观照下,呈现辩证、客观态势。其曲折的再生性现代转型历程与中国学术生态休戚相关。另一方面,在文论史上,《诗大序》泽被后世,影响深远。单以“风”为例,短小精悍的《诗大序》,就出现了17处,音义多元,内涵丰富。无论是“缘风喻诗”,还是“托风喻用”,都以“风”为喻体,借“风”丰富的美学内涵形成了关于诗之源、诗之体和诗之用整体的风喻批评和诗教传统,既与汉代经学的兴盛密切相关,又与中国文论的自身发展圆融契合,是汉代经学与文论会通化成的重要结晶。它基于天人合一的理念,建立在比喻和类比的生成机制上，自《诗大序》明确建立后，被纳入了政治、伦理的教化系统，并借助后代士人关于诗文的形象言说，寓政教和审美为一体，形成了富有中国特色的风喻批评。

结语揭示汉代经学与文论的意义生成规则——依经立义在中国当代文论建设中的方法论意义。作为汉代经学和文论共同的意义生成规则，依经立义固然有其僵化、保守甚至曲解、误读的一面，但在今天的文化建设中仍具有一定的普适性。一方面，随着经学的衰落，依经立义的传统范式日渐式微；另一方面，西学的全面涌进，置换了中国知识分子的整个学术根基，并最终导致"失语"。因此，要让依经立义这一意义生成方式发挥现代方法论作用，我们应该立足于当代，并从时空两个方面去寻求发展动力。所谓时间寻求，就是内求经典传统，即"依经立论"——在文学思想和文学理论的层面，重新解读儒道释文化元典和历代文论经典，重新阐释中国文化和文论经典的范畴术语和理论命题，进而揭示其当代价值。而空间寻求，则是外求他国理论，即"借石攻玉"——通过对西方文化、文论的借鉴、印证及比较对话来达到互识、互补的目的。而无论是时间寻求还是空间寻求，都应该遵循"依"为前提，"立"为动力的辩证统一、有机结合的建构规则。

第一章　汉代经学与文论的文化场域

经学是以儒家经典为研究对象的学术话语体系。其学术手段为通过训诂、诠释，提炼隐藏于《易》《春秋》《诗》《书》《礼》等儒家典籍中的“微言大义”；其信仰形态则体现为经学特指圣贤所作之书，是儒家学者尊奉的社会理想、人生目标在汉代社会的再造。“‘经’有‘常’的意义，是人类社会的常行之道；‘经’也有‘法’的意义，人们通常说‘大经大法’，即有必须遵照执行的意思。”[①]前人认为“经学开辟时代，断自孔子删定‘六经’为始”[②]。按照当今学界的普遍共识，理论形态意义上的经学应始于汉武帝下贤良诏后，以董仲舒在“天人三策”中确立的基本政治立场、学术原则和思想背景为依托，以汉代博士制度和官吏选拔为载体形成的学术体系。而作为文化信仰层面的经学，则可上溯至西周礼乐制度所确立的文化传统、思维方式和伦理观念。二者均为理解汉代经学所必须考虑的重要因素，也是孕育汉代经学与文论间密切关系的文化场域。在影响汉代经学与文论的诸多因素中，最重要的是“天人合一”的思想背景和类比推衍的思维方式。

---

① 姜广辉：《中国经学思想史》（第一卷），中国社会科学出版社 2003 年版，第 3 页。

② 皮锡瑞著，周予同注释：《经学历史》，中华书局 1959 年版，第 19 页。

第一节 天人合一

“天”是客观的物质存在,也是影响现实生活和社会发展的神秘意志或客观规律。围绕“天”与“人”之间的关系问题,古圣先贤多有论述。但“天人合一”在不同时期的理论形态稍有不同,并且不同学派的立场、态度、论证方式也各有侧重。基于汉代经学与文论的文化场域而言,涉及“天人合一”的讨论应从前汉、汉代两个历史阶段来分别审视。

一、前汉的天人关系

中国学界在讨论“天人合一”命题时,就“天”的界定曾有多种意见,如自然之天、神道之天、意志之天等。冯友兰先生对此有极为精辟的分析,他指出:“在中国文字中,所谓天有五义:曰物质之天,即与地相对之天;曰主宰之天,即所谓皇天上帝,有人格的天、帝;曰运命之天,乃指人生中吾人所无奈何者,如孟子所谓‘若夫成功则天也’之天是也;曰自然之天,乃指自然之运行,如《荀子·天论篇》所说之天是也;曰义理之天,乃谓宇宙之最高原理,如《中庸》所说‘天命之为性’之天是也。”① 冯氏观点长期被学界奉为圭臬,事实上,不同时期的人们受生产力水平、社会经济发展、个人学术立场等多种因素的影响或制约,对“天”的理解各有侧重。但无一例外的是以《周易·易传》对“天”的界定作为基础,根据自己的需要在其中加入或意志、或义理、或规律的因素。

(一)天人相关

早期中国文化奠基于黄河流域,先民们在从渔猎文明逐步过

① 冯友兰:《三松堂全集》(第二卷),河南人民出版社 2000 年版,第 281 页。

渡到农耕社会之后，形成了相对稳定的社会生产关系结构和社会组织形式。而农业社会的基本模式决定了生命的延续、社会的发展不仅依赖于个体的努力和集体的协作，更与天时、地利等外部因素有直接的关系。长此以往，人们不仅形成了“仰观天文，俯察地理”的生活习惯，更对头顶上的这片“天”有了一种既敬畏、又依赖的复杂心态，这是原始先民慎重对待“天”与“人”之间关系的文化心理基础。对此，《淮南子》有详细的记述：“往古之时，四极废，九州裂，天不兼覆，地不周载，火滥炎而不灭，水浩洋而不息，猛兽食颛民，鸷鸟攫老弱。于是女娲炼五色石以补苍天。”[①]“女娲补天”虽是以神话传说的形式出现，却生动地反映出早期先民视“天”为灾害之源的原始心理。一方面，原始先民在生产力水平极其低下的时代，会自然地生发出对未知的恐惧，如后起的“后羿射日”神话，则崭露出人与自然相对抗的勇气。另一方面，随着生产力水平的提高和人改造自然能力的提升，人们尝试用自己可以理解的方式解释自身与外部环境的关系。“天”就在此时成为人们试图理解外部世界、解释自身与外部关系的中介，并逐渐具有更为丰富的内涵和广泛的意义。如《山海经》载：“夸父与日逐走，入日。渴欲得饮，饮于河渭，河渭不足，北饮大泽。未至，道渴而死。弃其杖，化为邓林。”[②]“夸父逐日”的神话说明人们已不再选择单纯地对抗世界，而是尝试着以“人”与“自然”的融合解决天人关系问题。这时的人们逐渐相信“宇宙万物是一个生命整体，每一个体生命都是整个生命链条上的一个环节，彼此之间可以互相转化，发生感应”[③]。

---

① 刘文典撰，冯逸点校：《淮南鸿烈集解 · 览冥训》，中华书局 1989 年版，第 206—207 页。

② 袁珂：《山海经校译 · 海外北经》，上海古籍出版社 1985 年版，第 201 页。

③ 侯文学：《汉代经学与文学》，人民出版社 2010 年版，第 30 页。

即所谓的“物我同一”。

“物我同一”尚不能认定是一种较为成熟的思想体系，而应被界定为原始先民在观察世界、思考世界与自身关系时采用的一种思维方式。随着人们理解和认知能力的进一步提升，作为客观世界“物”的抽象思维逐渐凝聚成为夏商时期以“帝”为代表的具象化符号，“物我同一”也就演变成“帝我同一”“祖我同一”。正如《尚书·盘庚》中记载的“天其永我命于兹新邑”[①]，盘庚正是借助于“天命”的加持才具有命令众人的话语权。在此种关系模式中，“人”作为“帝”（“天”）的对立面，只能接受命运的安排。换言之，殷商时期“天命论”的真实内涵就是要求民众无条件地接受统治者的命令与安排。但殷周交替之际“流血漂橹”的事实，不仅摧毁了殷商时期“天命论”的权威，也迫使周人重新思考“天”与“人”的关系。

废商立周后，人们逐渐清醒地意识到“天命无常”，他们找到了一种全新的方式来处理“天”与“人”之间的关系——“敬德保民，以德配天”。在他们看来，惟有德者才能承受天命，无德者定会失去天命。《左传·文公十八年》借季文子之口对此作了精要表述：“先君周公制《周礼》曰：‘则以观德，德以处事，事以度功，功以食民。’”[②]“德”在擅长制礼作乐的周公眼里具有十分重要的作用，《尚书》之《召诰》和《蔡仲之命》都有较为详细的阐述。在总结夏、商灭亡的经验教训时，周公几近大声疾呼：“肆惟王其疾敬德，王其德之用，祈天永命。”[③]在周公写给蔡叔之子的训诫中，“皇天

①《十三经注疏·尚书正义》，上海古籍出版社 1997 年版，第 168 页。

②《十三经注疏·春秋左传正义》，上海古籍出版社 1997 年版，第 1861 页。

③《十三经注疏·尚书正义》，上海古籍出版社 1997 年版，第 213 页。

无亲,惟德是辅"①已成为以周公为代表的西周统治者的共识。他告诫即将赴任的蔡仲,应深知"民心无常,惟惠之怀"②的道理。这种被称为"殷鉴"的思想,不仅包涵了周人对"夏后之世"的思考,也囊括了他们解决问题的具体方案——"以德配天"和目标——"敬德"以顺"民心"。简言之,周人总结的"敬德"思想就是"保民"措施,既是对民众基本生存的保障,更是为了确保"天命"不会从周人手中丢失。这样,通过"敬德",周人使"四方民"③的意愿在"天命"转换中发挥着重要作用。也正缘于此,殷周嬗递之后,"天"虽高高在上,但"人"的作用也逐渐受到重视。"与殷人的一大不同特色是,周人的至上观念'天'是一个比较理想化了的绝对存在,具有'伦理位格',是调控世界的'理性实在'。"④这种理想化的"天"已经打上了"人"的主观烙印。

由上可见,先民头脑中的"物我同一"意识在历经极为漫长的发展之后,终于在殷周嬗递的刺激下得以升华为"敬德保民"思想。这一思想中蕴涵的肯定"人"的价值和对"伦理位格"的重视,极大地丰富了早期人们对天人关系的审视与思考。

(二)天命在我

"一个动荡的时代,常常使人们对既定的价值发生疑惑,时时变动的秩序,则往往使人们对故有的结构产生疑问。"⑤奠基于礼乐制度之上的天人关系在春秋战国之际又一次受到了冲击,"道术为

①《十三经注疏·尚书正义》,上海古籍出版社 1997 年版,第 227 页。
②《十三经注疏·尚书正义》,上海古籍出版社 1997 年版,第 227 页。
③《十三经注疏·尚书正义》,上海古籍出版社 1997 年版,第 212 页。
④ 陈来:《古代宗教与伦理——儒家思想的根源》,生活·读书·新知三联书店 2009 年版,第 11 页。
⑤ 葛兆光:《中国思想史》(第一卷),复旦大学出版社 2001 年版,第 82 页。

天下裂”的思想格局在为游士提供自由空间的同时，也要求他们就解决礼崩乐坏的现实问题给出方案。儒家作为从西周礼乐文化中成长起来的学术流派，一方面通过“祖述尧舜，宪章文武”的方式强化自身的合法性，另一方面也积极寻求着应对春秋乱世的措施。以孔孟为代表的道德理想主义儒家强调“克己复礼”，着力于维护礼乐制度及其相配套的信仰体系，在以理性化方式思考社会的同时，引入了道德、人文的内涵。虽然也有“畏天命，畏大人，畏圣人之言”[①]，但并非否认“天命”，而是从肯定人的价值、挖掘人的潜能和提升人的主观能动性入手，提出以“天命在我”为核心的新型天人关系学说。

作为记载孔子及其弟子言行的重要文献，《论语》准确地反映出孔子对“天命”的看法。一方面，孔子虽对“天”或“天命”持谨慎的态度，并不轻易涉及“天命”，但又认为通过后天的学习、培养，能够体会到“天命”的内涵。另一方面，孔子对自己肩负复兴礼乐的“天命”表现出强烈的自信心，如孔子被误认为阳虎之际就以“天之未丧斯文”[②]自诩，看似有宿命论色彩，实则是儒者坚信“天命在我”的自信心的展现。因此，孔子眼中的“天人关系”不是宿命论的被动接受命运安排，而是儒者独有的“天命在我”的强烈自信心。“‘天命在我’即感受到时代赋予了自己一种不可推卸的历史使命，将小我融入历史的大我，从而开显生命的意义，获得战胜现实困难的大智大勇。”[③]孔子的态度说明他对待天人关系问题在前人的基础上又前进了一步，即强调通过人的努力，将社会改造成

① 朱熹：《四书章句集注·论语集注》，中华书局1983年版，第172页。

② 朱熹：《四书章句集注·论语集注》，中华书局1983年版，第110页。

③ 姜广辉：《中国经学思想史》（第一卷），中国社会科学出版社2003年版，第137页。

儒家理想中的王道社会。

发展到孟子，人在天人关系中虽仍处于被动地位，但人的主观能动性则得到了进一步的肯定和发展。孟子最具影响的观点是所谓“民为贵，社稷次之，君为轻”①，看似是劝说君主要懂得体恤民力，却更多地透露出孟子对“民”的力量的认可。由于认识到“民”的重要性，孟子虽然主张在“天”与“人”（民）之间要遵循“天与之”②的原则，但“天”绝不是随意左右人之命运的“帝”，而是要遵循“天视自我民视，天听自我民听”③的原则，“民”就是“人”的具体化。孟子作为儒家学者，是在褪去西周以来“天命论”中宿命色彩和神秘色彩的同时，进一步强化了“民意”的重要性，而支撑这一思想形成的背景正是儒者坚信“天命在我”的文化品格。

（三）天人之分

与孔子、孟子不同，荀子从建立统一封建国家的新兴地主阶级立场出发，吸取了战国时代天文学、历法、农学等自然科学成果，批判地总结了先秦诸子关于天人关系的论争。一方面，他接受了道家的自然天道观，抛弃了儒家思想中残存的至上神观念；另一方面，他继承了儒家天道刚健有为的思想，超越了道家消极无为的自然宿命论。在此基础上，荀子建构了富有个人特色的天人哲学——“明于天人之分”④。

“不为而成，不求而得，夫是之谓天职”⑤，这是荀子对“天”所作的简明概括，包含有朴素唯物主义和丰富的辩证法思想。首先，

① 朱熹：《四书章句集注·孟子集注》，中华书局1983年版，第367页。
② 朱熹：《四书章句集注·孟子集注》，中华书局1983年版，第307页。
③《十三经注疏·尚书正义》，上海古籍出版社1997年版，第181页。
④ 王先谦撰，沈啸寰点校：《荀子集解·天论》，中华书局1988年版，308页。
⑤ 王先谦撰，沈啸寰点校：《荀子集解·天论》，中华书局1988年版，第308页。

荀子关于“天”的论述已经褪尽了至上神的灵光,成为与人类社会相对的没有任何神秘色彩的客观存在的自然界,富有朴素的唯物主义色彩。荀子率先对“天”作了唯物主义的规定,“列星随旋,日月递炤,四时代御,阴阳大化,风雨博施”[①]等人们所见到的自然现象都可以叫做“天”。“天”是客观的,物质的,这一思想同样也适用于“天”的功能。如“天地合而万物生,阴阳接而变化起”[②]。接着,荀子又强调指出“天”根本不赋有任何神秘的性质,他说:“不见其事而见其功,夫是之谓神。皆知其所以成,莫知其无形,夫是之谓天。”[③]所谓“神”,是阴阳二气潜移默化,造成万物的功能;所谓“天”,是由这种“无形”的功能所形成的物质自然界。荀子的这些说明,在中国古代哲学史上第一次抹掉了“神”和“天”的神秘主义色彩,给予唯物主义无神论的解释,为日后唯物主义的发展奠定了坚实的基础。

其次,荀子关于“天”的论述,包含有丰富的辩证法思想。在荀子看来,“天”还可以概括为其中的不以人的意志转移的客观规律性。一方面,天具有一种客观规律性,即“常”“常道”。荀子说:“天行有常。”[④]又说:“天有常道矣。”[⑤]这里的“常”“常道”都是指一种规律或法则。荀子本人也对“常”作过解说:“夫此有常,以至其诚者也。”[⑥]即四时不变的秩序,是诚实无欺的表现。另一方面,天虽是有规律的,但这种规律又不以人的意志为转移。荀子说:

① 王先谦撰,沈啸寰点校:《荀子集解·天论》,中华书局1988年版,第308页。
② 王先谦撰,沈啸寰点校:《荀子集解·礼论》,中华书局1988年版,第366页。
③ 王先谦撰,沈啸寰点校:《荀子集解·天论》,中华书局1988年版,第309页。
④ 王先谦撰,沈啸寰点校:《荀子集解·天论》,中华书局1988年版,第306页。
⑤ 王先谦撰,沈啸寰点校:《荀子集解·天论》,中华书局1988年版,第311页。
⑥ 王先谦撰,沈啸寰点校:《荀子集解·不苟》,中华书局1988年版,第46页。

"天不为人之恶寒也辍冬,地不为人之恶辽远也辍广。"[1] 显然,天是远离人的意志而独立存在的。天的运行与人的意志毫不相干,它并不受人们某些喜怒好恶的影响。在这一点上,荀子特别强调了自然现象的变化不能决定社会的治乱。日月星辰的运行,春夏秋冬的变化,在大禹统治时和夏桀统治时都是一样的,但大禹把社会治理得很好,而夏桀时则造成大乱。由此可见,自然界不能干预人事,"治乱非天也","治乱非时也"[2]。自然界的怪异现象,如日月之蚀,风雨不时,星坠木鸣等,只不过是"天地之变,阴阳之化"[3] 的结果,与社会治乱没有关系,"怪之可也,而畏之非也"[4]。"上明则政平",君主贤明,政治安定,自然界的怪异现象即使都发生在同一个时代,也不会有什么危害;如果"上暗而政险",君主昏庸,政治险恶,这些怪异现象即使一次也不发生,也不会有什么好处。所以荀子认为,造成社会动乱的根源,不是自然界的怪异现象,而是"人妖"。所谓"人妖",主要指田地荒芜,政令不明,礼义不修。这种把"天"还原为不干人事的自然界,从人事出发来观照天,坚持从社会的自身寻找社会运动的根源,有力地批判了把国家兴亡、社会动乱归结为"天命"的唯心主义观点,是先秦时代天人关系理论的新飞跃。

作为"天"的对立面,荀子对"人"也展开了细致的分析。"知其所为,知其所不为"[5],这是荀子对"人"作出的简要概括。既肯定了人的主观能动性,又没有片面夸大人的作用,对"人"作出了

① 王先谦撰,沈啸寰点校:《荀子集解·天论》,中华书局 1988 年版,第 311 页。
② 王先谦撰,沈啸寰点校:《荀子集解·天论》,中华书局 1988 年版,第 311 页。
③ 王先谦撰,沈啸寰点校:《荀子集解·天论》,中华书局 1988 年版,第 313 页。
④ 王先谦撰,沈啸寰点校:《荀子集解·天论》,中华书局 1988 年版,第 313 页。
⑤ 王先谦撰,沈啸寰点校:《荀子集解·天论》,中华书局 1988 年版,第 310 页。

较为正确、全面的分析与评价。人在自然中的作用可以从两个角度来考察：人作为个体的作用和作为整体的作用。

荀子认为，从个体生命来讲，自然界是人生存的基础，作为自然万物之一，人只能在自然提供的外在和内在条件的基础上活动。因此，人在自然活动中，必须“知其所不为”，尊重自然界的客观规律。即相对于“天”来说，“人”有受动的一面。在荀子看来，人尽管有智慧，但决不应该超越自己的职责范围去管那些本不该自己管的事情，因为这种越俎代庖行为的后果只能是弄巧成拙。鉴于此，他为各种人划定了各自发挥作用的范围：“兼足天下之道在明分。掩地表亩，刺草殖谷，多粪肥田，是农夫众庶之事也。守时力民，进事长功，和齐百姓，使人不偷，是将率之事也。高者不旱，下者不水，寒暑和节而五谷以时孰，是天下之事也。若夫兼而覆之，兼而爱之，兼而制之，岁虽凶败水旱，使百姓无冻馁之患，则是圣君贤相之事也。”[①] 并告诫人们，对于那些客观规律，他们应当是“大巧在所不为，大智在所不虑”[②]。又说：“虽深，其人不加虑焉；虽大，不加能焉；虽精，不加察焉：夫是之谓不与天争职。”[③] 所谓“不与天争职”，也就是说不要违背自然界的客观规律。不仅如此，荀子还指出了因对客观规律的不同态度而造成的两种截然不同的结果：“应之以治则吉，应之以乱则凶。”[④] 人们只有遵循自然规律，才能取得好的结果；如果违背自然规律，就必然会受到处罚，主张顺应而不是悖逆自然规律。

① 王先谦撰，沈啸寰点校：《荀子集解 · 富国》，中华书局 1988 年版，第 183—184 页。

② 王先谦撰，沈啸寰点校：《荀子集解 · 天论》，中华书局 1988 年版，第 310 页。

③ 王先谦撰，沈啸寰点校：《荀子集解 · 天论》，中华书局 1988 年版，第 308 页。

④ 王先谦撰，沈啸寰点校：《荀子集解 · 天论》，中华书局 1988 年版，第 307 页。

从整个人类社会来讲，人类社会的组成是以人的分别差异为前提的，而人类社会的富强昌盛则是以人的作用的充分发挥为条件的。因此，作为整体的人类在自然活动中，又必须“知其所为”，在认识客观规律的基础上充分发挥人的主观能动性。即相对于“天”来说，“人”又有能动的一面。荀子说：“天有其时，地有其财，人有其治，夫是之谓能参。”[①]天时的变化和土地的资源都是客观存在的，但人能根据天时的变化和土地资源，进行合目的合规律的生产活动，在自然界打上自己活动的印记，为人类造福。荀子坚决反对人类在自然面前无所作为、消极等待的态度，他说：“大天而思之，孰与物畜而制之？从天而颂之，孰与制天命而用之？望时而待之，孰与应时而使之？因物而多之，孰与骋能而化之？思物而物之，孰与理物而勿失之也？愿于物之所以生，孰与有物之所以成？”[②]这种“知其所为，知其所不为”的思想，既反对了孟子片面夸大主观作用的唯心主义天人合一论，也反对了庄子片面强调顺从自然，抹煞人的能动作用的宿命论，是先秦时代唯物主义与辩证法思想的最精彩的概括。

在明确区分“天”和“人”各自的基本内涵后，荀子还简要论述了两者关系。他认为“天地生君子，君子理天地。君子者，天地之参也，万物之总也，民之父母也”[③]。“参”意为“与之相参，共成化育”之意；“总”，领也。“君子”是天地化生的精英，他的职责在于“参天地”“总万物”“育万民”。而“君子”之所以能承担此种职责，是因为“人有气、有生、有知，亦且有义”[④]。所谓

---

① 王先谦撰，沈啸寰点校：《荀子集解·天论》，中华书局1988年版，第308页。

② 王先谦撰，沈啸寰点校：《荀子集解·天论》，中华书局1988年版，第317页。

③ 王先谦撰，沈啸寰点校：《荀子集解·王制》，中华书局1988年版，第163页。

④ 王先谦撰，沈啸寰点校：《荀子集解·王制》，中华书局1988年版，第164页。

“气”“生”“知”都是人的自然属性，而人之所以为“人”则主要是由于“有义”，“义”是使得“人”成为“最为天下贵”的根本原因。也正缘于此，“荀子通过天人之分而将人提到高于自然的地位，并把义作为确认人之价值的依据”①。换言之，荀子提出的“明于天人之分”核心在于，人之为人或人的价值的实现必须以社会化的“义”来验证。而为了实现“人之命在天，国之命在礼”②的社会理想，荀子则放弃了孟子以性善为出发点的论证思路，将关注的目光投向了外在的“礼”与“法”，最终形成了“隆礼”与“崇法”并重的荀学。

（四）会通天人

理解前汉时期的天人关系思想的发展离不开《周易》，特别是《易传》。作为卜筮之书的《周易》仍然保留了宗教的神秘主义色彩，如《乾卦·彖辞》中有所谓“大哉乾元，万物资始，乃统天”③之说，这里的“天”就是指自然之天。《序卦》中所谓“有天地，然后万物生焉。盈天地之间者唯万物”④中的“天”也可理解为自然之天。但自然之天并不是《周易》中“天”的主要内涵，活跃在孔孟之间的“七十子”对此有准确的认识，他们指出：“《易》所以会天道人道也。”⑤学界一般认为郭店楚简“语丛一”应为儒简，主要反映了孔子身后“七十子”的学术思想。他们继承了孔子重视“天命”的传统，并在讨论天道与人道关系的思考上取得了新的成果。正如汤一介先生所说：“《易》的‘所以会天道、人道’，表明‘天’‘人’之间

① 杨国荣：《善的历程——儒家价值体系研究》，中国人民大学出版社2012年版，第69页。

② 王先谦撰，沈啸寰点校：《荀子集解·强国》，中华书局1988年版，第291页。

③《十三经注疏·周易正义》，上海古籍出版社1997年版，第14页。

④《十三经注疏·周易正义》，上海古籍出版社1997年版，第95页。

⑤ 荆门市博物馆：《郭店楚墓竹简》，文物出版社1998年版，第194页。

的关系实为一内在关系，二者是不离相即的。”①可见，当时的人们已不把《易》单纯视为占卜文献，更多的是要从《易》中挖掘富有思辨性的哲学启示。“七十子”认为《易》的价值在于会通“天道”与“人道”，而《易》之所以能够在“天道”与“人道”之间发挥作用，不仅由于它原本是一本占卜之书，更在于周人以占卜后总结的卦象、爻辞为基础建构了一套会通天人的天人关系学说。

《周易》中蕴涵的“会通天人”思想应从两个方面来理解：其一，是“人道”合于“天道”。如《周易·乾卦》有言：“夫大人者，与天地合其德，与日月合其明，与四时合其序，与鬼神合其吉凶。先天而天弗违，后天而奉天时，天且弗违，而况于人乎，况于鬼神乎？”②“合其德”“合其明”“合其序”与“合其吉凶”均指明同一个事实——“人道”法“天道”，就连鬼神之道也要遵从“天道”。类似的表述在《周易》中还有很多，如《丰卦》所指出的“日中则昃，月盈则食，天地盈虚，与时消息”③，即是要求人的行为要遵从“天道”。综上，《周易》中天人关系的第一层涵义应理解为无论是人的日常行为、伦理道德、社会发展都要顺应天道，也即“人道”合于“天道”。其二，是“人道”可作用于“天道”。如《系辞》有言：“易之为书也，广大悉备，有天道焉，有人道焉，有地道焉。兼三材而两之故六。六者非它也，三材之道也。道有变动，故曰爻，爻有等，故曰物，物相杂，故曰文，文不当，故吉凶生焉。”④“爻”→“物”→“文”的变动不居产生吉凶说明“人道”合于“天道”不是被动的，那样必然会陷入到宿命论的老路上，《周易》

① 汤一介：《释“易，所以会天道人道者也”》，《周易研究》2002 年第 6 期。

②《十三经注疏·周易正义》，上海古籍出版社 1997 年版，第 17 页。

③《十三经注疏·周易正义》，上海古籍出版社 1997 年版，第 67 页。

④《十三经注疏·周易正义》，上海古籍出版社 1997 年版，第 90 页。

还含有兼摄天道、地道、人道的思想在其中。后世王夫之在注解这段文献时指出："'悉备'者，大全统乎一端，而一端领乎大全也。《易》之六位，有天道焉，有地道焉，有人道焉，为《易》所备，而非奉以为典要也。……三才之道，大全统乎一端，而一端领乎大全也。非达天人之际者，无以喻其深矣。"[①]居于形而上最高层面的"道"发挥着贯通天道、地道、人道的特殊作用，而天地人三才的汇聚才能成就"道"。可见，"天道"的阐发和"人道"的成就是相互的，二者既各具特性，又兼摄对方。

"天道"与"人道"之所以保持如此紧密的关系，古人看得很清楚，他们认为"圣人之作《易》也，将以顺性命之理，是以立天之道，曰阴与阳；立地之道，曰柔与刚；立人之道，曰仁与义。兼三才而两之，故《易》六画而成卦；分阴分阳，迭用柔刚，故《易》六位而成章"[②]。古人虽将《易》的创制归功于圣人，却并不妨碍他们以理性的目光认识《易》的价值。所谓"立天（地、人）之道"就是对"天（地、人）道"的阐发，所谓"顺性命之理"就是将八经卦重叠为六十四卦时应顺从天地生成万物性命之理。而"天道""地道""人道"的体现形式分别是"阴阳""柔刚""仁义"，且三者统一于乾坤。正如《泰卦》所言"天地交，泰，后以财成天地之道，辅相天地之宜，以左右民"[③]，人应在顺应"天道"的同时发挥自己的能动性，通过"辅""相"等方式来弥纶经纬。

前汉的天人关系的主流是"天人合一"，虽也有持"天人相分"立场的学者，但主要是基于突出"人"的主观能动性。"天人合一"

---

① 王夫之：《周易外传》，中华书局 1977 年版，第 238—240 页。

②《十三经注疏·周易正义》，上海古籍出版社 1997 年版，第 93—94 页。

③《十三经注疏·周易正义》，上海古籍出版社 1997 年版，第 28 页。

作为经学思想得以生发的文化场域，主要是“从关系的角度进行思考”①。根据前文对前汉“天人合一”思想发展脉络的梳理，我们看到，随着社会生产力的发展和理性思辨能力的提升，原始宗教背景下的宿命论逐渐被否定。儒家学者们一方面继承了西周礼乐文化中敬德保民的传统，试图以理想化的伦理位格来界定“天”；另一方面则分化为强调“天命在我”的孔孟和主张“明于天人之分”的荀子，两派的目的都是探索“人道”如何达于“天道”。它们都将成为在汉代与经学发生“关系”的文化背景因素，这是因为“作为包含各种隐而未发的力量和正在活动的力量的空间，场域同时也是一个争夺的空间，这些争夺旨在维续或变更场域中这些力量的构型”②。在经学与文论的文化场域形成之前，天人关系问题的讨论已成为后者不可或缺的构成要素之一。

二、汉代的天人关系

秦亡汉兴带来的影响绝不限于王朝更迭，更在于它意味着“一种生存方式、思想方式、感受（或感情）方式的覆灭”③。法家思想被否定之后，意识形态领域的真空由黄老之学取代，直至汉武帝登基后下贤良诏，儒家思想才逐渐取得一尊地位。这成为经学得以诞生的重要前提。而在支撑和引导经学走向成熟、体系化渐趋明朗的诸多因素中，围绕“天”与“人”之间关系所展开的思考除了继承

①［法］皮埃尔·布迪厄等著，李猛译：《实践与反思——反思社会学导引》，中央编译出版社 1998 年版，第 133 页。

②［法］皮埃尔·布迪厄等著，李猛译：《实践与反思——反思社会学导引》，中央编译出版社 1998 年版，第 139 页。

③ 张祥龙：《拒秦兴汉和应对佛教的儒家哲学：从董仲舒到陆象山》，广西师范大学出版社 2012 年版，第 41 页。

前人天人关系的传统之外,也更多地展现出汉代社会的特征。

(一)天为人本

汉人对天人关系的理解侧重于天的化生、演成问题和宇宙的功能、构造问题的讨论。“他们认为宇宙演化有一个渐进的过程。在这一过程中。天地间各种事物逐渐形成一个秩序井然的联合体。”[①]人们根据“天”与“人”之间异质同构的关系,将自然界的万事万物与人所应该遵循的行为准则、道德标准相类比,形成了新时代的天人关系学说,其理论基础是“天为人本”,最具代表性的学者首推董仲舒。

他在《春秋繁露·观德》中指出:“天地者,万物之本,先祖之所出也。”[②]“天”是万物所生、万事所源的根本,且无所不包、无所不有。儒家圣人的存在意义是“法天而立道,亦溥爱而亡私,布德施仁以厚之,设谊立礼以导之”[③]。换句话说,不仅圣人创设的“道”、施行的仁政和礼法都源于“天”,而且圣人还要引导人顺从“天”的安排。正是由于董仲舒赋予“天”如此特殊的位置,“天”成为了万物之源。具体来说,可分为三个层次。首先,他确立了“天者万物之祖,万物非天不生”[④]的逻辑起点。其次,他强调“先祖之所出”和“君臣、父子、夫妇之道”都取之“天地”,颇有道家思想中“人法地,地法天”的意味,如董仲舒指出“孝子之行,忠臣之义,皆法于地也。地事天也,犹下之事上也”[⑤]。但区别也正在于此,道家

---

① 袁济喜:《两汉精神世界》,中国人民大学出版社1994年版,第27页。

② 苏舆撰,钟哲点校:《春秋繁露义证·观德》,中华书局1992年版,第269页。

③《汉书·董仲舒传》,中华书局1962年版,第2515页。

④ 苏舆撰,钟哲点校:《春秋繁露义证·顺命》,中华书局1992年版,第410页。

⑤ 苏舆撰,钟哲点校:《春秋繁露义证·阳尊阴卑》,中华书局1992年版,第326页。

以“自然”为最高原则，董仲舒则以“天”为最高原则，两派的形而上本体并非一致。第三，他指出“天地人，万物之本也。天生之，地养之，人成之”[①]，即天地人皆由“天”所出。但与前两个层次稍有不同，此处他强调的重点不再是万物皆源于“天”，而是将重点放在“天”化生万物的层面上。不过，董仲舒提出的“天为人本”的天道观虽有现代哲学意味的本体论色彩，但从他在“天人三策”中的应答可知，其最为现实的目的不过是为了与“从君”相抗衡去寻找理论依据，同时也是儒家伦理思想、行为准则的依据。

（二）天人相与之际

秦亡汉兴为儒学从民间形态走向官方学术提供了千载难逢的契机，董仲舒在这一过程中发挥了极为重要的作用。他的学术贡献不仅在于确立了“天为人本”的理论基础，还在于他能够“熟练地运用阴阳五行的原理解释各种社会政治现象、自然现象”[②]。董仲舒通过对前人气论思想、阴阳观等学说的综合，在孔孟的原始儒学中掺入了儒学与现实政治相结合的基因，使其成功转型为新形态的儒学。董仲舒的天人观可以概括为“天人相与之际”，这一学说的提出基于他和汉武帝之间的问答，《汉书》对此有详细的记载。

从《汉书》的相关记载看，汉武帝关心的问题可以归纳为下述几点：其一，“圣王已没……王道大坏……岂其所持操或誖缪而失其统与”[③]。圣王已然远去，后世君王均未能效法圣王功业，究竟什么才是真正的帝王之道？其二，“三代受命，其符安在”[④]，即什么样

① 苏舆撰，钟哲点校：《春秋繁露义证·立元神》，中华书局1992年版，第168页。

② 侯文学：《汉代经学与文学》，人民出版社2010年版，第43页。

③《汉书·董仲舒传》，中华书局1962年版，第2496页。

④《汉书·董仲舒传》，中华书局1962年版，第2496页。

的帝王可以算作“受命于天”？其三，“凡所为屑屑，夙兴夜寐，务法上古者，又将无补与”①，为何有的帝王勤于政事、务法上古，却无法改变乱局？其四，“性命之情，或夭或寿，或仁或鄙……施乎方外，延及群生”②，帝王统治究竟是以帝王之道为准，还是完全仰仗于天？从汉武帝所问可以看出他所关心的重点是什么，也一定程度上透露出汉帝国意识形态建构的发展方向。

董仲舒的回答更可谓是鞭辟入里，入木三分。首先，他没有因袭前人，既没有按照道、法诸家的思路去谈幽远、缥缈的“天道”，也没有按照原始儒家的逻辑去讲“三代之治”，更没有像孟子一样去大谈“何必曰利”，抑或如荀子一般努力建设一套以隆礼崇法为依托的政治结构。其次，他直接从《春秋》中总结出“视前世已行之事，以观天人相与之际”③的结论。再次，他以“天人相与之际”为逻辑起点，从儒家经典出发，巧妙地回答了武帝关于“天道”、帝王统治的诸多问题。我们逐一展开来分析。

其一，所谓“天人相与之际”的内涵，要从“与(與)”入手来理解。据《说文解字》：“與，党與也。”④就甲骨文字形而言，“象二人(上二手，下二手)相授受形”⑤。而从篆文来说，“”是在“”上加一点，含义为用勺子添食，此为“與”的本字。当其合并为“與”，篆文写为“”，也即“”和“”的组合，既有添食之意，也包括给予的意思。在后世的发展中，“與”从“相授受”还衍生出“共举”之义。以此为背景考察董仲舒提出的“天人相与之际”，则说明基于

①《汉书·董仲舒传》，中华书局1962年版，第2496页。
②《汉书·董仲舒传》，中华书局1962年版，第2496页。
③《汉书·董仲舒传》，中华书局1962年版，第2498页。
④许慎撰，段玉裁注：《说文解字注》，上海古籍出版社1988年版，第105页。
⑤参见高树藩：《中文形音义综合大字典》，中华书局1989年版，第122页。

《易传》中对天人“异质同构”特征而建立的天人关系存在着两层内涵：一者，“天”与“人”互为补充、互为依据；二者，“天”与“人”始终处于“共举”状态中，即二者相互作用以达成目的。而“際”则由“阝”和“祭”组合而成，其初始含义是道路上设祠祭拜，后衍生为在两邑边界祭祀以求平安。不难看出，“祭”就是宗教祭祀之义，它意味着人与神的沟通。

其二，董仲舒所谓“天与人相与之际”，应理解为他以孔子作《春秋》为依托，实则发扬《孟子》中“其事则齐桓、晋文，其文则史。孔子曰：‘其义则丘窃取之矣。’”① 的思想，体现的是儒家独特的历史思维方式。一方面，儒家要从《春秋》等典籍记载的历史事件中提取“超事件”的内涵，表现为“不刻意求取藏匿于历史行为或事件中的抽象原理（如真、善），而只在历史事实展现了某种道德寓意时，才将它们具体地揭露出来”②。另一方面，“天”与“人”的相与不是实体的存在，也不可理解为二者以对象化的方式存在。这就回到了汉武帝提出的第一个问题——何谓王道？但董仲舒的回答是全新的，他通过否定“历史”的实体性而指出帝王存在的至高地位的无效，即帝王也必须遵从“超事件”的道德规律。而在“天人相与之际”的模式中，道德规律很自然地被转换为万事万物听命于“天”的安排。正如学者所指出的，“既然是天人相与，帝王的实体性会丧失，但并没有失去存在的理由，反而因为这种丧失而在天人之际中获得了领会和实现‘帝王之道’的机会”③。

① 朱熹：《四书章句集注·孟子集注》，中华书局 1983 年版，第 295 页。

② 黄俊杰：《儒家思想与中国历史思维》，华东师范大学出版社 2016 年版，第 31 页。

③ 张祥龙：《拒秦兴汉和应对佛教的儒家哲学：从董仲舒到陆象山》，广西师范大学出版社 2012 年版，第 64 页。

其三,“天为人本”是董仲舒“天人相与之际”学说的理论基础,而他之所以将“天”置于如此特殊的地位,则是缘于要为儒者与君王的结合寻找双方都能接受的终极依据。一方面,汉武帝表示“欲闻大道之要,至论之极”①,是对儒者掌握文化解释权的肯定,而董仲舒的高明之处正如上文所论,他没有采取“从道”压制“从君”的道德理想主义路线,而是在二者之上设置了更高的“天”。另一方面,董仲舒指出“天之所大奉使之王者,必有非人力所能致而自至者”②,这是认可和肯定了汉室政权的合法性。二者的结合,最终孕育出了董仲舒在“屈民伸君”和“屈君伸天”之间寻找平衡的灵活策略。而董仲舒的高明之处还在于他在否定帝王主宰一切合理性的同时,又为汉武帝描述了可迅速恢复大治的办法,即“强勉学问,则闻见博而知益明;强勉行道,则德日起而大有功”③,但君主恪守正确的治国之道和积善成德并不意味着帝王的权力可以无限发挥,而是有所束缚。

总的来说,“天人相与之际”是董仲舒处理天人关系的出发点和归宿,其最为突出的特征在于它把宇宙、自然以及人类都视为一个有机生命体中不可或缺的构成要素,且诸要素之间都保持着相互作用、相互影响的特殊关系。董氏所建构的理论模式也被汉代其他思想家所借鉴,并直接影响到司马迁、班固等人的天人关系学说。

以《史记》专设《乐书》④为例,司马迁从“凡音者,生人心者

---

①《汉书·董仲舒传》,中华书局1962年版,第2495页。

②《汉书·董仲舒传》,中华书局1962年版,第2500页。

③《汉书·董仲舒传》,中华书局1962年版,第2498页。

④关于《史记·乐书》,学界认为乃是后人根据《礼记·乐记》补充进去的。虽然前后内容略有差异,但是基本思想与司马迁还是比较符合的。

也”的角度出发，强调“情动于中，故形于声，声成文谓之音”①。他对音乐的形成做了全新的解读，主要是通过将五音和五脏、五常相对应的方式使其贯通，并就制礼作乐过程中的“正度”等极为具体的环节给出了相对详细的说明。这一观点不仅符合孔子提出的“正名”学说，也与汉代社会以人应天的思潮紧密契合，并成为后世班固撰写《汉书·律历志》的思想源头。受董仲舒天人学说的影响，刘歆等人也将始于邹衍的“五德终始”说以及阴阳五行、占星等学说加以改造，一方面使得阴阳五行思想在王莽篡汉的过程中发挥了意识形态建构的作用；另一方面则为“以占星学—阴阳五行说为核心的思想，终于形成了它的终极形态”②即班固的《汉书·律历志》创造了条件。班固认为：“顺以歌咏五常之言，听之则顺乎天地，序乎四时，应人伦，本阴阳，原情性，风之以德，感之以乐，莫不同乎一。”③而一切的功能都要归于“圣人”。在这里，班固以音乐为中心建构起了一种全新的天人关系，从形而上的宇宙到客观存在的自然，以及生处于此间的芸芸众生和礼、乐都被纳入到有序的整体性架构中。这是一个吸收了秦汉天人合一思想、发挥了阴阳五行学说的积极作用，将世间万物融为一体的天人学说。

（三）混成自然

空前强大和统一的帝国需要与之相匹配的文化，也孕育出新时代的人文精神。在董仲舒“天为人本”和“天人相与之际”为代表的天人学说影响下，汉代文士的入思方式和主题意识就像长江之水奔流入海般，一泻千里，混成自然。以完成于汉初的《淮南子》

---

①《史记·乐书》，中华书局1982年版，第1181页。

②章启群：《〈汉书·律历志〉与秦汉天人思想的终极形态——以音乐思想为中心》，《安徽大学学报》（哲学社会科学版）2012年第3期。

③《汉书·律历志》，中华书局1962年版，第972页。

为例，该书虽内容驳杂，观念各异，但总体特征却是十分清晰的，即摒弃了儒家所强调的“华夷之辨”。书中对地理地貌的记载完全超越了以中原诸夏生存空间为主体的认知模式，其中虽不乏想象成分，但更多地则应理解为空前强大的“大一统”帝国带给人们全新的地理概念——“它把不同的民族放到统一的地理环境中去考察，注重从自然地理、人文地理和经济地理的因素去看待不同民族。”[①]随着汉帝国综合国力的不断提升，以汉武帝为代表的帝王希望周边政权能够统领于汉帝国的统治之下，并强化自身与周边少数民族政权的交流。这种“大一统”的文化发展与交流观念在汉赋中得到了全面展示。大体而言，表现有三：

其一，俯仰宇宙。汉赋的独特性在于它与汉帝国空前强大的地域版图相匹配，展现了汉帝国的精神风貌。一方面，它继承了《周易》中原有的时空视角考察社会的思想传统；另一方面，它有效地融合汉人审视社会的方式。古人并无所谓“时空”的概念，他们更习惯用“宇宙”来指代时空。按照古人的观念，“往古来今谓之宙，四方上下谓之宇”[②]，“宙”即可理解为“时间”，“宇”即可理解为“空间”。对于汉人而言，大一统帝国的再造和巩固使得他们的时空观念发生了巨大的变化。司马相如所作《子虚赋》极尽宏大之美，其后班固《两都赋》在文辞华丽上有过之而无不及。汉人能以前所未有的博物之情从事文学创作，与汉帝国的社会现实有直接关系，这是一种汉赋特有的“俯仰宇宙”的精神状态。究其根源，则在于汉代文人由于生活在空前强大的大一统帝国中，使得他们对外部世界的认识全然不同，从而成就了汉大赋中独有的蓬勃

① 袁济喜：《两汉精神世界》，中国人民大学出版社 1994 年版，第 203 页。

② 王利器：《文子疏义》卷八，中华书局 2000 年版，第 346 页。

精神。而个体生命的有限性与宇宙自然的无限性，在这一过程中相互影响、相互渗透，不仅丰富了汉代文人的精神世界，也使得他们在自我满足中达到了和谐状态。

其二，旷观历史。在汉赋中，我们不仅可以感受悠悠荡荡之云梦泽、赫赫肃肃之上林苑，也可以领会幽远之人生、苍茫之天地。以司马相如创作的《子虚赋》为例：

> 楚使子虚使于齐，王悉发车骑，与使者出田。田罢，子虚过奼乌有先生，亡是公存焉。……臣闻楚有七泽，尝见其一，未睹其余也。臣之所见，盖特其小小者耳，名曰云梦。云梦者方九百里，其中有山焉。其山则盘纡茀郁，隆崇嵂崒；岑崟参差，日月蔽亏；交错纠纷，上干青云；罢池陂陀，下属江河。其土则丹青赭垩，雌黄白坿，锡碧金银，众色炫耀，照烂龙鳞。其石则……其东则……其南则……其西则……其中则……其北则……其上则……其下则……①

司马相如空借“子虚”“乌有先生”“亡是公”三人为辞，以推天子诸侯之苑囿。尤其是“子虚”和“乌有先生”之间的对话与争辩，与其说是两个单独的个人在谈话，不如说是一切皆因个体社会地位的沉浮，乃至生命个体与外部宇宙的关系各有不同而生发出别样的情感体验，故汉人在“俯仰宇宙”之外另有一种“旷观历史”的苍凉感，而最为直接的表现就是文学作品对外部空间的描绘。

其三，伤逝人生。对于汉初的文人而言，出于对新生政权的谨慎和对游士遗风的向往，文学创作中不乏归隐主题。如传说为商

① 萧统编，李善注：《文选》，中华书局 1977 年版，第 119—120 页。

山四皓所作的汉诗：

> 莫莫高山，深谷逶迤。晔晔紫芝，可以疗饥。唐虞世远，吾将何归？驷马高盖，其忧甚大。富贵之畏人兮，不若贫贱之肆志。①

“唐虞世远，吾将何归”是汉初部分文人隐逸避世心态的真实写照，且此种心态并非个案。如枚乘在《七发》之外，尚有“麦秀蕲兮雉朝飞，向虚壑兮背枯槐，依绝区兮临回溪”②之作，即是明证。枚乘对荒凉、寂寥的自然环境进行描写，实则是作者身处庙堂之际感受到政局风云诡谲的内心写照，诗中展现的正是对摆脱压抑政治环境的向往之情。俯仰宇宙带来的渺小感和旷观历史带来的短暂感，逐渐凝炼为汉代诗歌中独特的生命意识——不仅是对个体生命逝去的悲伤，也是对士人群体在皇权压抑下丧失自由的呐喊，甚至高居九五之尊的帝王也会生发出伤逝人生之感。究其因，则在于伤逝不是某一位诗人、作家的朋友之逝，而是生命年华之逝。这样的生命体验在列国争雄的游士身上是看不到的，只有在大一统时代专制政治的压迫中才可以感受到。

也正缘于此，龚鹏程先生在《汉代思潮》一书中总结说：“人在如此长宇广宙中，到底该如何自处？或委运而认命、或乘化以待尽、或及时乐遨游、或忧伤以终老、或努力崇明德、或用心期不朽，各有不同的方式。”③虽然汉帝国的空前强大、稳定和统一为主流意识形

---

① 逯钦立辑校：《先秦汉魏晋南北朝诗·汉诗》，中华书局1983年版，第90页。
② 逯钦立辑校：《先秦汉魏晋南北朝诗·汉诗》，中华书局1983年版，第98页。
③ 龚鹏程：《汉代思潮》，商务印书馆2008年版，第560页。

态话语的巩固提供了坚实的政治基础，但是士人阶层已无复前汉的独立、自由。与董仲舒为代表的"天人合一"社会思潮相契合，随着外部政治环境的变化和自身政治地位的更迭，俯仰宇宙、旷观历史、伤逝人生的主题意识便会在汉代文人的文学作品中应运而生。

第二节　类推思维

若将"天人合一"的社会思潮视为经学的血肉，则构筑经学骨骼的就是类推思维。类是指两种截然不同性质的事物或现象根据"类"属性或"类"事理的划分方式，展现出其某一方面的相似性或同一性。而人们根据这一特性，通过由此及彼的推论方式对其加以概括即为类推。

一、前汉的类推思维

不同时期的思想家一方面继承了前代类推思维的优秀成果，另一方面则结合社会需要适度加以发展。类推思维同样是经学与文论的文化场域中不可或缺的元素之一，它赋予经学的"惯习"主要体现为基于"天人感应"学说的论证模式和言说手段，其影响力则波及文学创作、音乐理论等多个领域。

（一）因德而类

"类"的划分是类推思想得以走向成熟的前提，它不同于西方文化基于逻各斯为中心的演绎系统，而是侧重从"类"的划分、界定、推演出发，以触类旁通的方式展现人们对外部世界的认识。

中国先民"类"意识的形成经过了较为漫长的发展过程，直至殷周交替之际才逐渐走向成熟。现今可见的文献资料中"类"字的最早出处是《山海经・南山经》，其文为："有兽焉，其状如狸而有髦,其名曰类,自为牝牡,食者不妒。"[①] 应是对某种动物的描述或界定。而《诗经·大雅·皇矣》有言"是类是祃",程俊英等注曰:"类,禷的假借,出师前祭天。祃,出师后军中祭天。"[②] 大约成书于同一时期的《尚书·舜典》中也记载有"肆类于上帝"[③] 之语,据孔颖达所疏也应理解为"祭祀"。不过,"'类'作为祭名,没有丝毫的分类意识,只要是与初民的生活息息相关的动物,就应该全属于一类"[④]。换句话说,在"类"由兽名至祭祀之名的发展过程中,分类意识尚未形成,此时的"类"与后世分类之"类"有着较大的差别。

"类"的意识在殷周之际逐渐形成,与前文讨论"天人合一"思想走向成熟的外部因素有关。在殷商"天命论"的祭祀文化氛围中,统治者是"天"在人世间的代言者。而商周嬗递之际的激烈变化,除了促使周人从"敬德保民"的角度重新思考天人关系之外,还促使他们逐渐形成"类"的意识。《皇矣》有言:"其德克明,克明克类,克长克君。"郑玄笺为:"类,善也,勤施无私曰类。"[⑤] 后世朱熹也注为:"克明,能察是非也。克类,能分善恶也。"[⑥]《皇矣》中"克明克类"说明周人已发展出以"类"区分的思想,而与"类"相对应的存在就是"不类"。如《尚书·说命上》有言:"王庸作书以诰曰:'以台正于四方,惟恐德弗类,兹故弗言。'"[⑦]《尚书·太

① 袁珂:《山海经校译·南山经》,上海古籍出版社1985年版,第2页。
② 程俊英、蒋见元:《诗经译注·大雅·皇矣》,中华书局1991年版,第786页。
③《十三经注疏·尚书正义》,上海古籍出版社1997年版,第126页。
④ 张晓芒:《中国古代从"类"范畴到"类"法式的发展演进过程》,《逻辑学研究》2010年第1期。
⑤《十三经注疏·毛诗正义》,上海古籍出版社1997年版,第520页。
⑥ 朱熹集注,赵长征点校:《诗集传》卷十六,中华书局2011年版,第246页。
⑦《十三经注疏·尚书正义》,上海古籍出版社1997年版,第174页。

甲中》又有“予小子不明于德,自底不类”①。将这些记载置放于西周礼乐文化场域中考察,则不难理解“类”就是有德之属,“弗类”“不类”则是无德之属,充分体现了周人从道德伦理角度出发解读“类”与“不类”(弗类)的基本立场。而在这一思维方式的背后,则是周人在王朝更迭的刺激下,重新思考天人关系。在古代社会,天、治者、人民三者之间是一种互动关系。治者统治着人民,却又时时被天所指示;人民被治者所统治,却又时时以民意折射于天意。于是在人民与治者之间,又插进了一个第三者——天,形成了一个互相贯通、互相联系与互动的“三角关系”。即“治者承天命而治人民;人民被治于治者而又自代表天意”②。“天”在此处扮演的是人世间一切行为判断者的角色,它直接决定了什么是“类”,什么是“不类”。周人意识到“天”既不是玄远幽眇的存在,也非具有人格意志的神,而是一切指向此在世界的行为原则的判断者。而判断者的确立及以“德”为标准的判断准则的树立,自然就引导出“类”与“不类”的差别。

“类”的内涵在西周“德”文化的影响下开始走向成熟后,便逐渐从道德范畴溢出至族类、种类等新领域,朝着更为宽泛的范围发展。周公创制的礼乐制度不仅高度重视礼乐对贵族的教化功能,还重点突出了宗法制度在和睦宗亲、敬宗收族中的作用。宗法制度中每一个男性成员都为同一祖先的后代,即他们都属于“父之党为宗族”③的范畴中。这种身份在宗法制度的祭祀活动中得到了延

①《十三经注疏·尚书正义》,上海古籍出版社1997年版,第164页。

②张汝伦:《理性与良知——张东荪文选》,上海远东出版社1995年版,第290—291页。

③《十三经注疏·尔雅注疏》,上海古籍出版社1997年版,第2593页。

续,又在以“神不歆非类,民不祀非族”[①]的祭祀制度中加以确认。此外,春秋战国时期中原民族与周边少数民族之间的文化交流和军事行动逐渐增多,进而带来了基于民族、文化身份的价值判断。最具代表性的两句话分别是“同姓则同德,同德则同心”[②]和“非我族类,其心必异”[③],前者是基于血缘的“类”划分,后者则是基于“族”类属性的划分。

至此,因“德”与“不德”的标准而划分的“类”与“不类”便有效地建立起来了,而沟通二者内在联系的根本则在于道德伦理的同一性标准。侯外庐先生在分析同一性问题时曾指出:“在古文字中‘类’字和‘族’字同义。……也即是与古代地域区别相对待的氏族血缘区别,绝无逻辑意味。”[④]侯先生基于“族”字和“类”字的分析,进而强调其“绝无逻辑意味”的判断虽是以西方的推演逻辑考察中国先民的思维模式,却切中肯綮。简言之,“类”与“不类”的划分方式在西周的礼乐文化中不断发展,最终与“德”与“不德”的德性文化建立起联系,从而成就了“因德而类”的文化传统和思维方式。

(二)援类而推

就中国经验、中国文化和中国语境的角度而言,“因德而类”不仅是中国先民思维方式生成过程的高度总结,也启示我们对前汉时期类推思维的认识要注重考查社会文化因素。这就催生了西周时期基于“类”的划分而推及他物的思维方式——援类而推的形成。

基于“类”的划分意识的形成,“类”逐渐溢出观察对象的既有

---

①《十三经注疏·左氏春秋正义》,上海古籍出版社 1997 年版,第 1801 页。
② 邬国义等:《国语译注·晋语》,上海古籍出版社 1994 年版,第 310 页。
③《十三经注疏·左氏春秋正义》,上海古籍出版社 1997 年版,第 1901 页。
④ 侯外庐等:《中国思想通史》第一卷,人民出版社 2011 年版,第 216 页。

范围，人们不再用单纯的类别划分方式来观察外部世界，而是试图在其中找寻到更为本质的同一性特征。如《周易·同人卦》“君子以类族辨物”①就揭示出周人打破名物的束缚，试图以“类族”切入掌握外部世界的思想痕迹。不难看出，这种援类而推的思考多数情况下采用了“假物取譬”的表达方式，试图在作为表达载体的对象和其所承载的深刻内涵之间建立起联系。它的基础是“类”概念的建立，以及在“类”概念逐渐成熟之后演变为一种可以借由“已知”的“所然”世界而获得对于“未知”的“未然”世界的认识和掌握。受西方逻辑思维的影响，学术界过去习惯于将《周易》中的阳爻（⚊）和阴爻（⚋）视为结绳记事的表现，又或者是沿袭传统视其为男女、天地的象征来解读，实则忽视了《周易》以八卦刻画物类所展现的类推思维。从形式上看，《周易》的八卦系统建立在阴阳二爻基础上，又细分为八经卦和六十四复卦。前者将天地间的万事万物划入到天、地、雷、风、水、火、山、泽八个范畴中；后者则是以重卦的方式加以推演，使万事万物进一步可以细分为六十四个小类。这种分类不是随意的组合，而是精心的安排。如乾卦，不仅可以代表天，还可以代表君主、男性，其同一性在于充满阳刚之气和在现实世界中居于领导地位。因此，通过八经卦和六十四复卦刻画物类的《周易》，实则是早期先民运用类推思维认识世界的体现。我们将其概括为“援类而推”，具体的体现方式正是《周易》中最为常见的象。在《周易》的话语系统中，阳爻和阴爻为基础的符号是一切思想表达的基础，由二者组建的经卦和复卦不能单纯理解为代表某一具体事物的符号，而应看成是经过精心编选、适度调整组建的符号系统。因此，《周易》中的阴阳爻必然与西方逻辑学

①《十三经注疏·周易正义》，上海古籍出版社 1997 年版，第 29 页。

中用X、P、Q代指特定事物或现象不同,后者的指代对象是随机的,前者的指代对象不仅是固定的且是经过精心安排的。如《小畜》卦为下乾、上巽,乾为天、巽为风,二者相组合是为"柔得位而上下应之曰小畜。健而巽,刚中而志行,乃亨"[①]。该卦以经卦中的乾、巽两卦组成,旨在阐明畜聚的过程。类似情况在《周易》的卦爻中可谓俯拾皆是。

虽然仅仅通过《周易》的爻象尚不能说明已经形成了较为成熟的类推思维,但附于爻象之后的卦辞的特殊价值却因此而凸显了出来。诚如王弼所说:"夫象者,出意者也。言者,明象者也。……言生于象,故可寻言以观象;象生于意,故可寻象以观意。"[②]爻象是先民对万物加以分类后以符号化的形式加以区分,体现的是一种尚处于萌芽状态的类推思维。而卦爻辞则意味着人们已经形成了较为成熟、稳定的类推思维,八经卦、六十四复卦以及据此衍生的三百八十六条爻辞(包括乾卦用九、坤卦用六),都是人们基于外部事物的同一性或趋同性特征对其加以分类后,再以符号化的形式呈现给世人的思想体系。综上,以《周易》的卦爻为基础,融合针对卦爻的阐释,《周易》初步建立起一套以"类"的划分为基础,以卦爻符号为表现形式而推演形成的符号表达系统。它所运用的援类而推的论证模式,充分说明奠基于"因德而类"基础上的类推思维已然走向体系化、哲学化的新阶段。

(三)引譬援类

类推思维发展至《周易》已较为成熟,但无论是八经卦,还是

① 《十三经注疏·周易正义》,上海古籍出版社1997年版,第26页。
② 王弼著,楼宇烈校释:《王弼集校释·周易略例》(下册),中华书局1980年版,第609页。

六十四复卦对万千世界的描绘都较为笼统，无法与现实生活产生较为直接的联系。兼之，进入春秋战国之后，礼崩乐坏的政治生态和百家争鸣的思想氛围为士阶层的活跃创造了必要条件。士阶层为了能够向“鄙陋”的肉食者阐明自己的学术思想或政治主张，多采用寓言、故事等手段。这样支撑诸子学术思想表达的重要思维方式，就由上承“因德而类”和“援类而推”而形成的类推思维发展到新阶段——引譬援类。

以孔子对“仁”的解说为例，“工欲善其事，必先利其器。居是邦也，事其大夫之贤者，友其士之仁者”①。孔子就以工匠打磨器具为例，进而引述“事大夫之贤者”。孔子针对子贡提出的“为仁”作答，以“善其事，利其器”起首，续之“居是邦”当“事其大夫之贤者，友其士之仁者”。前者为“言事”，后者为“言道”，二者在孔子看来具有一定的相似性，为子贡理解“为仁”提供了具体的范例。这种论证思路在孔子论证“人而无信，不知其可也”中被再次使用，他以“大车无輗，小车无軏”②作喻，旨在强调“信”的重要。通过上述两个例子可以看出，孔子的“言道”是与“言事”密不可分的。在“引譬”的外表之下，隐藏的是“援类”的思维，二者的结合正是所谓“引譬援类”。不过，“引譬往往是为了以事言理（道），而援类则是引事相证。要证明的内容可以是‘道’，但不必然是‘道’，范围比较宽泛”③。沿着这种思路，墨子进一步发展了援类引譬的论证模式。如他在回答弟子提出的“为义孰为大务”时，曾言：“譬若筑墙然，能筑者筑，能实壤者实壤，能欣者欣，然后墙成也。为义犹

① 朱熹：《四书章句集注·论语集注》，中华书局1983年版，第163页。
② 朱熹：《四书章句集注·论语集注》，中华书局1983年版，第59页。
③ 董志铁：《言道、言事与援类引譬》，《信阳师范学院学报》（哲学社会科学版）2003年第2期。

是也，能谈辩者谈辩，能说书者说书，能从事者从事，然后义事成也。”[①]在这里，墨子以筑墙为例，强调能筑者、能实壤者、能欣（掀）者要共同协作，这是典型的“引譬”，即以事言理；而“能谈辩者谈辩，能说书者说书，能从事者从事”则是“引譬”基础上的进一步发展，即“援类”为“义”。从墨子所涉及的诸多内容与“义”无直接关系的角度来看，主要还是引事为证，即“援类”。

除儒、墨二家之外，对“引譬援类”思想的发展做出过重要贡献的还有惠施、公孙龙等。他们的著作多已亡佚，现今可见的资料多为转述，如《战国策》中对惠施谏魏惠王安葬改期一事的记载。魏惠王死后，原已定下了安葬日期，但因雨雪交加，大臣纷纷建言太子择期安葬。相持之下，惠施出面，他以季历王下葬后棺木被积水漏流冲刷而露出前板后周文王的一番说辞为譬，委婉地劝说太子。类似的记载在《吕氏春秋》等典籍中亦有多处。惠施都是以“言事”为喻，通过援类而证的方式为他要强调的“道”服务。另一位对“引譬援类”的思想做出贡献的是公孙龙，他提出的“白马非马”最受争议，也最有价值。他在回答孔子六世孙的质疑时，破天荒地提出“白马非马”为孔子所言的观点。在具体论证中，公孙龙指出：“楚王张繁弱之弓，载忘归之矢，以射蛟兕于云梦之圃，而丧其弓。左右请求之。王曰：‘楚人遗弓，楚人得之，又何求乎？’仲尼闻之曰：‘楚王仁义而未遂也。亦曰“人亡弓，人得之”而已，何必楚？’若此，仲尼异楚人于所谓人。”[②]这个例子曾被儒道名诸家所采用，其故事结构各有不同。名家所论的价值在于公孙龙采用

① 吴毓江撰，孙启治点校：《墨子校注・耕柱》，中华书局2006年版，第641—642页。

② 谭业谦：《公孙龙子译注・迹府》，中华书局1997年版，第55页。

的论证思路，他引用孔子的言论，实则是典型的引譬言事，目的则是基于具体的事而“援类”至“言道”层面。因此，“异楚人于所谓人”就和“异白马于所谓马”在逻辑形式上取得了一致，尽管此种论说方式存在着偷换概念的逻辑缺陷，但从论证思路的角度而言则是成立的。

发展至此，借由“类”与“不类”的区分而萌发的类推思想，在经过“援类而推”的发挥后，终于在春秋战国之际开始走向成熟。其特征可以概括为两点：其一，“言事”服务于“言道”的最终目标。“事”并不局限于单纯的历史事件、历史人物，而是包括一切人们所理解和总结的认知经验，并能代表一定时期的认知水准。“道”也并非专属于某一派学者，既可以是具体事件所反映的人生哲理，也可以是诸子百家的最高学术追求。其二，类推思维有效地弥合了“言事”与“言道”之间的思想鸿沟。“所谓引譬，指的是‘假象取耦，以相譬喻’。引譬的直接或间接的目的是‘言理’。引来作为譬喻的部分，属‘言事’，它具有习见、浅显、鲜明、生动、形象等特征。”① 因此，“言事”与“言道”可以视为引譬、援类的外在表现形式，而后者则不仅是语言表达技巧的发展，还与当时的社会环境有关。这样，萌芽于殷周嬗递之际的“因德而类”的思想在经过“援类而推”的培育后，过渡到以“言事”与“言道”为表征、以“引譬援类”为内核的发展新形态。

（四）类比推衍

进入到战国末期，类推思想又有了进一步的发展，其代表人物

① 董志铁：《言道、言事与援类引譬》，《信阳师范学院学报》（哲学社会科学版）2003 年第 2 期。

是荀子。他从“物类之起，必有所始”[①]入手，强调“物”之“荣辱”的决定因素是“德”，也即“荣辱”与“德”相应。据此，荀子将“物类之起”推衍至“草木畴生，禽兽群焉”，即万事万物都是依“类”而长、据“类”而居，就如同“荣辱”取决于“德”一样，都是据“类”而分。荀子对“类”的界定可概括为“物各从其类”。人们又是如何获得对“类”的认识呢？荀子认为一切都取决于“天官”，并提出了“凡同类、同情者，其天官之意物也同”[②]的主张。“耳、目、鼻、口、形”由于具有“能各有接而不相能”的特殊地位，而被荀子视为“天官”。这就形成了一个由“物”到“类”、再由“类”到“推”的类比推衍模式。在荀子的理论中，“类”从“物类”中而来，它的判断依据是人的“天官”对外物属性的把握和理解。“物的类性与人的德性（荣辱）、性情同属于一类；从一人之情知千万人之情，从今日之事知天地之始。”[③]如果推而广之，则不难发现荀子从“物”而至“类”再至“推”，实则蕴涵了人与万物在结构上的相似性。

荀子提出的“类比推衍”思想与他本人所处的时代有关。在荀子登上历史舞台之前，西周礼乐制度已经崩溃，大争之世的战国乱局使得人们深刻意识到单纯依靠虔诚的祭祀并不能实现社会的有效治理，对于美好社会形态的追求仍然需要通过具体的措施来实现。而中国传统社会以农耕为基础的基本事实，使得人们“必然要把自然人格化，赋予天地自然以意志与情感，以天地自然的变化规律，洞察社会变迁的规律，并以其比附王朝兴衰更迭的命运以

① 王先谦撰，沈啸寰点校：《荀子集解·劝学》，中华书局1988年版，第6页。
② 王先谦撰，沈啸寰点校：《荀子集解·正名》，中华书局1988年版，第415页。
③ 张斌峰：《荀子的“类推思维”论》，《中国哲学史》2003年第2期。

及人生的旦夕祸福”[①]。儒家在回应这一时代命题时给出的答案是“正名”。“正名”是儒家最为重要的主张之一,旨在解决社会中名分混乱的问题,蕴含着以“名”变“实”的政治目的。荀子继承孔子提出的“正名”学,并使其与“类推”思想结合在一起。如他在《正名》篇中所言:“同则同之,异则异之,单足以喻则单,单不足以喻则兼,单与兼无所相避则共,虽共,不为害矣。知异实者之异名也。”[②]荀子针对“名实乱,是非之形不明”的社会现状,强调以“名”作为实际的指导原则,他进一步确立了“同实同名”“异实异名”“稽实定数”的制名原则。从中我们会发现,荀子的“正名”思想从“类”作为命名依据入手,强调要遵循“同则同之”“异则异之”的命名标准。此外,他在命名中运用了类比推衍的论证方式,强调在大类到小类之间要遵循由“共名”到“别名”的不断推进,直到再无差别。这一观点与他所强调的“法后王”的圣王制名相配合,即“正名”是要和政治活动、道德伦理相匹配的。这种将“制名”与政治实践、道德伦理联系在一起的处理方式,必然要求从现实政治引向总领性的原则。“荀子更加关注的是以物类为基础,而进一步地转向对伦类或(以礼为总纲的推礼义的)‘统类’。”[③]这一思路与前文讨论的由“物”到“类”、由“类”到“推”的思路完全吻合,荀子正是从人性之齐一的假设出发,才合理地解释了我们关于不同的主体间性存在的(由伦理道德与情感价值所组成的)类属关系。“类”是荀子所有政治主张、伦理诉求指导下的人之行为、语言的总体依据,

① 张晓芒:《中国古代从“类”范畴到“类”法式的发展演进过程》,《逻辑学研究》2010年第1期。

② 王先谦撰,沈啸寰点校:《荀子集解·正名》,中华书局1988年版,第418—419页。

③ 张斌峰:《荀子的“类推思维”论》,《中国哲学史》2003年第2期。

只有当人们的言语行为符合“统类”或“伦类”的内在诉求,才会让儒家的“正名”学说成为解决战国社会乱象的根本动力。而在背后支撑荀子学说得以成立的论证方式,实则蕴涵着荀子总结的由“物类”到“伦类”再到“统类”的类比推衍思维。他的类推思想已表现出超越自身作为思维方式的附属地位,而逐渐成长为独立形态的类推理论。在荀子提出的理论模式中,孔子、墨子、公孙龙子等人关注的以历史人物、历史事件作为类推对象的事实性取向,已被荀子置换为更为宽泛、更具形而上色彩的语用类推。

综上所述,类推思维滥觞于三代,在殷周嬗递之际借由“类”与“不类”的区分而萌芽,开启了华夏文化中“因德而类”的类推思维的序曲。后在西周礼乐文化的氛围中进一步发展,沉淀为以《周易》卦爻象为载体的符号表达系统,其突出特征可以概括为“援类而推”。而诸子百家以推销政治主张和表达学术思想为现实目的的行为,则有效地继承了早期类推思想,并以诸子散文为载体使其凝炼成为以“引譬援类”为特征的类推思想。发展至荀子,则已不满足于针对具体事象来发挥类推思想的作用,而是侧重于类推思维的理论。前汉时期类推思想的发展凝聚了先民的智慧,也为汉代经学思想中感应比类学说的发展奠定了基础。

二、汉代的感应比类

类推思维在汉代的发展,最为显著的特征就是诸子百家“自说自话”的状态被经学的文化场域所取代。在促成经学与类推思维之间牢固关系得以确立的同时,也促使作为文化场域主体的经学与类推思维保持着以阐释为中介的生成与建构的动态关系。因此,作为主体的“经学”在自身的发展中形成了一套“性情倾向系统”,即所谓的“惯习”。它来自于场域,“即来自于特定的社会空间具有社会性，是属于集体的，但又总是存在于‘个体’身上”[①]。作为“惯习”的经学强调要从“天人相与之际”出发，而作为“个体”的类推思维则在汉代以感应比类的理论面貌出现。

（一）天人感应

在汉代经学的文化场域中，“天人一也”是儒家学者的基本共识，这使得汉儒多从“天”与“人”相似的角度出发来思考问题。但“天”与“人”如何对接，仍是需要解决的重要症结。

1. 人副天数

董仲舒基于“天人相与之际”的政治立场探索天人关系，首先需要解决的问题就是“天”与“人”的对接。他提出的“人副天数”学说有效地解决了这一问题。他从人身体的四肢入手，强调“人之身有四肢，每肢有三节，三四十二，十二节相持而形体立矣”[②]。他认为人的身体上的一切都与自然界保持着对应关系，也就意味着人与天保持着对应关系。故又有“人有三百六十节，偶天之数也；形体骨肉，偶地之厚也。上有耳目聪明，日月之象也；体有空窍理脉，川谷之象也；心有哀乐喜怒，神气之类也。观人之体一，何高物之甚，而类于天也”[③]。这是从人的身体逐步过渡到五脏、视瞑、刚柔、哀乐。这是一种不能以现代科学思维来解读的论证方式，它一方面延续了前汉时期的“天人合一”学说，另一方面则发展了前汉的类推思维。根据董氏理论，“天”与“人”之间不仅保持着形体层面

① 张天勇、陈正良：《文化自信的“场域—惯习”分析及其意义——布迪厄的视野》，《艺术百家》2017 年第 2 期。

② 苏舆撰，钟哲点校：《春秋繁露义证 · 官制象天》，中华书局 1992 年版，第 218 页。

③ 苏舆撰，钟哲点校：《春秋繁露义证 · 人副天数》，中华书局 1992 年版，第 354—355 页。

的相似性,还具有内在的联系。正如他所说,“天亦人之曾祖父”。“天”与“人”本是相隔遥远的存在,但在董仲舒看来却有着不可割裂的血缘关系。而且人的身体结构都符合“天”的特征、遵循“天”的规律,“天”与“人”处于相互感应的状态。其背后的逻辑是:“以天道来解释和证明人道……天道始终统一于人道,服务于人道,目的是确证人道。”① “天”与“人”之间的中介元素则是充斥于自然界的“气”,董仲舒正是利用此种逻辑关系建立起“以气为中介、以道德为基础”② 的天人感应学说。

“人副天数”是天人感应学说的基础,董仲舒在构建这套学说时没有陷入到命定论的误区中,而是以儒家最为擅长的道德修养、人伦建构为依据,强调以五经六艺之学为内容来践行儒家思想。同时,他和汉武帝之间基于“天人相与之际”达成的政治联盟,内在地要求儒家思想以制度性建构为路径使自身从民间学术形态转变为国家意识形态。一方面,儒家不能接受以回归自然为目标的自然人,其结果必然使儒学滑入黄老;另一方面,人必须要接受教化和约束,礼乐、道德、人伦理所当然地成为首选。“既然自然的‘天’不直接使人成为人,天意往往要通过一种世间权威进行表达与实现,那么上达天意下治黎民的君主就掌握着某种‘通天彻地’的权力,通常被理解为自在的、绝对的、超越的道。”③ 对“道”的追求落实到“天”与“人”之间关系的构成中,他所采用的思维方式也不再是前汉的类推思维,而是带有鲜明汉代文化色彩的感应比类思维的具体体现。

---

① 高晨阳:《中国传统思维方式研究》,山东大学出版社 1994 年版,第 267 页。

② 金春峰:《汉代思想史》(增补第三版),中国社会科学出版社 2006 年版,第 140 页。

③ 葛兆光:《中国思想史》(第一卷),复旦大学出版社 2001 年版,第 263 页。

2. 同类相动

但如果单纯将“人”视为“天”的对应物，就会在逻辑推演中陷入到如下的境地——由于人的身体结构及生命存在是按照天的模式确立的，它就自然享有存在的合法性和价值地位的优先性。因此，人与生俱来的本能诉求和现实欲望都应得到保护，而“人”也不需要主动有所作为，只需遵循自然天道“无为而治”即可。按照这一逻辑，儒学必然丧失自身的基本立场。董仲舒针对这一问题，创造性地在“天”与“人”之间加入了“生”的概念，从而弥补了可能导致的理论缺陷。

董氏所谓“生”不是自然生理，而是“人”从宇宙自然中获得的天赋秉性。如其所言：“为生不能为人，为人者天也。人之（为）人本于天，天亦人之曾祖父也。”① 在董氏看来，“生”并不能直接决定“人”的行为，而是要以“性”作为中介。因为“人的生命是‘生’，这是‘天’，‘情’是人的欲望，这是‘人’，但是，作为确立人之为人的‘性’，却不仅有先天的本性，还需要有后天的修养”②。借助于此，董仲舒不仅有效地避免了儒学陷入黄老之学的可能，而且为“人”需要来自外在的引导、规约和教化提供了思路。人之为人的最高境界并不是黄老学倡导的返璞归真，而是董仲舒追求的“天人相与之际”。而“人”又必然是在“天”的规约之下来重塑自我，这不仅提炼了孟子强调的人禽之别，还进一步将其论证为人之为人必须要实现的目标。非但人性中“义”的倾向被遮蔽是由于“利”的缘故，“人”还要主动去调整自我达到“乐而不乱，复而不厌”③ 的

① 苏舆撰，钟哲点校：《春秋繁露义证·为人者天》，中华书局 1992 年版，第 318 页。

② 葛兆光：《中国思想史》（第一卷），复旦大学出版社 2001 年版，第 262 页。

③ 苏舆撰，钟哲点校：《春秋繁露义证·天道施》，中华书局 1992 年版，第 472 页。

境界。

但“人”的主动调整与“天”的配合之间尚存在着一个巨大的逻辑缺陷，即“人之（为）人本于天”，但“天”与“人”的呼应仍需要遵循适当的规则。上文所说的四肢与四季、每肢三节而三四十二对应一年十二个月，都是人的外在形体与天的内在精神之间的相似性，二者只是维持在静态的、形式的比附关系中。董仲舒提出“天”与“人”的互动应遵循“同类相动”的原则。

> 今平地注水，去燥就湿，均薪施火，去湿就燥。百物去其所与异，而从其所与同。故气同则会，声比则应，其验皦然也。试调琴瑟而错之，鼓其宫则他宫应之，鼓其商而他商应之，五音比而自鸣，非有神，其数然也。美事召美类，恶事召恶类，类之相应而起也。①

董仲舒从“平地注水”“均薪施火”的日常经验出发，总结出“去其所与异，从其所与同”的规律。他以调琴瑟为例，最后得出了“美事召美类，恶事召恶类”的结论。据此，董仲舒认识到要实现“天人相与之际”的目的，就必须以善德、善行来赢得上天的庇佑。“人”与“天”只有处于动态的状况中，才能有效地推动交感、感应。这是“同类相动”学说得以成立的现实因素。而董仲舒提出的“同类相动”绝非无源之水无本之木，《周易》就有“同声相应，同气相求，水流湿，火就燥，云从龙，风从虎”② 的论述。董氏是在继承前人思想的同时，围绕“天人相与之际”的核心命题，赋予其全新的

---

① 苏舆撰，钟哲点校：《春秋繁露义证 · 同类相动》，中华书局 1992 年版，第 358 页。

②《十三经注疏 · 周易正义》，上海古籍出版社 1997 年版，第 16 页。

内涵。

“同类相动”的价值还可从政治用途、伦理功能两个层面来理解。其一，就政治用途而言，依据“同类相动”的思维方式，“天”虽然是万物的主宰，却又与“人”保持着互动的关系，维持“天”与“人”之间互动的正是二者之间特殊的“以类相应”的关系。如《四时之副》中所论，“圣人”（天的意志的代表者）时刻遵循“副天之所行以为政”的原则，最终孕育出“天有四时，王有四政”[①]的结论。这就形成了由“天”→“圣人”→“四政”的类推模式。其二，就伦理功能而言，“天”与“人”之间基于同类相动而形成的政治架构，对全社会具有普遍意义，即“王者配天”的最高原则决定了人必须要服从于天。

总的来说，源自前汉的类推思维，在经学文化场域中被赋予了新的内涵。这种被后世学者多番诘难并饱受诟病的“天人感应”学说，实则蕴涵着由“人副天数”——“同类而动”——“天人感应”的感应比类思维在其中，它有效地解决了“天”与“人”如何对接的问题。在进一步发展“天人合一”学说的同时，既配合了汉王朝意识形态建设的需要，也促进了儒学的转型。

（二）观象比类

感应比类的思维方式落实在汉字上，则体现为基于汉字字形构造所遵循的“立象尽意”规则，具象化为在汉代社会感应比类思维的规约、引导下，以释名、释义、归类部首等形式出现的《说文解字》《尔雅》等著作。

① 苏舆撰，钟哲点校：《春秋繁露义证·四时之副》，中华书局1992年版，第353页。

1. 近取诸身

早期汉字的形体或取法于人的身体、或效仿外部事物、或以取象于人作为转径指人、又或兼涉人和物。这一过程揭示出人体与外物之间相互联系、相映成趣的动态结构模式，是感应比类在文字构形问题上的生动写照。“所谓汉字构形上的以人示物，就是用取象于人身而创构的符号形象来表示人身以外的事物与现象。”①如此二者分别为甲骨文中的“鹿”和“象”，其图画特征十分明显②。但这一时期的图画符号尚不能称为文字，不仅因为相关图画符号多以独立形式存在，也由于这些图画没有纳入整体性篇章中，但早期汉字形成过程中遵循的“立象尽意”的原则已经可以看出。我们基本可以肯定“人类最早的文字都是从记事图画演变而成的，这种文字都是根据客观事物的形状和特色创造而成的”③。不仅华夏民族的文字与原始图画有直接关系，早期文明中的苏美尔楔形文字、古希腊象形文字也带有鲜明的图画特征。由此可见，文字并非仅仅是作为信息传播、情感表达的符号，也是特定文化浸润中诞生的文化符号。

随着汉字在夏商时期进入到相对稳定形态④，“立象尽意”的原则得到了有效贯彻。在殷商时期形成的甲骨文中，由于文字所记录的内容基本是占卜，多涉及祭祀、天文、年成、战争、疾病、田猎等问题，故时人很自然地形成了视甲骨文为具有沟通人神功能特殊载体的观念，“立象尽意”的造字原则开始与宗教因素结合。发

① 张武英：《汉字构形表现出的“天人合一”思想和人文主义精神》，《常州工学院学报》（社科版）2011 年第 2 期。

② 参见张桂光：《汉字学简论》，广东高等教育出版社 2017 年版，第 40 页。

③ 刘又辛：《汉语汉字答问》，商务印书馆 1997 年版，第 65 页。

④ 裘锡圭：《汉字形成问题的初步探索》，《中国语文》1978 年第 3 期。

展到汉代，"天人合一"的社会思潮使人们坚信"文字为有灵之物，关乎人事的祸福吉凶"①。如将洛阳的"洛"改为"雒"，其背后的动机正在于汉属火德，按五行相克理论，水克火，所以把"洛"字去掉"水"，而加上"隹"，变成"雒"字②。类似的情况在中国古代历史上不胜枚举。这种带有鲜明功利主义色彩的地名更迭、人名变换，既体现了汉字"立象尽意"的构字原则，也为类推思维在汉代的发展提供了一种全新的表达载体。

传统的文字研究多侧重训诂、字义、音韵，而较少涉及文字构造思想的考察。作为语言的记录符号，文字所蕴藏的文化信息绝不仅仅是传情达意。特别是作为表意文字的汉字，自传说中的仓颉造字伊始，先民就是从鸟兽蹄迒之迹出发来创制文字的，它意味着中国文字的形体结构和意义信息之间存在着紧密的关系。对这一问题的深入思考始于许慎，他在《说文解字·叙》中写道：

> 古者庖羲氏之王天下也，仰则观象于天，俯则观法于地，视鸟兽之文，与地之宜，近取诸身，远取诸物，于是始作易八卦，以垂宪象。及神农氏结绳为治，而统其事。庶业其繁，饰伪萌生。黄帝之史仓颉见鸟兽蹄迒之迹，知分理之可相别异也，初造书契。百工以乂，万品以察，盖取诸夬。
>
> 其建首也，立一为耑。方以类聚，物以群分。同条牵属，共理相贯，杂而不越，据形系联，引而申之，以究万原，毕终于亥，知化穷冥。③

---

① 何九盈：《汉字文化学》，辽宁人民出版社 2000 年版，第 65 页。

② 裘锡圭：《汉字形成问题的初步探索》，《中国语文》1978 年第 3 期。

③ 许慎撰，段玉裁注：《说文解字注》，上海古籍出版社 1988 年版，第 753 页，第 781—782 页。

首先,我们需要重新界定许慎所著《说文解字》、刘熙所著《释名》,二者绝非纯粹意义的字典。两位作者从汉字的字形结构、语言和涵义入手,最为重要的用意是“使数千个字符按照形、音、义各就其位。字或词,并非是通过逐渐积累的社会约定过程,而依附于对实在世界任意切割而成的断片之上的语言学符号”①。其次,根据许慎在《说文解字·叙》中阐述的“方以类聚,物以群分”的整体构思,他是将文字按照自身的性质加以分类,并强调汉字的分类要做到“同条牵属,共理相贯”。许慎以汉代流行的十二消息卦循环系统来安排大约9000个汉字,遵循的是“始于子”“终于亥”的循环系统。汉字的诞生过程和汉字字形对自然万物的模拟,在经由许慎的阐发后,成为对宇宙生生不息规律的模拟。正如金春峰先生所指出的,从一开始,以亥结束的《说文解字》契合了汉代易学象数理论②。这就不难理解许慎在解释“一”时强调“惟初大极,道立于一。造分天地,化成万物。凡一之属皆从一”③。这一解读方式直接来源于《易纬乾凿度》,“皆从一”不仅是从字形结构来说,也是《易经》思想的具体表现——“一”作为笔画最为简单的汉字,实则承担着统率全部汉字的责任。此外,我们还可以在《说文》中看到很多渗透着阴阳五行思想的文字解读,其本质也不外乎以阴阳五行的宇宙框架来重组汉字的排列关系。

2. 暗契八卦

根据许慎的描述,他撰写《说文解字》的目的绝不仅仅是为了归纳字类、总结汉字形成规律。在他看来,汉字的形成和发展遵循

---

① 任鹏:《中国美学通史·汉代卷》,江苏人民出版社2014年版,第360页。

② 金春峰:《两汉思想史》(增补第三版),中国社会科学出版社2006年版,第535页。

③ 许慎撰,段玉裁注:《说文解字注》,上海古籍出版社1988年版,第1页。

着“暗契八卦,以垂宪象”的规律。许慎将八卦与文字联系在了一切,“使文字分有了来自前者的权威性”[①]。这就意味着许慎不是单纯将汉字视为符号系统,而是认为汉字本身就具有独立于语言系统的特殊地位。通过汉字创始者仓颉和八卦创制者伏羲建立起联系,许慎实则确立了如下的观念:“书写不但包含着具体的自然现象的形式,而且还直接呈现‘道’——统治所有自然力和自然过程的根本法则。”[②]从“道”的高度来审视汉字目的在于,以文字作为媒介来穷究万事万物的本源。正如学者所说:“他那始‘一’终‘亥’的结构,与其说是什么六书或本义的探究,不如说他是用文字在说明万化始于子终于亥。子为一,属复卦,名天一生水,一阳生,万物滋长,岁在十一月;亥为坤卦,岁在十月。由子至亥,刚好一岁周转,同时也是万化成毁始终的周期。”[③]作为支撑汉人所发展的宇宙观的思维方式,《说文解字》《尔雅》等传统意义上被视为字典的著作,生动地体现了汉代社会的感应比类思维。以《说文解字》为例,许慎通过对篆文形体构造的分析,概括出540个部首。每一个部首的字都写有“凡某之属皆从某”,正是前文所论援类而推的具体体现。而对不同字的归属和分析作进一步划分的文字分类标准,许慎总结为“分别部居,不相杂厕”。它实则是前汉类推思维从“具象”到“意象”发展过程的真实表现,分类者根据“类推”的方式来归其同类、别其差异。此外,我们也要看到汉字的“本义”与“引申义”之间,原本就契合由“言事”及“言道”的类推思维模式。

如果说汉字的宗教属性为其赋予了心理层面的文化积淀,那

① 任鹏:《中国美学通史·汉代卷》,江苏人民出版社2014年版,第358页。

② 蔡宗齐著,刘青海译:《比较诗学结构:中西文论研究的三种视角》,北京大学出版社2012年版,第195页。

③ 龚鹏程:《汉代思潮》,商务印书馆2008年版,第102页。

么汉字的构形模式则使其具有华夏美学的原始基因。一方面,从图画到文字的发展过程和汉字成为成熟的文字系统之后,二者分别走上了两条不同的发展道路,但二者始终保持着紧密的联系。另一方面,汉字的书写方式在漫长的历史发展中逐渐形成一门独立的艺术——书法。张祥龙先生指出“汉字及汉字书写的特征,相互内在关联”是使汉字书写成为一门艺术的关键[①],而以中国为中心、辐射东南亚诸国的书法艺术传统,也确证了汉字书写方式中隐含着复杂、丰富的审美思想。诚如钱穆先生所说:“中国文字亦可说是由中国人独特创造,而又别具风格的一种代表中国性的艺术品。我们只有把看艺术作品的眼光来看中国文字,才能了解其趣味。”[②]无论是汉字生成过程的宗教因素,还是美学因素,最终都赋予了汉字独特的符号属性。作为其早期形态的原始图画虽具有表形功能,但不具备表意功能。原始图画发展为图画文字之后,“仍以表形为主,表意为副,偶尔表音是例外,完全表意也是例外,可以统称为‘形意文字’”[③]。透过汉字的发展历史、字形结构和表意方式,我们可以感受到,观象取类的思维方式始终是以外部世界的物象和人体自身的人象相互渗透、相互影响而形成的,这也是图画能够发展为文字的重要原因之一。从汉字构形的生成历史来说,我们应认识到汉字不只是单纯的信息表达载体,它同时也是“披挂在我们的精神上,预先决定了精神的一切符号表达的形式”[④]。当我们

① 张祥龙:《为什么中国书法能成为艺术?——书法美的现象学分析》,《从现象学到孔夫子》(增订版),商务印书馆2011年版,第465—466页。

② 钱穆:《中国文化史导论》(修订本),商务印书馆1994年版,第87页。

③ 李志岭:《汉字的宗教、美学、符号属性与天人合一精神》,《安徽大学学报》(哲学社会科学版)2007年第2期。

④[美]爱德华·萨丕尔著,陆卓元译:《语言论》,商务印书馆1985年版,第198页。

从符号的角度来审视语言时就会发现，语言的符号属性决定了语言和文字建立的特殊关联，诚如福柯所说："语言成分的任何一种物质上的实现和符号在时空中的任何一次出现都不足以使一个陈述出现并开始存在。"陈述不是一个结构，它更像是一种功能，"是一种从属于符号的功能。从而在它的基础上，我们能够通过分析或直觉，决定陈述是否'产生意义'或者不产生意义，它们根据什么规律相互连续或者相互并列；它们是何物的符号"①。就这一角度而言，汉字的符号属性意味着陈述对象和陈述符号之间的关系具有一定的随机性，而汉字的宗教属性、美学属性则为二者随机关系的生成提供了一种来自文化心理层面的解读。

（三）比类象喻

谶纬作为汉代经学文化场域的构成要素，它的理论基础是天人感应学说，汉代谶纬实则是董仲舒"天人同类""人副天数"思想的进一步发展。但就其思维方式而言，谶纬则有自身的特色——以象喻、类推相结合的方式，将人世间的万事万物与天上的日月星辰相对应，我们将其称为比类象喻。比类象喻作为谶纬的思维方式，是自其诞生伊始就存在的。它体现了作为文化场域的类推思维赋予谶纬著作表达作者思想特殊的比附于天的论证模式和由此及彼的言说方式。

1. 比附于天

关于谶纬，前贤时彦多有妙论，今仅举其代表。陈槃先生认为："谶纬之属，除谶纬二辞外，复有图、候、符、书、录之称。"②他还指

①［法］米歇尔·福柯著，谢强、马月译：《知识考古学》，生活·读书·新知三联书店2003年版，第93—94页。

②陈槃：《谶纬命名及其相关之诸问题（增订本）》，《古谶纬研讨及其书录解题》（上），上海古籍出版社2010年版，第148页。

出:"(谶纬)当溯原于邹衍及其燕齐海上之方士。"① 陈氏的观点与日本学者的认识颇多相同之处。我们认为,此种以思想源头追溯去考察某种思潮得以形成的研究方式并不可取。王利器先生就针对陈槃以《河图》解释所有以图命名的谶纬,明确指出:"上来所引诸言图书、图纬、图谶、图录、录图、录图之文,都涉一个图字,或俱以《河图》之图释之,尚嫌其不餍人意。"② "谶"为灵验的预言,这类预言又可称为谶言。而"谶书"则是"一种通过物象预占凶吉的书"③。随着儒学在武帝一朝取得一尊地位,谶的内涵开始发生变化。而经与纬原本是指织物上的横线、纵线。前者逐渐演变为诸子各派的权威著作,儒学一尊的外部因素使其由广义的学派代表著作演变为狭义的儒家经典;后者则是指解释经的著作。

大致来说,今人界定谶纬或从命名入手、或从阴阳五行来源着眼,难免有挂一漏万之嫌。我们认为,四库馆臣就谶纬所下定义应当采信:"儒者多称谶纬,其实谶自谶,纬自纬,非一类也。谶者,诡为隐语,预决吉凶, ……纬者,经之支流,衍及旁义。"④ 即谶为隐语,纬则分纬书、经纬书、谶纬书,纬是经学体系的一部分。因此,谶纬之书也应纳入到经学体系来考察,它们同样展现着类推思维的智慧之光。如《河图》载:"蟠冢山,上为狼星。武关山为地门,

① 陈槃:《谶纬溯原上》,《历史语言研究所集刊》(第十一册),中华书局 1987 年版,第 317 页。

② 王利器:《谶纬五论》,《当代学者自选文库 · 王利器卷》,安徽教育出版社 1999 年版,第 408 页。

③ 吴从祥:《谶纬与汉代文学》,中国社会科学出版社 2015 年版,第 15 页。

④《钦定四库全书总目》(整理本),"易纬坤灵图一卷"提要,中华书局 1997 年版,第 72 页。

上为天高星，主图圄。”[①]该段文字的作者表达天空的星辰与大地上的山岳一一对应的观念，是“比附于天”的论证模式在谶纬著作中最为直观的体现。将其与董仲舒“天人感应”学说做一番对比，则不难发现，董仲舒的视野尚局限于“人”与“天”的一一对应层面，而谶纬则明显有宽泛化的发展趋势。类似的表述还可以在《礼纬含文嘉》中找到，所谓“山泽者，三皇五帝之感应也”[②]，正是将帝王比附于山川的实例。又比如《孝经援神契》载有“人头圆象天，足方法地，五藏象五行，四肢法四时，九窍法九分，目法日月，肝仁，肺义，肾志，心礼，胆断，脾信，膀胱决难，发法星辰，节法日岁，肠法钤”[③]。《春秋元命包》也有“人之七孔，内法五脏，外方五行，庶类气契度也”[④]的文字。一方面，“人副天数”的思想在谶纬著作中得到了进一步的细化，是经学影响力渗透至社会各阶层的生动反映；另一方面，更多的儒家学者将阴阳五行思想与儒学结合起来，撰写了大量的谶纬类著作，使经学影响力进一步扩大。二者所形成的思想合力使得董仲舒基于“天人感应”提出的“人副天数”“同类相动”学说得到了进一步的发展，成为一种“天地精通，神明列序也”[⑤]的新学说。

---

①[日]安居香山、中村彰八：《纬书集成·河图》，河北人民出版社1994年版，第1216页。

②[日]安居香山、中村彰八：《纬书集成·礼纬含文嘉》，河北人民出版社1994年版，第495页。

③[日]安居香山、中村彰八：《纬书集成·孝经援神契》，河北人民出版社1994年版，第962页。

④[日]安居香山、中村彰八：《纬书集成·春秋元命包》，河北人民出版社1994年版，第625页。

⑤[日]安居香山、中村彰八：《纬书集成·河图括地象》，河北人民出版社1994年版，第1090页。

2. 由此及彼

由上可知，谶纬的作者们并不满足于以笼统的描述来概括“天”与“人”的互动关系，而是试图将其细化为可以感知、可以触碰的现实。因此，“比附于天”是谶纬的论证模式，而充实其内在则是谶纬著作中“由此及彼”的言说方式。比如《春秋佐助期》记载有“诸侯上象四七，三公寅亮参两。四七二十八宿也，参两天地也”①。诸侯、三公为社会政治秩序中的存在，谶纬类著作的作者将其推衍至星辰，是“由此及彼”言说方式的具体体现。由“人”及“人事”再及万物的类推思维的隐含前提是人与天地万物的相通性。不同于董仲舒侧重于调和“天”与“人”的关系而突出“人”的主体性，谶纬则更强调“天”与“人”之间比附关系的区别。正如学者所指出的，“谶纬则以‘天地精通’为基础，直接将地物(人事、自然)比附于天体。谶纬天地比附远较分野说以及董仲舒的天人相副更为细致，更为繁琐”②。一方面，谶纬是以人道上证天道，隐含着人道附属于天道的意蕴。另一方面，天道对人道的统摄绝不是让儒家滑入道家，针对的仍是现实生活中的人道。

谶纬作为两汉社会重要的思想，虽曾产生巨大的影响，并直接参与到王莽篡汉、光武中兴等重大历史事件中。但并非所有人都对谶纬持认可态度，如桓谭、王充等人就是历史上有名的谶纬思想批判者。桓谭著有《新论》一书，他从儒家思想的传统入手，强调古代儒者都是“先王之所记述，咸以仁义正道为本，非有奇怪虚诞之事”，又指出“天道性命，圣人所难言也”③。桓谭立足于原始儒学

①[日]安居香山、中村璋八:《纬书集成·春秋佐助期》，河北人民出版社1994年版，第824页。

②吴从祥:《谶纬与汉代文学》，中国社会科学出版社2015年版，第97页。

③《后汉书·桓谭冯衍列传》，中华书局1965年版，第959页。

的本来面貌，旨在正本清源，却忽略了两汉儒学发展的时代潮流，险遭光武帝处斩。相较于桓谭从原始儒学“罕言性与天道”的角度批判谶纬之学，王充的思想则更为体系化。他的批评直接针对“天人感应”学说的核心——“天”与“人”可以相互呼应。在王充看来，“天道当然，人事不能却也”，又说“以七尺之细形，形中之微气，不过与一鼎之蒸火同”①。“人”是如此的渺小、无力，根本无法与“天”建立起联系，二者只能是处于“人不能以行感天，天亦不随行而应人”②的“天人相分”状态。后人常将王充视为朴素的唯物主义者，若就哲学分析的角度而言，这种论断是成立的。但若从汉代社会的政治语境着眼，则应另有结论。如前文所言“天人感应”之说不仅是“天人合一”思想和类推思维在汉代社会融合后的产物，也是儒者与帝王之间基于“天人相与之际”达成的政治共识。因此，当“天人感应”学说在政治实践中外化为灾异祥瑞之说时，王充对谶纬的批判就必然会延伸至对灾异祥瑞之说的批判。然而，诚如有学者所说，“王充反对灾异说的部分出发点正是维护汉皇帝神圣不可侵犯的绝对权威”③，这无疑弱化了儒家士人约束帝王的话语权。而王充本人为了仕途的发展对朝廷公布的祥瑞又较为认可，则透露出其理论建构与社会实践的乖离与不合。作为东汉儒学中的异端，王充对谶纬所持的既否定、又肯定的矛盾态度，说明谶纬作为一种社会思潮，不是单纯的否定、肯定可以概括的。它若退出历史舞台，只有到王纲解纽后才有可能实现。

---

① 王充撰，黄晖校释：《论衡校释·变虚》，中华书局1990年版，第208页，第207页。

② 王充撰，黄晖校释：《论衡校释·明雩》，中华书局1990年版，第665页。

③ 庄大钧：《王充经学观论略》，《孔子研究》1998年第1期。

(四)类比联通

诸子之学遭逢秦汉大一统的政治结构,“士人们必须学会消除他们身上那些致命的浪漫天性”①。汉代士人文化思想的整体格局就是在摒弃游士风尚的同时,逐渐在儒学基础上取得一统。为配合和巩固儒学意识形态建构,汉代选举制度的建立为士人提供了一种全新的生存空间。如汉文帝“将以一定名目和程序征集来、按一定标准进行了考察的士人延登于朝,以禄利仕位的方式对士人的才能识见予以肯定,从而在皇帝,也可以说是中央集权国家的需要与士所标举的价值间,建立起一定程度的联结”②。士的标准的建构和选举制度的确立,在改造士人思想结构的同时,也为他们提供了行走于大一统帝国的政治环境,进而促成了“天下混而为一”的观念的确立。这个时代的人“试图建立起一个巨大的综合,打通天地自然和人类社会的界域、分野,使各类事物和现象相互感应、贯通”③。感应比类的思维方式在其中扮演着极为重要的角色,其影响力渗透至文学、音乐等多个领域。

1. 由“类”而赋

儒术独尊格局的确立始于董仲舒为汉武帝阐述“大道”“至论”,这是一种完全不同于黄老之学的儒学政治学说。由前可知,董仲舒基于“天人相与之际”的政治立场出发,在“天”与“人”之间建起天人感应学说。为论证不同事物之间取得感应的合理性,董仲舒采用了类比联通的思维。他指出:“是故为《春秋》者,得一端而多连之,见一空而博贯之,则天下尽矣。”④以世间万物之一,如

① 于迎春:《秦汉士史》,北京大学出版社 2000 年版,第 55 页。

② 于迎春:《秦汉士史》,北京大学出版社 2000 年版,第 89 页。

③ 于迎春:《汉代文学与文学观念的演进》,东方出版社 1997 年版,第 35 页。

④ 苏舆撰,钟哲点校:《春秋繁露义证 · 精华》,中华书局 1992 年版,第 97 页。

"一孔""一端"为出发点,无限推衍开去。不仅在逻辑层面充分借鉴了感性经验的合理性,也将由此及彼的类推思维升华为以有限求无限、以已知求未知的认知手段。这是一种前所未有的广阔气质,只有在强大的大一统帝国的时代才会出现,前文对董仲舒"人副天数""同类相动"思想的分析也印证了这一点。"类"作为中国哲学的概念之一,经过董仲舒的培育,逾越了类属的范畴而升华至认识论的手段。同一时期的《淮南子》也说:"见窾木浮而知为舟,见飞蓬转而知为车,见鸟迹而知著书,以类取之。"[①]可见"类"作为认识论手段已被汉代人所接受,并成为广泛采用的论证方式。而董仲舒在《春秋繁露》中基于"天人感应"而展开的"人副天数""同类相动"的论证,不过是将"类"发挥到极致而已。

"类"的基础是类观念的确立,进而由"类"的形象和推衍论证而及于思想表达。前汉诸家为求自己学说为人所信,多采用"引譬援类"的方式。这种被今人视为寓言的表达方式,正是类推思维影响文学写作的具体表现。发展至汉代,则又有其新的表现形式——汉大赋。

以汉大赋名家司马相如所作《上林赋》为例,他在《上林赋》开篇即提出"二君之论,不务明君臣之义"[②],明确否定了他在《子虚赋》中所论。《子虚赋》带有鲜明的黄老色彩,明显不合于汉帝国大一统的政治格局。而《上林赋》则截然不同,他所展现的帝国特性首先体现为远超诸侯园林的庞大气势,其次则表现为宫殿的精美、服饰的华丽、歌舞的优美。这是一种只属于皇家的庞大景象,后世

① 刘文典撰,冯逸点校:《淮南鸿烈集解·说山训》,中华书局1989年版,第538页。

② 萧统编,李善注:《文选》,中华书局1977年版,第123页。

将汉大赋的审美风范总结为“劝百讽一”，只看到讽的不足，却忽略了大一统时代的盛景。正如学者所强调的“所谓大赋的劝谕，自然就主要是针对皇帝而来，只有他有资格作为大赋世界的主人，他也因之成为这些赋作最重要的读者”①。而为了能够与帝王气象相匹配，司马相如采用的手段就是“类推”。由“崇山矗矗”而至“深林巨木”、由“南山峨峨”而至“摧崣崛崎”②，极尽铺排之能事的华丽辞章不仅让人们“面对这恢宏、庄严和伟大惊得说不出话来”，而且“把许多名字排列成串，以此引起人们对汉朝廷威严和权势的联想”③。汉大赋所展现的空间想象，只有在空前强大的大一统时代才会出现。这是一种由“类”而赋的演进结果，帝王作为最高的统治者，不仅象征着帝国的统一，也要求士人将自身的情感、观念和人生经验降至附属地位。

2. 以类相动

感应比类的思维方式发展至汉代，不仅在汉大赋中有具体表现，还在《乐记》中有所体现。《乐记》作为我国古代艺术哲学的重要典籍，重点讨论了艺术表现形式与人内心情感间的关系问题。它上承《易传》思想，但又对先秦诸子所讨论的音乐对象及其规律有所发展。

以类相动作为《乐记》的思维方式，目的在于强调“情”与“声”之间的紧密关系。如《乐象》篇所言“凡奸声感人，而逆气应之，逆气成象，而淫乐兴焉。正声感人，而顺气应之，顺气成象，而

① 于迎春：《汉代文人与文学观念的演进》，东方出版社1997年版，第37—38页。

② 萧统编，李善注：《文选》，中华书局1977年版，第124页。

③［德］顾彬著，马树德译：《中国文人的自然观》，上海人民出版社1990年版，第55页。

和乐兴焉。倡和有应，回邪曲直，各归其分，而万物之理，各以类相动也”[①]。乐有“奸声”“正声”之别，并与“逆气”“顺气”相对。孔颖达疏曰：“奸邪之声感动于人，人既感奸邪之声，则有奸邪之气来应也。……既感奸邪之声，心又感奸邪之气，二者相合而成象，淫乐遂兴。……回，谓乖违。邪，谓邪僻。”[②]这是一种典型的儒家乐教思想，邪声会与人体内的逆气相呼应，而逆气的外化形式则必然是奸邪之声，反之亦然。《乐象》借助“奸声”与“逆气”、“正声”与“顺气”的“以类相动”，将其分别“倡和”为“淫乐”“和乐”，终使音乐的“以类相动”上升为一般的“万物之理”。类似的观点还可以在《魏文侯》篇中看到，所谓“钟声铿，铿以立号，号以立横，横以立武。君子听钟声，则思武臣。石声磬，磬以立辨，辨以致死。君子听磬声，则思死封疆之臣。丝声哀，哀以立廉，廉以立志。君子听琴瑟之声，则思志义之臣。竹声滥，滥以立会，会以聚众。君子听竽笙箫管之声，则思畜聚之臣。鼓鼙之声讙，讙以立动，动以进众。君子听鼓鼙之声，则思将帅之臣。君子之听音，非听其铿鎗而已也，彼亦有所合之也”[③]。子夏回答魏文侯关于钟、磬之声与武臣、死封疆之臣的关系时，运用的正是以类相动的思维。不同的乐器由于自身材质、敲击方式的不同会展现出不同的音色，但子夏的关注并不在于声音的物理性质，而是强调从人文内涵的角度来解读。钟声、磬声、琴瑟与武臣、死封疆之臣、志义之臣的对应关系，建立在二者“类”的相似性基础上，经由子夏的提炼而展现出二者之间的感应比类关系。

①《十三经注疏·礼记正义》，上海古籍出版社1997年，第1536页。
②《十三经注疏·礼记正义》，上海古籍出版社1997年，第1536页。
③《十三经注疏·礼记正义》，上海古籍出版社1997年，第1541页。

总的来说,《乐记》主要的思想资源虽来自于先秦诸子思想中涉及音乐的论述,但它所展现的"以类相动"的思维方式,却具有鲜明的汉代色彩。最为核心的一点在于,《乐记》主要是通过对人的内心情感和表现形式之间关系的描述得以体现。"乐者,音之所由生也,其本在人心之感于物也。是故其哀心感者,其声噍以杀。其乐心感者,其声啴以缓。其喜心感者,其声发以散。其怒心感者,其声粗以厉。其敬心感者,其声直以廉。其爱心感者,其声和以柔。"①《乐记》作者认为前述六者"非性也",也即不是生而有之的先天之性,而是"感于物而后动"的产物。当人内心的喜怒哀乐受到外部世界的刺激,就会以特定的音乐形式表现出来。因此,他认为"故先王慎所以感之者。故礼以道其志,乐以和其声,政以一其行,刑以防其奸。礼乐刑政,其极一也;所以同民心而出治道也"②。"以类相动"的思维方式不仅是对汉以前类推思维的继承和发展,而且于其中融汇了大一统的汉帝国独特的文化诉求。

①《十三经注疏·礼记正义》,上海古籍出版社 1997 年,第 1527 页。

②《十三经注疏·礼记正义》,上海古籍出版社 1997 年,第 1527 页。

第二章　汉代经学与文论的话语规则

“话语”（discourse）是当代西方人文学科出现较多的一个词，但其具体含义却因不同学者的不同使用而略有差异[①]。我们所谓“话语”，并非指一般意义上的语言或谈话，而是借用当代的话语分析理论（discourse analysis theory）的概念，专指文化意义建构的法则。“这些法则是指在一定文化传统、社会历史和文化背景下所形成的思维、表达、沟通与解读等方面的基本规则，是意义的建构方式（to determine how meaning is constructed）和交流与创立知识的方式（The way we both communicate with each other and create knowledge）。”[②]说得更简洁一点，话语就是指一定文化思维和言说的基本范畴和规则。

在汉代经学与文论视域中，孔子无疑是一个“焦点”。然而，诚如曹顺庆先生所说：“孔子的影响，不仅仅在于一部《论语》，而更在于孔子奠定了中华文化的基本文化范型和文化话语模式。”即“述而不作”，“以读经为本、解经为事、依经立义的普遍的解读模式

① 参见李思屈：《中国诗学话语》第一章第一节“话语研究的现状”，四川人民出版社1999年版，第5—9页。

② 曹顺庆：《中外比较文论史（上古时期）》，山东教育出版社1998年版，第335页。

和意义建构方式”[①]。这种说法是十分有见地的。然而,具体深究这一文化范型和话语模式,我们会发现,它的形成,一方面在于孔子奠定了“述而不作”的文化范型和话语模式,另一方面在于历代(尤其是汉代)经学家(包括古文家和今文家)、史学家、文学(论)家对其解读模式和意义建构方式的阐释和发挥。换言之,这个文化范型和话语模式的形成不仅是一个历史过程,而且是多重力量的综合运动,是孔子本人及历代(尤其是汉代)经学家、史学家、文学(论)家对其不断阐释和发挥的共同结果,并最终形成了崇道、尊圣、宗经为一体的依经立义话语规则。

第一节 述而不作

“述而不作”首创于孔子,后经由孟子、司马迁、班固、桓谭、王充等人的阐释和发挥,其意蕴不断得到丰富和发展,成为我国古代文人主要的思维方式与阐释原则之一。

一、“述而不作”:孔子的文化范型和话语模式

“述而不作”一语源自《论语·述而》:“述而不作,信而好古,窃比于我老彭。”[②]对“述”和“作”的分疏、解释历来是后世研究者理解、阐释这句话的起点和焦点。

在中国古代汉语语境中,“述”和“作”是两个意义截然不同的

① 曹顺庆:《中外比较文论史(上古时期)》,山东教育出版社1998年版,第401—403页。

② 朱熹:《四书章句集注·论语集注》,中华书局1983年版,第93页。

动词。如《说文》分疏两者云："述，循也。""作，起也。"[①]也就是说，"述"是一种因循守旧的行为，没有创新，即没有新的内容加入。而"作"则是一种开拓创新的行为，加入了新的内容。清代焦循在《雕菰集》中将两者解释得极为透彻，他说："人未知而己先知，人未觉而己先觉，因为所先知先觉者教人，俾人皆知之觉之，而天下之知觉自我始，是为'作'。已有知之觉之者，自我而损益之；或其意久而不明，有明之者，用以教人，而作者之意复明，是谓'述'。"[②]在焦氏看来，"作"是一种先知先觉并使他人知之觉之的带有始发性、原创性的动作；而"述"相对于"作"而言，则是"作"下的一种"照着讲"境界，有两种含义：一种是在"作"的引导下知之觉之后自由损益；另一种是明辨"作"者之意。前者偏重的是一种学识的沿袭、积累或修缮；后者侧重的是对学识的解释说明，并以所学教人。

显然，"述"和"作"作为中国古代汉语语境中两个单独使用的动词，一强调因循[③]，一侧重创新[④]，从动作的发起和最后的结果

---

① 许慎撰，段玉裁注《说文解字注》，上海古籍出版社 1986 年版，第 70 页，第 374 页。

② 焦循：《雕菰集·述难》，《续修四库全书》，上海古籍出版社 1995 年版，集部第 1489 册。

③ 可参见周远斌：《"述而不作"本义考》，《理论学刊》2006 年第 1 期。周文对涉及到"述"字的先秦绝大多数文献进行了考索，认为在先秦文献中，"述"均可以作遵循、继承解。

④ 在具体分析"作"之含义时，学界尚略有分歧。如杨乃乔先生从甲金文、《尔雅》、《说文解字》、《广雅》、《大广益会玉篇》历经郭璞、邢昺再到段玉裁、王念孙等语义学的角度分梳"述而不作"之"作"不能望文生义地过度阐释为与书写和文学有关的"创作"之义，而应理解和解释为一字双关，同时含有"制作"与"兴作"两个层面的意义。参见杨乃乔：《中国经学诠释学及其释经的自解原则——论孔子"述而不作，信而好古"的独断论诠释学思想》，《中国比较文学》2015 年第 2 期。

看，后者都明显优于(或高于)前者。对此，大家并没有多大分歧和异议。如《礼记·乐记》云："知礼乐之情者能作，识礼乐之文者能述。作者之谓圣，述者之谓明。明圣者，述作之谓也。"①首次从礼乐上对"述"和"作"进行了明确分工。《中庸》亦云："子曰：'无忧者其惟文王乎！以王季为父，以武王为子。父作之，子述之。武王缵大王、王季、文王之绪。'"②也从帝王基业上对"述"和"作"进行了功效对比。然而，对于孔子这句看似简单的话，后人在解释其具体所指时却众说纷纭，难达共识。争议的焦点主要集中于以下两个方面。

(一)"述""作"之所指

就"述作"的具体内容而言，综观历代阐释者的意见，大体可分为三种。

其一，孔子"述""作"之所指为礼乐，其对应的是德位传统。首开此例者当为《中庸》："非天子，不议礼，不制度，不考文。今天下车同轨，书同文，行同伦。虽有其位，苟无其德，不敢作礼乐焉；虽有其德，苟无其位，亦不敢作礼乐焉。"③《中庸》不仅指明了"作"的主要内容，而且强调惟天子或德位兼有者方具备"作"的权力和资格。如《汉书·礼乐志》载黄帝、颛顼、帝喾、尧、舜、禹、汤、武王、周公分别作《咸池》《六茎》《五英》《大章》《招》《夏》《濩》《武》《勺》等即是明证。汉代"遍注群经"的经学大师郑玄也继承这一基本观点，并将"述""作"之所指统一为"礼乐"，其为《论语》本则作注云："今孔子谓其时，明孔子无位，不敢作礼乐，而但可述

① 《十三经注疏·礼记正义》，上海古籍出版社1997年版，第1530页。
② 朱熹：《四书章句集注·中庸章句》，中华书局1983年版，第26页。
③ 朱熹：《四书章句集注·中庸章句》，中华书局1983年版，第36页。

之也。”[①] 南朝经学家皇侃综合《中庸》和郑玄的意见，对其进行了较为全面的概括和总结：

> 述者，传于旧章也。作者，新制礼乐也。孔子自言：我但传述旧章，而不新制礼乐也。夫得制礼乐者，必须德位兼并、德为圣人、尊为天子者也。所以然者，制作礼乐必使天下行之，若有德无位，既非天下之主，而天下不畏，则礼乐不行；若有位无德，虽为天下之主，而天下不服，则礼乐不行，故必须并兼者也。孔子是有德无位，故“述而不作”也。[②]

与将“作”及其所指释为“新制礼乐”相对，皇侃将“述”及其所指释为“传于旧章”。需要补充说明的是，此处“旧章”不宜解释为旧时典籍，而应解释为古人乐章。“章”，《说文解字》云：“乐竟为一章，从音十。十，数之终也。”此处“竟”当作“终”解，《说文解字》云：“乐曲尽为竟。”段玉裁注曰：“曲之所止也。引伸之，凡事之所止，土地之所止，皆曰竟。”[③] 显然，惟有并兼德位者方可制作礼乐并命天下行效。否则，有德无位，天下不畏；有位无德，天下不服，皆难使礼乐行效于天下。

其二，孔子“述”“作”之所指为六经，其对应的是经典传承。首开此例者当为班固：“（孔子）自卫反鲁，然后乐正，《雅》《颂》各得其所。……于是叙《书》则断《尧典》，称乐则法《韶舞》，论《诗》

---

① 刘宝楠撰，高流水点校：《论语正义》，中华书局 1990 年版，第 251—252 页。

② 皇侃撰，高尚榘校点：《论语义疏 · 述而》，中华书局 2013 年版，第 153 页。

③ 许慎撰，段玉裁注《说文解字注》，上海古籍出版社 1986 年版，第 102 页，第 102 页。

则首《周南》。缀周之礼，因鲁《春秋》，举十二公行事，绳之以文武之道，成一王法，至获麟而止。盖晚而好《易》，读之韦编三绝，而为之传。皆因近圣之事，以立先王之教，故曰：'述而不作，信而好古'；'下学而上达，知我者其天乎！'"[①]很明显，班固认为孔子"述而不作"的范围当限定在六艺范围内。宋代理学大师朱熹亦承袭班固所言："孔子删《诗》《书》，定《礼》《乐》，赞《周易》，修《春秋》，皆传先王之旧，而未尝有所作也，故其自言如此。"[②]认为孔子"传"旧，未有所"作"的也是六经。近人程树德在《论语集释》中集注本则时亦几近照录朱熹注解[③]。

其三，孔子"述""作"之所指为仪式，其对应的是能力差异。首倡此说者为当代学人唐启翠，她从礼乐仪式语境和口语文字来追寻"述""作"初义对"述而不作"的潜在制约。指出"述""作"原本都深深根源于口传文化祝祷神灵的仪式语境，而后引申为撰述和创作，但各有倚重，"述"偏于卜筮祝祷技艺和仪式性言行信守与遵循、践行；而"作"偏于契刻、铭刻、建造等仪式性制作传统。"述作"的关键性区别在于述作主体在礼仪系统、器物制造及技术传承等方面知晓神圣启示的能力差异。孔子时代，主导性知识传承方式依旧是口述和礼乐仪式[④]。

诚然，将"述""作"之所指局限于礼乐、六经，抑或仪式，在各自的论说语境中都有一定的合理之处。但结合孔子的人生追求，则均有片面之嫌。首先，众所周知，孔子"祖述尧舜，宪章文武"，其政治理想是三代之治。因此，我们认为孔子"述""作"之所指

① 《汉书·儒林传》，中华书局1962年版，第3589—3590页。

② 朱熹：《四书章句集注·论语集注》，中华书局1983年版，第93页。

③ 程树德撰，程俊英点校：《论语集释》，中华书局1990年版，第435页。

④ 唐启翠：《"述而不作"与"圣贤"神话》，《文艺理论研究》2012年第2期。

不仅包括礼乐传统、典章制度，而且当是孔子心目中的先圣之道，因为“孔子所欲固执而承传的，是超越器物仪文层面和政治经济层面的深层文化精神”①。其次，就“述”“作”之字义而言，诚如前文所述，因循与创新是两者分疏之根本。但黄式三《论语后案》将“述”“作”的字义疏解为：“作者，创人所未知。述者，昔有之而今晦之，为之祖述以明之也。”②则与孔子的政治理想和人生追求最为契合、恰切。第三，“窃比于我老彭”亦是一个不可忽视的重要参照。邢昺疏曰：“老彭于时，但述修先王之道而不自制作，笃信而好古事。孔子言，今我亦尔，故云‘比老彭’，犹不敢显言，故云‘窃’。”③由此，我们可以对孔子“述而不作”的基本内涵作如下界定：遵循先圣之道，而不新创。这既体现了孔子对先代文化“郁郁乎文哉，吾将从周矣”的基本态度，也符合孔子恪守名正言顺，绝不僭越的行事与传道准则。

（二）“述”“作”之关系

在厘清孔子“述而不作”的基本内涵之后，又一个重要问题浮出水面，那就是孔子对“述”与“作”的基本态度或者基本立

---

① 徐克谦：《先秦儒学及其现代阐释》，南京师范大学出版社1999年版，第61页。周光庆先生认为“信而好古”之“古”，“既指包容恢宏的‘古之道术’，也指历程久远的文化传统”，由于“述而不作，信而好古”所指的对象应该是同一的，故“述而不作”之对象也应该认为是先圣之道。参见周光庆：《孔子创立的儒学解释学之核心精神》，《孔子研究》2005年第4期。

② 程树德撰，程俊英点校：《论语集释》，中华书局1990年版，第433页。

③《十三经注疏·论语注疏》，上海古籍出版社1997年版，第2481页。旧题韩愈和李翱所作《论语笔解》因释“述”“作”所指为礼乐，对“窃”一字别有新解。其语云：“下文子曰：‘甚矣吾衰也，久矣吾不复梦见周公。’是制礼作乐，慕周公所为，岂若老彭述古事而已。显非谦辞，盖叹当世鄙俗，窃以我比老彭，无足称尔。”参见程树德撰，程俊英点校：《论语集释》，中华书局1990年版，第435页。

场。因为对孔子在此问题上的立场的界定,直接决定孔子本人的思想倾向与价值立场。诚然,孔子自言"述而不作"并切实躬行,但是同在《论语·述而》中,孔子还指出了一种不良之"作"现象:"盖有不知而作之者,我无是也。多闻择其善者而从之,多见而识之,知之次也。"[①]言下之意,"作"有"不知而作"[②]和"知而作"之分。孔子无"不知而作",有"知而作"吗?若有,"作"了什么?其与"述而不作"是否矛盾?而这也正是后人关于孔子"述""作"关系——"述中有作"和"述而不作"分歧之渊薮。

一种观点认为,孔子是"述中有作"的,且着意于"作"的强调。孔子述先王之道自不待言,但首开孔子"作《春秋》"之先河的当推亚圣孟子。据清人刘宝楠《论语正义》载:"孟子云'孔子作《春秋》',《春秋》是述,亦言'作'者,散文通称。如周公作《常棣》,召公述之,亦曰'作《常棣》'矣。"[③]虽然在整个《孟子》里找不出这段文字,但就其阐述的"述"即"作"思想,似乎与孟子并不相悖。如《孟子·滕文公下》就明确说过孔子"作《春秋》"事:"世衰道微,邪说暴行有作,臣弑其君者有之,子弑其父者有之。孔子惧,作《春秋》。《春秋》,天子之事也。是故孔子曰:'知我者其惟《春秋》乎!罪我者其惟《春秋》乎!'"[④]《孟子·离娄下》亦云:"王者之迹熄而《诗》亡,《诗》亡然后《春秋》作。晋之《乘》、楚之《梼杌》、鲁之

---

① 朱熹:《四书章句集注·论语集注》,中华书局1983年版,第99页。

② 何晏《论语集解》引包咸注曰:"时人多有穿凿妄作篇籍者,故云然。"邢昺疏曰:"言时人盖有不知理道穿凿妄作篇籍者,我即无此事也。……言人若多闻择善而从之,多见择善而志之,能如此者,比天生知之可以为次也。言此者,所以戒人不为穿凿。"朱熹《论语集注》亦云:"不知而作,不知其理而妄作也。"

③ 刘宝楠撰,高流水点校:《论语正义》,中华书局1990年版,第252页。

④ 朱熹:《四书章句集注·孟子集注》,中华书局1983年版,第272页。

《春秋》,一也。其事则齐桓、晋文,其文则史。孔子曰:'其义则丘窃取之矣。'" ① 虽然《春秋》实乃"天子之事",孔子本人亦云"述而不作",但孟子却从"《诗》亡然后《春秋》作"和"其义则丘窃取之矣"出发,认为孔子继承、发展了晋、楚、鲁等各诸侯国史官记载史事的优良传统,对晋《乘》、楚《梼杌》、鲁《春秋》等各诸侯国史册进行了"述中有作"的"窃取"工作,将其"义"寓于《春秋》之中,从而最终实现了与《诗》一样的赖以"存王道""存王迹"的重大功效 ②。自此,孔子本人倡言的"述而不作"便如大河分流一般,产生了一个新的分支——不仅被强调为"述中有作",而且被凸显为以《春秋》为代表的五经典籍的编撰,并持续不衰。

迨至汉初,《春秋》被视为经书,儒生们自然视其出于圣人之手,从董仲舒到司马迁都以权威的声音力倡此说。如《春秋繁露·俞序》云:"仲尼之作《春秋》也,上探正天端王公之位,万民之所欲,下明得失,起贤才,以待后圣。" ③ 而对孔子"作"《春秋》阐述较全面、较具体的则是司马迁。在《孔子世家》《儒林列传》《太史公自序》等篇章中,司马迁不仅继承孟子的观点,认为孔子"作"《春秋》,而且将孔子如何"作"《春秋》及其"作"《春秋》的意义都作了详细论述。在《史记》中,司马迁除多次指明孔子"作"《春秋》外,还在《孔子世家》《三代世表》《十二诸侯年表》《匈奴列传》中用了"为""次""著""受""口受"等词。显然,"为""著"

---

① 朱熹:《四书章句集注·孟子集注》,中华书局 1983 年版,第 295 页。

② 关于"其义则丘窃取之矣"和"《诗》亡然后《春秋》作"的相关论述,详见张金梅:《〈春秋〉笔法与中国文论》,中国社会科学出版社 2012 年版,第 40—45 页,第 127—144 页。

③ 苏舆撰,钟哲点校:《春秋繁露义证》,中华书局 1992 年版,第 158—159 页。

与“作”同义。而“次”本义指排列顺序，但从《史记》上下文看，《孔子世家》中的“作”与《三代世表》中的“次”也应是同义。至于“受”“口受”，在司马迁看来，则是孔子“作”完《春秋》后又将《春秋》当作教材传授给了自己的学生。

虽然有汉一代，除《春秋》外，其他诸经明确标举“作”的并不多见。但诚如蒋伯潜先生所说：“孔子自承为‘述而不作，信而好古’之学者（见《论语·述而》篇）；其与五经，似亦为整理古书之‘述’的工作；但五经之材料虽古已有之，而经孔子加一番赞修笔削理董之手续后，殆莫不各赋以新含义与新生命，则与其谓为‘述’，无宁谓为‘作’矣。”① 也正缘于此，“以孔子为政治家，以六经为孔子致治之说”② 的汉今文经学家便坚信五经乃孔子所作。在他们看来，五经富含夫子之道，孔子“作”远过于“述”。当然，今文经学家之所以持有这种态度，乃是与其企图挖掘经典背后的“微言大义”和“托古改制”的目的相一致的。

另一种观点认为，孔子是“述而不作”的，以“述”为本，不刻意强调“作”。如汉代古文经学“以孔子为史学家，以六经为孔子整理古代史料之书”③，虽然汉古文经学家没有明确说明孔子的立场，但是从他们认为孔子对六经的整理并非创制之功可以明显看出，他们认为孔子是“述而不作”的。如儒家典籍中，唯一曾被孟子、司马迁以及董仲舒为代表的今文经学家明确标示的孔子“作”《春秋》，在以杜预为代表的古文经学家眼里却是另一番情景。其《春秋序》云：“仲尼因鲁史册书成文，考其真伪，而志其典礼，上以

① 蒋伯潜：《十三经概论》，上海古籍出版社 1983 年版，第 6 页。
② 朱维铮编校：《周予同经学史论》，上海人民出版社 2010 年版，第 62 页。
③ 朱维铮编校：《周予同经学史论》，上海人民出版社 2010 年版，第 62 页。

遵周公之遗制，下以明将来之法。其教之所存，文之所害，则刊而正之，以示劝戒；其余则皆即用旧史，史有文质，辞有详略，不必改也。……其发凡以言例，皆经国之常制，周公之垂发，史书之旧章，仲尼从而修之，以成一经之通体。……然亦有史所不书，即以为义者，此盖《春秋》新意。"[①] 换言之，在以杜预为代表的古文经学家看来，《春秋》等经书是孔子有所"因"（因袭）、有所"遵"（遵循）之前提下的产物。即是说《春秋》等经书是先王之旧典，孔子只有编订之功。虽在具体行文时，杜预也曾用了"修"字，但其根本含义与今文经学家所谓"作"有着天壤之别。可以推想，连孟子、司马迁、董仲舒等明确标举的孔子"作"《春秋》的说法都遭到了古文经学家的"非议"，其他诸经就更不必说了。

坚信孔子"述而不作"的除古文经学家以外，尚有余响。如前文所述的班固和朱熹，他们不仅认为孔子"述""作"之所指为六经，而且坚信孔子是"述而不作"的。不过，朱熹的态度相较前人，又略有不同：其一，"当是时，作者略备，夫子盖集群圣之大成而折衷之"[②]。也就是说，孔子在当时已具备了"作"的条件，只是他本人"德愈盛而心愈下"，既"不敢当作者之圣"，也"不敢显然自缚于古之贤人"，所以朱熹说"述而不作"是孔子的自谦之辞。换言之，"自言如此"并不等于最终的实际效果如此。显然，朱熹对孔子"述而不作"的自谦态度非常欣赏。其二，"其事虽述，而功则倍于作矣，此又不可不知也"[③]。在此，朱熹首次打破前贤业已建构的"作"优于或高于"述"的话语系统，将孔子"述"的功效远远凌驾

①《春秋左传正义·春秋序》，《十三经注疏》，上海古籍出版社 1997 年版，第 1705—1706 页。

② 朱熹：《四书章句集注·论语集注》，中华书局 1983 年版，第 93 页。

③ 朱熹：《四书章句集注·论语集注》，中华书局 1983 年版，第 93 页。

于“作”之上。

现代以来，围绕孔子“述而不作”的论说，学界仍延承着上述不同的两种意见。一种以杨伯峻、冯天瑜两先生为代表。如杨先生《论语译注》将“述而不作，信而好古”翻译为：“阐述而不创作，以相信的态度喜爱古代文化。”①与杨先生意见相似，冯先生在《中华元典精神》中更是直言：“孔丘非六经手订者，而是六经传述者。”②冯先生对六经之产生及其与孔子的关系进行了认真考订，对孔子“述者”的地位确信不疑，对孔子关于六经的阐发之功评价甚高。另一种意见则以成中英和李泽厚两先生为代表。成先生指出：“孔子自称述而不作，这就表明他对历史根源性具有相当的自觉。他的创造是继承传统的创造，代表了更上一层楼的价值诠释，因而也表现了更高层次的人性自觉。这也是他后来能够发生巨大影响的原因所在。”③与成先生将“述而不作”理解为“继承传统的创造”一致，李先生也在《论语今读》中指出：“孔子梦周公，重礼制，信而好古，的确是古代氏族传统的顽强的承传人和护卫者，孔子对此是非常自觉的。但任何‘述’中都有‘作’，孔子以‘仁’解‘礼’，便是‘作’。实际上孔子是‘述而又作’。‘述’者‘礼’也；‘作’者‘仁’也。‘作’是为了‘述’，结果却超出了‘述’。”④

由上可知，孔子的“述而不作”是个非常复杂的问题，至今仍未有定论。究其原因，不外乎两个方面。

其一，“述”和“作”的古今语境发生了变化。古代的“述”是

① 杨伯峻：《论语译注》，中华书局2012年版，第93页。

② 冯天瑜：《中华元典精神》，武汉大学出版社2006年版，第114页。

③［美］成中英著，李志林编：《世纪之交的抉择——论中西哲学的会通与融合》，知识出版社1991年版，第341页。

④ 李泽厚：《论语今读》，安徽文艺出版社1998年版，第169页。

因循,“作”是原创;今天所谓“述”可为讲述、论述,都有“作”意;而“作”亦有创作、制作等,并不一定都有原创意。换言之,从现代汉语语境分析,“述而不作”的说法基本上是难以成立的,而古代则不同。

其二,孔子当时的文化地位和历史授予的文化地位是解读“述而不作”的关键。从孔子当时的文化地位看,他之所以言“述”不言“作”,一个基本的原因乃是“圣人作,贤者述”的观念在包括孔子在内的中国古人意识中根深蒂固。他们认为只有两种人有“作”的权利:一为天子,一为圣人。孔子既非天子,亦非圣人,故无权“作”。在夫子眼里,只有三皇五帝、文武周公才称得上圣人,所以徐兆寿总结说:“不是孔子不‘作’,而是孔子没有称‘作’的地位;不是孔子的‘述’不是‘作’,而是因礼制,只能把‘作’称为‘述’。”① 而从历史授予的文化地位看,因孔子离世后,孔门弟子进行的“造圣运动”,一步步将孔子塑造成圣人,这也是为何后人包括孟子、司马迁等人皆言孔子“作”《春秋》的根本原因。因为在他们的眼里,孔子已是圣人,他具备了“作”的条件和权利。而今文家和古文家的解读之所以会大不相同,也是因为他们各自赋予孔子的文化地位不同。前者崇孔子,故相信“述中有作”;而后者崇周公,则相信“述而不作”。

有鉴于此,我们认为,作为一种文化范型和话语模式,孔子自言“述而不作”并躬行践履。一方面,就客观实际而言,孔子“祖述”先圣之道,六经和礼乐都是先圣之道的重要表征;另一方面,作为一种话语模式,“述而不作”只是孔子的自谦之辞,其背后还

---

① 徐兆寿:《论孔子“述而不作”的误读与历史语境》,《甘肃社会科学》2008年第3期。

隐藏了一个重要的信仰逻辑，即“信而好古”。这里的“信而好”似不应简单地理解或解释为“以相信的态度喜爱”或“相信而喜好”，而是一种虔诚的崇圣思维；这里的“古”也不宜宽泛地理解或解释为“古代文化”，而是一种隐喻或借代，其所指恐怕是包括六经和礼乐在内的先圣之道。诚如宋人陈栎所说：“‘信而好古’乃‘述而不作’之本。夫子自谓好古敏以求之，又谓不如某之好学。惟能笃于信道，所以深好古道；惟笃信好古，所以惟述古而不敢自我作古焉。”[①] 这样，孔子自谦的“述而不作”话语模式便与其“信而好古”的信仰逻辑水乳交融——如《孔子家语·困誓》“述先王好古法”[②] 的连用，成为后世尤其是汉儒普遍遵循的一种文化范型。

二、“述作之争”：汉儒的文化建构和崇圣思维

作为一种文化范型和话语模式，“述而不作”自亚圣孟子拉开孔子“作《春秋》”和“其义则丘窃取之矣”之帷幕后，便与典籍创制和经典阐释结下了不解之缘。前者不同程度地规约了汉人的典籍创作观念，后者则从根本上奠定了汉儒的经典阐释理路。

（一）“述而不作”与典籍创制

受孔子“述而不作”文化范型和话语模式的影响，司马迁、扬雄、王充等汉代士人在典籍创制上都不由自主地显露出一种不无谦虚或谦卑的羞怯姿态，体现出鲜明的崇圣倾向。

在汉代个人著述史上，司马迁无疑是一个特别重要的人物。《史记》上继《春秋》的意识和信念强烈而自觉，但在面对社会现实的直接质询时，司马迁却不得不接受时代文化创造原则的限制。

① 陈栎：《四书发明》，程树德撰，程俊英点校：《论语集释》，中华书局 1990 年版，第 436 页。

② 王国轩、王秀梅译：《孔子家语·困誓》，中华书局 2014 年版，第 188 页。

如《太史公自序》曾明言《史记》“著十二本纪”“作十表”“作八书”“作三十世家”“作七十列传”，凡百三十篇，连续运用百三十个“作”字，却在其结尾云：“余述历黄帝以来至太初而讫。”[①] 由此可见，司马迁受孔子“述而不作”文化范型和话语模式的影响巨大。具体而言，表现有三：

其一，《史记》非所谓“作”，乃“述”也。司马迁虽以“承五百之运”（即“自周公卒五百岁而有孔子，孔子卒后至于今五百岁”）的自我期待和“小子何敢让焉”的自我鞭策，立志继《春秋》而纂《史记》，但当大夫壶遂询问其“欲以何明”时，他却自我辩解说：“余所谓述故事，整齐其世传，非所谓作也，而君比之于《春秋》，谬矣。”[②] 在儒术独尊之初的汉武时代，欲“成一家之言”的司马迁以“述”和“作”的鲜明对举，在否认《史记》“作”的性质的同时，也否认了自己“作”的资格，表现出对夫子之道的极力遵从与守持。

其二，“述而不作，君子义也”[③]。在《史记·日者列传》中，司马迁借日者司马季主的口吻提出。在司马季主看来，“述而不作”是卜者应该遵循的基本原则。所谓“作”，指“自伏羲作八卦，周文王演三百八十四爻而天下治”；所谓“述”，指卜者“法天地，象四时，顺于仁义，分策定卦，旋式正棋，然后言天地之利害，事之成败”[④]。卜筮必有所法，上至国家大事，如“先王之定国家”；下至日常生活，如“产子”，卜筮均是不可或缺的。自先祖创立卜筮之法占卜吉凶，后世方才受其恩泽，如“越王勾践放文王八卦以破敌国、霸天下”。因此卜者当继承和发扬（“述”）古人这一“作”之成果以合天

①《史记·太史公自序》，中华书局1982年版，第3321页。

②《史记·太史公自序》，中华书局1982年版，第3299—3300页。

③《史记·日者列传》，中华书局1982年版，第3218页。

④《史记·日者列传》，中华书局1982年版，第3218页。

地之道。

其三,秉承孔子“述而不作”文化范型和话语模式,司马迁首开撰史风气之先。后世史家承续太史公的传统,在史著中多次使用夫子这一思想。如班固《汉书·儒林传》《汉书·礼乐志》《汉书·叙传》,范晔《后汉书·邓张徐张胡列传》《后汉书·律历》,司马光《资治通鉴·汉纪》等,均或直接引用“述而不作”,或将其贯穿于历史叙述与评判之中。他们在引用“述而不作”为其论说服务时,多借其承袭与创制之意。

在“究天人之际,通古今之变,成一家之言”的司马迁犹且放弃“作”的资格后,孔子“述而不作”的文化范型和话语模式更加根深蒂固于西汉士人之心。以至当西汉著名的盐铁会议召开之际,丞相长史与文学之士还就是否和如何遵循古代圣贤之道展开了一场公开的论争。据桓宽《盐铁论·遵道》载,代表行政官吏的丞相长史一方认为无论法令制度,还是器械工具,只要能经世致用,“或作”“或述”皆可。公卿大夫建功立业,不必拘泥于“述”“作”等“细故之语”。而文学之士一方则认为应当遵循先王之道,坚持“述而不作”。唯有如此,才能“功成而不隳,名立而不顿”。否则,“无先王之法,非圣人之道”,就会“中道而废”,因己而亡①。“盐铁会议”后,文学之士坚持“述而不作”的论见虽在汉代士人心中仅略胜一筹,但其冲击力不容小视。其后的扬雄和桓谭就是明证。

受司马迁和文学之士坚持“述而不作”论见的影响,扬雄仿《论语》作《法言》,仿《周易》作《太玄》,就遭到了时人的强烈谴责:“诸儒或讥以为雄非圣人而作经,犹春秋吴楚之君僭号称王,盖

① 王利器:《盐铁论校注》,中华书局1992年版,第292—293页。

诛绝之罪也。”① 面对著书立说等文化僭越行为如同篡夺政治权力一样罪大恶极的批判，扬雄也不得不自我辩解：“或曰：‘述而不作，《玄》何以作？’曰：‘其事则述，其书则作。’”何谓“事述书作”？汪荣宝疏之曰：“谓《玄》之义理亦述也，其文辞则作耳。……道之大原出于天，虽圣人亦但能有所发明，而不能有所创造。若夫援据所学，发为文辞，垂著篇籍，则正学者之所有事，虽作，亦述也。”② 比起司马迁“非所谓作也”的直接否认，扬雄“事述书作”之辩明显开放洒脱些，表现出扬雄力图突破孔子“述而不作”既定话语模式的努力。不过，以义理、文辞分疏“述”和“作”，虽突出了“作”的成分，却贬低了“作”的行为，与孔子“述而不作”之本义相较，略显乖离。

如果说孔子“述而不作”的文化范型和话语模式在扬雄的思想领域已开始动摇的话，那么去扬雄不远的桓谭，则走得更远。位于两汉之际的狂放之士桓谭非常欣赏扬雄，其《新论·启寤》毫无保留地直称扬雄为圣人，《新论·闵友》亦直称《太玄》为《玄经》，认为“数百年外其书必传”。秉承着清明的文化理知和创造信心，《新论·本造》开篇更是大胆宣称：“余为《新论》，术辨古今，亦欲兴治也。何异《春秋》褒贬耶？今有疑者，所谓蚌异蛤，二五为非十也。”③ 虽未明确标举“作”，但以“为”代“作”，将自己《新论》之明辨古今比肩于《春秋》之劝善惩恶，亦表现出强烈的桀骜不驯气息和鲜明的开拓创新意识。不过，要混迹于崇圣尊经的汉代士林，其言说语境仍然不得不规约于已有的“圣人”“经”等文化范型和

① 《汉书·扬雄传》，中华书局1962年版，第3585页。

② 扬雄撰，汪荣宝义疏，陈仲夫点校：《法言义疏·问神》，中华书局1987年版，第166页。

③ 桓谭撰，朱谦之校辑：《新辑本桓谭新论》，中华书局2009年版，第1页。

话语模式。

与桓谭盛推扬雄一样，王充也激赏桓谭。《论衡·定贤》曰："孔子不王，素王之业，在于《春秋》。然则桓君山不相，素丞相之迹，存于《新论》者也。"[①]但对于孔子"述而不作"的文化范型和话语模式，王充却未像桓谭那样前倾大胆，而是在独立思考的基础上，力求推陈出新。

首先，面对时人的诘难："圣人作，贤者述，以贤而作者，非也。《论衡》《政务》，可谓作者。"王充明确回答："非作也，亦非述也，论也。论者，述之次也。"[②]这里，王充在既有的"述""作"模式之外，首次提出一个新的行为模式——"论"。所谓"论"，就是辩说、议论，亦即"解释世俗之疑，辩照是非之理，使后进晓见然否之分"，"铨轻重之言，立真伪之平"[③]。虽然在王充的眼里，"贤与圣同轨而殊名"，但"圣作贤述"的价值序列仍在，不可肆意僭越，即"作"高于"述"。而"论"则是比"述"更低的一个价值等级。这样，"作"—"述"—"论"就构成了王充的文化范型和话语模式。

其次，与"作"—"述"—"论"的文化范型和话语模式相应，"五经之兴，可谓作矣。太史公书、刘子政序、班叔皮传，可谓述矣。桓山君（当是桓君山）《新论》、邹伯奇《检论》，可谓论矣。今观《论衡》《政务》，桓、邹之二论也，非所谓作也"[④]。这里，在"作"—"述"—"论"的价值秩序建构中，王充视五经为"作"；司马迁《史记》、刘向《新序》等、班彪《后传》（注，无视班固《汉书》）为"述"；重复指出桓谭《新论》、邹伯奇《检论》"可谓论矣""非所谓作也"

① 王充撰，黄晖校释：《论衡校释·定贤》，中华书局1990年版，第1122页。
② 王充撰，黄晖校释：《论衡校释·对作》，中华书局1990年版，第1180页。
③ 王充撰，黄晖校释：《论衡校释·对作》，中华书局1990年版，第1183、1179页。
④ 王充撰，黄晖校释：《论衡校释·对作》，中华书局1990年版，第1180—1181页。

似有深意。诚如上文所述，桓谭曾自比《新论》与《春秋》，王充虽激赏桓谭为“素丞相”，仍视其《新论》为“论”，连“述”的地位都未给，这在一定程度上可以看作是对桓谭视《新论》相通于《春秋》的有效纠偏。

第三，在“作”–“述”–“论”的文化范型和话语模式中，王充突出强调了“作”的价值——“造端更为，前始未有”。如“仓颉作书”“奚仲作车”“伏羲作八卦”等，都是前所未有的开创，故称为“作”。而文王将八卦自演为六十四卦，因在原有的基础上大有增益，故称为“衍”。至于“衍”属“作”还是属“述”，王充则未明言。不过，透过王充对伏羲之“作”和文王之“衍”的严格区分，我们可以看出他对“作”的极力遵从和坚守。

最后，在“作”–“述”–“论”的文化范型和话语模式中，《论衡》只是一本“世俗之书”。其旨在“订真伪”，“辩实虚”，既“非造始更为”，亦“无本于前”[①]，故在“作”–“述”–“论”的价值序列中只能排在末等。如同孔子、司马迁一样，我们认为王充此论亦是一种自谦或谦卑之辞。一方面，就典籍创制而言，“作”“述”“论”三者之间的界限不易区分，如《论衡》一书中，王充虽对“书”“论”“造”“作”诸名称的使用较为严格，但我们今天较难辨异；另一方面，王充亦公开明言：“故夫有益也，虽作无害也。”[②]换言之，即使时人认为《论衡》是“作”，其“有益之验”与仓颉之作书、奚仲之作车、伯余之作衣、桀之作瓦屋一样，都有补于世，不应遭到时人非议。这里，王充以是否“有益”作为标尺去衡量“作”，犹见盐铁会议上丞相长史之风。至于王充称赞扬雄“不述

① 王充撰，黄晖校释：《论衡校释·对作》，中华书局1990年版，第1181页。
② 王充撰，黄晖校释：《论衡校释·对作》，中华书局1990年版，第1184页。

而作，材疑圣人"[①]，则是缘于其将扬雄《太玄》与《乐经》对举，视《太玄》为经书故。

由上可见，受孔子"述而不作"的文化范型和话语模式的影响，在典籍创制上，汉代士人除极少数人如桓谭外，无论是司马迁的"非所谓作"，还是扬雄的"事述书作"，抑或王充的"非作非述"，大多都表现出对圣化的道德崇拜和对权威的伦理认同。与此同时，由于对孔子"述而不作"文化范型和话语模式极力遵从和信守，他们不仅使孔子处于"述""作"之间，陷入为"圣"却无"作"的尴尬境地，而且使自己的典籍创制亦徘徊于"述""作"两难，陷入实"作"却不敢也不能承认的现实困窘。

（二）"述而不作"与经典阐释

如果说孔子"述而不作"的文化范型和话语模式对汉代士人的典籍创作产生了重要影响，那么后世围绕孔子"述而不作"文化范型和话语模式的论述本身也恰好构成了一幅中国经典阐释史画卷。从《论语·述而》中"述而不作，信而好古"的上下语境看，其言简意赅、互不连属的语录体文字本身，即以一个特定的案例，为后人众说纷纭的理解和阐释创造了条件。如前文所引文献，包括刘宝楠的《论语正义》、程树德的《论语集释》、朱熹的《四书章句集注》、何晏、邢昺的《论语注疏》、杨伯峻的《论语译注》、李泽厚的《论语今读》等，都是《论语》的经典阐释文献。其"正义""集释""集注""注疏""译注""今读"等都是中国古代经典阐释的典范形态。诚如李翔海所说："孔子所开创的这一传统对日后中国经典诠释产生了重要影响。在一定意义上，'述而不作'成为了其后中国经典诠释上基本的形式特征。换言之，孔子之后，通过'传

① 王充撰，黄晖校释：《论衡校释·对作》，中华书局 1990 年版，第 1183 页。

先王（贤）之旧’而进行传述和创作，成为中国经典诠释的基本形态。”① 这在发端于先秦而完善于汉代的儒家经学中得到了鲜明的表现。

从文体上看，经学著述可分为“经”和“传”两类。“经”是富有原创性的著述；而“传”则是对“经”的诂训和解释。说解者在传述经文时，既要掌握了解前贤的解释，又要注入阐明自己的见解，寓“作”于“述”，于继承中求创新。显然这是一种“述而不作”的过程。据学者统计，两汉儒生注经的名目有“传”“内传”“外传”“故”“解故”“解诂”“说”“说义”“记”“章句”“注”“笺”“释”“解”“解说”“条例”“训旨”“同异”“训诂”“微”“通论”“异义”等②，达二十二种之多。其中，较为常见的是“传”“说”“记”和“章句”。这里我们以“传”为例，略作说明。

作为一种极为常见的注经体例，“传”很早就产生了，且意涵丰富。如清人赵翼云：“古书凡记事立论及解经者皆谓之传，非专记一人事迹也。”③ 也就是说，“传”一名而含三义。

其一，记事，如二十四史中的“列传”“传”都属此例。司马迁著《史记》，首作七十“列传”，并自称“非所谓作也”，上文已述，此处不赘。

其二，立论。赵翼将古代一切议论性的著作都列入“传”，表面

① 李翔海：《从“述而不作”看中国经典诠释的理论特质》，《天津社会科学》2004 年第 5 期。

② 张荣明：《中国的国教：从上古到东汉》，中国社会科学出版社 2001 年版，第 244 页。

③ 赵翼撰，曹光甫校点：《廿二史札记》卷一，上海古籍出版社 2011 年版，第 5 页。

上看,似为不确。但由于武昭宣元时期诸子书都被看作五经的辅翼,故西汉士人多用“传”来指称先秦诸子著述,如盐铁会议上“文学”之士征引《老子》便称“传曰”;《汉书·景十三王传》载西汉景武之际河间献王所收藏古书亦将《老子》归入“经传说记”之列。其实,或在战国晚期一些著述已有经、传之分,如《韩非子·内储说上》就题有“右经”“右传”之字样。

其三,解经,这是“传”的最基本和最常用义,又分口传和书面两种。如《春秋》“三传”,都经历了一个由口耳相传到书面记录的过程。《左传》相传为与孔子同时的鲁太史左丘明所作。据司马迁载,孔子作《春秋》后,曾向弟子们口授微言大义。因未形成统一的书面解释文字,“鲁君子左丘明惧弟子人人异端,各安其意,失其真,故因孔子史记具论其语,成《左氏春秋》”[①]。班固亦云:“丘明恐弟子各安其意,以失其真,故论本事而作传,明夫子不以空言说经也。”[②]《左传》虽只叙史事,不解经义,但仿《春秋》体例,以其十余倍的篇幅,记载了自隐公元年至哀公二十七年的历史。《公羊传》相传为子夏弟子公羊高所撰。据徐彦《春秋公羊传疏》引戴宏《序》云,《公羊传》或在战国初期由公羊高首创,经公羊氏历代子孙和历代儒生数百年口耳相传不断增益补充,至汉景帝时正式记录成书。《公羊传》专为解释《春秋》而作,全书以自问自答的问答体例逐字逐句地解说经义。《穀梁传》相传为子夏弟子穀梁赤所撰,与《公羊传》的传授相似,《穀梁传》或在战国初期由穀梁赤首创,经历代儒生数百年口耳相传不断增益补充,至汉初正式记录成书,时间大体与《公羊传》同时或略晚。与《公羊传》相似,《穀

---

①《史记·十二诸侯年表》,中华书局1982年版,第509—510页。

②《汉书·艺文志》,中华书局1962年版,第1715页。

梁传》也是专门解释《春秋》的。其起讫年代、解经体例均与《公羊传》相近。《春秋》三传，或是史事的扩充，以明夫子"不空言说经"；或为经义的比附和义理的推阐，以明夫子之"微言大义"，但都是因循和遵从《春秋》的，是"述而不作"。

有汉一代，注经大师灿若星辰。若说集大成者，则首推马融和郑玄。马郑两位大儒遍注群经，尤其是马融开创了"以传附经"的先河。孔颖达云："汉初，为传、训者，皆与经别行。三《传》之文不与经连，故石经书《公羊传》皆无经文。《艺文志》云：'《毛诗》经二十九卷，《毛诗故训传》三十卷'，是毛为诂训，亦与经别也。及马融为《周礼》之注，乃云'欲省学者两读，故具载本文'，然则后汉以来，始就经为注。"① 马融之前，经、传各自独立成书，那种将注文掺杂在经文中，或将解经著作附在经书之后的作法都是马融之前的学者不敢做也不敢想的。马融在经书的抄录本之后附上自己的传，首次将经、传合为一体，使原本独立的"传"在形式上更接近"述而不作"了。待到郑玄另辟新体，发明笺注时，将注文依附夹在相应的经文之后，就更体现了"述而不作"的文化范型和话语模式。《三国志》载：

> 帝（高贵乡公）又问曰："孔子作彖、象，郑玄作注，虽圣贤不同，其所释经义一也。今彖、象不与经文相连，而注连之，何也？"（淳于）俊对曰："郑玄合彖、象于经者，欲使学者寻省易了也。"帝曰："若郑玄合之，于学诚便，则孔子曷为不合以了学者乎？"俊对曰："孔子恐其与文王相乱，是以不合，此圣人以不合为谦。"帝曰："若圣人以不合为谦，则郑玄何独不谦

①《十三经注疏·毛诗正义》，上海古籍出版社 1997 年版，第 269 页。

邪?”俊对曰:“古义弘深,圣问奥远,非臣所能详尽。”①

相传孔子作《十翼》,作为独立的“传”,《十翼》是对《易》经的解释,相较文王而言,孔子自言“述而不作”是一种自谦之辞。郑玄作注,相较孔子而言,亦是“述而不作”。更为重要的是,郑玄将《彖》《象》分别附于六十四卦之后,从著述体例上看,经传合为一体,“作”的成分更难突显。

在经学发展史上,经书虽经历了“五经”“七经”②“九经”“十一经”“十二经”“十三经”的复杂演进,但总数只有十三种。而历代阐释“经”的“传”则成千上万,据《四库全书总目》经部著录,从先秦迄清乾隆年间,儒家《易》类、《书》类、《诗》类、《礼》类、《春秋》类、《孝经》类、《五经总义》类、四书类、乐类、小学类等文化典籍达一千七百七十三部,二万〇四百二十七卷。因此从某种意义上说,中国经学发展史就是诠释经典的历史。历代大儒们在孔子“述而不作,信而好古”的文化范型和话语影响下,将儒学演绎成为经典诠释的学问。

第二节　崇圣宗经

经学滥觞于先秦兴盛于两汉。有汉一代,孔子由儒家一家之

---

①《三国志·魏书·三少帝纪》,中华书局1959年版,第136页。

②“七经”名目,历来说法不一。东汉《一字石经》作《易》《诗》《书》《仪礼》《春秋》《公羊》《论语》;《后汉书·张纯传》唐李贤注作《诗》《书》《礼》《乐》《易》《春秋》《论语》;宋刘敞《七经小传》作《书》《诗》《周礼》《仪礼》《礼记》《公羊》《论语》;清康熙《御纂七经》作《易》《书》《诗》《春秋》《周礼》《仪礼》《礼记》。

"圣人"变成天下之"圣人",《诗》《书》《礼》《易》《春秋》也由儒家一门之"经"一跃为天下之"经"。而围绕孔子及"五经"的传授、评说、笺注、阐释所形成的经学则与先秦以降的"崇圣""宗经"话语言说方式和意义建构方式密切相关。

一、崇圣

从语源学上看,"圣"和"圣人"是两个密切相关但又略有差别的概念。"圣"最初是指一种特殊的能力;而"圣人"则是"圣"的丰富、发展和人格化,两者是一而二,二而一的概念。由"圣"发展到"圣人崇拜"经历了漫长的历史过程,概而言之,普遍的崇圣意识形成于春秋、战国,定型于秦汉。

(一)先秦"尊天""崇圣"传统

"圣"的繁体为"聖"。许慎《说文解字》云:"聖,通也,从耳,呈声。"段玉裁《说文解字注》曰:"圣,从耳者,谓其耳顺。《风俗通》曰:'圣者,声也。言闻声知情。'按,声、圣字古相假借。"[①]许氏将其视为形声字,释其本义为"通";段氏则将其视为假借字,释其本义为"耳顺"。李孝定《甲骨文字集释》对此有不同的看法:"契文从耳,象人上着大耳,从口,会意。圣之初义为听觉官能之敏锐,故引申训'通';贤圣之义,又其引申也。……许君以形声说之,非是。听、声、圣三字同源,其始当本一字。"[②]李氏将其视为会意字,释其本义为"听觉官能之敏锐",引申义为"通""贤圣"等。相较而言,李氏的意见较为圆融。也就是说,"圣"的最初意义,是指称一种与听觉有关的能力。不过,需要补充说明的是,"圣"所

① 许慎撰,段玉裁注:《说文解字注》,上海古籍出版社1988年版,第592页。

② 李孝定:《甲骨文字集释》,"中研院"历史语言研究所1970年版,第3519页。

指称的敏锐的听力是一种特殊的能力，并不是一般人所能具备的。从听闻的对象或声音来看，“圣”当指能听闻神灵声音或上天命令的具备与神灵或上天沟通的一种能力。如《国语·楚语》载：“古者民神不杂。民之精爽不携贰者，而又能齐肃衷正，其智能上下比义，其圣能光远宣朗，其明能光照之，其聪能听彻之，如是则明神降之，在男曰觋，在女曰巫。”① 在天命无常，民神不杂的远古时代，唯有巫觋能沟通天地，代表神灵说话。而“圣”是巫觋通神或通天所应具备的四大能力之一，其作用是“光远宣朗”。也正缘于此，“尊天”“敬神”成了先民的重要价值取向。而圣人作为落实天意或神意的中介，不仅是天意或神意的代言人，也是人道的创立者。如《易·观·象》云：“圣人以神道设教，而天下服矣。”《易·系辞上》亦云：“天垂象，见吉凶，圣人象之；河出图，洛出书，圣人则之。”② “设教”服人、“象之”“则之”使“圣人”成了“神道”“天道”最完善、最圆满的宣传者、体验者、感受者。

随着时代的发展，文明的进步，人们不再相信天命无常，而是在敬畏天命的同时，开始将天命和民意联系起来。在“皇天无亲，惟德是辅；民心无常，惟惠之怀”③ 的情势下，“圣”所指称的通神或通天能力一步步朝着敬德、多能的方向转化。如《尚书·多方》云：“惟圣罔念作狂，惟狂克念作圣。”孔安国传曰：“惟圣人无念于善则为狂人，惟狂人能念于善则为圣人。”④ “圣人”和“狂人”只有一“念”之别，即是否向“善”。《国语·周语》亦云：“故圣人之施舍也议之，其喜怒取与亦议之。是以不主宽惠，亦不主猛毅，主德义

① 邬国义等：《国语译注·楚语》，上海古籍出版社 1994 年版，第 529 页。
②《十三经注疏·周易正义》，上海古籍出版社 1997 年版，第 36 页，第 82 页。
③《十三经注疏·尚书正义》，上海古籍出版社 1997 年版，第 227 页。
④《十三经注疏·尚书正义》，上海古籍出版社 1997 年版，第 229 页。

而已。”① 将“德义”视为圣人“施舍”“喜怒”“取与”的参考标准。在敬德的同时,圣人又往往和聪明、睿智等联系在一起。如《尚书·洪范》称:“聪作谋,睿作圣。”孔安国传曰:“于事无不通谓之圣。”②《大雅·桑柔》亦云:“维此圣人,瞻言百里。”传曰:“瞻言百里,远虑也。”③“圣人”被看作是“无所不通”“深谋远虑”的非凡之人。这样,“圣”便由通神或通天的能力演变成为敬德向善,无所不能的理想人格。

迨至春秋,王纲解纽,礼崩乐坏,“圣人”作为理想人格,受到诸子各家的普遍崇尚。其状态恰如刘泽华先生所指出的:“崇圣,是中国传统文化的核心。圣人是天人合一的中枢,是社会和历史的主宰,是理性、理想、智慧和真、善、美的人格化,既是人们的认同对象,又是追求的目标。圣人,在各家各派、各行各业中是不同的,甚至是对立的,但从更高的抽象意义上看,上述品格几乎是相同的或一致的。”④ 这里我们暂以儒、道、墨、法诸家为代表略作说明。

在儒家的“崇圣”文化中,“圣人”既是“人伦之至”,也能“知通乎大道”。本着“畏天命,畏大人,畏圣人言”的“君子三畏”风范,孔子对“圣人”怀有一种莫名的敬畏之情,故在《论语》一书中,孔子谈到“圣人”的次数并不多,且都是极为尊重的态度。如《论语·述而》云:“圣人,吾不得而见之矣;得见君子者,斯可矣。”朱熹注曰:“圣人,神明不测之号。君子,才德出众之名。”⑤ 在孔子眼

① 邬国义等:《国语译注·周语》,上海古籍出版社 1994 年版,第 63 页。
②《十三经注疏·尚书正义》,上海古籍出版社 1997 年版,第 188 页。
③《十三经注疏·毛诗正义》,上海古籍出版社 1997 年版,第 560 页。
④ 刘泽华:《论由崇圣向平等、自由观念的转变》,《天津社会科学》1993 年第 4 期。
⑤ 朱熹:《四书章句集注·论语集注》,中华书局 1983 年版,第 99 页。

里,“君子”是一种理想化的人格,而“圣人”则是比“君子”更为高级的层次。不仅一般人难以企及,而且能见到的机会都不多。因为“圣人”在孔子那里是几近完美道德的化身,是人格修养的最高境界,只有尧、舜、禹、周公等才勉强称得上。如孔子对其心目中的圣人尧,便给予了极高的赞扬:“大哉尧之为君也!巍巍乎!唯天为大,唯尧则之。荡荡乎!民无能名焉。巍巍乎!其有成功也;焕乎,其有文章!”[①] 孔子认为尧之德就像天一样高大广远,其事业和礼乐法度就像巍峨的高山一样,连百姓都不知如何称赞。这种对圣人无尽的崇尚与信仰是如此之坚定,以至于当子贡称孔子为圣人时,孔子断然回绝道:“若圣与仁,则吾岂敢?抑为之不厌,诲人不倦,则可谓云尔已矣。”朱熹注曰:“此亦夫子之谦辞也。”[②] 从孔子对“圣人”推崇备至的态度看,此论恐非。如《论语·雍也》载:“子贡曰:‘如有博施于民而能济众,何如?可谓仁乎?’子曰:‘何事于仁,必也圣乎!尧舜其犹病诸!’”[③] 在孔子看来,“博施于民而能济众”不仅是“仁”,更是“圣人”的标准。即便是尧、舜那样的圣人,其心犹有所不足于此。记载孔子身世与经历的《孔子家语》曾对“圣人”下过断语:“所谓圣人者,德合于天地,变通无方。穷万事之终始,协庶品之自然,敷其大道而遂成情性。明并日月,化行若神。下民不知其德,睹者不识其邻。此谓圣人也。”[④] 显然,深明

① 朱熹:《四书章句集注·论语集注》,中华书局1983年版,第107页。

② 朱熹:《四书章句集注·论语集注》,中华书局1983年版,第101页。

③ 朱熹:《四书章句集注·论语集注》,中华书局1983年版,第91—92页。

④ 王国轩、王秀梅译:《孔子家语·五仪》,中华书局2014年版,第46页。虽然很多人质疑《孔子家语》的真实性,甚至斥之为伪书,认为是王肃假托孔子之名杜撰的,不具有权威性,但是它依然为我们研究孔子的活动提供了不少有价值的资料。

天地自然和谐，熟知万物运行规律，并将之惠及于民而不为其所知者，方可称之为圣人。也正缘于此，孔子不敢自称“圣人”，而“圣人”也一直在儒家思想中居于最高地位，既是君子的道德楷模，亦是王治的政治理想，是后人争相效仿的典范。

自孟子始，便拉开了夫子为“圣人”的序幕。在《孟子·公孙丑上》中，孟子借有若之言说：“圣人之于民，亦类也。出于其类，拔乎其萃，自生民以来，未有盛于孔子也。”① 也就是说，“圣人”是出类拔萃之人，与民同类而又高于民，而孔子具备“圣人”的理想人格，是自有人类以来第一个堪称“圣人”之人。与此相应，《孟子·万章下》便指出伯夷、伊尹、柳下惠分别体现了圣人之“清”“任”“和”等德性，而孔子则是圣人德性之集大成者。相较孔子而言，孟子心目中的“圣人”人格有较强的现实性和实践性。如《孟子·离娄上》云：“圣人，人伦之至也。欲为君尽君道，欲为臣尽臣道，二者皆法尧舜而已矣。不以舜之所以事尧事君，不敬其君者也；不以尧之所以治民治民，贼其民者也。”② 在孟子看来，“圣人”是在现实生活中将“人伦”贯彻实施到了极致之人。以尧、舜为例，尧为君尽君道，舜为臣尽臣道，事君、治民都是尽君臣之道。

荀子比孟子走得更远，其关于“圣人”的论说也更具现实感和操作性。一方面，他对“圣人”作出界定：“圣人也者，本仁义，当是非，齐言行，不失毫厘，无它道焉，已乎行之矣。”③ 在荀子眼里，“圣人”不再神秘莫测，而是以仁义为本。另一方面，他强调“圣人”是“人之所积而致”，只要“仁义”“法正”，人人皆可成为“圣人”④。以

① 朱熹：《四书章句集注·孟子集注》，中华书局1983年版，第235页。

② 朱熹：《四书章句集注·孟子集注》，中华书局1983年版，第277页。

③ 王先谦撰，沈啸寰点校：《荀子集解·儒效》，中华书局1988年版，第142页。

④ 王先谦撰，沈啸寰点校：《荀子集解·性恶》，中华书局1988年版，第443页。

"劝学"为例,"学恶乎始?恶乎终?曰:'其数则始乎诵经,终乎读礼;其义则始乎为士,终乎为圣人。'"① 荀子以士、君子、圣人为三等,"圣人"被视为学识的顶点。

道家也是"尊天""崇圣"的②。如老子视"道"为万事万物的本源,而"圣人"则是道的化身。如"圣人之道,为而不争";"圣人处无为之事,行不言之教"③。圣人之道与天道一样,无不承载着自然无为的法则。庄子对"圣人"的界定亦有着明显的道家特色:"以天为宗,以德为本,以道为门,兆于变化,谓之圣人。"④ 即熟谙天地自然之道,能预知和掌握宇宙运行变化规律的人才能称得上"圣人"。与孔子一样,庄子也盛赞黄帝、尧、舜循古之道。如《庄子·天道》云:"夫天地者,古之所大也,而黄帝尧舜之所共美也。"⑤ 很明显,老庄对圣人之道是持肯定态度的。老庄不仅认同圣人之道,而且"执古之道,以语今之有"⑥,将古圣人之道看成是人们从事一切现实活动的依据。

儒墨同源,虽然后来墨家多以儒家的对立面而出现,但在其著名的"三表""三法"中却含有与儒家极为相近的"崇圣"思想。略有不同的是,儒家称"圣"或"圣人",而墨子则屡言"圣王"。如

---

① 王先谦撰,沈啸寰点校:《荀子集解·劝学》,中华书局 1988 年版,第 11 页。

② 通行本《老子》一书中至少有 29 处提到"圣人",而且均非以老子所批判的对象出现。《庄子》一书中也数次提到圣人,是作为歌颂赞扬的对象出现的。

③ 朱谦之:《老子校释》,中华书局 1984 年版,第 312 页,第 10 页。

④ 郭庆藩撰,王孝鱼点校:《庄子集释·天下》,中华书局 2012 年版,第 1061页。

⑤ 郭庆藩撰,王孝鱼点校:《庄子集释·天道》,中华书局 2012 年版,第 480 页。

⑥ 朱谦之:《老子校释》,中华书局 1984 年版,第 55 页。

“三表”有所谓“上本之于古者圣王之事”①，“三法”亦有所谓“考之天鬼之志，圣王之事”②，并对“圣王”作出同时利于天、鬼、人的界定：“上利于天，中利于鬼，下利于人。三利无所不利，故举天下美名加之，谓之‘圣王’。”③虽然如此，墨子崇拜的“圣王”却与儒家的“圣人”大体相同：“凡言、凡动，合于三代圣王尧舜禹汤文武者为之；凡言、凡动，合于三代暴王桀纣幽厉者舍之。”④只是在具体效仿时，两家侧重点略有不同。诚如姜广辉先生所说：“儒家宣扬圣王之道是走上层路线，墨家是走下层路线。儒家虽说为民请命，却传食诸侯，……而墨家则着眼于建立互助的民间团体，身体力行墨者的处世原则，以致其后学分化出扶危济困的任侠一派，逐渐脱离于上层政治之外。”⑤

与儒家重视道德修养强调内圣而外王不同，起于儒家之后的法家虽也颂法“圣人”，但所取有别。法家强调严刑重罚，主张依法治国。如《管子·任法》云：“法者，上之所以一民使下也。……故圣君置仪设法而固守之。”⑥认为“圣王”不仅制法、守法，而且使全国上下共同遵循。商鞅则一方面反对保守复古，主张锐意改革，认

① 吴毓江撰，孙启治点校：《墨子校注·非命上》，中华书局2006年版，第394页。

② 吴毓江撰，孙启治点校：《墨子校注·非命中》，中华书局2006年版，第406页。

③ 吴毓江撰，孙启治点校：《墨子校注·天志上》，中华书局2006年版，第290页。

④ 吴毓江撰，孙启治点校：《墨子校注·贵义》，中华书局2006年版，第671页。

⑤ 姜广辉：《思想的权威与权威的思想——先秦的圣人崇拜与经学发生》，《传统文化与现代化》1996年第3期。

⑥ 黎翔凤撰，梁运华整理：《管子校注·任法》，中华书局2004年版，第905页。

为“圣人不法古，不修（循）今”[①]；另一方面，又以“圣人”的标准为自己的理想政治张目，“是以圣人列贵贱，制爵位，立名号，以别君臣上下之义”[②]。韩非子也不例外，他一方面给“圣人”下定义：“谨修所事，待命于天。毋失其要，乃为圣人。”[③]认为天命和“圣人”有密切关系，上天会将符应之命告知“圣人”。另一方面，又将“圣人”看成是集“利”“威”“名”的三位一体者：“圣人之所以为治道者三：一曰利，二曰威，三曰名。”[④]并严厉批评“美尧、舜、汤、武、禹之道于当今之世者”[⑤]，强调“圣人德若尧舜，行若伯夷，而位不载于世，则功不立名不遂”[⑥]。显然韩非子的“圣人”观念是为其君主专制思想服务的。

由上可知，在“圣人崇拜”问题上，儒、道、墨、法诸子虽有分殊，但都对先贤推崇备至，“崇圣”是诸子共同的立场。他们将“圣人”或视为智慧的化身，或视为高尚品德的拥有者，或视为自己心目中的理想人格，并在其身上寄托自己的政治理想。如作为一部综合性的杂家著作，《吕氏春秋》的“崇圣”观念就兼受诸家影响，表现出集大成的特色。如表现出儒家特征的有“所谓贵德，为其近于圣也”，“昔者圣王先德而后力”[⑦]；表现出道家特征的有“圣人必

---

① 蒋礼鸿：《商君书锥指·开塞》，中华书局1986年版，第53页。《商君书》的成书时间、商鞅与《商君书》的关系等问题，学界虽仍有争议，但两者并不矛盾，且对秦王朝的影响深刻而巨大。

② 蒋礼鸿：《商君书锥指·君臣》，中华书局1986年版，第129页。

③ 王先慎撰，钟哲点校：《韩非子集解·扬权》，中华书局2013年版，第49页。

④ 王先慎撰，钟哲点校：《韩非子集解·诡使》，中华书局2013年版，第447页。

⑤ 王先慎撰，钟哲点校：《韩非子集解·五蠹》，中华书局2013年版，第483—484页。

⑥ 王先慎撰，钟哲点校：《韩非子集解·功名》，中华书局2013年版，第224页。

⑦ 许维遹撰，梁运华整理：《吕氏春秋集释》，中华书局2009年版，第308页，第650页。

先适欲”,“帝王之功,圣人之余事也,非所以完身养生之道也”[1];表现出兵家、农家特征的有“古圣王有义兵而无有偃兵”,“古先圣王之所以导其民者,先务于农”[2]。

（二）两汉“唯圣”“唯神”崇拜

汉王朝之初,黄老思想处于主导地位。受《吕氏春秋》“崇圣”思想的影响,《淮南子》虽以道家思想为主,但也夹杂着鲜明的儒家特色。如《修务训》云:“且夫圣人者,不耻身之贱,而愧道之不行,不忧命之短,而忧百姓之穷。是故禹之为水,以身解于阳盱之河,汤旱,以身祷于桑山之林。圣人忧民,如此其明也,而称以‘无为’,岂不悖哉!”[3]诚如上文所述,“无为”是先秦道家“圣人”思想的核心,但《淮南子》结合禹治水和汤抗旱的忧民向道之迹,向“无为”发起了“岂不悖哉”的强有力的冲击。与此类似的论述,在《修务训》中还有两处:“由此观之,则圣人之忧劳百姓甚矣!故自天子以下,至于庶人,四肢不动,思虑不用,事治求澹者,未之闻也。”“圣人知时之难得,务可趣也,苦身劳形,焦心怖肝,不避烦难,不违危殆。”[4]虽然在《淮南子》的理想人格序列中,道家的“至人”明显高于“圣人”和“君子”,但“未之闻也”“务可趣也”亦再次表明了《淮南子》对“无为”的怀疑和对“圣人”的赞扬。

与《淮南子》相似,汉初著名学者陆贾的“崇圣”思想里也兼

① 许维遹撰,梁运华整理:《吕氏春秋集释》,中华书局2009年版,第22页,第40页。

② 许维遹撰,梁运华整理:《吕氏春秋集释》,中华书局2009年版,第157页,第682页。

③ 刘文典撰,冯逸点校:《淮南鸿烈集解·修务训》,中华书局1989年版,第632—633页。

④ 刘文典撰,冯逸点校:《淮南鸿烈集解·修务训》,中华书局1989年版,第634页,第653页。

有儒道特色。如陆贾一方面将儒家的仁义附在“圣人”身上:“是以圣人居高处上,则以仁义为巢,乘危履倾,则以圣贤为杖,故高而不坠,危而不仆。”① 另一方面,又认为道术亦产生于“圣人”:“‘天生万物,以地养之,圣人成之。’功德参合,而道术生焉。”② 并将“圣人”分为“先圣”“中圣”“后圣”三个层次——先圣“仰观天文,俯察地理,图画乾坤,以定人道,民始开悟,知有父子之亲,君臣之义,夫妇之别,长幼之序。于是百官立,王道乃生”;中圣“设辟雍庠序之教,以正上下之仪,明父子之礼,君臣之义,使强不凌弱,众不暴寡,弃贪鄙之心,兴清洁之行”;后圣“定五经,明六艺……”③

汉初“崇圣”思想的综合发展,伴随着汉武帝罢百家、尊儒术的兴起呈现出了崭新的篇章。不过,诚如李冬君所说:“王权的理性化总是适可而止的,圣王一旦在理性化的过程中实现了对必然性的垄断——圣道同体,理性化便会裹足不前,因为彻底的理性化最终必将否定王权。这样王权便从理性化转向神秘化。从实际的政治过程来看,王权不仅需要理性的解释,而且需要神秘主义的非理性因素的参与。秦汉大一统以后,随着‘王化’的完成,统治者已餍足了理性,转而寻求神秘化,这样‘神化’就取代‘道化’而成为当时政治和文化的中心问题。”④ 与此相应,汉儒的“崇圣”思想亦有鲜明的“唯圣”趋向“唯神”的色彩。概而言之,其主要表现有二:

其一,孔子由儒家一家之“圣人”一跃成为天下之“圣人”,体

① 王利器:《新语校注·辅政》,中华书局2012年版,第58页。
② 王利器:《新语校注·道基》,中华书局2012年版,第1页。
③ 王利器:《新语校注·道基》,中华书局2012年版,第10页,第19—20页,第21页。
④ 李冬君:《孔子圣化与儒者革命》,中国人民大学出版社2004年版,第128页。

现出鲜明的“唯圣”特色。如董仲舒沿承孔子“政者,正也”的为政必先正名传统,在《春秋繁露·深察名号》中指出“名生于真,非其真,弗以为名。名者,圣人之所以真物也”①。在董仲舒看来,只有“圣人”才有“正名”的权利,“圣人之所命,天下以为正。正朝夕者视北辰,正嫌疑者视圣人”②。“圣人”就像天上的北极星一样,可以代天立言。而孔子作《春秋》,正名字,定名分,寓褒贬,亦是为后世制法。司马迁对孔子也极为推崇,不仅在《史记》中为其专列“世家”,还极尽表达“虽不能至,然心乡往之”的艳羡之情,并将其视为折衷六艺的“至圣”:“自天子王侯,中国言六艺者折中于夫子,可谓至圣矣。”③ 班固在《汉书·古今人表》中将人分为上上、上中、上下、中上、中中、中下、下上、下中、下下九等,“圣人”居于上上等,除传说中的三皇五帝外,唯孔子能享其殊荣。扬雄则不仅崇拜“圣人”,“视日月而知众星之蔑也,仰圣人而知众说之小也”④;而且视“圣人”言论为评判“众言”的标准,“万物纷错则悬诸天,众言淆乱则折诸圣”⑤。而孔子则更是儒家士人著书立说的祖范:“好书而不要诸仲尼,书肆也。好说而不要诸仲尼,说铃也。”⑥ 东汉遍注群

---

① 苏舆撰,钟哲点校:《春秋繁露义证·深察名号》,中华书局 1992 年版,第 290 页。

② 苏舆撰,钟哲点校:《春秋繁露义证·深察名号》,中华书局 1992 年版,第 304 页。

③《史记·孔子世家》,中华书局 1982 年版,第 1947 页。

④ 扬雄撰,汪荣宝义疏,陈仲夫点校:《法言义疏·学行》,中华书局 1987 年版,第 21 页。

⑤ 扬雄撰,汪荣宝义疏,陈仲夫点校:《法言义疏·吾子》,中华书局 1987 年版,第 82 页。

⑥ 扬雄撰,汪荣宝义疏,陈仲夫点校:《法言义疏·吾子》,中华书局 1987 年版,第 74 页。

经的通儒郑玄更是将“述先圣之元意”视为毕生之理想和追求，其《戒子书》曾坦言，自己一生无意出仕，而志在传承研习“圣人”之道：“吾自忖度，无任于此，但念述先圣之元意，思整百家之不齐，亦庶几以竭吾才，故闻命罔从。”① 其“崇圣”之意溢于言表，其殚精竭虑的“述先圣”之行亦后无来者。

不过，汉儒在“崇圣”的相关论说中，也出现过“神”化与反“神”化的论争。如《白虎通·圣人》曾给“圣人”下了一个明确的定义：“圣人者何？圣者，通也，道也，声也。道无所不通，明无所不照，闻声知情，与天地合德，日月合明，四时合序，鬼神合吉凶。”② “圣人”成了一种无所不通，无所不能的贯通天地鬼神的存在。而王充则反对将“圣”神化，指出“圣”和“神”是两个完全不同的概念：“夫贤圣者，道德智能之号；神者，渺茫恍惚无形之实。实异，质不得同；实钧，效不得殊；圣神号不等，故谓圣者不神，神者不圣。”③ 王充将“圣”和“神”进行严格的区分和厘定，指出“圣者不神”，不能盲目崇拜。如《论衡》一书中有《问孔》《刺孟》两篇，虽其议论的实质，并没有也不可能对孔孟之道的本质有所批判，但“迢(追)难孔子，何伤于义”，“伐孔子之说，何逆于理”④ 的大胆怀疑则是对“世儒学者，好信师而是古，以为贤圣所言皆无非”⑤ 行为的一种强有力的冲击。这在儒学独尊的汉代，显得卓然独立，空谷乏响。

其二，孔子不仅是天下之“圣人”，还是汉儒公认的“玄圣素

①《后汉书·张曹郑列传》，中华书局 1965 年版，第 1209 页。

② 陈立撰，吴则虞点校：《白虎通疏证·圣人》，中华书局 1994 年版，第 334 页。

③ 王充撰，黄晖校释：《论衡校释·知实》，中华书局 1990 年版，第 1100 页。

④ 王充撰，黄晖校释：《论衡校释·问孔》，中华书局 1990 年版，第 397 页。

⑤ 王充撰，黄晖校释：《论衡校释·问孔》，中华书局 1990 年版，第 395 页。

王”，体现出鲜明的“唯神”特色。“玄圣素王”一词最早见于《庄子·天道》：“夫虚静恬淡寂漠无为者，万物之本也……以此处上，帝王天子之德也；以此处下，玄圣素王之道也。”郭象注曰：“有其道为天下所归而无其爵者，所谓素王自贵也。”成玄英疏曰：“夫有其道而无其爵者，所谓玄圣素王，自贵者也，即老君尼父是也。”①庄子所谓“玄”“素”皆是“道”的代名词，“玄圣素王”即有道者。如《史记·周本纪》载伊尹见汤，“言素王及九主之事”。司马贞索隐曰：“素王者太素上皇，其道质素，故称素王。”②显然，“玄圣素王”乃有道者之通名，上古之皇、老子、孔子皆是。自汉儒始，“玄圣素王”渐由通名变为专名，且专属孔子。大体而言，又可分为两类：

第一类，称孔子为“素王”，大多因其作《春秋》事。如董仲舒对策曰：“孔子作《春秋》，先正王而系万事，见素王之文焉。”③《说苑·贵德》云：“（孔子）睹麟而泣，哀道不行，德泽不洽，于是退作《春秋》，明素王之道，以示后人。”④贾逵《春秋序》云：“孔子览史记，就是非之说，立素王之法。”⑤郑玄《六艺论》云：“孔子既西狩获麟，自号素王，为后世受命之君制明王之法。”⑥王充《论衡·超奇》云：“孔子之《春秋》，素王之业也。”《论衡·定贤》亦云：“孔子不王，素王之业，在于《春秋》。”⑦谶纬亦有沿袭，如《论语摘辅象》云：“仲尼为素王，颜渊为司徒。”《论语崇爵谶》云：“子夏共撰仲

① 郭庆藩撰，王孝鱼点校：《庄子集释·天道》，中华书局2012年版，第462—463页，第465页。

②《史记·周本纪》，中华书局1982年版，第94页。

③《汉书·董仲舒传》，中华书局1962年版，第2509页。

④ 刘向撰，向宗鲁校证：《说苑校证·贵德》，中华书局1987年版，第95页。

⑤《十三经注疏·春秋左传正义》，上海古籍出版社1997年版，第1708页。

⑥《十三经注疏·春秋左传正义》，上海古籍出版社1997年版，第1708页。

⑦ 王充撰，黄晖校释：《论衡校释》，中华书局1990年版，第609页、第1122页。

尼微言,以当素王。"[①] 除此之外,亦有称其德行者,如《淮南子·主术训》云:"(孔子)勇力不闻,伎巧不知,专行教(孝)道,以成素王,事亦显矣。"[②] 无论是因其作《春秋》,一字褒贬,代王立法;还是缘于其建构和践行了诸如"仁""义""礼""智""信"等伦理道德规范,都是汉儒对孔子有帝王之道而无帝王之位的一种讴歌和赞美。

第二类,称孔子为"玄圣",多来自谶纬的创设和《公羊春秋》学的"三统"论。玄有幽、黑之义,故谶纬中的玄圣多与黑帝、水精相关。如《春秋感精符》曰:"墨,孔生,为赤制。"《春秋纬》曰:"丘水精,治法为赤制功。"《论语撰考谶》曰:"叔梁纥与徵在祷尼丘山,感黑龙之精,以生仲尼。"[③] 因为孔子是玄圣、水精,所以他也是黑帝家族的后代。不过,需要说明的是,《春秋纬》和《论语谶》关于孔子作为"玄圣"的论述语境与庄子所谓"玄圣"大不相同:"如果说道家所谓玄圣素王,乃是由其本身的哲学思想所派生出的政治伦理概念,则纬书中的玄圣素王乃是儒学同阴阳五行思想相结合的产物,已是被宗教化的政治伦理概念。"[④] 而《公羊春秋》学大师董仲舒则走得更远,他在《春秋繁露·三代改制质文》中建构"正黑""正白""正赤"的"三统"论和"三正"论天道天命观念时,夏对应为黑统,商对应为白统,周对应为赤统,而《春秋》则"应

①[日]安居香山、中村璋八:《纬书集成·论语谶》,河北人民出版社 1994 年版,第 1071 页,第 1079 页。

② 刘文典撰,冯逸点校:《淮南鸿烈集解》,中华书局 1989 年版,第 313 页。

③[日]安居香山、中村璋八:《纬书集成·论语谶》,河北人民出版社 1994 年版,第 743 页,第 906 页,第 1069 页。

④ 葛志毅:《玄圣素王考》,《求是学刊》1992 年第 1 期。

天作新王之事，时正黑统。王鲁，尚黑，绌夏，亲周，故宋”[①]。这样，“孔子—《春秋》—新王—黑统”的天道天命统系就初步确立起来了。

为使孔子“玄圣素王”的天道天命系统更具说服力，汉儒还建构了一套圣王异表谱系。早在《淮南子·修务训》中就有“尧眉八彩”“舜二瞳子”“禹耳参漏”“文王四乳”“皋陶马喙”“禹[②]生于石”“契生于卵”“史皇产而能书”“羿左臂修而善射”的相关记述。而《白虎通·圣人》则记述得更为丰富：“黄帝龙颜”“颛顼戴干”“帝喾骈齿”“尧眉八彩”“舜重瞳子”“禹耳三漏”“皋陶马喙”“汤臂三肘”“文王四乳”“武王望羊”“周公背偻”“孔子反宇”，不仅将孔子纳入其中，而且多藉占星术解释，表现出明显的观念建构特征。甚至总结说：“圣人所以能独见前睹，与神通精者，盖皆天所生也。”[③]《白虎通》是东汉章帝建初四年白虎观经学会议上形成的上自天子、下迄儒生共同认定的经学权威文献，其决断经义有着非同一般的意义。也正缘于此，连一向标举“疾虚妄”，强调“圣者不神，神者不圣”的王充亦在《论衡·骨相》中表达几近完全相同的看法后，还补充说：“斯十二圣者，皆在帝王之位，或辅主忧世，世所共闻，儒所共说，在经传者，较著可信。”[④]当然，在圣王异表的谱系建构中，孔子是汉儒用力最勤的一位，如司马迁载孔

---

① 苏舆撰，钟哲点校：《春秋繁露义证·三代改制质文》，中华书局1992年版，第187—189页。

② 刘文典《淮南鸿烈集解》引王引之考证，以“禹生于石”当作“启生于石”。其说或是，因为《淮南子·修务训》中“禹”两见，使其“九贤”数凑不足。

③ 陈立撰，吴则虞点校：《白虎通疏证·圣人》，中华书局1994年版，第341页。

④ 王充撰，黄晖校释：《论衡校释·骨相》，中华书局1990年版，第112页。

子“生而首上圩顶”[①]；《孝经钩命诀》载仲尼“斗唇”“虎掌”“龟脊”“辅喉”“骈齿”“海口”[②]；《春秋演孔图》曰：“孔子长十尺，大九围，坐如蹲龙，立如牵牛，就之如昴，望之如斗。”[③]据顾颉刚先生统计，在谶纬文献记述中，孔子的异相竟达五十种之多。以至于他大发感慨说：“我自恨不会画图，不能照他们说的画出；不然，我们可以看看，在他们的想像中，孔子尚像不像一个人。”[④]然而，正是通过这种荒诞不经的“玄圣素王”建构，孔子的圣人形象得以广泛而普遍地传扬开来。

显然，在汉儒“崇圣”和“玄圣素王”的理论建构中，虽然王充等有识之士已经认识到其中某些不合理的成分，如王充之“问孔”“刺孟”，但相较于上自天子下至诸儒的强大主潮而言，尤其是其“圣化”“神化”的建构与封建王权水乳交融合为一体时，则更显得微不足道。诚如刘泽华先生所说：“圣与王本来不同，圣是在王之旁生出来的一个代表知识和道德体系的人……圣王是贯通客体、主体、认识、实践的枢纽，是一个超级的主体，主宰着一切，是真、善、美的化身，是权力最合理的握有者。圣王是一个极大的概念，在很大程度上关系着中国的文化的特点和特性。我们固然可以说它是对王的提高，但也可以说是王对圣的占有。圣王之道成为绝对的真理，只能遵循、崇拜，不可质疑。”[⑤]

---

①《史记·孔子世家》，中华书局 1982 年版，第 1905 页。

②［日］安居香山、中村璋八：《纬书集成·孝经援神契》，河北人民出版社 1994 年版，第 1011 页。

③［日］安居香山、中村璋八：《纬书集成·春秋演孔图》，河北人民出版社 1994 年版，第 576 页。

④ 顾颉刚：《中国上古史研究讲义》，中华书局 1988 年版，第 301 页。

⑤ 刘泽华：《中国的王权主义：传统社会与思想特点考察》，上海人民出版社 2000 年版，第 423 页。

也正缘于此，我们说关于“崇圣”话语，无论是远古时代特殊能力的话语言说，还是春秋战国政治理想的话语建构，抑或是有汉一代“玄圣素王”的话语创新，都是古代文化士人在面向现实之际依托传统而建构的一种言说方式和意义生成方式。从汉字的构成和使用方法上看，“圣”虽有形声、假借、会意多种解释，但都指向为一种与听觉有关的能力。在天命无常，民神不杂的远古时代，“圣”逐步由通天或通神的特殊能力向敬德、多能的理想人格转化。迨至春秋战国，“圣人”受到儒、道、墨、法诸家普遍崇尚，并被寄托着各种政治理想。有汉一代，孔子由儒家之“圣人”变成天下之“圣人”和“玄圣素王”，体现出鲜明的“唯圣”趋向“唯神”的色彩。一些有识之士虽已认识到其中某些不合理的成分，但其“圣化”“神化”的理论建构与封建王权水乳交融，形成一种话语规则，对后世产生了深远影响。

二、宗经

“崇圣”是“宗经”的必要前提，“经”总是和“圣”密切联系的。与“崇圣”思潮一样，“宗经”观念也经历了一个漫长的发展演变过程。“经”，在甲骨文中未见。金文中的“经”字本是个象形字：“巠”像绷撑在织布机上的三根纵向丝线之形；后来增加丝旁（糸），就变成左形右声的形声字。“巠”经隶变后楷书写作“巠”。何谓“巠”，许慎《说文解字·川部》云：“巠，水脉也。从川在一下。一，地也。壬省声。一曰水冥巠也。”解说并不明确。段玉裁注曰：“巠之言濥也。濥者，水脉行地中濥濥也，故从川在地下。”① 至于何谓“濥”，段氏没有细论。“巠”后简化作“坙”，如今不单用，只作偏旁。

① 许慎撰，段玉裁注：《说文解字注》，上海古籍出版社1988年版，第568页。

凡从“巠”取义的字皆与经直、贯通等义有关。“经”的本义为织物的纵线，与“纬”相对。如许慎《说文解字》云：“经，织从（纵）丝也。”段玉裁注曰：“织之从（纵）丝谓之经，必先有经而后有纬。”①春秋时，“经”“纬”已由具象的意义向抽象的意义发展。南北为经，东西为纬。经纬由道路主干的方向，引申指大道，又引申指常行的道理、规则、法制、原则等。所以段玉裁说：“是故三纲五常六艺谓之天地之常经。”②

从战国到西汉前期的情形看，诸子百家文化典籍中的“经”主要指要籍或经典著作。如《老子》又名《道德经》③；《墨子》有《经上》《经说上》《经下》《经说下》四篇④；李悝变法著《法经》⑤；《韩非子》书中《内储说》和《外储说》诸篇中都由“经”“说”两部分构成，并有《八经》篇；《管子》书中《牧民》《形势》《权修》《立政》《乘马》《七法》《版法》《幼官》《幼官图》等九篇为“经言”，而《牧民》篇中又有“士经”；长沙马王堆汉墓出土帛书中有《经法》《十六经》《称》《道原》，被学者称为《黄帝四经》⑥；另有《针经》《内经》⑦《甘石星

① 许慎撰，段玉裁注：《说文解字注》，上海古籍出版社 1988 年版，第 644 页。

② 许慎撰，段玉裁注：《说文解字注》，上海古籍出版社 1988 年版，第 644 页。

③ 有观点认为《老子》又名《道德经》，是后起之名。因为长沙马王堆帛书里《老子》甲、乙本虽分上、下篇，但乙本上篇标有《德》篇和下篇标有《道》篇时均未见“经”字。

④《庄子·天下》称墨子后学“俱诵《墨经》而倍谲不同”。钱曾《读书敏求记》记潜溪诸子曰：“墨子三卷……上卷七篇，号曰经；中卷、下卷六篇，号曰论。共十三篇。”《墨经》具体所指，学界尚有争议。

⑤《晋书·刑法志》说李悝“撰次诸国法，著《法经》。”

⑥ 唐兰：《马王堆出土〈老子〉乙本卷前古佚书的研究——兼论其与汉初儒法斗争的关系》，《考古学报》1975 年第 1 期。

⑦ 皇甫谧《甲乙经·序》：“今有《针经》九卷，《素问》九卷……即《内经》也。”《内经》即《黄帝内经》，成书约在战国。

经》[①]《山海经》《水经》等。至于儒家，则有所谓“六经”，首见《庄子·天运》：“孔子谓老聃曰：‘丘治《诗》《书》《礼》《乐》《易》《春秋》六经。’”[②]《荀子·劝学》亦云“诵经”。而值得突出说明的是，儒家所谓“六经”不只受到儒家的全面推崇，还为其他诸家不同程度不同范围地敬重：“墨家仅尊崇五经中的《诗》、《书》二经，道家仅尊崇《易经》，名家应尊重《礼经》，纵横家熟悉《诗经》，杂家则杂取经义并与其他各家学说参和，阴阳家或重视《春秋》，或重视《周易》。从经学的角度看，儒家对五经的态度全面而纯粹，其余各家则片面而驳杂。”[③]由此可见，儒家的《诗》《书》《礼》《易》《春秋》是先秦诸子共同遵循和信仰的法典，诸家只是倾向和侧重不同而已。

一般认为，“原道”“征圣”“宗经”三位一体观念的形成肇始于荀子。不过，当时经学尚未昌明，儒家经典的权威地位也还未确立。荀子对“经”和“圣人”的尊重和崇尚是缘于他著名的“性恶”理论。荀子认为，人的本性先天是恶的，但通过后天长期的人为的熏陶、教育、培养和习染，就能使人改“恶”而从“善”。即《性恶》篇所谓“人之性恶，其善者伪也”。为此，荀子非常强调学习的重要性。其《劝学》云：“学恶乎始？恶乎终？曰：其数则始乎诵经，终乎读礼；其义则始乎为士，终乎为圣人。真积力久则入，学至乎没而后止也。故学数有终，若其义则不可须臾舍也。为之，人也；舍之，禽兽也。”[④]这里，荀子不仅强调了学之“数”，即学习的术略、方法，而且突出了学之“义”，即学习的意义、价值，并将其作为区分人类和禽兽的标准。

① 晁公武《郡斋读书志》录《甘石星经》，该书大约编成于秦汉以后。

② 郭庆藩撰，王孝鱼点校：《庄子集释·天运》，中华书局 2012 年版，第 533 页。

③ 王葆玹：《今古文经学新论》（增订版），中国社会科学出版社 2004 年版，第 11—12 页。

④ 王先谦撰，沈啸寰点校《荀子集解·劝学》，中华书局 1988 年版，第 11 页。

这种以诵习经书为本，践履礼制为用的学习方法在中国古代知行合一观念中属于行中求知的本源之学，对人格的形成和培养具有十分重要的积极作用。而要实现由“士”向“圣人”人格的转变，就必须拥有一套好“教材”。于是，“宗经”“征圣”和“原道”的思想就应运而生，而这也是荀子实现法治礼治的思想武器。

首先，荀子为学子们推荐了一套优秀“教材”，即“宗经”：“故《书》者，政事之纪也；《诗》者，中声之所止也；《礼》者，法之大分，类之纲纪也，故学至乎《礼》而止矣。夫是之谓道德之极。《礼》之敬文也，《乐》之中和也，《诗》、《书》之博也，《春秋》之微也，在天地之间者毕矣。”① 这是中国古代文献学史上对儒家“五经”做出极力赞美的最早篇章，也是荀子宣扬法治礼治的阶段成果。他之所以要“宗经”，就是要穷尽天下一切人情物理，为其法治礼治提供理论根据。接着，荀子又为学子们指定了“老师”，即“征圣”：“凡言议期命，是(莫)非以圣王为师，而圣王之分，荣辱是也。”② 也就是说，一切语言辩讼、概念判断都应以圣王为老师，而这同时也是其法治礼治的行动指南。最后，荀子为学子们提出了最高学习目标，即穷尽“天下之道”：“圣人也者，道之管也。天下之道管是矣，百王之道一是矣，故《诗》《书》《礼》《乐》之归是矣。《诗》言是，其志也；……《颂》之所以为至者，取是而通之也：天下之道毕是矣。”③ 也就是说，圣人是维系“天下之道”和“百王之道”的枢纽，所以要极力抬高圣人的地位，而儒家《诗》《书》《礼》《乐》《春秋》等经典之道又都是由圣人阐发的，这样圣人就在天下之道和

① 王先谦撰，沈啸寰点校：《荀子集解・劝学》，中华书局1988年版，第11—12页。

② 王先谦撰，沈啸寰点校：《荀子集解・议兵》，中华书局1988年版，第342页。

③ 王先谦撰，沈啸寰点校：《荀子集解・仲尼》，中华书局1988年版，第133—134页。

儒家经典之间起了一个不可或缺的桥梁、中介作用，而“原道”“征圣”“宗经”三位一体的思想也由此初具雏形。

有秦一朝，“焚书坑儒”使儒家经学饱受重创。汉初，鉴于秦政之失，陆贾为代表的思想家们以“居马上得之，宁可以马上治之乎”的高度警觉，提出以《诗》《书》等儒家经典治国安天下。如陆氏《新语》一书，以儒家《诗》《书》经典为本，孔孟“仁义”为则，将儒家“仁义礼乐”与“天道”密切联系起来，崇儒宗经，主张儒学一统，全面提高了儒家思想学说的地位。至汉武帝“罢黜百家，独尊儒术”，儒学取得了特殊地位，成为官方主流意识形态，而作为儒学经典的“六经”也身价倍增，成了神圣不可侵犯的“圣典”。汉武帝建元五年，设立《诗》《书》《礼》《易》《春秋》“五经”博士，教授弟子。至此，前人言之凿凿的“六经”，落到实处就只有“五经”。《乐》只有“记”而无“经”，至于《乐》经失传的具体原因，学界并没有定论。有人认为，《乐》经失传是秦始皇焚书造成的；也有人认为《乐》经与其他五经不同，不是文献，而是乐谱①。但需要补充说明的有三：其一，今本《白虎通·五经》论“五经”时存在“《易》《书》《诗》《礼》《春秋》”和“《易》《书》《诗》《礼》《乐》”两个不同的“版本”，其前后矛盾，难知正谬。故有学者主张“两说并存”，亦有主张“二选其一”。其二，“六经”在汉儒眼里尚有“六艺”和“六学”之名。如贾谊《新书·六术》、司马迁《史记·滑稽列传》称为“六艺”②；而董仲舒《春秋繁露·玉杯》、班固《汉书·武纪叙》《艺文志叙》则称为“六学”。“艺”与“学”一字之别，各有侧重，“掌于

① 参见蒋伯潜：《十三经概论》，上海古籍出版社1983年版，第4—5页。

② “六艺”还有另一含义，意指礼、乐、射、御、书、数，是周代贵族学习的六种知识和技能的总称。

官谓之艺,传于师谓之学”①。其三,《乐》经虽无可掇拾,但“六经”之名仍为汉儒所常用。如司马迁《史记·太史公自序》云“协六经异传”,《史记·匡衡列传》亦云“臣闻六经者,圣人所以统天地之心,通人道之正”;扬雄《河东赋》云“奋六经以摅颂”,《剧秦美新》亦云“制成六经”;《汉书·王莽传》云“故锐思于地里,制礼作乐,讲合六经之说”。自此,儒家“六经”被广泛经典化,而由荀子发端的“原道”“征圣”“宗经”三位一体的思想亦在儒家士人心中荡漾开来。

与陆贾相似,董仲舒也明确将“道”与儒家思想联系在一起:“道者,所繇适于治之路也,仁义礼乐皆其具也。”②在董仲舒看来,儒家诗书礼乐教化思想都是“道”的载体,都为“道”服务。但诚如孔子所言:“人能弘道,非道弘人。”③所以“道”只能通过“圣贤”来弘扬,而“圣贤”又只能通过其经典来传达。也正缘于此,在董仲舒稍后生活在汉元帝时期的翼奉便对“道—圣—经”三层次进行了相关划分:“天地设位,悬日月,布星辰,分阴阳,定四时,列五行,以视圣人,名之曰道。圣人见道,然后知王治之象,故画州土,建君臣,立律历,陈成败,以视贤者,名之曰经。”④显然,“圣人”是“道”和“经”的传扬中介,“经”是圣人体“道”后的产物,“道”保存在了“经”中,“道—圣—经”三位一体。

如果说荀子倡言“原道”“征圣”“宗经”是为其礼治法治的社会政治主张提供理论依据和思想武器的话,那么扬雄的“原道”“征圣”“宗经”则有明显的认识论色彩和哲学思辨力。首先,

---

① 苏舆撰,钟哲点校:《春秋繁露义证·玉杯》,中华书局1992年版,第35页。

②《汉书·董仲舒传》,中华书局1962年版,第2499页。

③ 朱熹:《四书章句集注·论语集注》,中华书局1983年版,第167页。

④《汉书·翼奉传》,中华书局1962年版,第3172页。

"道"之本义为通，有"正道"和"它道"之分。如《问道》开篇明义曰："道也者，通也，无不通也。""适尧、舜、文王者为正道，非尧、舜、文王者为它道，君子正而不它。"汪荣宝疏曰："圣道无所不通，犹大路无所不达。……道既无所不通，则亦可由是以通于百家之说。……然则诸子之言，本由圣人之道而出，为圣人之道者，何不可通于诸子之术耶？"[①]君子所求乃尧、舜、文王之正道，亦即圣人之道。其次，从修养层次上看，人有"众人""贤人""圣人"之分，评判是非应以"圣人"为标准，"在则人，亡则书，其统一也"[②]。第三，圣人之书即为经，不仅高深莫测，难以知晓，"或问：'圣人之经不可使易知与？'曰：'不可。天俄而可度，则其覆物也浅矣；地俄而可测，则其载物也薄矣。大哉！天地之为万物郭，《五经》之为众说郛。'"[③]而且惟变所适，应时而宜，"或问：'《五经》有辩乎？'曰：'惟《五经》为辩。说天者莫辩乎《易》，说事者莫辩乎《书》，说体者莫辩乎《礼》，说志者莫辩乎《诗》，说理者莫辩乎《春秋》。舍斯，辩亦小矣。'"[④]因此，君子著书立说应以圣人之经为参考和标准，"书不经，非书也；言不经，非言也。言、书不经，多多赘矣"[⑤]。最后，"原道""征圣""宗经"是三位一体的。《法言·学行》云："天之道

① 扬雄撰，汪荣宝义疏，陈仲夫点校：《法言义疏·问道》，中华书局 1987 年版，第 109 页。

② 扬雄撰，汪荣宝义疏，陈仲夫点校：《法言义疏·吾子》，中华书局 1987 年版，第 82 页。

③ 扬雄撰，汪荣宝义疏，陈仲夫点校：《法言义疏·问神》，中华书局 1987 年版，第 157 页。

④ 扬雄撰，汪荣宝义疏，陈仲夫点校：《法言义疏·寡见》，中华书局 1987 年版，第 215 页。

⑤ 扬雄撰，汪荣宝义疏，陈仲夫点校：《法言义疏·问神》，中华书局 1987 年版，第 164 页。

不在仲尼乎？仲尼驾说者也，不在兹儒乎？如将复驾其所说，则莫若使诸儒金口而木舌。"[①] "道"是通过圣人之言来传达，即"天之道在仲尼"，由仲尼"驾说"。而圣人之言即"五经"，"舍《五经》而济乎道者，末矣！"[②] 故"天道""仲尼""《五经》"三位一体，三者形成了一个圆融的循环。

在汉儒"原道""征圣""宗经"三位一体的思想中，"经"作为圣人体道的结晶，尤为后人所重视。王符《潜夫论·赞学》卒章显志道："圣人以其心来造经典，后人以经典往合圣心也，故修经之贤，德近于圣矣。"[③] 修习圣人经典是通向贤圣的必由之路。相应地，与圣人经典悖逆或无关的思想学问和社会事务，则被弃而不顾。成帝之初，东平王刘宇上疏求诸子及《太史公书》，大将军王凤对曰："诸子书或反经术，非圣人，或明鬼神，信物怪；《太史公书》有战国纵横权谲之谋，汉兴之初谋臣奇策，天官灾异，地形阨塞：皆不宜在诸侯王。不可予。不许之辞宜曰：'《五经》圣人所制，万事靡不毕载。王审乐道，傅相皆儒者，旦夕讲诵，足以正身虞意。夫小辩破义，小道不通，致远恐泥，皆不足以留意。诸益于经术者，不爱于王。'"[④] 此事虽是为限制各地诸侯王而起，但儒学经术独尊或以儒家经典为标准裁定一切的倾向已渗透至社会的方方面面，所谓"以《禹贡》治河，以《洪范》察变，以《春秋》决狱，以三百五篇当谏书，治一经得一经之益

① 扬雄撰，汪荣宝义疏，陈仲夫点校：《法言义疏·学行》，中华书局 1987 年版，第 6 页。
② 扬雄撰，汪荣宝义疏，陈仲夫点校：《法言义疏·吾子》，中华书局 1987 年版，第 67 页。
③ 王符著，汪继培笺，彭铎校正：《潜夫论笺校正·赞学》，中华书局 1985 年版，第 13 页。
④《汉书·东平思王刘宇传》，中华书局 1962 年版，第 3324—3325 页。

也”[①]即是明证。

由上可知，有汉一代，“道—圣—经”三者的关系十分密切。从“道沿圣以垂文”看，广大而深邃的“道”之“文”（经典文本），要借助“圣人”才能展现。换言之，“圣人”存在的意义就是把玄妙的“道”以“文”（经典文本）的形式确立下来；而从“圣因文而明道”看，则说明“圣人”也只能通过“文”（经典文本）的形式来明“道”，因为只有语言才能真正使玄妙深奥的思想确立下来。这样，“道”“圣”“经”在三者密不可分、不可偏废的前提下更高举了“经”的重要性。换言之，“尊圣”所尊之“圣”，不仅是圣人之人，更是圣人之文，即儒家经典。伴随着“原道”“征圣”“宗经”三位一体经学话语体系的形成，儒家经典文本也随之成为儒家文论生成的有机土壤和语言家园。诚如杨乃乔先生所说：“当儒家诗学主体把语言的家园建构在经学的经典文本上时，这也标志着儒家诗学对经学的学术宗教地位的获取。在这个意义上，儒家诗学生存与追寻永恒的语言家园就是经学的经典文本，而经学的经典文本也就是儒家诗学生存和追寻永恒的语言家园。可以说，儒家诗学的整个价值体系、全部范畴、最高批评原则及在价值论上设定的最高文学范本，均肇源于‘六经’或《十三经》，并且，也正是在经学的经典文本中承传下去的。”[②]换句话说，随着文学“宗经为文”观念的确立，儒家经典文本就成为中国文论家们“依经立义”建构文论的依据。后南朝梁刘勰从“为文之用心”之角度将《原道》《征圣》《宗经》合同《正纬》《辨骚》一起列为“文之枢纽”，首次使“原道”“征圣”“宗经”三位一体

① 皮锡瑞著，周予同注释：《经学历史》，中华书局1959年版，第90页。

② 杨乃乔：《悖立与整合——东方儒道诗学与西方诗学的本体论、语言论比较》，文化艺术出版社1998年版，第15页。

的学术思想通过对经学权势话语的依附而成功演变为中国文论话语体系，并逐渐成为中国文论生成演变的主要模式。

第三节 依经立义

"依经立义"首次见于王逸《楚辞章句序》："夫《离骚》之文，依托《五经》以立义焉。"[①] 后经刘勰引用加以简化而成，《文心雕龙·辨骚》云："王逸以为：'诗人提耳，屈原婉顺，《离骚》之文，依经立义。'"[②] 前者旨在评论屈骚，后者意在辨述骚评，都是王逸评论《离骚》的精准断语，一定程度上反映了汉代依经评骚的大体风貌。作为汉代经学和文论的话语言说方式、意义建构方式和话语解读模式，"依经立义"话语规则萌芽于先秦，确立于汉代，是先秦以降"述而不作"和"崇圣宗经"思潮发展的必然结果。其"依"有所本，其"立"有所创，以"从变从义"的圆融立场实现经典的传承与创新，表现出限制与自由的对立与统一。

一、宗经立义

从形式上看，汉代"依经立义"话语言说方式、意义建构方式和话语解读模式是以儒家五经为建构之基和意义生长点的。换言之，"依经立义"话语言说方式、意义建构方式和话语解读模式在汉代的确立是以儒家独尊地位的确立为前提的。也正缘于此，我们说汉代经学昌明的文化场域是汉代"依经立义"话语言说方式、意义建构方式和话语解读模式确立的先决条件。这里，我们暂以《春

① 洪兴祖撰，白化文等点校：《楚辞补注》，中华书局1983年版，第49页。

② 刘勰著，范文澜注：《文心雕龙注·辨骚》，人民文学出版社1958年版，第46页。

秋·哀公十四年》“西狩获麟”为例,结合《左传》《公羊传》《穀梁传》和《春秋纬》等各自不同的言说,略作管窥。

《左传》以事传经,简要记述了“西狩获麟”事件的起因、经过、结果。其文曰:

> 十四年,春,西狩于大野。叔孙氏之车子鉏商获麟,以为不祥,以赐虞人。仲尼观之,曰:“麟也。”然后取之。①

麟在叔孙氏之车夫鉏商眼里,被视为“不祥”之物,要赐之于他人。而在孔子眼里,却是“仁兽”,故取之。在此,《左传》只客观纯粹地叙述,毫无价值判断。而后人则在“绝笔获麟”上大做文章。如晋人杜预注曰:“麟者,仁兽,圣王之嘉瑞也。时无明王出而遇获,仲尼伤周道之不兴,感嘉瑞之无应,故因《鲁春秋》而修中兴之教。绝笔于‘获麟’之一句,所感而作,固所以为终也。”②因为杜预认为,天下有道时仁兽才会出现,如今天下无道,仁兽出非其时且被地位微贱之人猎获,所以孔子非常伤心。其因《鲁春秋》而作《春秋》,绝笔“获麟”,乃有感而终。

《公羊传》着力揭示“西狩获麟”事件背后的“微言大义”。其文曰:

> 十有四年,春,西狩获麟。何以书?记异也。何异尔?非中国之兽也。然则孰狩之?薪采者也。薪采者,则微者也。曷为以狩言之?大之也。曷为大之?为获麟大之也。曷为为

①《十三经注疏·春秋左传正义》,上海古籍出版社1997年版,第2172—2173页。
②《十三经注疏·春秋左传正义》,上海古籍出版社1997年版,第2172页。

> 获麟大之？麟者，仁兽也。有王者则至，无王者则不至。有以告者，曰："有麕而角者。"孔子曰："孰为来哉！孰为来哉！"反袂拭面，涕沾袍。颜渊死，子曰："噫！天丧予！"子路死，子曰："噫！天祝予！"西狩获麟，孔子曰："吾道穷矣。"《春秋》何以始乎隐？祖之所逮闻也。所见异辞，所闻异辞，所传闻异辞。何以终乎哀十四年？曰："备矣！"君子曷为为《春秋》？拨乱世，反诸正，莫近诸《春秋》，则未知其为是与？其诸君子乐道尧、舜之道与？末不亦乐乎？尧、舜之知君子也，制《春秋》之义，以俟后圣。以君子之为，亦有乐乎此也。①

显然，在《公羊传》的作者看来，与颜渊、子路之死一致，"西狩获麟"也具有十分浓厚的象征意味，它是孔子所尊奉的尧、舜之道难以实现的重要表征。因为仁兽既出，则王者将至，由此"西狩获麟"便成为"孔子受命之瑞"。如王充《论衡·指瑞》云："《春秋》曰：'西狩获死麟。'人以示孔子。孔子曰：'孰为来哉？孰为来哉？'反袂拭面，泣涕沾襟。儒者说之，以为天以麟命孔子，孔子不王之圣也。"②所以孔子要制作《春秋》，拨乱反正，传尧、舜之道，以俟"后圣"。至于"后圣"为谁，何休的注解则作了进一步延伸，其《春秋公羊传解诂》云："夫子素案图录，知庶姓刘季当代周，见薪采者获麟，知为其出，何者？麟者，木精。薪采者，庶人燃火之意，此赤帝将代周居其位，故麟为薪采者所执。西狩获之者，从东方王于西也，东卯西金象也。言获者，兵戈文也；言汉姓卯金刀，以兵得天

---

①《十三经注疏·春秋公羊传注疏》，上海古籍出版社1997年版，第2352—2354页。

② 王充撰，黄晖校释：《论衡校释·指瑞》，中华书局1990年版，第744—745页。

下。不地者,天下异也。又先是螽虫冬踊,彗金精扫旦置新之象。夫子知其将有六国争强,从横相灭之败,秦项驱除,积骨流血之虞(虐),然后刘氏乃帝。深闵民之离害甚久,故豫泣也。"① 在何休眼里,"西狩获麟"已不再是"孔子受命之瑞",而是汉将受命之瑞。

与《公羊传》不同,《穀梁传》侧重于文字训诂。其文曰:

> 十有四年,春,西狩获麟。引取之也。狩地,不地不狩也。非狩而曰狩,大获麟,故大其适也。其不言来,不外麟于中国也。其不言有,不使麟不恒于中国也。②

在《穀梁传》的作者看来,"西狩获麟"是《春秋》笔法的灵活妙用。其重要的字眼体现在"狩""获"的选择和"来""有"的不用上。首先,训"获"为"引取之",是为了突出麟为灵兽。其次,不写狩猎的地点,是因为获麟之事原本就不是狩猎。第三,非狩而曰狩,是因为麟为灵兽,故大言之。第四,不言"来",是因为不以麟为外来之物。最后,不言"有",是因为不以麟的出现为暂时现象。

对"西狩获麟"事,汉代纬书亦有浓墨重彩。与《左传》以事传经相似,《孝经援神契》也讲了一个奇异的故事:

> 鲁哀公十四年,孔子夜梦三槐之间,沛丰之邦,有赤烟气起。乃呼颜渊、子夏往视之,驱车到楚西北范氏街,见刍儿捕麟,伤其前左足,薪而覆之。孔子曰:"儿来,汝姓为谁。"儿曰:"吾姓为赤诵,名子乔,字受纪。"孔子曰:"汝岂有所见耶?"儿

---

①《十三经注疏·春秋公羊传注疏》,上海古籍出版社1997年版,第2353页。

②《十三经注疏·春秋穀梁传注疏》,上海古籍出版社1997年版,第2451页。

曰："见一兽，巨如羔羊，头上有角，其末有肉。"孔子曰："天下已有主也，为赤刘，陈项为辅，五星入井，从岁星。"儿发薪下麟示孔子，孔子趋而往。麟蒙其耳，吐三卷，图广三寸，长八寸，每卷二十四字，其言赤刘当起，曰："周亡赤气起，火耀兴，玄丘制命，帝卯金。"①

在这个故事里，"西狩获麟"已演变成为周亡汉兴的预兆。孔子制作《春秋》亦不再是他本人的主观意愿，而是上天旨意的安排。更为重要的是，"孔子制命，赤刘当起"的核心事件在充分演绎《春秋公羊传》"孔子受命之瑞"思想的基础上，又被视为代汉立法的征兆。如《春秋汉含孳》说得最为明确：

经十有四年春，西狩获麟，赤受命，苍失权，周灭火起，薪来得麟。孔子曰：丘览史记，援引古图，推集天变，为汉帝制法，陈叙图录。②

纬书认为，孔子生于周之末世，周为木德，孔子为水精。按照"木生火"之五行相生原理，孔子自己不能直接代替周代为王，只能以"素王"或"玄圣"的身份为代周而王的火德王朝即汉朝制法。

由上可知，依托《春秋》"西狩获麟"，《左传》《公羊传》《穀梁传》《春秋纬》在各自的阐释体系中分别"立"出了不同之"义"——《左传》叙事；《公羊传》记异；《穀梁传》贵中国；《春秋

①［日］安居香山、中村璋八：《纬书集成·孝经援神契》，河北人民出版社1994年版，第992页。

②［日］安居香山、中村璋八：《纬书集成·春秋汉含孳》，河北人民出版社1994年版，第815页。

纬》代汉立法。而具体深究其“义”,则都有一定的政治色彩。在这里,“经”为孔子创立的儒家神圣经典,“义”则属于政治伦理的范畴。“义”以“经”为基础,故可以称之为“依经立义”;而“经”从属于“义”则表明所谓“依经立义”就是借助传统儒家文化经典阐发自己的政治主张和学术观点的方式和方法。换言之,“依经立义”话语言说方式、意义建构方式和话语解读模式虽植根于儒家经典文本,其意义走向固然受到经典文本的规约,但最重要的还是取决于阐释者当下的知识、思想和信仰。也正缘于此,董仲舒在总结“《诗》无达诂,《易》无达占,《春秋》无达辞”经学阐释盛况[①]的同时,提出了“从变从义”原则。“从变”是五经阐释之所以“无达”“无通”的根本保证;而“从义”则是五经阐释之所以能经世致用的重要源泉。作为自由与限制的对立统一,“从变从义”原则构成了“依经立义”话语言说方式、意义建构方式和话语解读模式的坚实内核。

二、从变从义

“从变从义”一语最早见于董仲舒《春秋繁露·精华第五》:“所闻《诗》无达诂,《易》无达占,《春秋》无达辞,从变从义,而一以奉人。”[②] 该说在《春秋繁露》中仅一见,未引起学界应有的重视与关注。当前,主要表现为两种代表性的意见。

其一,以徐公持先生为代表,认为“从变从义”就是“从人从宜”,“人”指说诗者;“宜”指权宜。其《论诗纬》一文指出:“‘从变从义,一以奉人’,说出他心中的解诗奥妙,‘从变’的含义,即是

① 张金梅:《〈春秋〉笔法与中国文论》,中国社会科学出版社2012年版,第193—214页。

② 苏舆撰,钟哲点校:《春秋繁露义证·精华》,中华书局1992年版,第95页。

说诗‘人’一己之体会及不同场合的需要；‘从义’的含义，即是从‘宜’，是权宜。”① 这种解释有“同义反复”之嫌，因为“说诗‘人’一己之体会及不同场合的需要”就是“权宜”，都强调以说诗“人”的权变、权宜为准的。

其二，以邓新华先生为代表，将“从变从义”解释为“文学释义的自由与限制”，“从变”是自由；“从义”是限制。其《论“诗无达诂”的文学释义方式》一文指出：“所谓‘从变’是指解释者可以依据自己所处的历史语境对释义对象进行灵活自由的理解和解释，而‘从义’则是强调解释者对释义对象的主观理解和解释又必须顾及作品本文的客观内涵和基本旨义。”② 这种解释理论上是周延自洽，但实践操作起来往往不易。因为“从变”作为解释者释义的灵活自由常常会与“从义”作为被释义对象的固有涵义相互矛盾、制约；而“作品本文的客观内涵和基本旨义”亦是解释追求客观的一种乌托邦。

从上述徐、邓两位先生的代表性意见来看，“从变”的解释几无分歧，都是指解释者根据自己的体会和言说的场境，充分调动自己的生活经验、艺术经验以及想象力和知解力，对被释义对象作出自由的、创造性的理解和解释。而“从义”的解释则有较大不同，徐先生认为“从义”意指“从宜”，是权宜之术；邓先生认为“从义”意谓遵从作品的本义。到底哪种解释更为合理，我们拟结合先秦诸子及董氏本人的相关论述，略陈浅见。

---

① 徐公持：《论诗纬》，《求是学刊》2003年第3期。

② 邓新华：《论“诗无达诂”的文学释义方式》，《宁夏大学学报》2000年第4期。

（一）字源释义

关于“义”的最初意义，学者众说纷纭。仅从字源上溯考，就有两个迥然不同的思路。

其一，甲骨文理路。“义”，甲骨文作，由（羊）和（我）两部分组成。，即“祥”，祭祀占卜显示的吉兆；，指有利齿的戌，代表征战。古人在征战前常常举行祭祀仪式，占卜战争凶吉。如果显示吉兆，则表明战争是仁道、公正的，为神灵助佑的。金文、篆文承续甲骨文字形，其他写法虽略有不同，但从羊从我是一定的。如汉代许慎《说文解字》云：“义，己之威仪也。从我、从羊。”[①]以此为基础，学界出现了有代表性的四大义项。

第一，“义”是祭祀地名。仝晰纲、查昌国等在《中华伦理范畴——义》一书中认为“义”观念滥觞于殷商，其初义盖是由地名渐而演变为戎事、断狱之法则。他们根据甲骨学家考证认为卜辞“义”为地名，即“义京”，其地在商旧都附近，是当时的祭祀场所。“京”表示该场所的外形，而该场所所具有的宗教文化内涵则落在“义”上[②]。

第二，“义”是祭祀活动。刘雪河《“义”之起源易礼新探》认为“义”起源于原始的祭祀活动，而“义”作为约束人们社会行为的原则，则是起源于原始祭祀活动中的行为规范[③]。“义”的繁体字是“我羊”，其意指对象当是拥有财富的奴隶主。在私有制出现的时候，恰是以“我羊”祭祀祖先活动的父系氏族公社后期，于是这一

① 许慎撰，段玉裁注：《说文解字注》，上海古籍出版社 1988 年版，第 633 页。

② 仝晰纲、查昌国、于云翰：《中华伦理范畴——义》，中国社会科学出版社 2006 年版，第 2 页。

③ 刘雪河：《“义”之起源易礼新探》，《四川师范学院学报》（哲学社会科学版）2003 年第 4 期。

祭祀活动与“义”字字形所代表的文化现象有很好的契合。

第三，“义”是分配原则。查中林《说“义”》指出：“义的基本义或核心意义是‘分’，其造字本义应是分配猎物分得公平。”[1]在他看来，“义”作为卜辞中的地名，因其本义晦而不彰，说不定是指人们经常分猎获物（或曾经一次分过很多猎获物）的地方。而分配是一项集体活动，由此便形成了一种人与人之间的关系以及人们对这种人际关系的感受与评价，即分配秩序和公平原则。

第四，“义”是“威仪”之仪。汪聚应在《儒“义”考论》一文中认为“义”的本初意义是“仪”[2]。该义项对《说文解字》“义，己之威仪也”和段玉裁《说文解字注》“古者威仪字做义，今仁义字用之”[3]加以申说，视“义”为“仪”，认为甲骨文的“义”字是祭祀官举行祭祀活动时，由巫师手执三叉武器举着羊头，表示一种告天示民的神圣庄严的威仪行为。

显然，以上四大义项都是沿承祭祀、卜辞这一义理路径所做出的具体阐释。但相较而言，祭祀活动可能是其真正源头。因为上古时代人们对祭祀活动相当重视，在特定的场所，以他们所拥有的羊头作为祭品，以告自然神或先祖。这样，祭祀活动、祭祀场所、祭祀仪式也就成了“义”之一名三义，至于分配原则或威仪之仪则由祭祀活动生发出来，有引申义之嫌。

其二，篆文楷书理路。“义”在篆文中还有一异体字羛，由羊（羊）和弗（弗）两部分组成。羊，祥和；弗，休战，故羛表示休战和平，揭示“道义”的另一层含义。也正缘于此，许慎在《说文解字》

① 查中林：《说“义”》，《四川师范学院学报》（哲学社会科学版）2000年第1期。

② 汪聚应：《儒“义”考论》，《兰州大学学报》（社会科学版）2004年第3期。

③ 许慎撰，段玉裁注：《说文解字注》，上海古籍出版社1988年版，第633页。

中对“义”还有一解：“羛，墨翟书义从弗。”① 墨翟为何书“义”为“羛”，许慎未作进一步解释。1973年出土的长沙《马王堆汉墓帛书》倒是提供了一个例证，战国纵横家苏秦献书赵王章：“然则齐义（羛），王以天下就之；齐逆，王以天下□（此处所缺，《史记·赵世家》作“禁”；《战国策·赵策》作“收”）之。”② 后来，俗体楷书另造指事字“义”，在“乂”（表示割、杀）上加“、”（一点），表示杀得有理。也正缘于此，庞朴先生溯源时，将“义”置放在“宜”字上，指出“宜”的本义是杀，“宜、俎、肴本一字，故得互训。此后逐渐分化，宜专用作杀牲。”“宜之本义为杀，为杀牲而祭之礼”③。与此同时，他也认同“义”的“威仪”之义，并认为义的这种威严含义，可以容纳得下“宜”的杀戮之义。这一说法虽有一定的道理，但其从“宜”有“戮”“义”之义而断定“义”是“杀”义，并没有得到太多人的认同。不过，将“义”训释为“宜”却极为常见。如《中庸》云：“义者宜也。”④《礼记·祭义》云：“义者宜此者也。”⑤《释名》亦将“义”声训为“宜”：“义，宜也。裁制事物，使合宜也。”⑥ 这是现存文献中最为直接的训释，也是汉代及后汉注家的共识：

《尚书·康诰》：“用其义刑义杀。”孔安国传：“义，宜也。”⑦

---

① 许慎撰，段玉裁注：《说文解字注》，上海古籍出版社1988年版，第633页。

② 马王堆汉墓帛书整理小组编：《马王堆汉墓帛书·战国纵横家书》，文物出版社1976年版，第92页。

③ 庞朴：《儒家辩证法研究》，中华书局2009年版，第22页，第23页。

④ 朱熹：《四书章句集注·中庸章句》，中华书局1983年版，第28页。

⑤《十三经注疏·礼记正义》，上海古籍出版社1997年版，第1598页。

⑥ 刘熙：《释名》，中华书局1985年版，第52页。

⑦《十三经注疏·尚书正义》，上海古籍出版社1997年版，第204页。

《诗经·大雅·荡》:“不义从式。”毛传:“义,宜也。”①

《周易·旅》:“其义焚也。”《经典释文》引马融注:“义,宜也。”②

《论语·公冶长》:“其使民也义。”皇侃疏:“义,宜也。”③

如此训“义”者很多,不必一一枚举。故段玉裁《说文解字注》总结道:“义之本训谓礼容各得其宜,礼容得宜则善矣。故《文王》《我将》毛《传》皆曰:义,善也。引申之训也。”④即使是“义”的异体字“羛”,段玉裁亦解释为:“从弗者,盖取矫弗合宜之意。”⑤也正缘于此,后世学者基本都沿袭这种诠释,训“义”为宜,取“宜”的合适、合宜之义作释。

综合甲骨文、篆文楷书理路,追溯“义”之字源演变,将“义”训为“宜”也符合事物发展演变的一般规律,因为“宜”也有祭祀义。如卜辞“宜于义京羌三人,卯十牛”就将“义京”与“宜”字连用,《尔雅·释天》亦云:“起大事,动大众,必先有事乎社而后出,谓之宜。”⑥换言之,将“义”训为“宜”,在上古主要取其祭祀义;当人们主体意识增强,对自然认识能力提高后,祭祀活动日渐弱化,人们处理事情的能力日益重要,则取其合宜、合适义。

(二)诸子“义”释

“义”作为中国伦理的五德之一,是先秦诸子的共同话语。儒、

①《十三经注疏·毛诗正义》,上海古籍出版社1997年版,第553页。

②陆德明:《经典释文》,中华书局1983年版,第29页。

③皇侃撰,高尚榘校点:《论语义疏·公冶长》,中华书局2013年版,第112页。

④许慎撰,段玉裁注:《说文解字注》,上海古籍出版社1988年版,第633页。

⑤许慎撰,段玉裁注:《说文解字注》,上海古籍出版社1988年版,第633页。

⑥《十三经注疏·尔雅注疏》,上海古籍出版社1997年版,第2610页。

道、墨、法诸家各抒己见，形成了贯穿整个子学时代的核心思想之一。

儒家释“义”，以孔子、孟子、荀子为中心。孔子曰：“义者宜也。”这是《中庸》对孔子“义”思想最精要的概括。冯友兰先生解释说：孔子的“义是事之‘宜’，即‘应该’，它是绝对的命令”[①]。也就是说，孔子之“义”不是外在的强制命令，而是内在的道德自律，且没有外在标准和具体内容。也正缘于此，《论语》一书中“义”字虽出现了二十多次，但都没有直接给“义”下定义，而是大体走向二端。其一，“义”是君子的内在属性，如《里仁》云：“君子之于天下也，无适也，无莫也，义之与比。”[②]《阳货》云：“君子义以为上。”[③]《卫灵公》云：“君子义以为质。”[④]等。孔子理想的社会构型是君王行仁政，人人成君子。所以孔子从人的内心出发，认为“义”是个人对自己行为的规约。他不主张用武力来征服人心，而重视温柔敦厚的诗教风化，欣赏人人自我“修己”“克己”的义。其二，“义”是君子的行事标准。如《里仁》云：“君子喻于义，小人喻于利。”[⑤]《述而》云：“不义而富且贵，于我如浮云。”[⑥]不是鼓吹义利对立，而是在义利对举中突现合义之风范。简言之，孔子的“义”是君子修己的内在自律涵养和克己的外在行事风范的统一，是君子内心修养、个人行事的适中与合宜。

孟子继承发展了孔子有关“义”的思想，表现有三：第一，将

① 冯友兰：《中国哲学简史》，北京大学出版社2013年版，第43页。
② 朱熹：《四书章句集注·论语集注》，中华书局1983年版，第71页。
③ 朱熹：《四书章句集注·论语集注》，中华书局1983年版，第182页。
④ 朱熹：《四书章句集注·论语集注》，中华书局1983年版，第165页。
⑤ 朱熹：《四书章句集注·论语集注》，中华书局1983年版，第73页。
⑥ 朱熹：《四书章句集注·论语集注》，中华书局1983年版，第97页。

"义"释为"人路"。如《告子上》云:"义,人路也。"[①]《离娄上》云:"义,人之正路也。"[②]《万章下》云:"夫义,路也。"[③]"路"者,道也、途也、轨也,义是一条途径,通往仁,直达人心。将"义"比作"路",即是将"义"外化为一种行事准则、规范。这是孟子在"杨墨之道不息,孔子之道不著"[④]的时代场域中针对杨朱"为我"、墨子"兼爱"等"邪说诬民,充塞仁义"的乱象而提出来的。第二,主张"义内"。如《告子上》载:"孟季子问公都子曰:'何以谓义内也?'曰:'行吾敬,故谓之内也。'"[⑤]即是说"义"虽本之于人心,但外化为人事时,则会因人因事因时而不同。不仅如此,孟子还从人心出发,提出"羞恶之心,义之端也"[⑥],并将其落实到具体行动中。如《尽心上》云:"敬长,义也。"[⑦]《尽心下》云:"义之于君臣也。"[⑧]《梁惠王上》云:"未有义而后其君者也。"[⑨]以"义"明君臣尊卑长幼之分,君行义以利万民,臣行义以侍奉君上,各施其行,各得其位。第三,舍生取义,"集义"以养"浩然之气"。《告子上》云:"生,亦我所欲也;义,亦我所欲也,二者不可得兼,舍生而取义者也。"[⑩]《公孙丑上》云:"其为气也,配义与道;无是,馁也。是集义所生者,非义袭

① 朱熹:《四书章句集注·孟子集注》,中华书局 1983 年版,第 333 页。
② 朱熹:《四书章句集注·孟子集注》,中华书局 1983 年版,第 281 页。
③ 朱熹:《四书章句集注·孟子集注》,中华书局 1983 年版,第 323 页。
④ 朱熹:《四书章句集注·孟子集注》,中华书局 1983 年版,第 272 页。
⑤ 朱熹:《四书章句集注·孟子集注》,中华书局 1983 年版,第 327 页。
⑥ 朱熹:《四书章句集注·孟子集注》,中华书局 1983 年版,第 238 页。
⑦ 朱熹:《四书章句集注·孟子集注》,中华书局 1983 年版,第 353 页。
⑧ 朱熹:《四书章句集注·孟子集注》,中华书局 1983 年版,第 369 页。
⑨ 朱熹:《四书章句集注·孟子集注》,中华书局 1983 年版,第 201 页。
⑩ 朱熹:《四书章句集注·孟子集注》,中华书局 1983 年版,第 332 页。

而取之也。"[①] 这样,孟子将"义"植根于"气",便给后人提供了一个操作性较强的行义、守义、集义的方式、方法。

荀子释"义",其用有三。其一,理也。《大略》云:"义,理也,故行。"[②]《议兵》云:"义者循理。"[③]"理"是事理,是行为的理性思考。从小处说是按恰当的方式办事,从大处说就是按一定的规律行事。其二,节也。《强国》云:"夫义者,内节于人而外节于万物者也。"[④]"节"即适中、节度之义。荀子持"人性恶"的立场,认为人生而有各种欲望,可得满足时即求满足;不可或不能满足时,则须加以节制。其三,分也。《王制》云:"人何以能群?曰:分。分何以能行?曰:义。"[⑤]《君子》云:"义者,分此者也。"[⑥]"分"即各就其位,站在其应该、合适的位置上,表现为两种不同的规约性:一方面,"义"是人心的自我操控,内节于人,是对自己欲望的节制,自我身份的明确与规约;另一方面,"义"是治理国家的良方,社会有森严的等级分层,有严格的礼法制度,行为得当,尊贤、尚礼即是义。

道家"义"思想最受后人争议。《老子·十九章》云:"绝民弃义。"《三十八章》云:"失仁而后义,失义而后礼。"[⑦]《庄子·马蹄》云:"道德不废,安取仁义!"《胠箧》云:"攘弃仁义,而天下之德

① 朱熹:《四书章句集注·孟子集注》,中华书局1983年版,第231—232页。
② 王先谦撰,沈啸寰点校:《荀子集解·大略》,中华书局1988年版,第491页。
③ 王先谦撰,沈啸寰点校:《荀子集解·议兵》,中华书局1988年版,第279页。
④ 王先谦撰,沈啸寰点校:《荀子集解·强国》,中华书局1988年版,第305页。
⑤ 王先谦撰,沈啸寰点校:《荀子集解·王制》,中华书局1988年版,第164页。
⑥ 王先谦撰,沈啸寰点校:《荀子集解·君子》,中华书局1988年版,第453页。
⑦ 朱谦之:《老子校释》,中华书局1984年版,第74页,第152页。

始玄同矣。"[①] 故后人多认为老庄任自然、弃仁义，也有少数学者认为这恰是老庄重视仁义的表现。如张松辉在《老庄学派仁义观新探》一文中认为老庄的仁义标准还要高于儒家，因为道家主张不带有任何功利目的的仁义行为[②]。老子提倡"无为而治"，其实质是无为即无所不为，抛弃有目的的有意识的义，才是最高道德的随性之义；老子所论世间"无"是母，有无相生，无仁义即会生仁义；老子也不定义"名"，因为一旦定了，它便不是原来的名，无名便是一切可名之；弃义便是不规范义的具体行为，而是人性善的都具有义的特质。庄子所讲的义是把属于外在的仁义融化在人的心灵中，把行仁行义由一种勉强的、有意识的行为变成一种自然而然的无意识行为，即《庄子·天地》所谓"端正而不知以为义"[③]。简言之，"绝仁弃义"是不求而得仁义。

与儒家相比，墨家释"义"迥然有别。首先，孔子的"义"是个人自己的规约；墨子的"义"则是天下之一同。如《尚同下》云："唯能以尚同一义为政，然后可矣。"[④]《天志下》云："义者，正也……天下有义则治，无义则乱，我以此知义之为正也。"[⑤]《公孟》云："夫义，天下之大器也。"[⑥] 在墨子看来，"有义"是"尚同一义"；

① 郭庆藩撰，王孝鱼点校：《庄子集释》，中华书局2012年版，第344页，第362页。

② 张松辉：《老庄学派仁义观新探》，《社会科学研究》1993年第6期。

③ 郭庆藩撰，王孝鱼点校：《庄子集释·天地》，中华书局2012年版，第451页。

④ 吴毓江撰，孙启治点校：《墨子校注·尚同下》，中华书局2006年版，第135页。

⑤ 吴毓江撰，孙启治点校：《墨子校注·天志下》，中华书局2006年版，第312页。

⑥ 吴毓江撰，孙启治点校：《墨子校注·公孟》，中华书局2006年版，第693页。

“无义”是一人一义。唯有一同天下之义,社会才能大同而治;倘若一人一义,则会大乱。其次,在义利关系上,孔子认为义是君子的本质,利是小人的追求;墨子则主张义利同一。如《耕柱》云:“所为贵良宝者,可以利民也,而义可以利人,故曰:义,天下之良宝也。”①墨子以世俗功利的眼光看义与利,认为利于天下的一切行为都是“义”。也正缘于此,墨子主张“非乐”,倡导“三表”;断定“厚葬久丧”非义,“节葬短丧”合义。第三,儒家在行义、守义的过程中主张亲亲,宣扬爱有差等;墨子则提倡“兼爱”为义。《兼爱下》云:“兼即仁矣,义矣。”②作为社会下层的墨子,亲眼目睹社会待遇分配不等,亲身感受社会资源划分不公,故将尚同与兼爱的社会理想贯穿于“义”思想中,并以利的标准来检验“义”的实施,自成其一家之言。

法家“义”思想,从表面看,似与儒家相类。如《韩非子·解老》云:“义者,谓其宜也,宜而为之。”③但质而言之,则大相径庭。儒家释“义”为适宜,其着眼点在人的内在修养,在人与人之间的行事合宜。韩非论“义”,则有鲜明的等级观念。如《解老》云:“义者,君臣上下之事,父子贵贱之差也,知交朋友之接也,亲疏内外之分也。臣事君宜,下怀上宜,子事父宜,贱敬贵宜,知交友朋之相助也宜,亲者内而疏者外宜。”④这里,韩非虽然也列举了知交朋

① 吴毓江撰,孙启治点校:《墨子校注·耕柱》,中华书局2006年版,第643页。

② 吴毓江撰,孙启治点校:《墨子校注·兼爱下》,中华书局2006年版,第175页。

③ 王先慎撰,钟哲点校:《韩非子集解·解老》,中华书局2013年版,第140页。

④ 王先慎撰,钟哲点校:《韩非子集解·解老》,中华书局2013年版,第139—140页。

友、亲疏内外基本关系的行事合宜,但其重点则在“臣事君”“下怀上”“子事父”“贱敬贵”等尊卑关系的恪守与合宜。出于树立君主权威的需要,韩非特别强调君臣之义、贵贱之别,甚至在《饰邪》中明确提出“人主之公义”与“人臣之私义”,反对“私义”,提倡“公义”。而去“私义”行“公义”的真正内涵则是去仁义、尊权势、守法令。因为韩非只是单向度地强调臣对君的尊敬、下对上的服从之义,突现君上对臣下的绝对权势威望,而忽略“义”的双向维度,“义”不仅是下对上的义务,同时也应该是上对下的尊重。

显然,在“道术将为天下裂”的子学时代,“义”观念在儒、道、墨、法诸家中已呈现出家殊义异的百家争鸣状态。尽管诸子站在各自的立场,“是其义,而非人之义”,但是有一点却是相同的,那便是合适,也即是宜。将“义”释为“利”,是认为义利相生,义利相通,正当的义能带来利,合宜的利也能生义;将“义”比之于“理”或“路”,是合乎一定准则、规范的理路,这是要求行动符合事物发展规律;将“义”视为分、节,是行为、欲望的节制,是分等级、明尊卑的礼法,也是适中不过分、合宜不乱位。

(三)董子“义”释

在董仲舒之前,汉代的“义”思想主要集中在陆贾和贾谊身上。“陆贾鉴于秦亡教训,提出治国要施行仁义,治民主清静无为,把儒家‘仁义’和道家‘无为’作了理论融通。贾谊也主张以仁义治国,同时主张兴礼乐以定社会尊卑秩序,故贾谊的义观念倡民本、重礼义、主有为。”[①]董仲舒作为汉代著名的春秋公羊学大师,其义观念,尤其是君臣君民之义,都和《春秋》有着密切的渊源关系。

---

① 仝晰纲、查昌国、于云瀚:《中华伦理范畴——义》,中国社会科学出版社2006年版,第101页。

更难能可贵的是，在《春秋繁露·仁义法》中，董仲舒本着“厚躬薄责”之旨首次对“仁义”进行对比分析[①]，既丰富了中国古代“仁义”思想发展史，又开创了中国古代“义”观念新局面。

《春秋繁露·仁义法》开篇明义，首先借字形别名，以“仁”从“人”、“义”从“我”对“仁”和“义”进行了严格区分，并为两者“正名”：“《春秋》之所治，人与我也。所以治人与我者，仁与义也。以仁安人，以义正我，故仁之为言人也，义之为言我也，言名以别矣。”[②]

其次，指出不察、不省“仁义”之分的重要危害及其成因：“仁之于人，义之于我者，不可不察也。众人不察，乃反以仁自裕，而以义设人。诡其处而逆其理，鲜不乱矣。是故人莫欲乱，而大抵常乱。凡以暗于人我之分，而不省仁义之所在也。”[③]在董仲舒看来，“仁之于人”和“义之于我”是“仁”和“义”在运用对象上的根本差别，其功能则分别是“安人”和“正我”。如果混淆了对象，“以仁自裕”，必然会打着“爱人”的幌子，爱自己而不爱别人，甚至损人利己；而“以义设人”，则必然会站在“义”的制高点上，苛求他人，甚至责备他人。这样“诡其处而逆其理”地运用“仁义”，不仅达不到“安人”和“正我”的目的，还会引起国家社会动乱。

再次，结合《春秋》分别对“仁之法”和“义之法”进行了详细说明：“是故《春秋》为仁义法。仁之法在爱人，不在爱我。义之法在正我，不在正人。我不自正，虽能正人，弗予为义。人不被其爱，

① “仁义”在《论语》中仅分言，无一处合言；在《孟子》中则既有分言，亦有合言。其后，无论分言，合言，都未对二者进行严格区分。

② 苏舆撰，钟哲点校：《春秋繁露义证·仁义法》，中华书局1992年版，第249页。

③ 苏舆撰，钟哲点校：《春秋繁露义证·仁义法》，中华书局1992年版，第250页。

虽厚自爱，不予为仁。”[①] 而在探讨《春秋》“义之法”时，董仲舒列举了四件史实：“楚灵王讨陈蔡之贼”“齐桓公执袁涛涂之罪”“阖庐正蔡楚之难”和“潞子之于诸侯”。前三件《春秋》之所以都“夺之义辞”，“弗予为义”，是因为楚灵王、齐桓公、阖庐三位君王虽能“正人”，而“我不自正”：楚灵王不仅弑君自立，且动机不良，灭陈、蔡后直接将其并入楚国；齐假途于陈而伐楚，因齐军纪律涣散，陈国大夫袁涛涂不欲其返扰民，诱骗陷于沼泽，齐桓公本身即有难咎之罪；吴王阖庐虽能打败楚国，为伍子胥报复父兄被楚平王错杀之仇，为蔡平复楚国欺侮蔡昭公而伐蔡之难，是典型的“正人”之举，但阖庐亦弑君自立，不能“正我”，且吴军进入楚国都城后淫乱不正。唯有赤狄之潞子，虽“无所能正”（包括“正人”），却因其“为善”“离于夷狄”，能正身而行（即“正我”），故而被《春秋》予之“有义”。由此，董仲舒通过正反两方面的事例顺理成章地得出结论：“义之法”在“正我”，不在“正人”。且与孔子的“身正”“正身”思想完全相通。如《论语·子路》曾反复说；“其身正，不令而行；其身不正，虽令不从。”“苟正其身矣，于从政乎何有？不能正其身，如正人何？”[②] 也正缘于此，董仲舒认为“我无之求诸人，我有之而诽诸人”[③] 是一种“逆理”行为，所有人都不可能接受。

然后，承延“义者，宜也”之旧训，揭示“以义正我”的具体方法：“义者，谓宜在我者。宜在我者，而后可以称义。故言义者，合

① 苏舆撰，钟哲点校：《春秋繁露义证·仁义法》，中华书局 1992 年版，第 250—251 页。

② 朱熹：《四书章句集注·论语集注》，中华书局 1983 年版，第 143 页，第 144 页。

③ 苏舆撰，钟哲点校：《春秋繁露义证·仁义法》，中华书局 1992 年版，第 253 页。

我与宜,以为一言。"[①] 在董仲舒看来,"义"合"宜""我"而为一,应有"宜"和"我"两个要素组成:"宜"是合适、合宜,侧重行为的价值取向;"我"是主体,侧重行为的作用对象。"宜"和"我"在此名异实同,换言之,"义"唯有"在我"才是合宜的。这样,"义"的躬身自行性、自主能动性便落到了实处。所以董仲舒说"自好"(即"好义")并"有为",便会"自得";而"不自好"(即"不好义"),即便"有为",也会"自失"。

最后,总结全篇,以"义与仁殊"为着眼点,在"求仁义之别"的同时,通过"内治反理以正身""外治推恩以广施"的具体方法,深化了"仁造人""义造我"之观念。单从"义"看,董仲舒的"内治"(即"治身")关涉有四:其一,孔子语樊迟曰:"治身者,先难后获。"其二,《诗》曰:"'坎坎伐辐,彼君子兮,不素餐兮。'先其事,后其食。"其三,《春秋》:"小恶在外弗举,在我书而诽之。"其四,《论语》君子"自攻其恶"[②]。此四则材料都是"义"行的具体化,都体现了"以义正我",严以律己的光辉形象。正是在这个意义上,董仲舒说"义"不仅"在我",而且"造我"。

由上可见,董仲舒释"义"既踵武前贤,又有所新创。结合其"宜我合一"的基本原则,我们认为,所谓"从义"应是指在历史长河中逐渐形成的一套合宜的、公正的、正义的伦理道德规范。随着时代变化,其具体内容可能不同,即便是同一时代语境,也还会因不同的"我"而异,但合宜、公正、正义、仁道一以贯之。而董仲舒所谓"从变从义"则指:对《诗》《易》《春秋》等儒家经典的理解和

---

① 苏舆撰,钟哲点校:《春秋繁露义证·仁义法》,中华书局1992年版,第253—254页。

② 参见苏舆撰,钟哲点校:《春秋繁露义证·仁义法》,中华书局1992年版,第254—255页。

解释虽然可以“无达诂”“无达占”“无达辞”,即不同的阐释者根据自己的“前理解”或“偏见”都可以采取不同甚至完全相反的解释,但是其解释必须遵循一个前提,那就是“义”,即儒家公正合宜的道德伦理规范。为了更清楚地突出强化“两从”的重要性,董仲舒紧接着提出了“一以奉人”的准则。

(四)“一以奉人”辩正

据清人苏舆考,《春秋繁露》原文“一以奉人”应作“一以奉天”。清人卢文弨校本为“奉天”[①],苏舆进而解释说:“本书(指《春秋繁露》)言奉天者,屡矣[②],《楚庄王》篇云‘奉天而法古’,《竹林》篇云‘上奉天施’,皆是。盖事若可贯,以义一其归;例所难拘,以变通其滞。两者兼从,而一以奉天为主。”[③]简言之,“从变从义”应以“奉天”为依归。此当为确论。

首先,董仲舒有明确的“奉三本”说。其《春秋繁露·立元神》云:

> 何谓本?曰:天地人,万物之本也。天生之,地养之,人成之。天生之以孝悌,地养之以衣食,人成之以礼乐,三者相为手足,合以成体,不可一无也。无孝悌则亡其所以生,无衣食则亡其所以养,无礼乐,则亡其所以成也。三者皆亡,则民如麋鹿,各纵其欲,家自为俗。父不能使子,君不能使臣,虽有城郭,名曰虚邑。……明主贤君必于其信,是故肃慎三本。郊祀致敬,共事祖祢,举显孝悌,表异孝行,所以奉天本也。秉耒躬

---

① 苏舆:“卢云:‘疑当作奉天。’”参见苏舆撰,钟哲点校:《春秋繁露义证·精华》,中华书局1992年版,第95页。

②《春秋繁露》中,“奉天”凡11见;“奉人”凡2见,“奉地”仅1见。

③ 苏舆撰,钟哲点校:《春秋繁露义证·精华》,中华书局1992年版,第95页。

> 耕，采桑亲蚕，垦草殖谷，开辟以足衣食，所以奉地本也。立辟雍庠序，修孝悌敬让，明以教化，感以礼乐，所以奉人本也。①

显然，“奉天本”“奉地本”“奉人本”实谓董氏所谓“奉三本”，且“奉天本”与“奉人本”的主要内容大不相同，前者“郊祀致敬，共事祖祢”，后者“立辟雍庠序，修孝悌敬让”；两者的功能亦大异其趣，前者“举显孝悌，表异孝行”，后者“明以教化，感以礼乐”。所以天生、地养、人成虽“相为手足，合以成体，不可一无”，但“奉天”与“奉人”不能简单混同。

其次，董氏所谓“奉天”之“天”继承了古代先哲的智慧。在古人眼里，“天”一般与“圣人”紧密联系。如《老子·四十七章》云：“不出户，知天下；不窥牖，见天道。其出弥远，其知弥近。是以圣人不行而知，不见而名，不为而成。”② 在老子看来，唯有“圣人”能见“天道”，也唯有“圣人”能体“天道”。《中庸》云：“大哉圣人之道！洋洋乎！发育万物，峻极于天。优优大哉！礼仪三百，威仪三千。待其人而后行。”③ 在孔子看来，“圣人”之道可以“峻极于天”。《周易·系辞上》则直接将“圣人”作为“天”的代言人：“圣人有以见天下之赜，而拟诸其形容，象其物宜，是故谓之象。圣人有以见天下之动，而观其会通，以行其典礼，系辞焉以断其吉凶，是故谓之爻。言天下之至赜而不可恶也，言天下之至动而不可乱也，拟之而后言，议之而后动，拟议以成其变化。”④ 又云：“天生神物，

---

① 苏舆撰，钟哲点校：《春秋繁露义证·立元神》，中华书局1992年版，第168—169页。

② 朱谦之：《老子校释》，中华书局1984年版，第189—191页。

③ 朱熹：《四书章句集注·中庸章句》，中华书局1983年版，第35页。

④《十三经注疏·周易正义》，上海古籍出版社1997年版，第79页。

圣人则之；天地变化，圣人效之；天垂象，见吉凶，圣人象之；河出图，洛出书，圣人则之。”① 对于“天”，“圣人”既可“拟其形容”“观其会通”，又可“拟之”“议之”“则之”“效之”“象之”。在这里，“圣人”成了“天道”“天意”的代表。《孟子·尽心下》更将“圣人”之于“天道”归为“命”：“仁之于父子也，义之于君臣也，礼之于宾主也，智之于贤者也，圣人之于天道也，命也。”② “圣人之于天道”如同“仁之于父子”“义之于君臣”“礼之于宾主”“智之于贤者”一样，“皆命禄，遭遇乃得居而行之，不遇者不得施行”③。与古代贤哲相似，董仲舒视界的“天”也多与“圣人”相涉。如《春秋繁露·诸侯》云：“天虽不言，其欲赡足之意可见也。古之圣人，见天意之厚于人也，故南面而君天下，必以兼利之。”④《立元神》云：“天积众精以自刚，圣人积众贤以自强。天序日月星辰以自光，圣人序爵禄以自明。天所以刚者，非一精之力；圣人所以强者，非一贤之德也。故天道务盛其精，圣人务众其贤。”⑤ 圣人不仅懂得“天意”，而且“兼利之”，并与之相应：天积众精，圣人积众贤；天自刚，圣人自强；天自光，圣人自明。

第三，董氏所谓“奉天”之“天”在踵武前贤的基础上，又有所推演和深化。换言之，董氏之“天”与前哲既相同又不同。相同的是，其与“天”相涉的都不是一般的普通人，而是“圣人”；不同的

①《十三经注疏·周易正义》，上海古籍出版社 1997 年版，第 82 页。

② 朱熹：《四书章句集注·孟子集注》，中华书局 1983 年版，第 369 页。

③《十三经注疏·孟子注疏》，上海古籍出版社 1997 年版，第 2775 页。

④ 苏舆撰，钟哲点校：《春秋繁露义证·诸侯》，中华书局 1992 年版，第 313 页。

⑤ 苏舆撰，钟哲点校：《春秋繁露义证·立元神》，中华书局 1992 年版，第 170—171 页。

是，古人所指“圣人”多与“天道”相连，而董氏所指“圣人”大多与“王事”“王道”密切联系，并进而演变为现实化的“义”。如《官制象天》云：“人之材固有四选，如天之时固有四变也。圣人为一选，君子为一选，善人为一选，正人为一选，由此而下者，不足选也。四选之中，各有节也。是故天选四堤十二而人变尽矣。尽人之变合之天，唯圣人者能之，所以立王事也。”①虽然诚如春夏秋冬四时，分别是天之少阳太阳少阴太阴之四选一样，圣人君子善人正人四材，分别是官制之三公三卿三大夫三士之四选，但“尽人之变合之天”的天人相合之力唯有“圣人”才能胜任，而这正是“立王事”的由来。至于其具体表现，则莫过于春夏秋冬天道之四时与庆赏罚刑王道之四政的相副、相应和相类。其逻辑演进可分为三个层次：

其一，天道之四时，异气同功，所以成岁。董氏云：“天之道，春暖以生，夏暑以养，秋凉以杀，冬寒以藏。暖暑清寒，异气而同功，皆天之所以成岁也。”②

其二，王道之四政，异事同功，所以成德。董氏云：“圣人副天之所行以为政，故以庆副暖而当春，以赏副暑而当夏，以罚副清而当秋，以刑副寒而当冬。庆赏罚刑，异事而同功，皆王者之所以成德也。”③

其三，天道之四时与王道之四政类应合符。董氏云：“庆赏罚刑与春夏秋冬，以类相应也，如合符。故曰王者配天，谓其道。天

① 苏舆撰，钟哲点校：《春秋繁露义证·官制象天》，中华书局1992年版，第216页。

② 苏舆撰，钟哲点校：《春秋繁露义证·四时之副》，中华书局1992年版，第353页。

③ 苏舆撰，钟哲点校：《春秋繁露义证·四时之副》，中华书局1992年版，第353页。

有四时,王有四政,四政若四时,通类也,天人所同有也。”①

以此为基础,董仲舒还提出了一个新的概念:“君人”。这个概念在《春秋繁露》一书中仅出现三次,且都见于《立元神》,分别如下:

> 君人者,国之元,发言动作,万物之枢机。
> 君人者,国之本也。
> 君人者,国之证也,不可先倡,感而后应。②

何谓“君人”,董氏似未明言,但据其上下语境,“君人”似可当作“为人君者”或“君以兼人”的省略。前者是肯定语气,承“国之元”而发,“故为人君者,谨本详始,敬小慎微,志如死灰,形如委衣,安精养神,寂寞无为”③;后者是否定语气,沿“国之本”而补,“夫为国,其化莫大于崇本,崇本则君化若神,不崇本则君无以兼人。无以兼人,虽峻刑重诛,而民不从,是所谓驱国而弃之者也,患孰甚焉?”④无论是“为人君者”,还是“君以兼人”,究其实质,仍不离“王事”“王道”。

最后,在“天—地—人”形上等级制中,“天”的地位无疑是至高无上的,因此“奉人”“奉地”最终仍应以“奉天”为旨归。如《春秋繁露·玉杯》云:“《春秋》之法,以人随君,以君随天。……故屈民而

① 苏舆撰,钟哲点校:《春秋繁露义证·四时之副》,中华书局1992年版,第353页。

② 苏舆撰,钟哲点校:《春秋繁露义证·立元神》,中华书局1992年版,第166页,第168页,第169—170页。

③ 苏舆撰,钟哲点校:《春秋繁露义证·立元神》,中华书局1992年版,第166—167页。

④ 苏舆撰,钟哲点校:《春秋繁露义证·立元神》,中华书局1992年版,第168页。

伸君,屈君而伸天,《春秋》之大义也。"[①]"天"在董仲舒眼里虽与"王道""王事"密切相关,对人却有着一种巨大的威慑力。如《春秋繁露·尧舜不擅移、汤武不专杀》云:"天之生民,非为王也,而天立王以为民也。故其德足以安乐民者,天予之;其恶足以贼害民者,天夺之。"[②]这样,"民→君→天→民"便建构了一个良性的社会生态循环。

也正缘于此,所以我们说"从变从义,一以奉天"虽以"天"作为解释的终极准则,但其内涵却是社会层面的伦理,因为作为"天"的现实化的"义",包含了规范人们行为的准则。同时,由于"天不变,道亦不变",现实化的"义"也不变。这就意味着,"义"所体现的合宜、公正、正义、仁道等儒家伦理道德规范具有超越时代、超越民族的普适性,它不会因为时间的延续、民族的流徙而发生变化,而这也正是二千多年来"《诗》无达诂、《易》无达占、《春秋》无达辞"等儒家文化得以不断推演的根本原因。也正是在这个意义上,我们说,"从变从义"是儒家文化话语的意义建构方式,它使中国历代儒生秉执"宜""我"两端,皓首穷经,极大地丰富完善了儒家文化话语的理论内涵和现实意义。

上面我们对"依经立义"作为文化话语的言说方式、意义建构方式和话语解读模式作了简要梳理。显然,特定的话语言说方式总是和特定的意义建构方式结合在一起的。无论是"述而不作",还是"崇圣宗经",抑或"依经立义",都是古代知识分子在面向现实生活之际,依托于对传统经典的确认来争取批评权力的精神行为,其中积淀着大量的思想经验和历史隐秘,表现出当时文化机制

① 苏舆撰,钟哲点校:《春秋繁露义证·玉杯》,中华书局1992年版,第31—32页。

② 苏舆撰,钟哲点校:《春秋繁露义证·尧舜不擅移、汤武不专杀》,中华书局1992年版,第220页。

中某一类人或社会集团浓厚的利益诉求。如班固就曾总结说:"自武帝立《五经》博士,开弟子员,设科射策,劝以官禄,讫于元始,百有余年,传业者浸盛,支叶蕃滋,一经说至百余万言,大师众至千余人,盖禄利之路然也。"[①]他们虽然处在各自不同的言说语境中,但为了相同或相近的利益诉求,他们当中一批拥有言说能力和权力的人就不约而同地遵守着一种相同或相近的话语生成规则,共同创造着一种话语系统。在这个话语系统中,孔子被"神化""圣化"了。而在孔子被"神化""圣化"的同时,"依经立义"的话语言说方式、意义建构方式和话语解读模式也成了"神化"话语、"圣化"话语,成了不可窜改的真理。比如《文心雕龙·宗经》称"五经"为"恒久之至道,不刊之鸿教"[②],认为"道沿圣以垂文,圣因文以明道"[③]。正是在这种"道—圣—文"的话语模式中,"依经立义"的话语言说方式、意义建构方式和话语解读模式得以形成并巩固。虽然宋、清一些追求学问或疑古创新的人士,往往能看出其中"神"或"圣"的人为部分,并开始反思、批判这种神化、圣化话语,甚至悬置它的神圣性,但是其致思的方式并未从根本上加以改变。他们或者试图在古代遗留的文化资料的基础上进行修补完善,或者针对这些文化资料以否定者的姿态进行反向言说建构。而"依经立义"的话语言说方式、意义建构方式和话语解读模式作为一种"规则",作为知识分子的一种"思维定势",一种"集体无意识",就在这种建构与反建构的话语言说和对抗中、在实现各不同利益集

---

① 《汉书·儒林传》,中华书局 1962 年版,第 3620 页。

② 刘勰著,范文澜注:《文心雕龙注·宗经》,人民文学出版社 1958 年版,第 21 页。

③ 刘勰著,范文澜注:《文心雕龙注·原道》,人民文学出版社 1958 年版,第 3 页。

团言说的充分有效性中,得到了进一步稳固和规范。而这也正是中国古代士人的生存智慧之所在,并为汉代经学与文论之间的同源、互动奠定了坚实基础。

第三章　文论空间里的汉代经学书写

与战乱频仍、群雄割据的春秋战国相比，汉朝堪称大一统时代。统治者亟需一套与政治大一统相适应的学术思想，而儒家思想便成为刘汉统治者的最终选择。由此，支撑儒家学说的经典便具有了前所未有的崇高地位，并形成专门阐释儒家经典的学问——经学。经居四部之首，在汉代以来的中国古代学术思想体系中具有无可置疑的权威地位。正如朱维铮所言："经学成为中国历史上的统治学说应从公元前二世纪晚期算起，以后长期居于统治学地位。这是学术界公认的事实。"① 其他学术不但受经学影响，或由经学孕育而出，甚至经学本身也具有其他学术的属性，成为一种具有笼罩性、真理性的最高学问。汉儒也认为，六经作为圣人之道的载体，具有绝对权威性。匡衡《上疏戒妃匹劝经学威仪之则》云：

> 臣闻《六经》者，圣人所以统天地之心，著善恶之归，明吉凶之分，通人道之正，使不悖于其本性者也。故审《六艺》之指，则人天之理可得而和，草木昆虫可得而育，此永永不易之道也。②

---

① 朱维铮：《中国经学与中国文化》，《复旦学报》（社会科学版）1986 年第 2 期。

②《汉书 · 匡张孔马传》，中华书局 1962 年版，第 3343 页。

六经乃圣人对天地人事真理的概括，其权威性天经地义，故人天之理、动植之道均包孕其中，一切学术自然也当以经学为准绳，所谓“《五经》之为众说郛”[①]。

汉代经学在某种程度上重塑了中国文化，正如刘朝谦所指出的，“汉代经学思潮对中国文化之总体以及中国文化的思想、诗学、文论、宗教和伦理等许多方面都是一次重大的历史性奠基，是汉代人对中国文化性格的一次具有创世意义的塑造”[②]。就中国文论言之，不仅“文本于经”是中国文论话语的生成模式与言说方式，而且经学话语本身也是文学理论的一部分，在“经学昌明”的汉代尤其如此。汉代最为重要的文学理论文本《毛诗序》便同时也是经学文本，情志说、文质论等本身也是经学关键词。换言之，汉代经学与文论之间经常是一体两面的关系。在这一文化语境下，我们试图梳理汉代经学文本中所包孕的文论思想无疑顺理成章。

第一节 本源论

中国美学历来重视“人”在艺术世界中的核心地位，强调生命体验与超越，故有学者指出“中国美学是一种生命安顿之学”[③]。在生命孕育、滋养一切艺术的前提下，中国文学自然也以书写“人”作为根本使命与最终归宿。在此基础上形成的中国文学理论批评无疑也被皴染上“以人为本”的底色，亦即所谓“一部中国古代文

① 扬雄撰，汪荣宝义疏，陈仲夫点校：《法言义疏・问神》，中华书局 1987 年版，第 157 页。

② 刘朝谦：《经学文论在汉代的体制化进路》，《中外文化与文论》2011 年第 21 辑。

③ 朱良志：《中国美学十五讲・引言》，北京大学出版社 2006 年版，第 2 页。

学批评史，千言万语，归根到底就是立足在‘原人’的基点上。中国古代文学理论批评体系的核心就是以人为本原”[①]。经学在汉代被视为统摄一切学术的最高学问，“经学昌明”时代的学者关于文学的体认亦受经学的影响、钳制，故关于文学本源的认知也从经学中化出。但从某种程度上讲，无论是修己还是治人，经学的根本指向未曾离开“人”这个中心。只不过经学家所谓“人”并非任由本心本性自由发展的人，而是经由儒家礼乐教化，符合道德伦理规范的“人”。故从根本上讲，汉代经学叙述中的文学本源论也以“人”为中心，大体来说，汉儒关于文学本源的认知可分为志本论、情本论与心本论三个向度。

一、志本论

将诗与“志”联系在一起，早在先秦便已盛行，尤其是《尚书·尧典》“诗言志”一语还被朱自清先生称为“中国历代诗论开山的纲领”。然而，结合此语之语境可知，《尧典》所谓“诗言志”是上古时期仪式活动的产物，“代表了一种独特的宗教文学观”[②]。同时，作为集体活动的衍生物，此处之“志”并非个人情志，而是一种集体意志的表达。由此，“诗言志”实则意味着诗乐舞是群体心理的艺术化显现，代表了早期文艺本源论与乐教的雏形。而盛行于春秋时代的“赋诗言志”多发生于宫廷表演与外交活动等酬酢场合，是一种用《诗》方式与交流手段，应属文学接受范围。而且此

① 黄霖等：《中国古代文学理论体系：原人论》，复旦大学出版社 2000 年版，第 5 页。

②［美］蔡宗齐著，刘青海译：《比较诗学结构：中西文论研究的三种视角》，北京大学出版社 2012 年版，第 36 页。

"志"也是"与'礼'分不开的,也就是与政治、教化分不开的"[①],故未直接涉及文学创作的来源问题。

但战国中期偏后的郭店楚简与上博楚简则均有"诗言志"相关论述,并直接言及诗之源:

> 诗,所以会古今之志[②]也。易,所以会天道、人道也。春秋,所以会古今在之事也。[③](《物由望生》)
>
> 诗无隐志,乐无隐情,文无隐[意?]。[④](《孔子诗论》)

郭店楚简《物由望生》(原题《语丛一》)将"言志"改为"会志"。"会"者,合也,即云诗会合古今之人的志意,已隐含诗表现人之志的文学本源论。上博简《孔子诗论》多论及《诗经》各篇之主旨,如"《关雎》之改,则其思益矣";"《东方未明》有利词";"《采葛》之爱妇";"《有兔》不逢时";"《小旻》多拟,拟言不中志者也";"《小宛》其言不恶,少有佞焉";"《天保》其受禄蔑疆矣"。由是,"诗无隐志"即诗所表现的作者之志是可以体察、知晓的。这无疑更为直接地言明诗是表现人之情志的。我们之所以将此"志"释为"情志",是因为《孔子诗论》所言之"志"已涉及个人感情,如言"《采葛》之爱妇""《有兔》不逢时"便属个人情感、生活遭遇。由此观之,在《孔子诗论》中,中国文学本源论之志本论不但得以确立,而且还未

① 朱自清:《朱自清说诗》,上海古籍出版社1998年版,第8页。
② 李零《郭店楚简校读记》(增订本)作"诗",但根据前后文,尤其是有关《易》《春秋》的论述可知,此处不宜作"诗",当如诸多学者所言,作"志"。
③ 李零:《郭店楚简校读记》(增订本),中国人民大学出版社2007年版,第209页。
④ 侯乃峰:《上博楚简儒学文献校理》,上海古籍出版社2018年版,第37页。

若荀子及此后汉儒以政治道德限制个体感情，是真正意义上的情志并举，无疑也更符合文艺创作的实际。

荀子作为“儒学之歧途”且“堕入权威主义”[①]，其诗乐论也直接不可避免滑入保守一端。《荀子·儒效》所谓“《诗》言是其志”之“志”便是原道、尊圣、宗经的副产品：

> 圣人也者，道之管也。天下之道管是矣，百王之道一是矣，故《诗》《书》《礼》《乐》之归是矣。《诗》言是，其志也。[②]

圣人乃天下之道的枢要，《诗》《书》《礼》《乐》是圣人之道传授与传播的载体，《诗》也自然以言圣人之道为其出发点与旨归，故“《诗》言是，其志也”指《诗》表现儒（圣人）之志，圣人之志即所谓“道”。值得注意的是，荀子言《诗》表现圣道虽然具有极为强烈的政治功用意味，且较之《孔子诗论》更为保守、狭隘，但因为追溯至“道”，故具有更为明显的本源论甚至本质论内涵。荀子言《诗》之源的保守性与政治性在汉代经学文论中得以延续、强化，而对中国文论影响更为深远的是，荀子此言已然奠定了中国文论话语“原道、征圣、宗经”的言说方式与生成模式。

汉初思想家陆贾《新语》以其政论性著称，代表了西汉前期的政治学术走向。由于陆贾思想以儒为主，其论诗以言志也基本延续荀子的路数：

---

① 劳思光：《新编中国哲学史》（一），生活·读书·新知三联书店2015年版，第246页。

② 王先谦撰，沈啸寰点校：《荀子集解·儒效》，中华书局1988年版，第133页。

是以君子居乱世，则合道德，采微善，绝纤恶，修父子之礼，以及君臣之序，乃天地之通道，圣人之所不失也。故隐之则为道，布之则为文，诗在心为志，出口为辞。[①]

陆贾所言乃君子即使居乱世，其言行亦当遵循儒家道德礼仪规范。诗是道的外现，君子心志形之于言则为辞。其说虽非直接以文艺创作之源为讨论对象，但已触及这一核心问题，那就是诗（辞）从根本上讲是道的显现，表现合乎儒家标准的君子之"志"。尤需提及的是，陆贾在此已经建构了一个"心→志→辞（诗）"的文艺本源论言说模式，这在此后的汉代经学文本中得以广泛运用与深度阐发。

汉代经学文本（尤其是《礼记》《毛诗序》）对"志"为诗之本源作了全面论述，并进行了道德伦理限定与政治化规范。如《礼记·孔子闲居》[②]借孔子之口言"五至"说，有所谓"志之所至，诗亦至焉"[③]。郑玄认为，"志谓恩意也，言君恩意至于民，则其诗亦至也。诗谓好恶之情也"[④]。清人孙希旦亦言"既有忧民之心存于内，则必有忧民之言形于外，故《诗》亦至焉"[⑤]。换言之，统治者对天下万民生活的关注、体察与忧虑，形之于文辞而为诗。君主的政治态度（"志""好恶之情""忧民之心"）是产生诗的前提条件，故此"志"则是统治政策、君主意志的直接产物，其政治意味无需赘言。

---

① 王利器：《新语校注·慎微》，中华书局 2012 年版，第 111 页。

② 关于《礼记》的产生时间，学界尚无定论，我们不拟介入争论，暂因《窦公篇》认为定本不早于西汉文帝时期。

③《十三经注疏·礼记正义》，上海古籍出版社 1997 年版，第 1616 页。

④《十三经注疏·礼记正义》，上海古籍出版社 1997 年版，第 1616 页。

⑤ 孙希旦撰，沈啸寰点校：《礼记集解》，中华书局 1989 年版，第 1275 页。

与此同时，被视为“我国古代第一部具有完整体系的文艺理论专著”[①]的《乐记》则对此进行了更为细致深入的阐述：

> 是故君子反情以和其志，广乐以成其教。乐行而民乡方，可以观德矣。德者，性之端也；乐者，德之华也；金石丝竹，乐之器也。诗，言其志也；歌，咏其声也；舞，动其容也。三者本于心，然后乐器从之。是故情深而文明，气盛而化神，和顺积中，而英华发外，唯乐不可以为伪。[②]

何谓“诗，言其志”？孔颖达解释说：“诗谓言词也，志在内，以言词言说其志也。”[③]虽然孔颖达未将“诗”直接解释为文学意义上的诗歌，然他将“诗”与“歌”“舞”对举，且均列为乐的基本要素，故此处所言“诗”具有明显的艺术特征、美学内涵。但我们不得不面对另一个棘手的问题，那就是“志”应如何解释？我们认为，此处之“志”应解释为“志意”，其理由至少有三：

一是孔颖达将文中“和其志”之“志”解释为“德义之志”[④]，而根据前后文关系来看，此“志”与“诗，言其志”文义应当一致。虽然孔颖达的解释带有浓厚的伦理教化意味，但这或许正符合《乐记》作者之本意。一方面，君子作为儒家的理想人格，其志并非自由的个体意志，而必须是道德伦理的化身，是礼仪规范的象征；另一方面，《乐记》作者于此希冀诗乐实现其教化功能（“乐以成其

---

① 顾易生、蒋凡：《中国文学批评通史》（先秦两汉卷），上海古籍出版社1996年，第374页。

②《十三经注疏·礼记正义》，上海古籍出版社1997年版，第1536页。

③《十三经注疏·礼记正义》，上海古籍出版社1997年版，第1536页。

④《十三经注疏·礼记正义》，上海古籍出版社1997年版，第1536页。

教”),故诗所言之“志”亦必须契合儒家之“德”。

二是汉代辞书《说文解字》释“志”为“意也,从心㞢,㞢亦声”;释“意”为“志也,从心音,察言而知意也”。段注云:“志即识,心所识也。”[①] 由此可见,“志”与“意”可以互释,乃人心所认知、识别。

三是出土文献亦可为证。近年新出土文献,尤其是楚简中不少内容与《乐记》有极为密切的联系。由于学界普遍认为楚简多系战国中后期之作,其成书无疑早于定本《乐记》,而且《乐记》诸多观点明显受楚简相关理论的影响。因此,我们可从楚简相关论述窥见《乐记》之“志”所指。如郭店楚简《性自命出》有言:

> 凡人虽有性,心无定志,待物而后作,待悦而后行,待习而后定。……凡心有志也,无与不[可。人之不可]独行,犹口之不可独言。牛生而长,雁生而申,其性[使然,人]而学或使之也。[②]

《乐记》与《性自命出》均言志出于心(或志本于心),如何训释“心无定志”与“凡心有志”之“志”无疑有助于我们理解《乐记》“诗,言其志”。李零认为,“‘心’是人的精神活动。‘志’是人的主观意志。‘心志’和‘性情’的不同点是,‘性情’是人内在固有的东西。而‘心志’则受制于外物的刺激和主观的感受,是由后天的习惯培养,变化不定的东西”[③]。这一解释无疑具有合理性。故《性自

① 许慎撰,段玉裁注:《说文解字注》,上海古籍出版社1988年版,第502页。

② 李零:《郭店楚简校读记》(增订本),中国人民大学出版社2007年版,第136页。此段文字与上博楚简《性情论》文字虽有个别字不同,如“长”《性情论》作“伥(枨)”,但大体一致,且意义几近相同。

③ 李零:《郭店楚简校读记》(增订本),中国人民大学出版社2007年版,第151—152页。

命出》之“志”不能解释为情志，只能解释为心志或志意。《乐记》“诗，言其志”之“志”亦当同解，只是其道德教化色彩更为浓厚，而这正是汉代经学文论的底色。

由是观之，《乐记》“诗，言其志”是指作为乐之组成部分的“诗”源自于人的内心意志（即“志”），其所形成的“心→志→诗”的话语言说模式与陆贾《新语》所论几近相同。

作为《毛诗》核心的《诗大序》，既是《诗经》学史上的重要文本，亦是儒家诗论的典范形态，对中国文论、美学的影响至深至远。汉学家宇文所安（Stephen Owen）也注意到，“在传统中国关于诗歌性质和功能的表述中，为《诗经》所作的‘大序’是最权威的”[①]。《毛诗序》的权威性虽无须质疑，但它是汉儒杂取先秦迄汉各种相关论述而成，故朱东润称之为“杂糅而成之作品”[②]。其中，《诗大序》对《礼记·乐记》的借鉴痕迹最为明显，这自然也包括其对诗歌本源的认知。尤其是所谓“诗者，志之所之也，在心为志，发言为诗”[③]这一经典论述，或直接源自《乐记》“诗，言其志”说。与之相应，此处“解诗之所由”为志，应解为“意志”，而非情感或情志。孔颖达疏于此有较为明确恰切的说明：

> 诗者，人志意之所之适也。虽有所适，犹未发口，蕴藏在心，谓之为志。发见于言，乃名为诗。言作诗者，所以舒心志愤懑，而卒成于歌咏。故《虞书》谓之“诗言志”也。包管万虑，其名曰心，感物而动，乃呼为志。志之所适，外物感焉。言悦豫

①［美］宇文所安著，王柏华、陶庆梅译：《中国文论：英译与评论》，上海社会科学院出版社2003年版，第38页。
② 朱东润：《中国文学批评史大纲》，上海古籍出版社2001年版，第12页。
③《十三经注疏·毛诗正义》，上海古籍出版社1997年版，第269页。

之志，则和乐兴而颂声作，忧愁之志，则哀伤起而怨刺生。[①]

人心受外物（主要是社会政治）所感而生志，志发而为诗，这是对《新语》《乐记》"心→志→诗"话语模式的承袭，只是《诗大序》作者更强调志之哀乐忧愁必须传达作者关于社会政治的歌颂与怨刺。"志"源自于心，感发于物，其悦豫与忧愁均由时政盛衰而来，并随之改变。此系后天习得，而非先天固有，由此便与性情相区别。《诗序》作者于此既言明诗之来源，也为以"美刺"解《诗》作铺垫。因为只有认定《诗》的作者在诗中寄托对社会政治的悦豫、忧愁之"志"，方可以"美刺"为之贴上政治标签。否则所谓"美刺"便流于无根游谈，由此亦可见出中国阐释学对作者意图的高度认可及对"以意逆志"阐释方法的推崇。也正基于此，《小序》解《诗》不言性情而专论美刺，其缘由在此不在彼。此后，通儒郑玄承《乐记》《诗序》"诗言志"之说，其《六艺论》认为诗作为"讽喻之声"，是由于诗人"情志不通，故作诗者以诵其美而讥其过"[②]。可见郑玄所言"情志"亦非个人私情，而是政治美恶的晴雨表。

此外，《春秋纬·春秋说题辞》亦有关于"诗言志"之说。但与经书有别，具有极为明显的神秘色彩：

六经所以明君父之尊，天地之开辟，皆有教也。

诗者，天文之精，星辰之度，在事为诗，未发为谋，恬淡为心，思虑为志，故诗之为言志也。[③]

---

①《十三经注疏·毛诗正义》，上海古籍出版社 1997 年版，第 270 页。

②《十三经注疏·毛诗正义》，上海古籍出版社 1997 年版，第 262 页。

③［日］安居香山、中村彰八：《纬书集成·春秋纬·春秋说题辞》，河北人民出版社 1994 年版，第 856 页。

汉代谶纬之说以服务于统治阶级为根本目的，甚而与经学（主要是今文经学）结合逐渐演变为官方意识形态，故纬书解诗自然也服从于政治目的。《春秋纬》作者虽然沿袭“心（思虑）→志→诗”的话语模式，但又将《诗》上升到“天文之精，星辰之度”的高度，这亦体现了纬书的“核心的理论宗旨是要在六经的经文中重读出天人之际的奥秘，是要在经书中体察出上天的意志”①，最终实现“明君父之尊”这一政治教化目的。故要求诗人思虑之“志”亦归结为“天人之际”，这看似更为神秘、玄妙，但“志”的政治属性一仍其旧。

二、情本论

以文学创作为疏泄作者个人或集体情感的工具乃古今通例，中国文学更是公认拥有极为悠久且一以贯之的抒情传统。不少海外汉学家（如陈世骧、高友工等）在进行充分、全面的中西文学比较后认为，抒情传统是中国文学区别于西方文学的结穴所在。如陈世骧在《中国的抒情传统》一文中指出，“中国文学和西方文学传统（我以史诗和戏剧表示它）并列，中国的抒情传统马上显露出来”②。在先秦时期，《诗经》便有不少抒发个人或集体情感之作，而屈原《九章·惜诵》更有“发愤以抒情”之语，但这显然并非自觉的文学理论。诸子传世文献中多有言“情”或“性情”者，亦多未与艺术本源相关联③。不过，在新出简帛文献中，则可见将“情”视为诗乐之源的相关论述。如郭店楚简《性》（原题《性自命出》）有

① 姜广辉：《中国经学思想史》（第二卷），中国社会科学出版社2003年版，第339页。

② 陈世骧：《陈世骧文存》，辽宁教育出版社1998年版，第1页。

③ 张金梅：《先秦传世文献“情”考辨》，《重庆大学学报》（社会科学版）2010年第4期。

"凡声其出于情也信,然后其入拨人之心也够"[①]。即是说,乐之所以能感动人心,引起人的悲喜之情,从根本上讲是因为音乐源于人之情。更为重要的是,后文举《韶》《夏》《赉》《武》与郑卫之音对比,以显二者化人之效果迥乎不同,这自然也意味着"情"有善恶、好坏之分。虽然作者已将"情"二分,但并没有对之进行直接的道德伦理钳制,这与后来的汉儒无疑形成鲜明对比。由此可见,汉代经学是对原始儒学的选择性承袭与针对性变革,部分观点甚至可以说是对原始儒学的整体置换、有意曲解、彻底颠覆。原始儒家在文艺观念上较之汉儒更为通达圆融,也更合乎人情人性,当然也能贴近艺术本色。

汉承前说,将"情"视为文艺之源,经学文本中亦不乏论者。尤其是《礼记·乐记》有大量性情论,其中亦有言及音乐产生于"情"者:

> 凡音者,生人心者也。情动于中,故形于声。声成文,谓之音。是故治世之音,安以乐,其政和;乱世之音,怨以怒,其政乖;亡国之音,哀以思,其民困。声音之道,与政通矣。[②]

《乐记》作者无疑注意到音乐的情感基调源自于人的哀乐之情,所谓"君上之乐随人情而动,若人情欢乐,乐音亦欢乐,若人情哀怨,乐音亦哀怨"[③](孔疏)。但此处之"情"显然非君上个人私情之喜怒哀乐,而是家国治乱经由人心映照的产物。故孔颖达释"治世之

① 李零:《郭店楚简校读记》(增订本),中国人民大学出版社2007年版,第137页。

②《十三经注疏·礼记正义》,上海古籍出版社1997年版,第1527页。

③《十三经注疏·礼记正义》,上海古籍出版社1997年版,第1527页。

音，安以乐，其政和”指出，“君政和美使人心安乐，人心安乐，故乐声亦安以乐也”[①]。换句话说，《乐记》言音乐本源的“情”非创作者一己之情，而是政治兴衰、社会治乱的折射，也就是经由儒家政治伦理包装的情。而在此基础上产生的艺术品自然也是政治意识形态的艺术显现。

董仲舒在《天人三策》中更是直言“声发于和而本于情，接于肌肤，臧于骨髓”[②]。当然董仲舒也是从以音乐教化百姓的角度出发，即所谓“乐者，所以变民风、化民俗”。换言之，董仲舒相信，音乐教化可以改变人的内心世界，使之符合儒家礼教，进而“变民风、化民俗”。故而要求产生音乐的情必须是“接于肌肤，臧于骨髓”的真情，因为只有真情方可动人、化民。董子所言，虽从乐教出发，且具有极为浓厚的政治色彩，但也从侧面阐明了乐源发于人之真情这一艺术规律。

对《礼记·乐记》多有承续的《诗大序》亦有“情发于声，声成文谓之音”的表述，并照搬《乐记》对“情”的政治性限定。但与此同时，《诗大序》也进一步突出了“情”对于诗歌的发生学意义：

> 情动于中，而形于言，言之不足，故嗟叹之，嗟叹之不足，故永歌之，永歌之不足，不知手之舞之足之蹈之也。[③]

作者直言内心所蕴之情形诸包括诗歌在内的语言文字，还可进一步发展为其他艺术形式。故孔颖达释“情动于中，而形于言”为“情谓哀乐之情，中谓中心，言哀乐之情动于心志之中，出口而形

①《十三经注疏·礼记正义》，上海古籍出版社 1997 年版，第 1527 页。
②《汉书·董仲舒传》，中华书局 1962 年版，第 2499 页。
③《十三经注疏·毛诗正义》，上海古籍出版社 1997 年版，第 270 页。

见于言”[①]。但作为汉代经学文论最具典范性的文本,《诗大序》虽然谈及诗在根本上来源于“情”的本源性特征,但从维护政治统治角度出发,必须对其进行政治道德限制。故而直接将《乐记》之论复述:

> 情发于声,声成文谓之音。治世之音安以乐,其政和;乱世之音怨以怒,其政乖,亡国之音哀以思,其民困。故正得失,动天地,感鬼神,莫近于诗。[②]

合乐之诗虽表现诗人内在之情,然亦必于情中见出时代治乱兴衰。故从根本上讲,“情”是政治状况的再现,并希冀以此实现人与天地鬼神之沟通,所谓“声能写情,情皆可见。听音而知治乱,观乐而晓盛衰,故神瞽有以知其趣也”[③](孔疏)。由此可知,此处之“情”依然是被儒家伦理规范制约之情,非作为审美情感的诗人自我性情。另外,所谓“变风发乎情,止乎礼义”亦为同然之理。“发乎情”表明汉儒明确认识到诗歌抒发人的心理情感乃“民之性”,是自然之理。但又必须符合儒家礼仪要求,即“其所谓‘情’,必须合乎‘温柔敦厚’(见《礼记·经解》)诗教的原则”[④]。也就是说,“变风”所抒发之情非自由、自主不得不发之情绪、情感,而是与社会治乱挂钩的政治化、道德化的公共情感、集体意志。总而言之,《诗大序》虽然实现了情志并举,且已相当重视“情”作为艺术本源的重要价

① 《十三经注疏·毛诗正义》,上海古籍出版社1997年版,第270页。
② 《十三经注疏·毛诗正义》,上海古籍出版社1997年版,第270页。
③ 《十三经注疏·毛诗正义》,上海古籍出版社1997年版,第270页。
④ 顾易生、蒋凡:《中国文学批评通史》(先秦两汉卷),上海古籍出版社1996年版,第353页。

值，无疑是巨大进步，还为六朝“诗缘情”浪潮的勃兴埋下了伏笔。但其内核依然是以政驭情、以志统情、以礼律情，情作为被规范之物，依然处于依附、从属地位，没有获得真正的自主、自由，诗缘情的理论自觉只能寄希望于王朝衰颓、更迭及随之到来的经学式微。

在汉代天人之学思潮下产生的谶纬学说，也有论及人之性情及其对艺术活动产生的直接影响。《孝经援神契》《孝经钩命诀》对性情分别有如下较为详细的论述：

> 性者人之质，人所禀受产。情者阴之数，内传著流，通于五脏。故性为本，情为末；性主安静，恬然守常；情则主动，触境而变。动静相交，故间微密也。①
>
> 情生于阴，欲以时念也。性生于阳，以就理也。阳气者仁，阴气者贪，故情有利欲，性有仁也。②

《孝经纬》的作者强调了性情之分与性情之交，一静一动、一阳一阴，二者各有所分但又相交感，并且注意到情“由感而起”“触境而变”之特性，无疑为感物生情而为文这一美学观念的提出奠定了基础。《春秋演孔图》更有“诗含五际六情”之说，赵在翰认为，“五际六情”为《齐诗》之说，并引《翼奉传》之言：

> 北方之情好也，好行贪狼，申子主之。东方之情怒也，怒行阴贼，亥卯主之。贪狼必待阴贼而后动，阴贼必待贪狼而

①［日］安居香山、中村彰八：《纬书集成·孝经纬·孝经援神契》，河北人民出版社1994年版，第963页

②［日］安居香山、中村彰八：《纬书集成·孝经纬·孝经钩命诀》，河北人民出版社1994年版，第1014页

> 后用，二阴并行，是以王者忌子卯也。《礼经》避之，《春秋》讳焉。南方之情恶也，恶行廉贞，寅午主之。西方之情喜也，喜行宽大，己酉主之。二阳并行，是以王者吉午酉也。《诗》曰："吉日庚午。"上方之情乐也，乐行奸邪，辰未主之。下方之情哀也，哀行公正，戌丑主之。辰未属阴，戌丑属阳，万物各以其类应。……又曰："诗之为学，性情而已。五性不相害，六情更兴废，观性以历，观情以律。"①

《春秋纬》作者及翼奉将人之情强合于阴阳五行学说，虽不乏牵强附会之嫌，而其明显的神秘化意图，亦经学之异态，不足为信。但是其论诗乃人之性情凝聚而成，却深契诗之本质，且未强行以道德伦理加以限制，这似乎较之正统经学文本中的美学思想更为宽松。这既意味着经学文论的权威性已呈现衰弱迹象，也为六朝抒情文论的兴起再推波澜。

三、心本论

虽然以"心"为世界的本质是佛教传入中土以后才真正得以确立的，但将"心"视为人体的核心器官以及精神成果之源的看法却由来已久。更为重要的是，"心性"是儒学自滥觞之日起的关注焦点。文学艺术作为一种精神产品，无论是内容的呈现，还是形式的符码化，均是作者心灵世界的艺术显现。故而从根本上讲，"心"无疑是为文之源。

在中国古人眼里，"心"列五脏之首，亦为人体之主，在人体器

---

① 赵在翰辑，钟肇鹏、萧文郁点校：《七纬》（附论语谶），中华书局2012年版，第375—376页。

官中居于核心地位：

> 心者，五脏之专精也。①
>
> 心者，五藏之主也，所以制使四支，流行血气。②
>
> 心者，藏之尊者。③
>
> 故心者，形之主也。④
>
> 心之在体，君之位也。⑤
>
> 心者，君主之官也，神明出焉。⑥
>
> 心者，形之君也，而神明之主也。⑦

由此可见，在《荀子》《黄帝内经》《管子》《淮南子》《白虎通义》中，论者均认识到“心”为人类生命活动的中心——“五脏”之尊主（“五藏之主”“藏之尊”）、人形体之枢纽（“形之主”“君之位”“君主之官”“形之君”）。也就是被视为人体的核心器官，从根本上制约、决定人体诸种活动。更为重要的是，古人还在此基础上进一步

① 郭霭春：《黄帝内经素问校注语译·素问·解精微论》，天津科学技术出版社1981年版，第525页。

② 刘文典撰、冯逸点校：《淮南鸿烈集解·原道训》，中华书局1989年版，第35页。

③ 陈立撰，吴则虞点校：《白虎通疏证·五祀》，中华书局1994年版，第80页。

④ 刘文典撰，冯逸点校：《淮南鸿烈集解·精神训》，中华书局1989年版，第226页。

⑤ 黎翔凤撰，梁运华整理：《管子校注·心术上》，中华书局2004年版，第759页。

⑥ 郭霭春：《黄帝内经素问校注语译·素问·灵兰秘典论》，天津科学技术出版社1981年版，第55页。

⑦ 王先谦撰，沈啸寰点校：《荀子集解·解蔽》，中华书局1988年版，第397页。

将“心”看作人类精神活动的根本来源。《黄帝内经》《荀子》已言人之精神（“神明”）出自于“心”，古人论之者甚繁，兹举数例如下：

> 心也者，智之舍也。[①]
> 心者，神之主也。[②]
> 包管万虑，其名曰心。（孔疏）[③]
> 心者，人之神明，所以具众理而应万事者也。[④]

在中国古人看来，“心”是智慧之所、思虑之器、精神之主，人的思想流动、思维活动、感情过程均产生于“心”。简言之，“心”是精神之源。虽然按照今日之科学技术研究（尤其是脑科学的发展）成果来看，大脑作为思维器官是人类各种精神活动的最终源头，但是中国古人囿于当时的认知水平，将“心”视为一切精神活动之源。也正是基于“心”在中国文化体系中的重要地位，有论者以为“中国文化是心文化，中国哲学是心性哲学”[⑤]。文学艺术作为人类精神活动产品的重要类别，是作者以文辞为媒介将心理活动疏泄于外的结果，在古人眼里自然也源于“心”。

在先秦心性之学的基础上，汉儒提出文艺源自于“心”，并进行了相当深入的阐明，尤其是在《礼记·乐记》《史记·乐书》中更是多次论及“音”生于人“心”。《礼记·乐记》与《史记·乐书》虽有

---

① 黎翔凤撰，梁运华整理：《管子校注·心术上》，中华书局2004年版，第770页。

② 许富宏：《鬼谷子集校集注·捭阖》，中华书局2010年版，第15页。

③《十三经注疏·毛诗正义》，上海古籍出版社1997年版，第270页。

④ 朱熹：《四书章句集注·孟子集注》，中华书局1983年版，第349页。

⑤ 林衡勋：《中国古代文论纲目体系论》，中国社会科学出版社2015年版，第270页。

篇次排列的差异与个别文字的不同，但二者篇目相同且文本相似度极高。根据杨合林的“对读记”可知，二者同源异流，《史记·乐书》版本更优[①]。但由于我们以经学文本为主要讨论对象，且涉及引文与《乐书》无根本差异，故此处仅讨论《乐记》中的相关论述。《礼记·乐记》多处言“音”生于“人心”：

> 凡音之起，由人心生也。人心之动，物使之然也。感于物而动，故形于声；声相应，故生变；变成方谓之音；比音而乐之，及干戚羽旄，谓之乐。乐者，音之所由生也，其本在人心之感于物也。是故其哀心感者，其声噍以杀；其乐心感者，其声啴以缓；其喜心感者，其声发以散；其怒心感者，其声粗以厉；其敬心感者，其声直以廉；其爱心感者，其声和以柔。六者非性也，感于物而后动。[②]
>
> 凡音者，生人心者也。情动于中，故形于声，声成文，谓之音。是故治世之音，安以乐，其政和；乱世之音，怨以怒，其政乖；亡国之音，哀以思，其民困。声音之道，与政通矣。[③]
>
> 凡音者，生于人心者也；乐者，通伦理者也。[④]
>
> 乐者，心之动也；声者，乐之象也；文采节奏，声之饰也。[⑤]

《乐记》将音乐之产生归结于“人心之动”，人心受外在现象世界

---

① 具体可参见杨合林《〈礼记·乐记〉与〈史记·乐书〉对读记》，《文学遗产》2011 年第 1 期。

②《十三经注疏·礼记正义》，上海古籍出版社 1997 年版，第 1527 页。

③《十三经注疏·礼记正义》，上海古籍出版社 1997 年版，第 1527 页。

④《十三经注疏·礼记正义》，上海古籍出版社 1997 年版，第 1528 页。

⑤《十三经注疏·礼记正义》，上海古籍出版社 1997 年版，第 1536—1537 页。

(物)之触动、感发而生创作动机、审美情感。创作者以之形诸声，并以宫商角徵羽杂比，施之以乐器演奏，最终形成动听的音乐，其说可简单归纳为“物→心→乐”之言说模式。心以乐现，人心之哀、乐、喜、怒、敬、爱诸形态亦随之在音乐中得以显现。但在经学语境下，产生艺术品的人“心”非一己之私密空间，而是受政治道德伦理之严格约束。既是现实社会政治状况(治世、乱世、亡国)的直接反映(即“与政通”)，还须“通于伦理”，亦即是说音乐所表现的作者心理活动必然受儒家伦理话语的规范。由此可见，虽然《乐记》作者对“乐生于心”这一艺术本源论有相当深入的认识与探索，且已形成颇为成熟的阐释模式，但我们必须认识到，其所谓“心”并非创作者个人心理活动，而是受政治与伦理调控的心理世界。

沿袭《乐记》乐本于心言说模式的经学文本有《春秋繁露》《诗大序》与《白虎通义》。董仲舒认为，先王作乐源于“人心之动”：

> 王者不虚作乐。乐者，盈于内而动发于外者也。……舜时，民乐其昭尧之业也，故《韶》。“韶”者，昭也。禹之时，民乐其三圣相继，故《夏》，“夏”者，大也。汤之时，民乐其救之于患害也，故《頀》。“頀”者，救也。文王之时，民乐其兴师征伐也，故《武》。“武”者，伐也。……四乐殊名，则各顺其民始乐于己也。……受命应天制礼作乐之异，人心之动也。①

董子本意在以王者作乐言易代改制，但也指出了《韶》《夏》《頀》《武》之雅乐的产生，源自于天下万民对于贤明君王(舜、禹、汤、文

---

① 苏舆撰，钟哲点校：《春秋繁露义证・楚庄王》，中华书局1992年版，第20—23页。

王）所建立的辉煌功业之服膺、忠诚及喜悦之心。民之所乐、民心之动均指向圣王之政治勋绩，而非个人的喜怒哀愁。《诗大序》亦有所谓“情动于中而形于言”，“中”即为心中，孔颖达《毛诗正义》言“中谓中心”，此之谓也。《白虎通义》对此亦有论及，即“夫歌者，口言之也。中心喜乐，口欲歌之，手欲舞之，足欲蹈之”[①]。人内心世界的喜怒哀乐通过口中语言表达出来而成歌，亦即歌由心生。可见，在《春秋繁露》《诗大序》《白虎通义》中，对“心”为诗乐之最终本源已有较为明确普遍的认知，只是它们作为经学文本，所言之“心”非个体之内心世界，而是被皴染上了浓厚的政治伦理色彩。

汉代经学著述中的心本论虽然有浓厚的政治道德色彩，但却为经学走向衰落或文艺理论更趋成熟之时，进一步深入探索艺术心本论奠定了良好基础。东汉思想家王符在《潜夫论·边议》中便有“辞者，心之所表”[②]，虽非直接指向文艺之源，然其超越《乐记》《春秋繁露》《诗大序》《白虎通义》者，在于其论不再有经学束缚，故为后世论文艺源自心而摆脱经学桎梏或有预示。此后，心本论一直在中国艺术本源论中占有重要地位，如高仲武《唐中兴间气集序》直言“诗人之作，本诸于心。心有所感，而形于言”[③]，欧阳修直言“诗源于心”，李贽标举“童心”说，如无汉代经学关于文艺本于心的奠基是绝无可能的。

综上，汉代经学叙述关于文学的本源已有相当关注，都注意到文学源自于人的志、情、心，所论亦较之先秦时期更为专门、精密、深

---

① 陈立撰，吴则虞点校：《白虎通疏证·礼乐》，中华书局1994年版，第95—96页。

② 王符著，汪继培笺，彭铎校正：《潜夫论笺校正·边议》，中华书局1985年版，第278页。

③ 元结、殷璠等：《唐人选唐诗（十种）》，上海古籍出版社1978年版，第302页。

入,也为魏晋南北朝关于文学本源的深刻认识打下了根基。但我们也必须认识到,在经学昌明时代,经学统摄一切学术,还作为政治统治的理论依据,使汉代经生的文学本源论带有极为浓厚的政治道德色彩,这在中国文论史上是空前绝后的。当然这也正是经学文论的理论底色,甚至成为历代中国文论的重要面向,文学理论批评的政治化、经学化还可视为中国文论在世界诗学体系中的重要标记。

第二节　创作论

在先秦诸子时代,真正意义上的艺术创作论或为缺无。与之相关者多与艺术创作有"同然之理",或为其奠定理论根基。最值得称道的是《庄子》通过梓庆削木为鐻、庖丁解牛、解衣般礴、庄周梦蝶等故事谈心斋、坐忘、虚静、物化。虽然从根本上讲,《庄子》所言是以体道为归宿,其宗旨不在论述文学艺术创作行为。但毫无疑问,其思维模式和言说方式与艺术创作确有同然之理,进而被视为中国美学史上艺术创作论的滥觞。尤其是要求主体摆脱一切外在功利束缚,进入一种自由无碍、空静澄明、物我合一的心境,无疑为探索艺术创作心理状态提供了理论言说的基石与范本。严格来说,真正意义上对文学艺术创作行为进行初步探索的是汉代文士。其中,汉代经学文本中更是不乏讨论文艺创作的相关论述,具有代表性的包括"感物"说、"美刺"说以及"饥者歌其食,劳者歌其事"的"食事"说。

一、"感物"说

"感物"说在中国古代艺术创作论中占据重要地位,也是极富民族特色的文艺创作论。"感物"美学认为,艺术创作行为的动因乃创作主体受外物触发、感召进而产生情感、情绪的变化，这种变化作为一种心理能量如果以审美的方式疏泄并呈现出来，艺术创作便随之发生。反之，如果创作主体未能与外物遭遇以及由此产生心理变化，文艺创作便无从谈起。简言之，"感物"是艺术创作的动因与前提。故有研究者认为，"感物是艺术创造的门户"，"又是艺术创造的基础和材料"①。

"感物"说的哲学根基是天人合一，更确切地说是源于天人感应。而天人感应又基于古老东方思想中的万物有灵论。天人感应作为探究人与自然关系的学说强调天人交感、主客融通，故"感应"原系用以阐释天人学说的哲学术语。在政治权力的助推下，天人学说在汉代大行于世，甚至可以被视为汉代学术的主要思潮，尤其是董仲舒在《举贤良对策》和《春秋繁露》中于此有相当深入的阐发。劳思光据此指出，"董仲舒所倡'天人相应'之说，实为汉儒之'宇宙论中心思想'之总枢"②。总而言之，天人之学为"感物"美学（或称感应美学）的发生、发展提供了天然土壤，并由于其与经学的密切勾连，使汉代"感物"说大量存在于经学文本中。

《礼记·乐记》被视为汉代"感物"美学的代表，也或许是目前所见典籍中最早提出艺术创作"感物"说的文本。李健注意到，"《礼记·乐记》在讨论音乐问题时最早提出这一观念，指出音乐的产生是'感于物而动'，也标志感物范畴正式形成"③。更加值得关注的是，美学意义上的"感物"说虽首见于此，却已经达到相当成熟、完善的理论高度，这在中国美学范畴史甚至世界美学史上都

---

① 胡经之：《中国古典美学丛编》，凤凰出版社 2009 年版，第 267 页。

② 劳思光：《新编中国哲学史》（二），生活·读书·新知三联书店 2015 年版，第 26 页。

③ 李健：《天人合一：感物美学的哲学根基》，《社会科学辑刊》2017 年第 6 期。

颇为少见。

一方面,《乐记》提出,人性之本然状态为静,性之所以动源于外物的触发,感物产生的好恶之情需要通过礼乐进行调控、限制。即所谓"人生而静,天之性也;感于物而动,性之欲也"①。此处既言及"静"为人之本性,但又敏锐地觉察到或警惕地意识到"感于外物而心遂动是性之所贪欲"②(孔疏),而"性之欲,即所谓情也"③。如果说《乐记》作者未对本然之性进行善恶评判的话(朱熹赞其为"纯粹至善"),那么"感于物而动"(即朱熹所谓"情")便有善恶之分,而且"恶"似乎居于主导(或许受荀子之学的影响),并最终会导致"大乱":

> 物至知知,然后好恶形焉。好恶无节于内,知诱于外,不能反躬,天理灭矣。夫物之感人无穷,而人之好恶无节,则是物至而人化物也。人化物也者,灭天理而穷人欲者也。于是有悖逆诈伪之心,有淫泆作乱之事。是故强者胁弱,众者暴寡,知者诈愚,勇者苦怯,疾病不养,老幼孤独不得其所,此大乱之道也。④

人之性受外物诱变而为情,情如果无法有效管控、节制便导致"灭天理""穷人欲"的恶果,邪恶之心、作乱之事也由此滋生,社会秩序、道德伦理不可避免陷于混乱。因此,不受节制、规范的"好恶"之情最终必然酿成"大乱"。从表面上看,《乐记》作者是言人性感

①《十三经注疏·礼记正义》,上海古籍出版社1997年版,第1529页。
②《十三经注疏·礼记正义》,上海古籍出版社1997年版,第1529页。
③ 孙希旦撰,沈啸寰点校:《礼记集解》,中华书局1989年版,第984页。
④《十三经注疏·礼记正义》,上海古籍出版社1997年版,第1529页。

物而动的恶果，实则是为“制礼作乐”张本，故下文即言“是故先王之制礼乐，人为之节”[①]。孙希旦亦总结说“盖人之好恶之失，乃大乱之所由起，此礼乐之所以不可不作也”[②]。由此观之，《礼记》确已相当深入论及感物而动之情是“制礼作乐”的动因。虽然其政治伦理意图十分明显，但无疑已经直接触及艺术创作发生的实质。这不仅是对先秦至汉代“感物”思想的总结，也应被视为中国“感物”美学的里程碑。至此而后，类似“性本静，感物而动，情生焉”之说在中国文艺心理学史上并不鲜见。故钱钟书在《诗可以怨》中指出：“先秦以来的心理学一贯主张：人‘性’的原始状态是平静，‘情’是平静遭到了骚扰，性‘不得其平’而为情。”[③]

另一方面，《乐记》还明确指出，人之心性感物而动导致乐的产生：

> 凡音之起，由人心生也。人心之动，物使之然也。感于物而动，故形于声。声相应，故生变；变成方谓之音。比音而乐之，及干戚羽旄，谓之乐。[④]

孙希旦直言“此言乐之所由起也”[⑤]，即创作者之心性受外物的触发产生心理波动，主体将这种心绪通过复杂的心理活动形之于声（宫、商、角、徵、羽），五者交错杂比而为音，加之乐器吹奏、舞蹈搬演，最终形成乐。由此观之，《乐记》相当完整、深刻地呈现了乐的

---

①《十三经注疏·礼记正义》，上海古籍出版社1997年版，第1529页。

② 孙希旦撰，沈啸寰点校：《礼记集解》，中华书局1989年版，第985页。

③ 钱钟书：《七缀集》，生活·读书·新知三联书店2002年版，第122页。

④《十三经注疏·礼记正义》，上海古籍出版社1997年版，第1527页。

⑤ 孙希旦撰，沈啸寰点校：《礼记集解》，中华书局1989年版，第976页。

产生过程与机制，即“物→心→声→音→乐”。当然，在感物生乐的过程中，创作主体始终处于主动地位。换言之，人心之喜怒哀乐决定了“声”的风格、基调：

> 乐者，音之所由生也，其本在人心之感于物也。是故其哀心感者，其声噍以杀；其乐心感者，其声啴以缓；其喜心感者，其声发以散；其怒心感者，其声粗以厉；其敬心感者，其声直以廉；其爱心感者，其声和以柔。六者非性也，感于物而后动。①

乐系创作主体心理与外物交感的结晶，但人心多变无常，有所谓“哀心”“乐心”“喜心”“怒心”“敬心”“爱心”之诸多形态，它们从根本上决定了“感物”之声有不同的艺术风格与道德色彩。可见，在《乐记》作者看来，感物过程中起决定作用的是人心之善恶。声音之美的产生与呈现最终并非由所感的对象而是由感知的主体来决定，且主体的“情志最终走向了被约束、规范化或单调化的狭窄天地，扼制了情志的丰富多彩”②。

同时，我们也应看到，在“感物”美学体系中，“人心”的主导地位也意味着中国文学必然走向重视抒情言志。因为所感之物只是触媒或载体，主体精神世界的呈现才是艺术行为的最终目的。文学艺术从根本上便被视为一种主体情感意志的宣泄而非外在世界的再现，只是在儒家思想体系中，要求创作主体的精神世界必须“合乎礼义”。当然，《乐记》认定人心善恶决定“声”的风格色彩，其根本目的还是为统治者干预“人心”提供依据。因为人心好恶决

①《十三经注疏·礼记正义》，上海古籍出版社1997年版，第1527页。

② 张峰屹：《两汉经学与文学思想》，生活·读书·新知三联书店2014年版，第24页。

定声之善恶，故他们出于维护政治统治的目的，试图通过礼乐刑政钳制人心，使之向善，防奸止邪。即所谓"先王慎所以感之者……礼、乐、刑、政，其极一也，所以同民心而出治道也"①。

此后，《乐记》的物感说在纬书（尤其是《乐纬·乐动声仪》）中得到了发展。赵在翰《乐纬叙录》有言："一曰《动声仪》，言咏歌舞蹈，揄扬雍容，德盛物感也。"②《乐动声仪》除论及乐之化人如"物之动人"以外，还专门论述了诗人感物而作诗之过程：

> 诗人感而后思，思而后积，积而后满，满而后作。言之不足，故嗟叹之。嗟叹之不足，故咏歌之。咏歌之不厌，不知手之舞之，足之蹈之也。③

此处未言明诗人所感的对象，也就是省略了"物"，但毫无疑问却相当深刻地"指出了诗人由感而作的具体过程，即感→思→积→满→作"。虽然其说沿袭《诗大序》之处甚多，但较其"提出的'情动于中而形与言'之说更加具体明晰"④。同时，《乐动声仪》对诗人感物为诗具体过程的描摹较之《乐记》也更为深入、精微。更为重要的是，《乐动声仪》未对诗人所感的产物进行道德伦理审查，其所"歌咏"之作无疑也较少政治钳制，自然也具有更高的创作论价值，魏晋南北朝的"感物"说无疑直接从中受到影响。此外，诗纬《诗推

① 孙希旦撰，沈啸寰点校：《礼记集解》，中华书局1989年版，第977页。

② 赵在翰辑，钟肇鹏、萧文郁点校：《七纬》（附论语谶），中华书局2012年版，第747页。

③［日］安居香山、中村彰八：《纬书集成·乐纬·乐动声仪》，河北人民出版社1994年版，第544页。

④ 孙蓉蓉：《谶纬与文学研究》，中华书局2018年版，第97页。

度灾》还进一步讨论了“感物”的根基乃天人感应：

> 十月之交，气之相交。周十月，夏之八月。
>
> 及其食也，君弱臣强，故天垂象以见征。辛者正秋之王气，卯者正春之臣位。日为君，辰为臣。八月之日交，卯食辛矣。辛之为君，幼弱而不明。卯之为臣，秉权而为政。故辛之言新，阴气盛而阳微生，其君幼弱而任卯臣也。①

依据今日的科学眼光来看，日食是正常的天体运动现象。但在《诗推度灾》作者眼里，《小雅·十月之交》实则是诗人将自然界的“反常”现象与现实政治君弱臣强之纲常崩坏相联系的产物。这既涉及天（日食）与人世（君弱臣强）的感应关系，还关涉诗人感天之异与政之坏而作诗。

由此可见，虽然以《乐记》为代表的汉代“感物”说最终不免陷入政治牢笼、伦理审判。但毫无疑问，汉儒已经对艺术创作中的感物现象有相当程度的认知。这既是对前代“感物”思想（如《吕氏春秋》《淮南子》《春秋繁露》）的吸收与总结，又真正为中国古代“感物”美学奠基。而《乐动声仪》中的“感物”论已明显摆脱政治束缚，直接推动魏晋南北朝“感物”论的繁荣兴盛。陆机、刘勰、钟嵘等理论家正是沿着《乐记》与《乐动声仪》开辟的理论路径踵事增华，以致中国“感物”美学蔚为大观。

---

①［日］安居香山、中村彰八：《纬书集成·诗纬·诗推度灾》，河北人民出版社1994年版，第469页。

二、“美刺”说

统治者施政得失,就其大者言,关乎社会稳定、政权盛衰;就其小者而言,则会直接影响每个人的生活状况、生存境遇。因而人们对社会时政表现出明确的好恶态度、高下评判无疑顺理成章。如果人们对社会政治的好恶以艺术的方式呈现出来,便可简言之“美刺”。文学艺术家或在字里行间颂扬美政,甚而成为政治的吹鼓手;或以笔为武器指斥其流弊,甚而诅咒政权坍塌、更迭。中国文学的源头之一《诗经》便将文学创作之“美刺”二端予以清晰地呈现,如《诗经·大雅·烝民》之“吉甫作诵,穆如清风”;《诗经·魏风·葛屦》有“维是褊心,是以为刺”,诗人美刺指向显露无遗。由此观之,诗人作《诗》或实有其美刺之志。

与此同时,作为儒家经典的《诗经》(尤其是被纳入“经”之后)常被统治者或儒生披上道德伦理的面纱,甚至成为“劝善惩恶”的理论工具,使后世论《诗》者(尤其是汉代经生)不得不挖空心思在《诗》中寻绎诗人美刺的蛛丝马迹,甚至不惜牺牲《诗》旨妄生美刺。当然,汉儒以美刺言《诗》旨可谓渊源有自。从某种程度上讲,孔子“诗可以观”意味着《诗》中有善恶、得失之旨(“美、刺”);“诗可以群”暗指《诗》有“群居相切磋”之善言(“美”);“《诗》可以怨”更是隐含着一个基本前提,《诗》暗藏诗人的怨愤之情,否则便无怨刺上政之效果(“刺”)。《荀子·大略篇》更言“《小雅》不以于污上,自引而居下,疾今之政,以思往者,其言有文焉,其声有哀焉”①,“疾今之政”无疑可简言之“刺”。汉儒承先秦旧说且变本加厉,将美刺说发展到完全成熟甚至极端,且使以“美刺”论《诗》成

① 王先谦撰,沈啸寰点校:《荀子集解·大略》,中华书局1988年版,第511页。

为汉儒释《诗》最为突出的特点。故陈廷焯直言“汉儒言《诗》，不过美、刺二端”①，闻一多更是批评“汉人功利观念太深，把《三百篇》做了政治的课本”②。总之，“美刺”既是汉代四家诗共同的批评方式，也体现了其作为文学创作重要驱动力的面向。换句话说，美刺说在汉代文学理论中兼具创作论与批评论双重属性。此处仅就其创作论属性言之。

鉴于文艺创作中的美刺传统与前代解《诗》的美刺立场，汉儒多从“美刺”角度阐明诗人作《诗》之旨。汉代儒学领袖董仲舒对诗人出于美刺目的作诗这一现象有相当关注，他在《举贤良对策》中提出了“诗人美之而作”及“诗人疾而刺之”：

> 至于宣王，思昔先王之德，兴滞补弊，明文武之功业，周道粲然复兴，诗人美之而作。③
>
> 及至周室之衰，其卿大夫缓于谊而急于利，亡推让之风而有争田之讼。故诗人疾而刺之，曰：“节彼南山，惟石岩岩，赫赫师尹，民具尔瞻。”④

在董子看来，周宣王为圣明君主，他希望重振周代雄风，故承续先王之道，并攘外安内、补察时政、整顿朝纲、任用贤能、兴兵征伐，终有所谓“中兴”时代的到来，其时诗人歌颂其功德、赞美其勋绩。而在周王朝走向衰颓之时，臣民重利轻义、争讼并起、纲常大

---

① 陈廷焯撰，宋效永校点：《青溪集》，黄山书社2004年版，第38页。

② 闻一多：《匡斋尺牍》，《闻一多学术文钞·诗经研究》，巴蜀书社2002年版，第54页。

③《汉书·董仲舒传》，中华书局1962年版，第2499—2500页。

④《汉书·董仲舒传》，中华书局1962年版，第2521页。

坏，诗人不满国家政治崩坏、纲常失节，故讥刺之音作，《诗经·小雅·节》（三家《诗》称《节》，毛《诗》名《节南山》）便是其例。董仲舒宗《齐诗》，其说虽未具体言明讥刺对象，但明确指出诗人在《节》中表达了对政治现状与社会风气的不满。

当然，董仲舒言诗人美刺绝非是为了阐明艺术创作规律，其目的在于希冀统治者正其身，并以此教化百姓。其言《节》之刺便是如此：

> 尔好谊，则民乡仁而俗善；尔好利，则民好邪而俗败。由是观之，天子大夫者，下民之所视效，远方之所四面而内望也。近者视而放之，远者望而效之，岂可以居贤人之位而为庶人行哉！①

诗人所刺，当为警示天子、大夫等统治者。因为上行下效，故作为社会精英与权力所有者应当规范言行，如此便可为万民效仿，进而有利于维护政治统治稳定。可见，董仲舒言美刺一则是希冀统治者规范言行，一则是教化百姓、维护统治。这体现了儒学成为官方意识形态之后的一大特性，那就是儒生与统治者之间的斗争与调和，或者称之为"学"与"术"的斗争与共谋。一方面，儒生希望传承先圣之道，并以之为武器成为帝王师；另一方面，道的实施又必须依附于统治者，故又不得不在理论上抬高统治者的地位甚至进行神秘化，且以儒家之道教化万民，维护政治统治的稳定。反之，统治者既需要儒生来维护政权，故授以官位爵禄，同时又得防止儒生势力过度膨胀以致失控，故又必须予以限制、打压，最终结果是

---

①《汉书·董仲舒传》，中华书局1962年版，第2521页。

作为知识精英的儒生与政治统治者之间达成妥协、实现折衷。此处董仲舒言《节》之刺既要求规范统治者的言行,又希冀实现政治稳定,便是儒生之"学"与统治之"术"调和折衷的产物。

同时,在《春秋繁露》中,董仲舒还举《周颂·敬之》来具体阐释"诗人美之而作"。即所谓"圣人事明义,以照耀其所闇,故民不陷。《诗》云:'示我显德行。'此之谓也。先王显德以示民,民乐而歌之以为诗"[①]。臣民受圣人、先王之功德的恩泽,故称颂之,并将这种尊崇与喜悦以诗歌的形式表达出来,这无疑属于"美"。当然,如前所述,董仲舒言《诗》之"美",亦旨在以《诗》为教:

> 说而化之以为俗。故不令而自行,不禁而自止,从上之意,不待使之,若自然矣。故曰:圣人天地动、四时化者,非有他也,其见义大故能动,动故能化,化故能大行,化大行故法不犯,法不犯故刑不用,刑不用则尧舜之功德。此大治之道也,先圣传授而复也。[②]

百姓效仿圣人、先王之功德,移风易俗,进而感化万物,万民遵循先圣之贤德,无任何违法行为,因此刑法不用,最终实现天下大治。这与《举贤良对策》所言并无二致,即其论诗人所美意在化民与治国,其政治宗旨于此可见一斑。董仲舒所言,直接为《诗纬·汎历枢》承续,即"事人事,明义以炤耀其所闇,故民不陷。《诗》云:'示

① 苏舆撰,钟哲点校:《春秋繁露义证·身之养重于义》,中华书局1992年版,第265页。

② 苏舆撰,钟哲点校:《春秋繁露义证·身之养重于义》,中华书局1992年版,第265—266页。

我显德行。'"[①] 由是观之,董仲舒已经对美刺作为创作动机这一文学创作心理机制有相当深入的认识,只是美刺对象集中于政治领域,其旨归也无一例外均服务于政治统治。

以美刺解《诗》是四家《诗》学的共同特征,这一阐释路径必须基于一个基本前提,那就是诗人作《诗》本来便暗含美刺之意,后世阐释者才能以《诗》中之意逆作者之志,这意味着阐释者对能够深入了解、准确把握作者意图相当有信心。当然,按照新批评的说法或许已经陷入意图谬误的泥沼,但是中国古代阐释者对以意逆志的可能性与有效性颇为信赖。因此,四家《诗》以美刺论诗本意在为解析《诗》旨提供可能,但也以之言明了诗人的创作意图,具有创作论意义。此处举齐鲁《诗》解《小雅·六月》、鲁《诗》释《小雅·斯干》及韩《诗》论《甘棠》为例:

> 齐说曰:宣王兴师命将,征伐猃允,诗人美大其功。鲁说曰:周室既衰,四夷并侵,猃允最强,至宣王而伐之,诗人美而颂之曰:"薄伐猃狁,至于太原。"又曰:"啴啴推推,如霆如雷。显允方叔,征伐猃狁,荆蛮来威。故称中兴。"又曰:周宣王命南仲吉甫攘猃狁,威蛮荆。[②]
>
> 鲁说曰:周德既衰而奢侈,宣王贤而中兴,更为俭宫室、小寝庙。诗人美之,《斯干》之诗是也。上章道宫室之如制,下章言子孙之众多也。[③]
>
> 韩说曰:……于是诗人见召伯之所休息树下,美而歌之。

①[日]安居香山、中村彰八:《纬书集成·诗纬·汎历枢》,河北人民出版社1994年版,第482页。

② 王先谦撰,吴格点校:《诗三家义集疏》,中华书局1987年版,第607页。

③ 王先谦撰,吴格点校:《诗三家义集疏》,中华书局1987年版,第648页。

《诗》曰:“蔽芾甘棠,勿翦勿伐!召伯所茇。”此之谓也。①

齐《诗》、鲁《诗》阐释者都认为,《六月》《斯干》都是赞美宣王功德之作。具体而言,齐《诗》、鲁《诗》认为《六月》系诗人为赞美宣王战功(即征伐猃允、威慑四方)而作;鲁《诗》认为《斯干》乃颂扬宣王戒奢侈、尚节俭,且减缩宫室规制、子孙兴旺,虽然齐、鲁之说未必真正符合《诗》之本事与宣王时代的历史事实。韩《诗》论《甘棠》乃诗人赞颂召伯仁民爱物之美德,也未必有历史依据。但它们无疑为探索《六月》《斯干》《甘棠》及其他诗作的创作动机提供了线索,尤其是为了解诗人创作意图提供了可能。

以“美刺”解《诗》影响最深远者当属《毛诗》,尤其是《小序》对大多数《诗》篇都进行了美刺判定。有学者统计如下:

《毛诗》于《国风》一百六十首中,标美诗十九,刺诗七十八;《小雅》七十四首中,标美诗七,刺诗四十四;《大雅》三十一首中,标美诗九,刺诗九。美诗合计三十五,刺诗合计一百三十一,两者共计一百六十首,约占全部《风》、《雅》诗篇的百分之六十三。②

如果算上未标明“美”“刺”却有美刺之实的,这一比例则会更高:

《毛诗序》明标“美”(或“颂”)、“刺”(或“恶”、“伤”)字样的有157篇,而虽未标明“美”、“刺”字样,但从内容上看仍

① 王先谦撰,吴格点校:《诗三家义集疏》,中华书局1987年版,第84页。

② 张峰屹:《两汉经学与文学思想》,生活·读书·新知三联书店,2014年版,第13页。

> 可归为言“美”的有37篇；虽未标明“刺”，但内容上仍可归为言“刺”的有16篇。若以此计，则《毛诗序》中涉及言美、刺内容的就有210篇，占《诗经》总数的2/3还强。①

《小序》为诗篇贴上美某公、刺某王的政治标签，历代均有批评者言其“妄生美刺”之弊，但“美刺”说无疑也在一定程度上触及了诗人在创作中寄寓政治倾向这一维度。同时，完全从文学角度考察《诗经》是近代以来的事情，如果我们试图深入历史现场，《诗经》中完全称得上抒发一己私情之作或许并不能占据主体，因为在文明的轴心期与文学的滥觞期，诗歌与社会政治、宗教祭祀的关联无疑更为密切，我们不可以今人文学观念裁决古人之作。因此，美刺说虽未必尽合历史现场与诗歌本事，但或许在相当程度上呈现了当时的诗歌创作情境。

此外，虽然以美刺言《诗》是四家诗的共同特点，但在“美刺”判定及具体所指上常有分歧。如四家诗对《诗经·关雎》或“美”或“刺”及其对象便有分歧：

> 《关雎》，后妃之德也。风之始也，所以风天下而正夫妇也。故用之乡人焉，用之邦国焉。②
>
> 鲁说曰：周道衰缺，诗人本之衽席，《关雎》作。……又曰：周衰而《诗》作，盖康王时也。康王德缺于房，大臣刺晏，故诗作。……齐说曰：孔子论《诗》，以《关雎》为始。言太上者民之父母，后夫人之行不侔乎天地，则无以奉神灵之统而理万物

① 梅显懋：《〈毛诗序〉以美刺说诗探故》，《社会科学辑刊》2015年第1期。

②《十三经注疏·毛诗正义》，上海古籍出版社1997年版，第269页。

> 之宜，故《诗》曰："窈窕淑女，君子好逑。"……韩说曰：诗人言关雎贞洁慎匹，以声相求，隐蔽于无人之处，故君退朝入于私宫，后妃御见有度，应门击柝，鼓人上堂。退返宴处，体安志明。今时大人内倾于色，贤人见其萌，故咏《关雎》，说淑女、正容仪以刺时。①

毛《诗》以为美，而齐鲁韩三家则以为刺（四家诗言《采薇》美刺亦如是）。但无论是美后妃之德，还是讽后夫人之行以及"刺晏""刺时"，都在阐明《诗》本旨的同时，关涉到诗人作《诗》之意图，而且四家《诗》的言说方式并无根本不同。

如果说四家《诗》是从实践上为美刺论《诗》奠定基调的话，那么郑玄则在理论上更深入地阐述了诗人创作的美刺指向。在《诗谱序》中，郑玄首先从整体上概括了《诗经》创作中的美刺，所谓"论功颂德所以将顺其美，刺过讥失所以匡救其恶"②。换言之，风雅之道不过美刺二端，诗人职责亦在以美刺反映时世、臧否政治。他还在《六艺论》中论及诗之产生时，指出作诗者"诵美讥过"，即所谓"箴谏者希，情志不通，故作诗者以诵其美而讥其过"③。与此同时，郑玄承袭变风变雅之说，以为治世政治和谐故诗人美之，衰世社会变乱故诗人刺之：

> 文、武之德，光熙前绪，以集大命于厥身，遂为天下父母，使民有政有居。其时《诗》，风有《周南》《召南》，雅有《鹿鸣》《文王》之属。及成王，周公致大平，制礼作乐，而有颂声兴焉，

① 王先谦撰，吴格点校：《诗三家义集疏》，中华书局 1987 年版，第 5 页。
②《十三经注疏·毛诗正义》，上海古籍出版社 1997 年版，第 262 页。
③ 严可均辑，徐振生审定《全后汉文》，商务印书馆 1999 年版，第 850 页。

盛之至也。……自是而下，厉也幽也，政教尤衰，周室大坏，《十月之交》《民劳》《板》《荡》勃尔俱作。众国纷然，刺怨相寻。①

文武、成王之世天下太平，百姓安居乐业，故百姓歌之以美；幽厉二王之时则天下大乱，政教纲常不存，故民歌之以刺。这种以时代先后、篇第顺序强分正变、强生美刺的做法自然为后世评论者所讥。但是也从侧面触及到当时诗人创作的美刺指向，且这一认知多为汉儒及后世论者所宗。

此后，认为诗歌创作乃诗人政治美刺之表达在汉代经学著述中得以延续。如代表官方意识形态的《白虎通义》对此亦有所论及：

合曰《大武》者，天下始乐周之征伐行武，故诗人歌之："王赫斯怒，爰整其旅。"②

古者师出不逾时者，为怨思也。天道一时生，一时养。人者，天之贵物也，逾时则内有怨女，外有旷夫。《诗》云："昔我往矣，杨柳依依；今我来思，雨雪霏霏。"③

因为天下百姓憎恶商纣之恶，周兴兵伐商得天下可谓救万民于水火之中，深得民心，故诗人以诗歌颂周灭商，四家诗也均视《皇矣》为"美"。军旅杀伐之事，不但事关家国安危，还关系家庭聚散，故一旦戍边之苦时限延长，旷夫怨女自然对战争带来的苦难甚为愤懑，并

①《十三经注疏 · 毛诗正义》，上海古籍出版社1997年版，第262—263页。
② 陈立撰，吴则虞点校：《白虎通疏证 · 礼乐》，中华书局1994年版，第103页。
③ 陈立撰，吴则虞点校：《白虎通疏证 · 三军》，中华书局1994年版，第209页。

以诗抒发怨刺之情。齐、鲁二家《诗》均认为《采薇》乃刺周懿王，齐说直言为“懿王之时，王室遂衰，诗人作刺”①，王先谦亦云“始作怨刺之诗”②。此外，《白虎通义》在论述“五谏”（即五种进谏方式）时有言，若帝王施政不当、统治衰微，百姓受其荼毒，并引起灾异不祥之事，诗人会作诗刺之，以求君王醒悟并最终引导其弃恶向善。即“若过恶已著，民蒙毒螫，天见灾变，事白异露，作诗以刺之，幸其觉悟也”③。

由此可见，美刺作为诗歌创作论在汉代经学阐释中极为盛行，甚至被上升为官方意识形态。也正因为如此，其旨归在引导文学创作必须受政治约束。换句话说，政治话语凌驾于文学话语之上，文学只是政治的显现工具。汉儒囿于文化语境与政治环境，倡言文学创作之“美刺”的政治性自有其弊，摆脱政治束缚的批评使命只能在经学偏枯之时方可完成。但我们并不能因此忽视“美刺”说的创作论价值，因为它不但揭橥、梳理了中国文学创作的美刺传统及合理性，而且为后世以文学讥刺社会、干预时世亦提供了理论基础和精神指引。

三、“食事”说

文学艺术创作的发生与普通民众的生存环境、生活遭际密不可分，尤其在艺术的萌芽时期，普通百姓将生活中的所见所闻、喜怒哀乐诉之艺术便是早期艺术创作发生的基本形态。《弹歌》所谓“断竹、续竹、飞土、逐肉”（有异文），无论被视为“古孝子之歌”“军葬战歌”，还是狩猎之歌，都无疑是百姓生活场景最为生动、浓缩的

① 王先谦撰，吴格点校：《诗三家义集疏》，中华书局 1987 年版，第 580 页。
② 王先谦撰，吴格点校：《诗三家义集疏》，中华书局 1987 年版，第 580 页。
③ 陈立撰，吴则虞点校：《白虎通疏证 · 谏诤》，中华书局 1994 年版，第 237 页。

描绘与再现。此后,有强烈现实主义特色的《诗经》更是有大量反映民生(主要是民生疾苦)之作。大凡战争之伤、稼穑之艰、剥削之酷、相思之苦均极为常见,甚至在一段时间里,讨论《诗经》的"人民性"成为诗经研究的关键词。

关于《诗经》创作与人民生活的密切联系,汉儒早有论及。尤其是韩《诗》提出"饥者歌其食,劳者歌其事"这一极精妙、深刻的论述,无疑为我们呈现了人民歌咏生活尤其是疏泄怨情这一文学创作现象。这也意味着汉儒已经注意到普通百姓在文学创作中所扮演的角色。对韩《诗》此论进行更为深入阐释的是东汉经学家何休,其《春秋公羊传解诂》有云:

> 男女有所怨恨,相从而歌。饥者歌其食,劳者歌其事。男年六十,女年五十无子者,官衣食之,使之民间求诗,乡移于邑,邑移于国,国以闻于天子,故王者不出牖户尽知天下所苦,不下堂而知四方。[①]

何休于今古文诗经学都有接受,此说"当出于《韩诗序》"[②],其本意在言明天子不出户而知天下事的原因是因为实行采诗制度,即《汉书·艺文志》所谓"古有采诗之官,王者所以观风俗。知得失,自考正也"[③]。但与此同时,也为我们揭示了诗歌创作乃是人民(男女)对现实生活不满("天下所苦"),故将这种愤懑之情诉之于诗("歌")。早期文学创作图景于此揭示得颇为形象、深刻。由此观

---

①《十三经注疏·春秋公羊传注疏》,上海古籍出版社1997年版,第2287页。

②张华林:《论东汉何休的〈诗经〉学研究》,《重庆三峡学院学报》2017年第6期。

③《汉书·艺文志》,中华书局1962年版,第1708页。

之,“饥者歌其食”“劳者歌其事”从某种程度上可以看作是刺《诗》的一类。此类诗歌主要是关注百姓所遭受的苦难,并以之警示统治者。在汉代《诗经》阐释中,不唯韩诗准确洞察到这一点,四家诗都注意到《诗经》中反映民间疾苦之作。此处试举毛诗《小序》解《鸨羽》《大东》《楚茨》如下:

> 《鸨羽》,刺时也。昭公之后,大乱五世,君子下从征役,不得养其父母而作是诗也。①
>
> 《大东》,刺乱也。东国困于役而伤于财,谭大夫作是诗以告病焉。②
>
> 《楚茨》,刺幽王也。政烦赋重,田莱多荒,饥馑降丧,民卒流亡,祭祀不飨,故君子思古焉。③

在《小序》作者看来,《鸨羽》《大东》之诗均系讥刺乱世劳役、征战之苦及其引起的“不得供养父母”,“损伤于民财”(孔疏);《楚茨》之作者意在抨击幽王时代的诸多乱象:统治无道、赋税繁重、田地荒芜、饥馑荐臻、病疫不断、流民四起、祭祀辍止。三首诗虽借“君子”“大夫”之口道出,但从根本上讲是“劳者”“饥者”诉求的表达。换言之,“劳者”“饥者”的生活遭遇与生命诉求才是诗歌创作的根本原因。

“饥者歌其食,劳者歌其事”于中国文学创作及文学批评都有极为重要的影响。就文学创作而言,关心民瘼之作(如杜甫、白居易表现民间疾苦的诗歌)不断涌现,成为中国文学史的重要一脉,

---

①《十三经注疏·毛诗正义》,上海古籍出版社1997年版,第365页。

②《十三经注疏·毛诗正义》,上海古籍出版社1997年版,第460页。

③《十三经注疏·毛诗正义》,上海古籍出版社1997年版,第467页。

并表现出中国文人强烈的社会关怀与责任意识。如白居易谓“贞元、元和之际，予在长安。闻见之间，有足悲者。因直歌其事，命为《秦中吟》”[①]。虽然此时诗歌作者已由事件亲历者变为文士，但其创作精神、写作旨归与表现对象依然延续了“饥者歌其食，劳者歌其事”的创作传统。就文学批评来说，其隐者乃对关心民间疾苦、讽喻时事之作评价甚高，如历代论者对老杜之诗、白居易讽喻之作多有赞誉；其显者则直接赓续其论，如嵇康《声无哀乐论》便有“劳者歌其事，乐者舞其功。夫内有悲痛之心，则激切哀言，言比成诗，声比成音”[②]。简言之，诗乐均为内心悲痛之情的呈现，劳者歌其所历之事，以哀切之言杂比而为诗。此后，《太平御览》引《古乐志》《文选》李善注潘岳《闲居赋》及谢叔源《游西池》，均引《韩诗》“饥者歌食，劳者歌事”之说，如李善注《游西池》引《韩诗序》“《伐木》废，朋友之道缺。劳者歌其事，诗人伐木，自苦其事，故以为文”[③]。虽然王先谦认为李善注有阙文，但《韩诗》关注到《诗经》表现劳动人民（劳者）生活境遇、生命体验这一诗歌创作现象却是无疑的，而且直接成为后世文学批评引用的范本与言说的凭借。

此外，汉儒还注意到文艺创作中的想象问题。想象一词，《楚辞·远游》中早有“思旧故以想像兮，长太息而掩涕”，此处“想像”已带有遥想、回望之意，却并非艺术创作中的想象。但《西京杂记》中的“赋家之心，包括宇宙，总览人物”则无疑已经将汉代赋家创作之时驰骋想象、天马行空之技法上升至理论高度。此后，《乐纬·乐动声仪》于想象有更为深入的论述：

---

① 顾学颉校点：《白居易集》，中华书局1999年版，第30页。

② 戴明扬校注：《嵇康集校注》，人民文学出版社1962年版，第198—199页。

③ 王先谦撰，吴格点校：《诗三家义集疏》，中华书局1987年版，第569页。王先谦认为此处有阙文，文义不通。

> 神守于心，游于目，穷于耳，往乎万里而至疾，故不得而不速。从胸臆之中而御太极，援引无题，人神皆感，神明之应，音声相和。①

《乐动声仪》的作者注意到神的诸多特性，源自于心，自由无碍，打破时空的限制而无往不至，这正是文学创作想象活动的典型特征。六朝神思说（如宗炳、王微、刘勰、萧子显皆有论述）蔚为大观，其与谶纬此论之关系不可不察，而学界于此似乎极少言及。

第三节　作品论

在经学昌明这一文化语境下，汉代文论对文艺作品自身的关注自然也带有极为浓厚的经学色彩。汉代文艺作品论大多寄生于经学文本中，它们本身便是经学叙述的组成部分。总体而言，汉代经生对“六义”说、“文质”论有相当深入的阐明。

一、“六义”说

“六义”说首见于《诗大序》“故诗有六义焉：一曰风，二曰赋，三曰比，四曰兴，五曰雅，六曰颂”②，为毛《诗》阐释体系中的关键词，且未见于齐、鲁、韩三家《诗》。然古往今来争论甚繁，学界普遍认为，《诗大序》之“六义”源自于《周礼·春官·大师》“六诗”论：

---

①［日］安居香山、中村彰八：《纬书集成·乐纬·乐动声仪》，河北人民出版社1994年版，第541页。

②《十三经注疏·毛诗正义》，上海古籍出版社1997年版，第271页。

> 大师掌六律六同，以合阴阳之声。阳声：黄钟、大蔟、姑洗、蕤宾、夷则、无射。阴声：大吕、应钟、南吕、函钟、小吕、夹钟。皆文之以五声：宫、商、角、徵、羽；皆播之以八音：金、石、土、革、丝、木、匏、竹。教六诗：曰风、曰赋、曰比、曰兴、曰雅、曰颂。以六德为之本，以六律为之音。大祭祀，帅瞽登歌，令奏击拊，下管，播乐器，令奏鼓朄。大飨，亦如之。大射，帅瞽而歌射节。大师，执同律以听军声，而诏吉凶。大丧，帅瞽而廞，作柩谥。凡国之瞽矇正焉。①

大师为乐官，司掌音乐之事（即《尚书·尧典》所谓“典乐”），以各种乐器依声律教“六诗”，且在祭祀、宴飨、典礼、征伐、丧葬等重要仪式场合率领（“帅”）瞽矇（即具备各种诗乐技艺且担任演奏任务的乐工）歌之。由此观之，“六诗”与先秦时期的宗教信仰、礼乐教化、政治制度、军旅征伐、社会习俗等均有直接关联。

然自古而今，关于“六诗”之所指多有争议。大体而言，凡有四说：“六诗皆体”（以王质、庄有可、章太炎、郭绍虞、周策纵为代表）、“六诗皆用”（以程颐、包世臣、章必功、王小盾为代表）、三体三用（以如孔颖达、朱熹、杨载为代表）及“六诗皆体皆用”（以张震泽、刘怀荣为代表）。此外，通儒郑玄关于“六诗”之说颇值得玩味：

> 风，言贤圣治道之遗化也。赋之言铺。直铺陈今之政教善恶。比，见今之失，不敢斥言，取比类以言之。兴，见今之美，嫌于媚谀，取善事以喻劝之。雅，正也，言今之正者，以为

①《十三经注疏·周礼注疏》，上海古籍出版社 1997 年版，第 795—796 页。

后世法。颂之言诵也，容也，诵今之德，广以美之。[①]

《郑志》："张逸问：'何诗近于比、赋、兴？'答曰：'比、赋、兴，吴札观诗已不歌也。孔子录《诗》，已合风、雅、颂中，难复摘别。篇中义多兴。'"[②]

前后对读可见，在《周礼注》中，郑玄将"六诗"附会于政治教化，且言风、雅、颂时多以其表现对象言之；而论赋、比、兴时则明显已涉及技法，即"直陈""取比类以言之""取善事以劝喻之"。但在答张逸之问时则言季札观诗之时"比、赋、兴"已不歌，孔子录《诗三百》将其杂合于"风、雅、颂"之中。换言之，在季札之前并非不歌，孔子录《诗》之前并非合于"风、雅、颂"之中。据此可以推断，郑玄认为，在季札、孔子之前，赋、比、兴尚为独立于风、雅、颂之外的诗体。郑玄这一具有矛盾性的论述实则为后世论争埋下了伏笔。

根据《周礼·大师》语境，我们认为"六诗"主要应是指六种诗歌类型，不应割裂划分为"体""用"。"风、赋、比、兴、雅、颂"所对应之乐不同，进而其使用场合也各不同。其理由是作者以六者对举，当为并列平等关系，亦如前之"阳声""阴声""五声""八音"，故六者之中不可强分"体用""经纬"（朱熹认为赋、比、兴是三经，风、雅、颂是三纬）。但因为"六诗"传习以"六德"为本，郑玄认为，所谓"六德"指"所教诗必有知、仁、圣、义、忠、和之道"[③]，这意味着"六诗"具有道德伦理教化功用。

《诗大序》直接承续《周礼·春官·大师》"六诗"之说，且

①《十三经注疏·周礼注疏》，上海古籍出版社1997年版，第796页。
②《十三经注疏·毛诗正义》，上海古籍出版社1997年版，第271页。
③《十三经注疏·周礼注疏》，上海古籍出版社1997年版，第796页。

“风、赋、比、兴、雅、颂”次第亦没有任何改变，但冠之以“诗有六义”。更加值得注意的是，作者对风、雅、颂均有阐明，而对赋、比、兴之内涵却未置一词，《小序》也仅标“兴”。故刘勰在《文心雕龙》中言“毛公独标兴体”，留下了诸多谜团，至今尚未完全解开。

首先，“六义”是否等于“六诗”。由于《诗大序》承续《周礼》几为定论，因此，历代不少论《诗》者倾向于二者等同，如郑玄、孔颖达、朱熹、严粲、章太炎等。孔颖达《毛诗正义》云：

> 上言诗功既大，明非一义能周，故又言“诗有六义”。《大师》上文未有“诗”字，不得径云“六义”，故言“六诗”。各自为文，其实一也。①

孔疏以《周礼》文本为据，认为因前文无“诗”字，故不得径直称“六义”，必有“诗”字以显其义。在《诗大序》中，因前文已有“诗”字样，故不言“六诗”而称“六义”。其说仅根据上下文的文字进行辩解，未做出更为深刻、严密的义理解释，难以服人。然因孔疏之地位，历代阐释者多信其言。朱熹、严粲直言“六诗”为“六义”，其理由亦未言明。章太炎释“六诗”所引诸说多为“六义”，所谓“世儒复疑风、雅、颂为异体，比、赋、兴为异辞。苟以不见，荒芜章闵，泯绝经略，令六义亡其三，是不喻《诗传》之过也”②，可见其将二者等同之意。但结合《周礼·春官》与《诗大序》上下文可知，大师所教“六诗”为六类诗，而《诗大序》是引“六义”以言《诗》之政教功能，二者绝不能等同。

---

①《十三经注疏·毛诗正义》，上海古籍出版社1997年版，第271页。

②章太炎：《六诗说》，《章太炎全集》（三），上海人民出版社1982年版，第392页。

其次,“六义”次第。如前所言,《诗大序》直接照搬《周礼》“六诗”之说且次第不变,这是诸多论者认为“六义”等同“六诗”的重要证据。但以行文顺序相同而断定意义一致,论据并不充分。如果将“六诗”皆视为诗体或诗用,那么“风、赋、比、兴、雅、颂”的排列顺序自然不是特别重要。但如果认为有体用之别,而且需分组排列,就需要为这一次第进行恰切、合理的解说。孔颖达是“三体三用”的肇端者,他首先为“六义”次第进行了辩说:

> 六义次第如此者,以诗之“四始”以风为先,故曰风。风之所用,以赋、比、兴为之辞,故于风之下,即次赋、比、兴。然后次以雅、颂。雅、颂亦以赋、比、兴为之,既见赋、比、兴于风之下,明雅、颂亦同之。……赋、比、兴如此次者,言事之道,直陈为正,故《诗经》多赋在比、兴之先。比之与兴,虽同是附托外物,比显而兴隐,当先显后隐,故比居兴先也。①

在孔颖达看来,风居首乃因其列“四始”(孔颖达可能接受郑玄所谓风、小雅、大雅、颂谓之“四始”说)之先,诗人于《风》中使用赋比兴手法,故赋比兴紧随其后,雅颂则随之列于末。赋比兴之排列则由于铺陈为正故为先,且诗中多先赋后比兴。比兴之中因“比显兴隐”“先显后隐”,故比在兴之前。孔说看似有理,实则为其“三体三辞”说辩护,并不能令人信服。因为如果赋比兴为《风》《雅》《颂》共用之艺术手法,为何不直接排列为风雅颂赋比兴?果真如此,主从、体用关系岂不更明确?兼之,“四始”说为汉代学者所倡,且雅颂地位实高于风,风何以居首也是大为可疑的。有鉴于此,我

①《十三经注疏·毛诗正义》,上海古籍出版社 1997 年版,第 271 页。

们认为,《毛诗序》保留《周礼》“六诗”次第的原因,或许为一种延续、承袭,且可以呈现较为明显的祖述关系和学术谱系。与此同时,作为解《诗》的注疏性文本,引前人旧说不做更改,亦合于训诂通例。

再次,“六义”划分。赞同“六义”即“六诗”且认为系六种诗者,对“六义”不再作强行拆解、勉强划分,但对作为诗歌种类的赋比兴为何不见于传世《诗三百》文本之中则各抒己见。如郑玄以为孔子整理《诗三百》时将“赋比兴”融于《风》《雅》《颂》中;王质则相信赋比兴作为诗体早已亡佚;庄有可以“《春秋》得半之意”为旁证,推测孔子删《诗》时仅取风雅颂,而删除赋比兴;章太炎认为赋比兴“不宜声乐”[①](即不合乐),故为后世所删。将“六义”俱释为“用”者,亦不再将“六义”进行强分组别。与此同时,因为传世《诗经》仅见《风》《雅》《颂》,且《诗大序》作者未对赋比兴的内涵进行具体解说,故后世诸多论《诗》者多将六义进行二分,即风雅颂一组(“三体”)、赋比兴为另一组(“三用”)。其中,具有代表性的如孔颖达的“三体三辞”、成伯屿《毛诗指说》“三用三情”、旧题郑樵《六经奥论》“三体三言”、朱熹“三经三纬”(辅广《诗童子问》、刘瑾《诗传通释》承续其说)、张文伯《九经疑难》“三体三用”等。诸说虽有细微差别,但大体视《风》《雅》《颂》为诗体、赋比兴为诗法。“三体三用”用来阐释“六义”无疑是具有一定效力的,但却无法用来解读“六诗”。因为《诗大序》作者所谓“六义”为释《诗》六法(义可释为法,相当于今日所谓六个注意事项),其中,既涵括《诗》之三体(《风》《雅》《颂》)及其政教内蕴,又含有写作

① 章太炎:《六诗说》,《章太炎全集》(三),上海人民出版社1982年版,第393页。

《风》《雅》《颂》的三种技法。前者为体、为本、为主，后者为用、为末、为从，故作者释《风》《雅》《颂》，不释赋比兴，乃是因为这种主从关系。释主略从可以达到"解主见从，主明则从亦明"的阐释效果①。

最后，风雅颂之政教功能②。虽然中国有悠久的乐教、诗教传统，但将儒家诗教进行全面理论化、系统化、极端化的应该始于《毛诗序》。故《毛诗序》历来被视为儒家诗学话语的代表，更是儒家诗教的典范文本。《毛诗序》的保守性、极端性源于它是"与专制政体和皇权意识形态纠缠不清的儒家知识分子处身方式的表达，因此其诗学乃是一种'规定的诗学'"③。其引"六义"并进行政治化、道德化阐释，旨归便是为其诗教理论张本，所谓"经夫妇，成孝敬，厚人伦，美教化，移风俗"④。《诗大序》对风雅颂的解读便是围绕"政教"二字展开的，具有化下刺上之功能谓之风，其反映对象为诸侯国之事；雅乃天下之事的症候，呈现帝王执政之废兴，并据政事之重要性区分大小雅；颂为赞颂天子政绩、功德，并在祭祀中"告于神明"。由此可见，"政"是《诗大序》界定风雅颂的关键词，孔颖达于此早有洞悉：

> 风、雅、颂者，皆是施政之名也。上云"风，风也，教也。风以动之，教以化之"，是风为政名也。下云"雅者，正也。政有

---

① 冯浩菲：《历代诗经论说述评》，中华书局2003年版，第57页。

② 因前文已述"六义"不同于"六诗"，故郑玄注"六诗"之"赋比兴"所涉政教观念在此不论。

③ 程勇：《"经学"与"经术"的分野与汉代经学文论话语的双重性质》，《学术月刊》2005年第7期。

④《十三经注疏·毛诗正义》，上海古籍出版社1997年版，第270页。

> 小大,故有《小雅》焉,有《大雅》焉”,是雅为政名也。《周颂谱》云:“颂之言容,天子之德,光被四表,格于上下,此之谓容。”是颂为政名也。人君以政化下,臣下感政作诗,故还取政教之名,以为作诗之目。风、雅、颂同为政称,而事有积渐,教化之道,必先讽动之,物情既悟,然后教化,使之齐正。言其风动之初,则名之曰风。指其齐正之后,则名之曰雅。风俗既齐,然后德能容物,故功成乃谓之颂。①

风雅颂皆以“政”为名,便意味着《诗大序》作者言说旨归在于政教,政治盛衰、政治教化便成为其显著标签,即“是从封建政治道德的教化作用来强作解释”②。与此同时,《诗大序》作者还提出风雅正变说,变与正相对。时世由盛而衰,政教纲常崩坏,诗歌也随之变化,反映社会变乱、政治衰颓之作被视为“变风”“变雅”。此为毛《诗》独有,齐鲁韩“三家《诗》”无此说。“变风”“变雅”说具有社会历史批评、政治道德批评、文学地理学批评与民俗学批评等多重文学批评意义,但直接以时间、世次划分正变自有其不合理之处。如古史辨派代表人物顾颉刚便对此极为不满:

> 《诗序》要将全书拍合历史,故把前列诸篇放在文武时而定为“正”,后列诸篇放在幽厉时而定为“变”。但诗篇的次序原没有这样整齐,所以“正”中也有愁苦的,“变”中也有愉乐的。《诗序》一味曲解,把它混过了。③

①《十三经注疏 · 毛诗正义》,上海古籍出版社 1997 年版,第 271 页。

② 夏传才:《诗经研究史概要》,中州书画社 1982 年版,第 22 页。

③ 顾颉刚:《重刻〈诗疑〉序》,顾颉刚:《古史辨》(三),上海古籍出版社 1982 年版,第 415—416 页。

顾颉刚认为,《诗序》以正变为名,将诗篇牵合历史无疑是曲解诗意,因为《诗经》文本之中实则正中有变、变中有正,不可径直以时间世次强分楚河汉界。

由此可见,《诗大序》"六义"说与《周礼·春官》"六诗"说虽有明显的承续关系,但二者并不是一回事。"六诗"是在不同场合用于演奏的六类诗,而"六义"是《诗大序》作者为政教诠释的需要引入的关键词。其次第虽直接承自《周礼》不作更改,其理论内涵则有根本变化。其中,"风雅颂"皆附上政教色彩,被目之为本,"赋比兴"从属之,故视为末,其内涵未予言明。更为重要的是,从中国文学理论演进史上看,由"六诗"到"六义"具有重大意义。这意味着中国古人对诗歌类别的界分从简单的音乐角度,进入到以政治、地理、民俗、历史多重视角综合判定的历史阶段,而且对诗歌艺术技巧的明确认知也进入到新的理论层次。换句话说,"六义"不仅在《诗经》学史上具有里程碑意义,在中国古代文学理论批评史上也具有革命性价值。不但其文体学价值与技法论成就必须得到客观评价,其对中国文论的深刻影响也应予以正视。

"六义"对中国文论的影响至深至远,简言之,凡有四端。其一,重视文艺政治道德功用,尤其是以美刺言诗评文这一政治阐释模式(《小序》中得以具体化)由此完全形成,并成为中国文学功用论的主流观念,所谓"不关风化体,纵好也徒然";其二,由于作者将风雅颂提高到"经夫妇,成孝敬,厚人伦,美教化,移风俗"以及刺君上、告神明的高度,故以《诗经》为诗学楷式或祖述风雅成为中国诗歌渊源论的有力支撑;其三,"变风发乎情",虽有"止乎礼义"的限制,却为后世缘情说以及中国文学抒情传统的发展提供了理论可能,经学偏枯之日,缘情说与以诗文抒情便喷薄而出;其四,"赋比兴"作为艺术技法更是为诸多文论家所继承,如六朝时期刘勰、钟嵘在此基础上便有更为深刻、精微的认知：

> 诗有六义，其二曰赋。赋者，铺也，铺才摛文，体物写志也。①
>
> 诗文弘奥，包蕴六义……故比者，附也；兴者，起也。附理者切类以指事，起情者依微以拟议。起情故兴体以立，附理故比例以生。比则畜愤以斥言，兴则环譬以记讽。②
>
> 故诗有六义（有本作“三义”——引者注）焉：一曰兴，二曰比，三曰赋。文已尽而意有余，兴也；因物喻志，比也；直书其事，寓言写物，赋也。③

刘勰、钟嵘直承《诗大序》“六义”之说，尤其对《大序》作者未予言明的赋、比、兴从艺术创作技巧方面进行了深度挖掘，如《诗品序》专言赋比兴，而不论风雅颂，便显示出钟嵘对其美学品格的重视。更为重要的是，由于此时经学衰微，因此，强加于“六义”之上的政教色彩逐渐褪色，其艺术属性得以凸显。

二、“文质”论

“文质”不仅是中国学术史（尤其是美学史）上最为重要的范畴之一，因为“‘文’与‘质’，是古代的中国人使用得最广泛的两个审美观念”④，还是传统东方美学的特有范畴，但也是争议最大的范

① 刘勰著，范文澜注：《文心雕龙注·诠赋》，人民文学出版社1958年版，第134页。

② 刘勰著，范文澜注：《文心雕龙注·比兴》，人民文学出版社1958年版，第601页。

③ 王叔岷：《钟嵘诗品笺证稿·诗品序》，中华书局2007年版，第72页。

④ 陈良运：《文质彬彬》，百花洲文艺出版社2001年版，第5页。

畴之一。正如汉学家刘若愚(James J. Y. Liu)先生所言:"'文'与'质'之相对重要性的争论由来已久;自从孔子的时候就一直争论不休。"①

"文"已见于甲骨文,字形为人身线条交错。徐中舒编《甲骨文字典》释之曰:

> 象正立之人形,胸部有刻画之纹饰,故以文身之纹为文。②

换言之,甲骨文中的"文"多指先民的纹身。但此处之"文"作为"人文",无疑不是最原始状态的"文",因为人的纹身是对自然之文的模仿,自然之文涵括日月星辰之天文与山川草木之地文。如《周易·系辞》有"物相杂,故曰文";《国语·郑语》曰"物一无文"。也就是说凡天地万物交错皆可谓之"文"。此后,"文"还延伸出文化、文明、文章、礼文、声文、形文等多重含义,如《论语·八佾》有"周监于二代,郁郁乎文哉!吾从周"③,此处之"文"当指包括礼乐在内的文化。宦懋庸《论语稽》引周世樟从井田、学校、封国、建官、巡狩、述职、宗庙、明堂、冠礼、鲁礼等方面阐述了周与夏商二代文化之间的承袭与发展④。

在先秦诸子中,儒家是尚"文"的代表。孔子不仅推崇"三代

①[美]刘若愚著,杜国清译:《中国文学理论》,江苏教育出版社2006年版,第27页。
②徐中舒:《甲骨文字典》,四川辞书出版社1989年版,第996页。
③朱熹:《四书章句集注·论语集注》,中华书局1983年版,第65页。
④具体可参见程树德撰,程俊英、蒋见元点校:《论语集释》,中华书局1990年版,第182—183页。

之治”之文化；还讲究人的“文德”，所谓“焕乎其有文章”（《论语·泰伯》）、“修文德以来之”（《论语·季氏》）；提倡学问之文，所谓“博学于文”（《论语·雍也》）；追求言之有文，所谓“言之无文，行而不远”（《左传·襄公二十五年》）。此后，孟、荀也延续孔子尚“文”思想并继续推进。尤其是荀子重“文”思想极为丰富，如他对君子的人格品德确立了一个“至文”标准：

> 君子宽而不僈，廉而不刿，辩而不争，察而不激，寡立而不胜，坚强而不暴，柔从而不流，恭敬谨慎而容。夫是之谓至文。诗曰：“温温恭人，惟德之基。”此之谓矣。①

君子只有具备完美、高尚的道德品性，方可谓之“至文”，这无疑是在孔子基础上对君子理想人格进行了更为系统化论说与具体化规范。由上可知，刘勰《文心雕龙》开篇即言“文”有天文、地文、人文，可谓对“文”最为全面的总结。

与“文”相应的词为“质”。《说文解字》释“质”为“以物相赘”，段注云：“以物相赘，如春秋交质子是也。引申其义，为朴也，地也。”②《广韵》《集韵》也释为“物相赘也”。换言之，“质”指向物的内在价值，是衡量物贵贱的尺度，故“质”又被训为本、体、性、主、正、地、朴、实等。如《周易·系辞》有“易之为书也，原始要终，以为质也”，王弼注云：“质，体也。卦兼终始之义也。”孔疏云：“‘原始要终，以为质’者，质，体也。言《易》之为书，原穷其事之初

---

① 王先谦撰，沈啸寰点校：《荀子集解·不苟》，中华书局1988年版，第40—41页。

② 许慎撰，段玉裁注：《说文解字注》，上海古籍出版社1988年版，第281页。

始。”[①] 一言以蔽之，《易》探究了事物的根本、起始。孔子尚“文”前已言及，但他并不废“质”，甚至认为“质”的重要性超过“文”，如“绘事后素”“吾从先进”等。孔子还将“质”与人之德性联系起来，《论语·卫灵公》有“君子义以为质”，朱熹注云“义者制事之本，故以为质干”，并引程子“义以为质，如质干然”[②]。简言之，君子之本当以求义（“质”），礼为“文”，这是孔子对君子人格形塑、道德指向所作的规范。虽然“质”为儒家所重，但将尚“质”倾向推向绝对化、审美化的应是道家（尤其是老庄）。《道德经》中有“见素抱朴”“敦兮其若朴”“复归于朴”“朴散则为器”“质真若渝”“大巧若拙”“信言不美”“善者不辩”等尚“质”之论，《庄子》中无论是“法天贵真”“知者不言”“以天合天”美学观念，还是“解衣般礴”“梓庆为鐻”等寓言故事所包孕的价值理念，都是将“质”推崇到无以复加的例证。这是因为道家试图排除一切外在文饰，倡导自然浑朴之美。另外，墨家、法家也尚“质”。如《说苑》载墨子“先质后文”说，《韩非子·解老》更有“好质恶饰”论。但二者均从功利角度言说，于中国美学的影响相对有限。

虽然诸子之学于“文”或“质”都有论及，甚至有相当深入的认识，甚或作为至美（如老庄尚质），但在“中国美学史上‘文’与‘质’这一对审美范畴，便是由儒家学派确定的”[③]。更确切地说，真正将“文质”作为一个范畴提出、确立应归功于孔子，尤其是《论语·雍也》所谓“质胜文则野，文胜质则史，文质彬彬，然后君子”[④]。孔子所言“文质彬彬”，为儒家塑造君子人格的理想状态，也是对君子提

①《十三经注疏·周易正义》，上海古籍出版社 1997 年版，第 90 页。

② 朱熹：《四书章句集注·论语集注》，中华书局 1983 年版，第 165 页。

③ 陈良运：《文质彬彬》，百花洲文艺出版社 2001 年版，第 28 页。

④ 朱熹：《四书章句集注·论语集注》，中华书局 1983 年版，第 89 页。

出的基本要求。他认为，既要避免“质胜文”所致的鄙野，也不能因“文胜质”而至浮华，必须文质相符、各得其半。故何晏《论语集解》引包咸曰“野如野人，言鄙略也。史者，文多而质少。彬彬，文质相半之貌”①。孔子的“文质论”从君子修身养德、人格塑造方面着手，是其“中和”审美观的集中体现，故对中国美学的影响无论如何评价都不为过。孔子“文质彬彬”的美学观，在其后学孟子、荀子处均有引申、发展。如孟子言君子内有“仁义礼智”（质），可显现于外在形体（文）之美：

> 君子所性，仁义礼智根于心。其生色也，睟然见于面，盎于背，施于四体，四体不言而喻。②

君子以性之四德（“仁义礼智”）为本，积之愈久、愈盛，便从身体各部位自然显现出来。故朱熹云“四德根本于心，其积之盛，则发而著见于外者，不待言而无不顺也”③。“仁义礼智”为本即为“质”，其色现于四肢形体即为“文”。可见，孟子此说是对孔子“文质彬彬”说的具体化、生动化。荀子倡导礼乐教化，也以“文质”言“礼”：

> 文理繁，情用省，是礼之隆也；文理省，情用繁，是礼之杀也；文理、情用相为内外表里，并行而集，是礼之中流也。故君子上致其隆，下尽其杀，而中处其中。④

---

① 程树德撰，程俊英、蒋见元点校：《论语集释》，中华书局1990年版，第401页。

② 朱熹：《四书章句集注·孟子集注》，中华书局1983年版，第355页。

③ 朱熹：《四书章句集注·孟子集注》，中华书局1983年版，第355页。

④ 王先谦撰，沈啸寰点校：《荀子集解·礼论》，中华书局1988年版，第357—358页。

在荀子看来,“礼”之厚薄与“文理”“情用”的繁省密切相关。“文理”系“威仪”的外在形式,“情用”乃“忠诚”的心理内核[①]。若前者简称为“文”,则后者简称为“情(质)”。不同场合之“礼”,“文”“情(质)”各有所重,但二者并行不悖、并立而行,为“礼之中流”。君子(知礼之人)当根据具体情况协调“文”“情(质)”,方可不失“礼”。文质相合、文质并集、文质协调而为“礼”。可见,荀子也是提倡文质统一、文质彬彬的,只是将其作为对君子人格的要求集中体现为“知礼”“合礼”。尤需指出的是,荀子除论“礼”时将“情”“文”对举外,他还有“情文俱进”“称情而立文”二说,既倡导情(质)文统一,又进一步指出“文”之立需称情,故其“文质”观可简言之为:文质并举、文生于质。这对中国美学的发展至关重要,尤其是为后人将文质关系释为内容与形式提供了理论依据。

荀子的“文质”论还潜藏着一个重要面向,那就是以“礼”言“文质”实际上是将“文质”论与社会政治、道德伦理相联系。而将之发扬光大的正是汉儒,有学者将汉代的“文质”论称为“治道文质论”,即“一种关于社会、历史和政治的运动法则和社会政治治理的学说”[②]。汉代学者刘安、董仲舒、司马迁、刘向、扬雄、何休、王充等都对“文质”论有相当程度的论及。此处我们重点关注《礼记》和董仲舒《春秋繁露》中的“文质”论。

由前文可知,在儒家思想体系中,“文质”首先被用于君子人格的形塑,可以视之为一种道德伦理学说。自荀子始引之以言“礼”,并与治道相联系。迨至汉儒,则全面用于言社会政治。《礼记》中

① 杨倞注曰:“文理,谓威仪;情用,请忠诚。”参见王先谦撰,沈啸寰点校:《荀子集解·礼论》,中华书局1988年版,第357页。

② 黄前程:《文质论:中国传统治道的一个视角》,《广东社会科学》2010年第6期。

的“文质”论，既有以之言文化的，亦有言君子之德的，还有言政治的，呈现出明显的多元化、过渡性色彩。

其一，借孔子之口以“文质”言“虞夏”“殷周”文化，所谓“虞夏之质，殷周之文，至矣。虞夏之文，不胜其质。殷周之质，不胜其文”①。此处指出了虞夏、殷周时代文化各具“质”“文”的特点，可以看做是孔子所言周“郁郁乎文哉”之说的完善。但指出虞夏、殷周之文化各有偏重，则发孔子之未发。郑玄注“虞夏之文，不胜其质。殷周之质，不胜其文”云：“言王者相变，质、文各有所多。”②言下之意，不同时代政治文化各有所长，这便为帝王改制提供了理由与方向。另，此处言前代文化也不可避免触及社会政治，体现了汉代“治道文质论”的特色。

其二，以“文质”言君子之德。这是对孔子“文质彬彬”说的直接继承：

> 是故君子服其服，则文以君子之容；有其容，则文以君子之辞；遂其辞，则实以君子之德。是故君子耻服其服而无其容，耻有其容而无其辞，耻有其辞而无其德，耻有其德而无其行。③（《礼记·表记》）

服、容、辞均可纳入“文”的范围，君子之德才是其核心、根本，乃为“质”。“文”为“质”的修饰，“质”为“文”的依托。君子以无“文”为耻，亦以有“文”无德为耻。《表记》均从反面言之，实际上是要求君子有“文”有“质”、“文质”相副，无疑是对孔子文德论及“文质彬

①《十三经注疏·礼记正义》，上海古籍出版社1997年版，第1642页。
②《十三经注疏·礼记正义》，上海古籍出版社1997年版，第1642页。
③《十三经注疏·礼记正义》，上海古籍出版社1997年版，第1640页。

彬”说的继承并将内容具体化。《礼记·中庸》还以衣锦为喻，言君子与小人异，有“文质”相应之德：

> 《诗》曰“衣锦尚絅”，恶其文之著也。故君子之道，暗然而日章；小人之道，的然而日亡。君子之道，淡而不厌，简而文，温而理，知远之近，知风之自，知微之显，可与入德矣。①

朱熹对此有深刻体察：

> 尚絅故闇然，衣锦故有日章之实。淡、简、温，絅之袭于外也；不厌而文且理焉，锦之美在中也。小人反是，则暴于外而无实以继之，是以的然而日亡也。远之近，见于彼者由于此也。风之自，著乎外者本乎内也。微之显，有诸内者形诸外也。②

简言之，君子之道如衣锦尚絅，内外相应、文质相副，至中和之美，故可入于圣人之德，小人之道反之。此外，《大戴礼记·劝学》亦借孔子之口言君子当修“文”：

> 孔子曰：“野哉！君子不可以不学。见人不可以不饰，不饰无貌，无貌不敬，不敬无礼，无礼不立。夫远而有光者，饰也；近而逾明者，学也。”③

人若不学便入鄙略（野）而无文，外形不修饰则无耀人之貌，进而被

---

①《十三经注疏·礼记正义》，上海古籍出版社1997年版，第1635页。

② 朱熹：《四书章句集注·中庸章句》，中华书局1983年版，第39页。

③ 王聘珍撰，王文锦点校：《大戴礼记解诂》，中华书局1983年版，第134页。

视为不敬，不合礼仪规范，在社会便无以立足。换言之，君子要勤于学习，注意外在文饰，方符合君子之道。

其三，以"文质"言"礼"。一方面，《礼记·礼器》指出先王立"礼"有本有"文"，所谓"先王之立礼也，有本有文。忠信，礼之本也。义理，礼之文也。无本不立，无文不行"①。即"礼"之起，以忠信为本（质），故可合于内心、谐于外物。同时还以义理（仪式规范）为文饰，忠信是"礼"得以立的根基，义理是"礼"得以施行的保障。另一方面，汉儒还言明了"礼"的发展演进，即"凡礼始于脱，成于文，终于隆。故至备，情文俱尽；其次，情文佚兴；其下，复情以归太一"②。这即是说，"礼"的发展有一个"脱→文→隆"的过程，即由简而文的过程。礼仪大备之时，既合于人情，又有完美的形式（文）。其次，情文并重但未至完美；其最下者，返归于情。王聘珍对此的解读最为妥帖，其云：

> 礼者，因人之情而为之节文，德盛者化神，故情文俱尽。佚读曰迭。情文迭兴，谓有本有文也。复，反也。复情以归太一，谓反本修古，不忘其初者也。③

"礼"由情文而成，情为本、为质，还有一套相应的规范文饰、礼仪制度，只有文质彬彬（俱尽），方为礼之隆盛。

董仲舒是汉代"治道文质论"的集大成者，其论"文质"极为复杂、深邃，但也争议颇多，如"三正""三统"与"文质"的序列及吻合度问题。我们不拟介入这些争论，仅就其"重质轻文""以质救

---

①《十三经注疏·礼记正义》，上海古籍出版社1997年版，第1430页。

② 王聘珍撰，王文锦点校：《大戴礼记解诂》，中华书局1983年版，第20页。

③ 王聘珍撰，王文锦点校：《大戴礼记解诂》，中华书局1983年版，第20页。

文”两方面进行讨论。

一方面，“重质轻文”。董仲舒认为，“礼”的核心在“志”，故为本、为质，只有本立才能“节具”。节者，“礼”之用，故为末、为文：

> 缘此以论礼，礼之所重者在其志。志敬而节具，则君子予之知礼。志和而音雅，则君子予之知乐。志哀而居约，则君子予之知丧。故曰：非虚加之，重志之谓也。志为质，物为文。文著于质，质不居文，文安施质？质文两备，然后其礼成。文质偏行，不得有我尔之名。俱不能备而偏行之，宁有质而无文。①

“礼”必须以志为依据，君子知“礼”以志为归，否则便流于“虚加”，其外在仪式规范（文）也无附着之地，最为理想的状态是文质兼备，此之谓“礼成”。如“文”与“质”无法兼顾（偏行）之时，则“宁有质而无文”。虽然董仲舒倡导“文质两备”的理想状态，但文质偏行之时持保“质”去“文”的态度，无疑表明二者有轻重之分、高下之别。

另一方面，“以质救文”。政治性是“礼”的基本特性，换言之，“礼”代表了一个时代的政治意识形态，故可由“礼”以知政、观政。因之，从以“文质”言“礼”延伸到以“文质”言政便顺理成章。文质皆备毕竟是理想中的礼仪状态，一般情况下，其实多为文质偏行。与之相应，不同朝代的政治也倾向于或“质”、或“文”，如董仲舒言夏商乃各有所偏云：

> 王者以制，一商一夏，一质一文。商质者主天，夏文者主

① 苏舆撰，钟哲点校：《春秋繁露义证·玉杯》，中华书局1992年版，第27页。

> 地，春秋者主人，故三等也。[1]

夏商之制各有所偏，而这正造就了政权更迭的理论基础，即所谓“文质互变”或“质文代变”。简言之，文质循环更替。但在重“质”轻“文”的理论前提下，“以质救文”自然为董仲舒所提倡。如果“文”的偏行造成礼仪失范，并影响社会政治稳定，唯有以“质”纠偏，方可重回正轨：

> 齐顷公吊死视疾，孔父正色而立于朝，人莫过而致难乎其君，齐国佐不辱君命而尊齐侯，此《春秋》之救文以质也。救文以质，见天下诸侯所以失其国者亦有焉。潞子欲合中国之礼义，离乎夷狄，未合乎中国，所以亡也。[2]

救“文”以“质”可为政治统治提供动力与稳定性。天下诸侯之所以失其国在于轻“质”，如赤狄潞子虽试图融入中国礼义，但因其“质”未合乎中国，故走向灭亡。

由此可知，董仲舒以“文质”言“礼”，虽倡导文质彬彬，但重质轻文；以“文质”言政，虽认为文质循环，但倾向于“以质救文”。其“治道文质论”言“礼”与言政的两个基本面向，不仅影响汉代的政治生态与中国政治哲学，还为以“文质”论艺术提供了理论基础，如扬雄的文质相副、王充论文质与文章、应玚崇质抑文、刘勰“质文代变”及“情采”论等，当受其启发。

---

① 苏舆撰，钟哲点校：《春秋繁露义证·三代改制质文》，中华书局1992年版，第204页。

② 苏舆撰，钟哲点校：《春秋繁露义证·王道》，中华书局1992年版，第123页。

第四节　功能论

文艺是人类为满足高层次精神需要的产物，它具有认识、教育、审美、娱乐、政治、伦理、宗教等多重功能。中国古人对文艺的功用早有相当深入的认知，《尚书·尧典》所谓“直而温，宽而栗，刚而无虐，简而无傲”便是对以乐“教胄子”效果的精练总结。孔子对《诗三百》之认识、政治功能亦有相当全面的阐明，“兴观群怨”“事父事君”“授之以政”“使于四方”均系此。荀子“文艺→人心→治道”的运思与言说方式更是意味着中国文艺追求政治道德功用话语模式的形成。汉代经学家在吸收先秦诸子（主要是儒家）学说的基础上，尤其是结合汉代经学昌明的文化语境与政治环境，极为强调文艺所具有的政治道德功用。当然，他们对文艺的审美效用也有一定程度涉及，但从属于政治伦理，未获得真正独立地位。而这正是汉代经学文论的典型特征。

一、“经国大业”

在中国古代，学术与权术之间始终有着极为密切而复杂的关联。掌管学术的士人阶层希望借权术而光大道统、攫取权力；掌握权术者希望藉学术之手获得统治的合法性与延续性。换言之，“君权系统与士人阶层相互依靠、相互制约的双向作用，影响着中国古代政治史、文化史的发展演变”[①]。尤其是作为中国传统思想核心的经学，其演进更是受到政治权力的直接、深刻影响，故有论者以为，中国经学“倘若一定要说存在一以贯之的传统，那只可以说有通经致用的传统，学随

① 李春青：《在文本与历史之间——中国古代诗学意义生成模式探微》，北京大学出版社2005年版，第76页。

术变的传统”[①]。汉武帝表彰六经、独尊儒术，从统治阶级角度论，其目的是借助儒生力量以巩固刘汉统治。而就经生来说，亦可借此光大儒学，斩获功名。与此同时，统治者还由此以功名利禄实现对知识阶层的控制；经生亦幻想凭借儒学话语成为帝王师，约束权术的过度膨胀。在此背景下，汉儒论文艺多具有为统治阶级服务的底色，其于文艺功能的认知便可见一二。虽称文章乃“经国之大业”出自曹丕《典论·论文》，然而将这一理论贯彻得最为彻底以致推向极端的无疑是汉代经生。

中国古人建立了完善的礼乐制度，并使之成为治理天下的重要依托，且有权威的国家机器、制度体系保障礼乐教化的实施。故制礼作乐从根本上讲是政治行为，艺术只是一个政治性工具，以礼乐治天下也是出于维护政权统治的需要。《礼记·乐记》便有大量关于诗乐具有经邦治国功用的论述：

> 故礼以道其志，乐以和其声，政以一其行，刑以防其奸。礼、乐、刑、政，其极一也，所以同民心而出治道也。[②]
>
> 礼节民心，乐和民声，政以行之，刑以防之。礼、乐、刑、政，四达而不悖，则王道备矣。[③]
>
> 乐至则无怨，礼至则不争。揖让而治天下者，礼乐之谓也。暴民不作，诸侯宾服，兵革不试，五刑不用，百姓无患，天子不怒，如此则乐达矣。[④]

---

① 朱维铮：《中国经学史十讲》，复旦大学出版社 2002 年版，第 15 页。
② 《十三经注疏·礼记正义》，上海古籍出版社 1997 年版，第 1527 页。
③ 《十三经注疏·礼记正义》，上海古籍出版社 1997 年版，第 1529 页。
④ 《十三经注疏·礼记正义》，上海古籍出版社 1997 年版，第 1529 页。

《乐记》以“礼乐”并举言其化民、维稳功用，还将礼乐之功能与刑政之作用相提并论。换句话说，礼乐之行与国家行政措施同为治国手段。统治阶级使礼乐通行天下是为了让民心归顺、暴行不作，不同阶层的人各行其是、各司其职，国家机器便得以顺畅、合理运转，进而实现天下大治，其政治目的昭昭然。具体来说，圣人作乐是因为乐可以感化民心，“移风易俗”：

> 乐也者，圣人之所乐也，而可以善民心，其感人深，其移风易俗，故先王著其教焉。①

圣人作乐之缘由乃乐可教化百姓，使民心向善，变易邪僻之风俗，故孔颖达谓“用乐化之，故使恶风移改，弊俗变易”②。进一步看，乐可以“移风易俗”的原因是“乐行而伦清，耳目聪明，血气和平，移风易俗，天下皆宁”③。这即是说，乐可以使人与人之间的关系秩序井然，耳目清明、血气和平，进而改变不良风俗习惯，故能致天下和谐安宁。

促使汉代儒学兴盛的关键人物是董仲舒。他在《天人三策》中指出，政治统治之路从根本上讲是遵循圣王之道，圣道的实施须通过仁义礼乐方可得以实现。所以，即便圣王已不存于世，但是其子孙后代依然可以长久享受太平安宁之世，这便是礼乐教化的功劳。即所谓“道者，所繇适于治之路也，仁义礼乐皆其具也。故圣王已没，而子孙长久安宁数百岁，此皆礼乐教化之功也”④。他还

---

①《十三经注疏·礼记正义》，上海古籍出版社 1997 年版，第 1534 页。
②《十三经注疏·礼记正义》，上海古籍出版社 1997 年版，第 1534 页。
③《十三经注疏·礼记正义》，上海古籍出版社 1997 年版，第 1536 页。
④《汉书·董仲舒传》，中华书局 1962 年版，第 2499 页。

专门提及“乐者,所以变民风,化民俗也;其变民也易,其化人也著”①。可见,他对通过乐的教化来改变民风民俗十分重视,而化民风俗又是源于治道的需要。由此观之,汉代经生提倡诗乐,从根本上说并非由于审美意识的觉醒,而是服务于国家政治统治的需要。即以诗乐教化来维护统治的稳定与长久,所以诗乐需承担“经国大业”之重任。与此同时,董仲舒还在《春秋繁露》中言及新乐以“和政”“兴德”:

> 缘天下之所新乐而为之文曲,且以和政,且以兴德。天下未遍合和,王者不虚作乐。乐者,盈于内而动发于外者也。应其治时,制礼作乐以成之。②

在董仲舒看来,帝王制礼作乐之旨归在有利于国家治理、天下和谐。虽然乐是人精神世界的产物,但必须选择恰当的政治时机。董仲舒不但长于春秋公羊学,还善言《诗》。他治《诗经》宗齐《诗》一派。齐《诗》注重以天人之学(尤其是阴阳五行学说)阐释《诗》义,且其理论言说常与统治阶级意志密切勾连,这与董仲舒的治学理念、政治追求都极为一致,故诗乐当有助于国家治理为董氏及属今文经学的《齐诗》学之共识。王先谦《诗三家义集疏》之《诗·国风》释“诗”开篇引齐说云:

> 《诗》三百五篇。诗者,持也。在于敦厚之教,自持其心。

---

①《汉书·董仲舒传》,中华书局1962年版,第2499页。

② 苏舆撰,钟哲点校:《春秋繁露义证·楚庄王》,中华书局1992年版,第20页。

讽刺之道，可以扶持邦家者也。①

《诗三百》既可以上化下，实施温柔敦厚之诗教，亦可借《诗》以讽谏，有助于治理天下，无论是教化还是讽谏，最终都为了实现邦家和谐、天下太平。

《诗大序》延续了《礼记・乐记》的基本理念与言说方式，认为《诗》可以用来教化百姓，并最终有利于国家治理，所谓“用之乡人焉，用之邦国焉”②。其原因同样是《诗》可以“移风俗”，即孔疏所谓“王者为政，当移之，使缓急调和，刚柔得中也”③。当然，这并非意味着《诗大序》照搬《礼记・乐记》的论述毫无新意。与《乐记》相比，《诗大序》论《诗》“经国大业”之功用已不再是乐论的从属者，更未与礼并举，诗已经从乐中独立出来，成为一个独立的言说对象。这意味着《诗大序》作者已经初步认识到诗的独立品格，这对中国文章学、文体学及整个文学发展来说都具有重大意义。虽然因其经学文本的本质使其言说立场无法真正摆脱经学局限，但无疑为后世论文章乃“经国之大业”导夫理论先路。

东汉时期，代表官方意识形态的《白虎通义》引《孝经》言“安上治民，莫善于礼，移风易俗，莫善于乐”④。如果说《礼记・乐记》《春秋繁露》《诗大序》代表着治经之家一人或一派意志的话，那么，《白虎通义》对于乐之政教功能的重视则意味着强调诗乐的“经国大业”功能上升为国家意志。

此外，纬书对诗乐之“经国大业”功能亦不乏关注。除《诗

① 王先谦撰，吴格点校：《诗三家义集疏》，中华书局 1987 年版，第 3 页。

②《十三经注疏・毛诗正义》，上海古籍出版社 1997 年版，第 269 页。

③《十三经注疏・毛诗正义》，上海古籍出版社 1997 年版，第 271 页。

④ 陈立撰，吴则虞点校：《白虎通疏证・礼乐》，中华书局 1994 年版，第 94 页。

纬·含神雾》延续“诗者,持也”之说外,《乐纬》于此更是多有谈及:

> 夫圣人作乐,不可以自娱,所以观得失之效者也。故圣人不取备于一人,必从八能之士,故撞钟者当知钟,击鼓者当知鼓,吹管者当知管,吹竽者当知竽,击磬者当知磬,鼓琴者当知琴。故八士曰:或调阴阳,或调律历,或调五音,故撞钟以知法度,鼓琴者以知四海,击磬者以知民事。钟音调,则君道得,君道得,则黄钟、蕤宾之律应。君道不得,则钟音不调;钟音不调,则黄钟、蕤宾之律不应。鼓音调,则臣道得,臣道得,则太簇之律应。管音调,则吕律历正,律历正,则夷则之律应。磬音调,则民道得,民道得,则林钟之律应。竽音调,则法度得;法度得,则无射之律应。琴音调,则四海合,岁气百川一合德,鬼神之道行,祭祀之道得,如此则姑洗之律应。五乐皆得,则应钟之律应。①

圣人作乐不能以娱乐自我为目的,应从乐中考见政治得失,并见出治乱兴衰之理,从而有益于邦国治理。这系前人旧说并非新论。但《乐纬》进一步论述不同乐器所奏之音亦代表不同政治维度,确实前所未见:钟音见君道、鼓音寓臣道、管音通律历、磬音知民道、竽音示法度、琴音合四海。简言之,由音知政,经邦治国之理孕育其中。将不同乐器之音附以政治意味是一种神秘化处理,当系《乐纬》受天人学说影响的产物。同时,《乐动声仪》还论及音乐“移风易俗”之功效,并将

①[日]安居香山、中村彰八:《纬书集成·乐纬·乐叶图征》,河北人民出版社1994年版,第555—556页。

之细分为“声俗”与“事俗”两个方面，即“乐者，移风易俗。所谓声俗者，若楚声高，齐声下。所谓事俗者，若齐俗奢，陈俗利巫也”①。楚声、齐声为地方音乐，非雅乐。齐俗尚奢侈之风，陈俗多巫觋之事，但均可以通过圣人所制雅乐移之、易之，进而天下民心向善，显然利于国家治理。

汉代经学文论对诗乐移风易俗、经邦济世功能的丰富论述，为曹丕正式提出文章乃“经国之大业”奠定了良好的理论基础，且成为中国文学功能论的重要一脉延续两千多年。如陆机“济文武于将坠，宣风声于不泯”；白居易“惩劝善恶”与“补察得失”；邵雍“观朝廷盛事，壮社稷威灵”等，均可视为其余风。

二、化下刺上

圣人制礼作乐，非源于一己之情感不得不发，实乃为教化万民，即所谓“化下”。因此，教化也成为早期诗乐等艺术形式的基本功能。与此同时，统治者为更好地维护政治稳定，也需要了解民间之声，故有所谓采诗之官。当帝王施政有失策、失察之处，下层百姓对统治有所不满时，被统治者的愤懑之声便以诗乐形式通过采诗官达于统治阶级，即所谓“刺上”。但在“化下”与“刺上”之间，教化为主，讽谏为次。因二者都以更好地实施政治统治为目的，故从根本上讲，二者殊途同归。

既然“化下”被置于更为重要的位置，自然也是诸家谈论的重点话题。在汉代经学著述中，《礼记·乐记》首先对礼乐的教化功用进行了极为深入的论述。

---

①［日］安居香山、中村彰八：《纬书集成·乐纬·乐动声仪》，河北人民出版社1994年版，第538页。

其一,乐声“善恶”直接影响“化下”效果。圣人制礼作乐之目的非审美、娱乐,而是使民之道归于正,所谓“是故先王之制礼乐也,非以极口腹耳目之欲也,将以教民平好恶,而反人道之正也”①。经由礼乐教化之民知是非好恶,符合儒家道德伦理要求,故得以回归人道之正途。具体来说,人心之喜怒哀乐都直接受到乐的影响:

> 夫民有血气心知之性,而无哀乐喜怒之常,应感起物而动,然后心术形焉。是故志微、噍杀之音作,而民思忧;啴谐、慢易、繁文、简节之音作,而民康乐;粗厉、猛起、奋末、广贲之音作,而民刚毅;廉直、劲正、庄诚之音作,而民肃敬;宽裕、肉好、顺成、和动之音作,而民慈爱;流辟、邪散、狄成、涤滥之音作,而民淫乱。②

乐由民心而生,人心有好坏之分、善恶之别,故乐亦因之有善恶好坏之分。而乐声之好坏、高下也直接影响“民”的接受效果(“民忧思”“民康乐”“民刚毅”“民慈爱”“民淫乱”),由此形成一个“民心→乐→民心”的回环关系。简言之,乐由心生,乐感人心。故孔颖达疏云:

> 人心皆不同,随乐而变。夫乐声善恶,本由民心而生,所感善事则善声应,所感恶事则恶声起。乐之善恶,初则从民心而兴,后乃合成为乐。乐又下感于人,善乐感人,则人化之为

①《十三经注疏·礼记正义》,上海古籍出版社1997年版,第1528页。
②《十三经注疏·礼记正义》,上海古籍出版社1997年版,第1535页。

善，恶乐感人，则人随之为恶。是乐出于人，而还感人。①

在儒家文艺观念的观照下，包括乐在内的诸类艺术并非源于个体情感自然而生，而是社会化、道德化的产物，本身便有善恶高下之分。与之相应，其教化效果也高下悬殊。这是为何儒家自孔子起提倡雅乐、反对俗乐的根本原因。换言之，儒家对乐进行甄别、归类与选择，实际上是以乐教效果是否积极（即是否有利于塑造符合道德化人格与政治统治需求）为依据的。

其二，以乐"化下"的对象既可以是普通民众，也可以是君子。以乐教化百姓、感化民心、移风易俗，使之符合"善"的道德标准。同样，乐亦可以化君子之德，使其精神世界与统治阶级的要求趋向一致：

> 钟声铿铿以立号，号以立横，横以立武。君子听钟声则思武臣。石声磬，磬以立辨，辨以致死。君子听磬声，则思死封疆之臣。丝声哀，哀以立廉，廉以立志。君子听琴瑟之声，则思志义之臣。竹声滥，滥以立会，会以聚众。君子听竽、笙、箫、管之声，则思畜聚之臣。鼓鼙之声讙，讙以立动，动以进众。君子听鼓鼙之声，则思将帅之臣。君子之听音，非听其铿鎗而已也，彼亦有所合之也。②

君子听钟声、磬声、琴瑟之声、竽笙箫管之声，非欣赏其音声自娱，而是由此思"武臣""封疆之臣""志义之臣""畜聚之臣""将帅之

①《十三经注疏·礼记正义》，上海古籍出版社1997年版，第1535页。
②《十三经注疏·礼记正义》，上海古籍出版社1997年版，第1541页。

臣”。可见,君子听乐,音声乃其载体,真正目的是试图让君子想见为人臣所应具备的品格,达到“见贤思齐”的效果,最终成为君主的忠臣义士。换言之,乐教还是政治权力所有者“驯服”、控制士人阶层的重要手段。由此观之,圣人或统治者以乐教化百姓、感化君子,其最终目的并没有区别,都是希望塑造符合统治阶级意志及儒家道德伦理要求的“人”。

其三,乐可使人际关系趋于和谐。具体来说,《乐记》全盘借用《荀子·乐论》之说,认为乐教可以使君臣、长幼、父子兄弟关系合于道德伦理之要求:

> 先王耻其乱,故制《雅》《颂》之声以道之,使其声足乐而不流,使其文足论而不息,使其曲直、繁瘠、廉肉、节奏,足以感动人之善心而已矣,不使放心邪气得接焉。是先王立乐之方也。是故乐在宗庙之中,君臣上下同听之,则莫不和敬;在族长乡里之中,长幼同听之,则莫不和顺;在闺门之内,父子兄弟同听之,则莫不和亲。故乐者,审一以定和,比物以饰节,节奏合以成文,所以合和父子君臣,附亲万民也。是先王立乐之方也。①

先王立乐意在防止人伦关系陷入混乱无序,故作《雅》《颂》之类的雅乐来感化人心,并将之广泛施用于宗庙、族长乡里、闺门之内等不同场合,进而使君臣、长幼、父子等关系各得其序、各归其位。天下万民关系和谐自然有利于维持政治秩序的和谐稳定。

《毛诗》在言说模式上基本延续《礼记·乐记》,只是将“化下”的载体从乐转为独立的诗。一方面,《毛诗序》言《关雎》可以“风

---

①《十三经注疏·礼记正义》,上海古籍出版社1997年版,第1544—1545页。

天下而正夫妇”[①]，《毛传》对“关关雎鸠，在河之洲”则有更清楚、细致的阐释：

> 后妃说乐君子之德，无不和谐，有不淫其色，慎固幽深，若关雎之有别焉，然后可以风化天下。夫妇有别则父子亲，父子亲则君臣敬，君臣敬则朝廷正，朝廷正则王化成。[②]

以后妃之德感化、教育天下，其逻辑顺序是由夫妇而父子、君臣、朝廷、王化，可见“夫妇有别”“父子亲”只是起点，根本上来说是为了营造一个秩序井然、天下和谐的政治环境。另一方面，《诗大序》又从整体上谈先王以《诗》“经夫妇，成孝敬，厚人伦”[③]。值得注意的是，此处“成孝敬”虽以事亲为主，但也可以引申至君臣关系，即孔疏所谓“孝以事亲，可移于君；敬以事长，可移于贵”[④]。换言之，《诗大序》既言《诗》有益于家庭中的长幼、夫妇关系趋于正常、和谐，又希望将之延伸至君臣关系，进而实现天下大治。

《乐纬·乐动声仪》也借孔子之口，道出了乐具有的教化（“动”）效用：

> 孔子曰：箫韶者，舜之遗音也。温润以和，似南风之至，其为音，如寒暑风雨之动物，如物之动人，雷动兽含，风雨动鱼龙，仁义动君子，财色动小人，是以圣人务其本。[⑤]

---

①《十三经注疏·毛诗正义》，上海古籍出版社 1997 年版，第 269 页。

②《十三经注疏·毛诗正义》，上海古籍出版社 1997 年版，第 273 页。

③《十三经注疏·毛诗正义》，上海古籍出版社 1997 年版，第 270 页。

④《十三经注疏·毛诗正义》，上海古籍出版社 1997 年版，第 270 页。

⑤［日］安居香山、中村璋八：《纬书集成·乐纬·乐动声仪》，河北人民出版社 1994 年版，第 540 页。

《箫韶》(简称“韶”)乃圣王舜时之乐,是雅乐的代表,具有感召人向善的强大力量。其教化人如风雨动万物、仁义化君子、“财色动小人”,作者“言乐之动人也深,故举见事以为喻”①。《乐纬》虽以“韶”为例,实则意在说明雅乐强大的教化力量。与此同时,《乐纬》还专门阐明了诗源自于民、化民俗之理:

> 先王之德泽在民,民乐而歌之以为诗;说而化之以为俗。②

此说当延续《乐记》所论“民心→乐→民心”的话语模式,只是作者从论乐变换为论诗,进而形成“民→诗→民”的诗学话语模式。百姓感圣人之德,歌之以为诗,此诗可化民之心,并形成具有圣人遗风的民风民俗。

诗乐不仅可以作为统治阶级“化下”的工具,还是臣民对统治者进行讽谏的重要方式,即“刺上”。其实质是儒生希望通过诗乐来实现对帝王阶层的约束,可视为士人阶层的一种文化政治策略,即以文化(诗乐)为手段来实现政治目的。帝王掌握国家机器,尤其是在经过“君权神授”等理论包装之后,对臣民有生杀予夺的大权,加之对知识阶层的防范、戒备,使臣民对帝王进行进谏时要十分讲究进谏方式。《白虎通义·谏诤》列举了五种进谏方式:

> 人怀五常,故知谏有五。其一曰讽谏,二曰顺谏,三曰窥谏,四曰指谏,五曰陷谏。讽谏者,智也。知患祸之萌,深睹其

①[日]安居香山、中村彰八:《纬书集成·乐纬·乐动声仪》,河北人民出版社1994年版,第541页。

②[日]安居香山、中村彰八:《纬书集成·乐纬·乐稽耀嘉》,河北人民出版社1994年版,第549页。

> 事，未彰而讽告焉，此智之性也。顺谏者，仁也。出词逊顺，不逆君心。此仁之性也。窥谏者，礼也。视君颜色不悦，且却，悦则复前，以礼进退。此礼之性也。指谏者，信也。指者，质也。质相其事而谏。此信之性也。陷谏者，义也。恻隐发于中，直言国之害，励志忘生，为君不避丧身。此义之性也。孔子曰："谏有五，吾从讽之谏。"①

"讽谏"乃祸患未发之时进谏，即做到防微杜渐；"顺谏"，进谏时出言逊顺，不违背君主意愿；"窥谏"，根据君主神色（察言观色）伺机进谏；"指谏"，进谏时直言其事；"陷谏"，直陈过失，甚至以死进谏。与之相近之说有刘向《说苑·正谏》"是故谏有五：一曰正谏，二曰降谏，三曰忠谏，四曰戆谏，五曰讽谏"②；《春秋公羊传·庄公二十四年》何休注"三谏不从，遂去之，故君子以为得君臣之义也"有讽谏、顺谏、直谏、争谏、赣谏之分③。五谏之中与以诗刺上关系密切者主要是"讽谏"与"窥谏"，因为二者都有委婉不直言君上过失的特点。所谓"讽谏"，李善注《甘泉赋序》因《诗大序》言"不敢正言谓之讽"④；所谓"窥谏"，《孔子家语·辩政篇》有"谲谏"对应，郑玄笺《关雎序》释"谲谏"云"咏歌依违，不直谏"⑤。

汉儒治经强调经世致用，以《诗》为谏是其重要体现，所谓"以

① 陈立撰，吴则虞点校《白虎通疏证·谏诤》，中华书局1994年版，第235—236页。
② 刘向撰，向宗鲁校证：《说苑校证·正谏》，中华书局1987年版，第206页。
③《十三经注疏·春秋公羊传注疏》，上海古籍出版社1997年版，第2238页。
④ 萧统编，李善注：《文选》，中华书局1977年版，第111页。
⑤《十三经注疏·毛诗正义》，上海古籍出版社1997年版，第271页。

三百五篇当谏书"[①]。以《诗》为谏是儒生试图以其掌握的知识话语为武器,来控制统治阶级权力过度膨胀或走入歧途的一种言说策略。其中,最为典型的例子是《汉书·儒林传》记载王式以《诗》为谏:

> 式为昌邑王师。昭帝崩,昌邑王嗣立,以行淫乱废,昌邑群臣皆下狱诛,唯中尉王吉、郎中令龚遂以数谏减死论。式系狱当死,治事使者责问曰:"师何以无谏书?"式对曰:"臣以《诗》三百五篇朝夕授王,至于忠臣孝子之篇,未尝不为王反复诵之也;至于危亡失道之君,未尝不流涕为王深陈之也。臣以三百五篇谏,是以亡谏书。"使者以闻,亦得减死论,归家不教授。[②]

昌邑王刘贺昏庸淫乱被废,百官群臣因未能阻止其恶行而被下狱、治死罪,王式论罪当诛。然其以帝王之师朝夕为昌邑王教诵《诗三百》,尤其是对《诗》中兴废治乱之理、为君之道多规劝深陈,故自谓之以"三百五篇谏"。王式以《诗》为谏无疑是儒生为帝王师、以道制术的努力,也从侧面表明《诗》在汉代承担政治职能,甚至成为一种政治工具的历史事实。

《诗大序》还对以《诗》为谏进行了理论化,阐明了诗应具有讥刺时政的功能。但因为帝王掌控政治权力且有国家机器为支撑的威慑效应,士人阶层囿于所谓"君臣之义"必须隐约其辞不能直言过失。即所谓"下以风刺上,主文而谲谏,言之者无罪,闻之者足以

① 皮锡瑞著,周予同注释:《经学历史》,中华书局1959年版,第90页。
②《汉书·儒林传》,中华书局1962年版,第3610页。

戒”。孔疏云：

> 其作诗也，本心主意，使合于宫商相应之文，播之于乐，而依违谲谏，不直言君之过失，故言之者无罪。人君不怒其作主而罪戮之，闻之者足以自戒。人君自知其过而悔之，感而不切，微动若风，言出而过改，犹风行而草偃，故曰“风”。①

诗人作诗源自心性、以意为主，形诸文字、合于韵律，对君主的进谏劝勉寓于其中。因为以文（包括文字、声文）为饰，未直言君主过失，故谓之“谲谏”。帝王于臣下所陈诗乐见出执政之缺陷、过失，并引以为戒，进而改过自新、调整治国方略。因为诗人讥刺时政和君主过失的方式相当隐晦、委婉，或合理引导，或以古喻今，或旁敲侧击，并未违背君臣伦理关系，君主无以治其罪。故以诗为谏既是一种知识阶层规劝帝王的攻心术，也是一种在艺术与政治之间的平衡术。

诗承担刺上功能的缘由是知识阶层试图以道养术、以道制术，所谓“君子知在位者之不能以恶服人也，是故简六艺以赡养之”。具体来说，就是“《诗》《书》序其志，《礼》《乐》纯其美”。苏舆认为，“序其志”言“使无邪慝”，“纯其美”言“使不躁厉”②。文士希冀帝王在接受诗乐过程中领悟天命靡常的道理，接受先圣之道的洗礼，汲取前代兴衰的教训，并以之作为衡量个人品性及施政好坏的标准。简言之，以六经来淳化君王之德性。故所谓“刺上”且需“主文谲谏”，从根本上讲便是士人阶层试图以诗乐这一儒家文化话语为手段，来实现其限制帝王权力与弘扬圣道的目的。

---

①《十三经注疏·毛诗正义》，上海古籍出版社 1997 年版，第 271 页。

② 苏舆撰，钟哲点校《春秋繁露义证·玉杯》，中华书局 1992 年版，第 35 页。

此外,《诗纬·含神雾》视诗为“天地之心”,在将诗歌神秘化的同时,也为以诗进谏、干政提供了可能。即“诗者,天地之心,君德之祖,百福之宗,万物之户也”①。这较之前人之说,进一步提高了诗的地位。即前所未有地将诗视为天地的核心,故而“扩大了诗的使命,增强了诗的功能,因而使得诗与王道朝政的关系更加密切,它对于现实政治的干预也更加有力有效”②。

文学的“化下”“刺上”功能为汉儒所重,但其影响显然不止于汉代,后代文论家对此多有沿袭。刘勰讲“以诗化民”;柳宗元“辞立褒贬,导扬讽喻”;陈子龙“导扬盛美,刺讥当时”;以至梁启超的小说“新民”论,均可视为对汉儒此论不同程度的借鉴、赓续。

三、审美功能

审美是艺术的根本属性,审美功能也是文艺最基本的功能。对艺术审美特性的发现与重视是文化(尤其是美学)发展到一定历史阶段的产物。汉儒言文学功能,虽以社会政治、道德伦理功用为核心,但已在一定程度上认识到文学的审美属性。

在儒家学说开创者孔子那里,《诗三百》的审美功用就已被发掘。所谓“诗可以兴”,朱熹认为是“感发志意”③,却未加政治道德限定。刘宝楠《论语正义》更是引焦循《毛诗补疏序》云:

> 夫《诗》温柔敦厚者也,不质直言之,而比兴言之,不言理

---

①[日]安居香山、中村彰八:《纬书集成·诗纬·含神雾》,河北人民出版社1994年版,第464页。

② 孙蓉蓉:《谶纬与文学研究》,中华书局2018年版,第324页。

③ 朱熹:《四书章句集注·论语集注》,中华书局1983年版,第178页。

而言情，不务胜人而务感人。[①]

可见，焦循认为，《诗》以比兴言情，其旨归在感动人心，诗教“温柔敦厚”之本义即此。《诗》以言情，以情动人，便是注意到《诗》涤荡心灵、感动人心之审美功能。

汉儒之说，本于先秦儒家而又更为保守，尤其是将文学强制贴上政治伦理标签，将诗乐之功能多归于政治道德功用。然文艺的审美功能在任何时代均不可彻底淹没，如汉儒在汉代经学文本中亦时而论及审美情感。

在经学隆盛之前，陆贾在《新语·慎微》中便已论及诗的利情、治性功能：

> 诗在心为志，出口为辞，矫以雅僻，砥砺钝才，雕琢文彩，抑定狐疑，通塞理顺，分别然否，而情得以利，而性得以治，绵绵漠漠，以道制之。[②]

陆贾注意到诗发自于心，其最终亦可施之于心，尤其是直言可以使接受者享受到审美愉悦（“情得以利”“性得以治”）。当然此处的情性也须符合“道”的规范、制约。

《礼记·乐记》也指出，赏乐可以引起人的欢悦之情，所谓“乐也者，情之不可变者也”。孔疏释之为“乐出于心，听之则欢悦，是情之不可变也”[③]。也就是说，乐出于心、本于情，欣赏音乐使人心情愉悦，此乃人之常情，故不可变也。与之相似、相近的论述还有“夫

① 刘宝楠撰，高流水点校：《论语正义》，中华书局1990年版，第689页。

② 王利器：《新语校注·慎微》，中华书局2012年版，第111页。

③《十三经注疏·礼记正义》，上海古籍出版社1997年版，第1537页。

乐者,乐也,人情之所不能免也”。孔疏云:

> 夫“乐者,乐也”者,言乐之为体,是人情所欢乐也。“人情之所不能免也”者,免,犹止退也,言喜乐动心,是人情之所不能自抑退也。①

乐之旨归在使人快乐、感动人心,其感染力量足以使人情感无法自抑。换句话说,欣赏乐而心生喜悦、净化心灵、疏泄心绪,这正符合艺术审美的根本目的。此外,《白虎通义·礼乐》也有“乐者……人情之所不能免焉也”②的相关论述。可见,汉儒并非没有发现文学的审美属性,而是囿于当时的社会环境与经学语境,尤其是在维护政治统治的前提下,不能直言、显言诗乐的审美性。即他们“一方面看到了诗歌的个体性与审美价值,另一方面又要用伦理道德的原则约束之,表现出一种内在的矛盾”③。

文学的审美本质被政治旨归、伦理功用所压制、掩盖、淹没,这正是经学语境下汉代文论的普遍境遇,但审美性的偶尔闪光亦为其获得更大话语权提供了可能。文学审美性被正视甚至取得独立地位,无疑需要政治社会环境的重大改变与经学话语力量的消弭,这正是魏晋南北朝文论必须承担的重要使命。但与此同时,作为士人阶层与统治阶级妥协的产物,汉代经学文论强调政治、伦理忽视审美,又从某种程度上决定了此后中国文论的走向,即“政治、道德第一,文学、审美第二,这既是中国古代文人对自我生命构成

①《十三经注疏·礼记正义》,上海古籍出版社1997年版,第1544页。
② 陈立撰,吴则虞点校:《白虎通疏证·礼乐》,中华书局1994年版,第94页。
③ 李春青:《在文本与历史之间——中国古代诗学意义生成模式探微》,北京大学出版社2005年版,第87页。

的自觉认识,又是中国古代文论和文学批评遵循的主要的价值维度”①。

汉代经学文本中还有关于文学批评论与文学发展论的相关论述,在此仅作简略分析。

在批评论方面汉儒主要围绕《诗经》的阐释展开,其重要者凡有三端:一是“《诗》无达诂”说的提出。“《诗》无达诂”是中国阐释学史上的重要命题,其说首见于《春秋繁露·精华》:

> 所闻《诗》无达诂,《易》无达占,《春秋》无达辞。从变从义,而一以奉人。②

从理论渊源上看,董子“《诗》无达诂”与先期时期赋诗“断章取义,余取所求焉”的释《诗》传统有关。他虽然注意到《诗经》阐释的自由性,但并不认同理论的无政府主义。所以,他对此进行了双重限定,即“从变”与“从义”。“从变”是对《诗》义的自由探求;“从义”则要求注意阐释的边界。此后,“《诗》无达诂”从一个经学命题逐步演化为诗学命题,即“诗无达诂”,且对“从变”与“从义”皆有发展。“从变”强调阐释的见仁见智,其原因在于“读者各以其情而自得”;“从义”重视阐释的边界限制,如对本义的探求以及本事批评便是其例③。二是四家《诗》都注重对《诗经》所呈现历史事实

① 刘朝谦:《经学文论在汉代的体制化进路》,《中外文化与文论》2011 年第 21 辑。

② 苏舆撰,钟哲点校:《春秋繁露义证·精华》,中华书局 1992 年版,第 95 页。

③ 张金梅:《从“〈诗〉无达诂”到“诗无达诂”:中国阐释学的发展历程及其理论内涵》,《社会科学研究》2008 年第 4 期。

的探寻，甚至牵合历史事件、人物，即所谓“以史释《诗》”（亦有学者称之为以史证诗）；另还有《韩诗外传》的“引《诗》证事”，都为中国文学批评史上的诗史互证奠定了基础。三是四家《诗》明时代、定地理，将《诗经》各篇还原至其产生的具体时代语境，为后世的文学阶段论提供了范本。与此同时，对《诗经》地域特色的关注则更为引人注目，四家《诗》论者都将《诗》与地域风俗、民情挂钩，进行文学的地域考察。此处以四家《诗》对《国风·溱洧》的阐释为例进行简说：

> 韩说曰：溱与洧，说人也。郑国之俗，三月上巳之日于两水上，招魂续魄，拂除不祥，故诗人愿与所说者俱往观也。……鲁说曰：郑国淫辟，男女私会于溱洧之上，有询訏之药，勺药之和。刺乱也。齐说，见《出其东门序》。[疏]《毛序》：“刺乱也。兵革不息，男女相弃，淫风大行，莫之能救焉。”①
>
> 齐说曰：郑男女亟聚会，声色生焉，故其俗淫。②

由此可见，四家《诗》都认为《溱洧》中所描摹的景象与郑国之风俗有关。除《韩诗》认为此与战国上巳节“招魂续魄”以祛除不祥之俗有关以外，鲁、齐、毛三家均认为其与郑国男女关系混乱、淫风弥漫有关。从地域角度进行文学阐释在四家《诗》中极为普遍，无疑为中国文学地理学的发展与成熟提供了最好的范本。

关于文学的产生与发展，汉儒主要讨论了《诗》的产生时间、政治与诗乐发展之关系及风雅正变说。关于诗的诞生时间，郑玄

---

① 王先谦撰，吴格点校：《诗三家义集疏》，中华书局1987年版，第371页。
② 王先谦撰，吴格点校：《诗三家义集疏》，中华书局1987年版，第367页。

在《诗谱序》开篇即言，“诗之兴也，谅不于上皇之世。大庭、轩辕逮于高辛，其时有亡载籍，亦蔑云焉。《虞书》曰：‘诗言志，歌永言，声依永，律和声。’然则《诗》之道放于此乎！”[①] 郑玄以为，三皇时代无诗，但其理由未言明。按孔颖达所言，三皇之世，民风淳朴，未有善恶之分，“其心既无所感，其志有何可言？故知尔时未有诗咏”[②]。换言之，此时不具备诗歌产生的心理条件。郑玄对五帝时代有诗与否其实也存有疑问，尤其是虽有《虞书》所言诗之存，但毕竟没有诗歌文本流传下来。郑氏之说虽为推测，但确是较早言及中国诗歌产生时代的言论。至于孔颖达疑有诗，所谓“大庭、轩辕疑其有诗者，大庭以还，渐有乐器，乐器之音，逐人为辞”[③]，亦待商榷。按照今天的文艺观点来看或许并不完全可信，因为如前言《弹歌》当为劳动场景的描摹，其歌唱场景也当为劳作之中，乐器未必是必要条件。政治性是汉代文学与文论的显著特征，其显著特点之一便是将政治盛衰视为文艺发展的重要条件，故《礼记·乐记》及《诗大序》均有“治世之音安以乐，其政和；乱世之音怨以怒，其政乖；亡国之音哀以思，其民困”之说。简言之，文艺是政治状况的晴雨表，故可由艺以观政。与之相应，“风雅正变”说也代表了汉儒将文学发展视为政治盛衰晴雨表的基本理念。用今日文艺眼光来看，以时代先后与政治环境判定诗歌主题（美刺）自然有诸多不合理之处。如郑振铎曾举例言及于此：

> 他因为《草虫》是在《召南》里，所以便以为是美，《风雨》是在《郑风》里，所以不得不硬派他一个刺；《隰桑》《裳裳者

①《十三经注疏·毛诗正义》，上海古籍出版社 1997 年版，第 262 页。

②《十三经注疏·毛诗正义》，上海古籍出版社 1997 年版，第 262 页。

③《十三经注疏·毛诗正义》，上海古籍出版社 1997 年版，第 262 页。

> 华》，因为已派定是幽王时诗，所以便也不得不以他为刺诗。其他如《关雎》之为美，《月出》，《泽陂》之为刺，也是如此。《关雎》幸而为在《周南》，遂被附会成“后妃之德也”；《月出》，《泽陂》不幸而在《陈风》，遂不得不被说成刺好色，好淫乱了。这种美刺真是矛盾到极点了！①

毫无疑问，以诗歌所处时代政治为据，不顾及诗歌的具体内容，从而判定其美刺无疑有其矛盾之处，但这正是汉代文论在特殊历史文化语境下的必然境遇。

① 郑振铎：《读〈毛诗序〉》，顾颉刚：《古史辨》（三），上海古籍出版社 1982 年版，第 395—396 页。

第四章　经学视野中的汉代文论叙述

英国著名马克思主义文学理论家、批评家特雷·伊格尔顿曾说："文学理论一直与政治信仰和意识形态价值标准密不可分。的确，与其说文学理论本身有权作为知识探究的对象，不如说它是观察我们时代历史的一个特殊角度。而这并不应该让人感到丝毫惊奇。因为，与人的意义、价值、语言、感情和经验有关的任何一种理论都必然与更深广的信念密切相联。"①作为一种主流意识形态和深广政治信仰，汉代经学对同时代的文学理论，包括诗论、骚论、赋论、史论、文论都产生了重要影响。不过，汉代文学理论除本书第三章"文论空间里的汉代经学书写"重点论及的经学文论外，最具代表性的还是关于骚、赋和史传文学的理论与批评。如顾易生、蒋凡二人曾在《中国文学批评通史》(先秦两汉卷)中总结道："围绕着对屈原及其文学的评价，有关司马迁及《史记》的评价，以及对于当时的现代文学如汉赋的审美评价，这三大有关文学问题的论争，几乎贯串了整个汉代，直接促进了文学理论批评的发展。"②有鉴于此，本章拟以骚、赋、史为例，着重观照其与经学的密切关系。

---

①[英]特雷·伊格尔顿著，伍晓明译：《二十世纪西方文学理论》，陕西师范大学出版社1987年版，第214页。

②顾易生、蒋凡：《中国文学批评通史》(先秦两汉卷)，上海古籍出版社1996年版，第350—351页。

第一节 经学视野中的骚评

当代楚辞学大家李大明教授在《汉楚辞学史》中云:“秦汉之际,在推翻秦王朝的斗争中,楚文化是一面思想旗帜和文化旗帜。”[①] 在这面旗帜下,自西汉前期乃至整个汉代,屈赋被文人高度接受、广泛流传和师范模拟,并最终确定了“经”的地位。同时,受“罢黜百家,独尊儒术”主流意识形态的影响,汉代士人又掀起了一股研究屈骚的热潮,贾谊开其端,王逸集大成。他们以儒家经义为准的,对屈原光彩烛照的人格精神、沉渊殉国的悲剧行为和屈赋内容的微言大义、风格的温柔敦厚等作出解读和品评,体现了鲜明的“依经立义”特色。

一、《离骚》之仿拟化与经典化

汉代文学,上承先秦,战国时期楚地产生的楚歌楚赋,尤受发迹于楚地的汉初统治者的喜好,这其中最为人瞩目的便是屈原的《离骚》。屈原之《离骚》大受统治者的嘉赏,并厉行创作,刺激了后来文人对《离骚》的师范与模拟。同时,自武帝始,儒学日趋正统化,本不属“经”范围的《离骚》,在评论家的激扬论争中,逐步确立了“经”的典范地位。

(一)仿拟化:“拟骚”之界定与创作

屈原作品自诞生后,广为人模拟和效仿,王逸在《楚辞章句序》中反映了这种景况:“屈原之词,诚博远矣。自终没以来,名儒博达之士著造词赋,莫不拟则其仪表,祖式其模范,取其要妙,窃其华藻,所谓金相玉质,百世无匹,名垂罔极,永不刊灭者矣。”[②] 因此,陆侃

---

① 李大明:《汉楚辞学史》(增订本),中国社会科学出版社、华龄出版社 2004 年版,第 6 页。

② 洪兴祖撰,白化文等点校:《楚辞补注》,中华书局 1983 年版,第 49 页。

如说："如果说，在东周是'不学《诗》，无以言'的话，那么到西汉便轮到了《楚辞》了。"① 在文人无不作骚体赋的汉代，他们的作品表现出效仿模拟《离骚》的特点，后人将这种现象称之为"拟骚""续骚""骚体""后骚""续楚辞""续离骚""楚辞后语""楚词""绍骚隅录""拟楚辞""骚体文学""拟骚诗""述骚之作"等②。何谓"拟骚"？冯小禄解释道："拟骚是一个文学史概念，特指被东汉王逸《楚辞章句》收录的几篇汉人赋作，因它们内容或是伤悼屈原，或是代屈原立言，形式上皆采用骚体，故习惯称为拟骚体或悼骚体。就赋的内容言，可称悼骚体；从赋的技术言，可称拟骚体。"③

王逸《楚辞章句》自卷十一至卷十七，收录了七篇汉人拟骚赋。从其外在形式上看，七赋均是对屈骚的自觉仿效，体式、句式、语词等与屈骚相类，袭用或摹拟、摘句或改写屈骚作品中的文句，赓续了楚辞体在汉代的创作。《汉书·扬雄传》云："先是时，蜀有司马相如，作赋甚弘丽温雅，雄心壮之，每作赋，常拟之以为式。"④"拟以为式"虽是班固对扬雄仿效模拟司马相如赋作的一种刻画，但用来形容当时文人摹拟仿效屈赋之情形也毫不为过。从其主要内容观之，或追念伤悼屈原，或嘉赏赞扬其义，或传述以明其志。具体而言，《惜誓》"哀惜怀王"，"刺怀王有始而无终"；《招隐士》"闵伤屈原"，"以章其志"；《七谏》"追悯屈原"，"以述其志"，"昭忠信、矫曲

① 陆侃如、虞振国：《汉人论〈楚辞〉》，《山东大学学报》（语言文学版）1963 年第 2 期。

② 贾吉林：《楚辞在西汉的传播与接受》，广西师范大学硕士学位论文 2010 年。

③ 冯小禄：《从模拟论扬雄〈反骚〉》的范式意义》，《北京师范大学学报》（社会科学版）2003 年第 3 期。

④《汉书·扬雄传》，中华书局 1962 年版，第 3515 页。

朝”;《哀时命》“忌哀屈原”,“叹而述之”;《九怀》“追而愍之”,“以裨其词”;《九叹》“追念屈原”,“赞贤以辅志,骋词以曜德”;《九思》“伤愍屈原”,“咸嘉其义”,“以赞其志”[①]。因此,“闵伤屈原”“嘉其义”“赞其志”等成为两汉拟骚诗的共同主题。

不过,需要补充说明的是,这些拟骚赋并不是纯粹地追悯屈原,而是在追念屈原的同时,又往往将其自身的个人经历、情感体验一并融入其中。因此,汉代拟骚赋,既有对屈原作品浅层次的模拟效仿,也有深层次的感知和解读的性质。这种模拟效仿与体认感知,无疑加深了他们对创作者的理解和同情,增强了对其作品的认同与鉴赏,使得屈骚成为汉代文人笔下最为广泛的议题之一,这也为屈骚在汉代最终取得“经”的至高地位,奠定了现实基础。

(二)经典化:尊称“经”之时间论争

汉代是一个“儒学”统治的时代,在这种文化氛围下,经学思潮极盛。汉代又是词赋创作的鼎盛时期,在“恢廓道训”“深弘道义”的背景下,要求“建言修辞”必须宗经。因此,对于作为汉赋源头之屈骚,他们试图以经释义,依《诗》评骚,最终将屈骚套上了“征圣”“宗经”的框子,确立了“经”的典范。但是,关于《离骚》称“经”的具体年代与时间,是一个颇具争议的问题,至今悬而未决。概而言之,有以下几种不同的代表性意见:

其一,《离骚》称经始于战国时期,屈原、宋玉等为之。王逸《离骚经序》云:“屈原执履忠贞而被谗邪,忧心烦乱,不知所诉,乃作《离骚经》。”[②]就让人觉得,《离骚经》是屈原自题。之后如罗璧、熊

---

① 洪兴祖撰,白化文等点校:《楚辞补注》,中华书局1983年版,第227页;第232页;第236页;第259页;第269页;第282页;第313—314页。

② 洪兴祖撰,白化文等点校:《楚辞补注》,中华书局1983年版,第2页。

太古、余萧客、王闿运等皆认为先有屈原自题为“经”，才有王逸对“离骚经”的注解。蒋天枢先生云：“《离骚》下有‘经’字，殆旧题所本有，疑宋玉所题而汉人因之。”[①]则猜疑《离骚经》之说为宋玉题之。但是，经学是汉代“独尊儒术”后的文化现象，先秦典籍称“经”与汉代经学官方钦定之经已不可同日而语，因此，《离骚》在先秦即使已然称经，亦是此经非彼经。

其二，《离骚》称经始于西汉武帝前后，早于淮南王刘安或刘安尊称之。明人钱澄之《屈诂》：“‘经’字自是后人尊称，据王逸称，汉武帝使淮南王安作《离骚经章句》，则‘经’之称，其由来也旧矣。”[②]此言即表明，在淮南王刘安之前，就有《离骚经》之名，后有刘安《离骚经章句》。明人黄文焕亦云：“然骚之称经，不从逸始，又非原始，将谁始乎？曰始于汉武帝时。逸称武帝使淮南王安作《离骚经章句》。当日重词赋之学，自宜宗骚尊骚，特以经名之也。”[③]今人陈子展、王泗原皆作如是观，以为刘安题《离骚》为经。但是，有一个不争的事实，在王逸之前的班固，于《汉书·淮南王传》《离骚序》中均称武帝让淮南王刘安作的是《离骚传》[④]，而非《离骚经章句》。那么，

---

① 蒋天枢：《楚辞校释》，上海古籍出版社1989年版，第2页。

② 钱澄之：《屈诂》，吴平、回达强：《楚辞文献集成》，广陵书社2008年版，第6398页。

③ 黄文焕：《楚辞听直》，杜松柏：《楚辞汇编》（第二册），台湾新文丰出版社1986年版，第3—4页。

④ 淮南王刘安所作《离骚传》今已亡佚，其文在司马迁《史记·屈原贾生列传》和班固《离骚序》中均有所引。但前者引而不彰，司马迁在这里是部分引用，还是全文引用，难以区分。其文曰：“屈平之作《离骚》，盖自怨生也。《国风》好色而不淫，《小雅》怨诽而不乱，若《离骚》者，可谓兼之矣。上称帝喾，下道齐桓，中述汤、武，以刺世事。明道德之广崇，治乱之条贯，靡不毕见。其文约，其辞微，其志洁，其行廉。其称文小而其指极大，举类迩而见义远。其志洁，故其称物芳；其行廉，故死而不容。自疏濯淖污泥之中，（转下页）

刘安始称《离骚》为“经”的说法是否可信呢？纪晓建先生否定之，并解释说：“《楚辞章句序》中所称的刘安的《离骚经章句》极可能是王逸给《离骚传》的重新命名。”① 虽然是猜测，但是不无道理，因为王逸在《楚辞章句序》中亦称班固、贾逵等“复以所见改易前疑，各作《离骚经章句》”②。况且，检索《淮南子》一书，皆未见其称“经”。

其三，《离骚》称经始于东汉前期，或是王充，或是刘向。李大明先生引述王充《论衡·案书》评扬雄《反离骚》中的一句“扬子云反《离骚》之经，非能尽反”，而作出判断：“王充写《案书》时《离骚》已被称为‘经’了。”并结合王充著述《论衡》的时间，推论至迟在章帝建初四年（79），已有人称《离骚》为“经”了，“至于《案书》的‘《离骚》之经’这一提法，是王充本人称《离骚》为‘经’，还是他借用当时开始通行的提法，则不易确定”③。但是，王充在《论衡》中提及屈原、《离骚》《楚辞》多达十几次，而《离骚》被称为“经”

（接上页）蝉蜕于浊秽，以浮游尘埃之外，不获世之滋垢，皭然泥而不滓者也。推此志也，虽与日月争光可也。”后者所引，较为简略。其文曰：“淮南王安《叙离骚传》，以‘《国风》好色而不淫，《小雅》怨诽而不乱，若《离骚》者，可谓兼之。蝉蜕浊秽之中，浮游尘埃之外，皭然泥而不滓。推此志，虽与日月争光可也’。斯论似过其真。又说：五子以失家巷，谓伍子胥也。及至羿、浇、少康、贰姚、有娀佚女，皆各以所识有所增损，然犹未得其正也。故博采经书传记本文以为之解。”两相印证，有两种可能：其一，司马迁所述之文，自“《国风》好色而不淫”至“虽与日月争光可也”或皆可看成是刘安《离骚传》中的内容；其二，自“上称帝喾”至“故死而不容”或不是刘安《离骚传》中的内容，而是司马迁本人的撰述。鉴于当前暂无足够的文献资证其所属，本文暂采前者。而司马迁的直接借鉴和称引也说明其对刘安论述的全面接受和认可。

① 纪晓建：《汉代楚辞学研究》，苏州大学博士学位论文 2014 年。

② 洪兴祖撰，白化文等点校：《楚辞补注》，中华书局 1983 年版，第 48 页。

③ 李大明：《汉楚辞学史》（增订本），中国社会科学出版社、华龄出版社 2004 年版，第 257—258 页。

者仅此一次。因此，王德华提出质疑，他认为李先生的观点“虽有所据，仅为孤证，如果细绎，又似可别作它解。如，解为‘义理’、‘法则’”①。近来学者纪晓建提出新论，认为在汉宣帝称《离骚》“皆合经术”的嗟叹后，刘向最先将《离骚》称“经”。他根据当时经学的范围逐步扩大、同时期离骚称“经”的分歧现象、刘向的楚辞学家身份、王逸依托刘向编辑十六卷《楚辞》而后成的《楚辞章句》，并且承刘向的编排次序等多方面论证②，此说亦有理有据。不过，诸家也都是猜测推论之言。

其四，《离骚》称经始于东汉后期，王逸尊称之。王逸在《离骚经序》中，明确提出屈原作《离骚经》，为其释义，并指出其《章句》“以经立义、以诗评骚”的宗旨。清人梁章钜《文选旁证》云：“《离骚经》之名，实始于王叔师注。”③今人姜亮夫、王德华等，皆持是论。此说较为平实可信。

其五，《离骚》称经乃后世尊屈者所为，宋代洪兴祖、明人萧云从、清人蒋骥、今人游国恩等皆持此说。如洪兴祖《楚辞补注》指出：“古人引《离骚》未有言‘经’者，盖后世之士祖述其词，尊之为‘经’耳，非屈原意也。逸说非是。”④游国恩《离骚纂义》亦云：“旧本此篇皆称经，此乃后人所加，以尊屈子者。而王逸竟误为屈子自题者然，洪兴祖驳之诚当。”⑤他们所言，较前之诸家，更为谨慎，但也过于笼统，遗憾其不能指出称“经”的具体始末。尽管如此，此说依然最为学术界一般学者所接受。

---

① 王德华：《〈离骚〉称“经”考辨》，《浙江师大学报》2000年第1期。

② 纪晓建：《汉代楚辞学研究》，苏州大学博士学位论文2014年。

③ 梁章钜：《文选旁证》，清光绪八年，吴下重刊本。

④ 洪兴祖撰，白化文等点校：《楚辞补注》，中华书局1983年版，第2页。

⑤ 游国恩：《游国恩楚辞论著集》，中华书局2008年版，第7页。

这里暂且搁置《离骚》称“经”的具体时间。因为,本不属于儒家经典之《离骚》,最终尊之为“经”,并不是一蹴而就的,而是一个不断整合的过程。自西汉武帝时期,淮南王刘安、太史公司马迁皆将《离骚》比之于儒家经典,称赞其兼有《国风》《小雅》之义。其后,严助、朱买臣将《楚辞》与《春秋》同列。至汉宣帝征九江被公诵读《楚辞》,刘勰《文心雕龙·辨骚》有载“汉宣嗟叹,以为皆合经术”[①],加速了《离骚》经典化的历史进程。从东汉初年,梁竦作《悼骚赋》赞叹其“祖圣垂典”,到扬雄称其“体同诗雅”,再到班固评云“咸有恻隐古诗之义”,到最后王逸作《楚辞章句》,评价“《离骚》之文,依托五经以立义焉”,从多方面比照诠释,挖掘屈原及其作品中的儒家道义,将其纳入儒家经学的文化范围,从而完成了《离骚》经典化的整合过程,使其成为堪与儒家经典相比肩的重要典范。

二、屈原及《离骚》之依经评骘

屈原的《离骚》采取了与《诗经》“饥者歌其食,劳者歌其事”现实主义不同的浪漫主义手法,形成了中国古典文学另一源头,在文学发展史上具有极为重要的地位。因此,怎样评价屈原及其作品,实际上就牵涉到继承什么样的传统的问题。虽然《离骚》终于被尊为“经”,但正如熊良智先生在《〈离骚〉称“经”的文化考察》一文所指出的那样,“研究称经的著作,并不在于它是否赋予了‘经’的名称,根本问题还在于它是否属于儒家经学的范式”[②]。为了取得儒家经典的合法性,“评骚采取的比附儒家经典的价值取

---

① 刘勰著,范文澜注:《文心雕龙注·辨骚》,人民文学出版社1958年版,第46页。

② 熊良智:《〈离骚〉称“经”的文化考察》,《四川师范大学学报》(社会科学版)2000年第6期。

向，在类比中获得认同”[①]。事实上，当时文人也是自觉或不自觉地如此批评实践。自汉初贾谊对屈原之凭吊，至东汉后期王逸对《离骚》儒学因子的全面阐发，其间，评论家如刘安、司马迁、扬雄、班固等，多从儒家经义出发，对屈原个人品格及立身出处，对其作品渊源、旨义及风格等，都竭力以儒家经学思想比附，依经立义，以《诗》评骚，谋求“骚”与“诗”之间的一致性。

（一）论屈原其人

屈原是我国伟大的诗人，他忠贞的爱国精神、不幸的政治遭遇、不同流合污的高洁品行以及沉江殉国的悲剧结局，引起人们无限的追慕与哀悯，尤其令距屈原时代不久的两汉文人唏嘘感叹。对他刚正不阿、忠贞直谏的人格，人们普遍赞扬嘉赏，但也有批判之声；对其沉江殉国的人生抉择，更多的人表示不能理解，但也有人为其抉择作出辩白。不过，需要特殊说明的是，他们所肯定或否定的评判，都是参照儒家的处事原则。

1. 品格：忠义洁廉——狂狷景行

在两汉时期，最早对屈原之为人作出评价的是贾谊。他非常同情屈原的不幸遭遇，在往任长沙王太傅过湘水途中作《吊屈原赋》，不仅悲切深沉地“敬吊先生”“嗟苦先生”；而且仿照《离骚》中“香草美人之喻”的手法，以“鸾凤”比喻屈原，赞扬他“贤圣”“方正”之品格，奠定了后世评论者对屈原品格的评论基调。

在贾谊之后的刘安、司马迁等人，不仅赞赏“屈平正道直行，竭忠尽智以事其君”，“明道德之广崇，治乱之条贯”[②]，从忠君为政、正

① 熊良智：《〈离骚〉称“经”的文化考察》，《四川师范大学学报》（社会科学版）2000 年第 6 期。

② 《史记·屈原贾生列传》，中华书局 1959 年版，第 2482 页。

直明德两方面肯定屈原；而且激赏其孤傲独立、洁白无污的人格魅力："自疏濯淖污泥之中，蝉蜕于浊秽，以浮游尘埃之外，不获世之滋垢，皭然泥而不滓者也。推此志也，虽与日月争光可也。"① 其后，扬雄在《反离骚》中云："夫圣哲之不遭兮，固时命之所有。""昔仲尼之去鲁兮，婓婓迟迟而周迈。"②他把屈原与圣哲、仲尼同等并列，以赞扬其行。又在《法言·吾子》中道："或问：'屈原智乎？'曰：'如玉如莹，爰变丹青。如其智！如其智！'"③ 儒家以玉比君子之德，此处扬雄赞叹屈原的人格魅力如宝石美玉，晶莹剔透，这也是对刘安、司马迁"与日月争光"的发挥。最后，他反复感叹"如其智！如其智"，则是效法孔子《论语·宪问》评价管仲"如其仁！如其仁"，以赞美屈原之志节。

在扬雄稍后的班固，对于屈原卓荦不群、桀骜不驯的人格，提出质疑、甚至反对意见。其《离骚序》云："蝉蜕浊秽之中，浮游尘埃之外，皭然泥而不滓；推此志，虽与日月争光可也。斯论似过其真。"④ 他以为，刘安、司马迁对屈原的评价过高，屈原还不足以拥有如此高的地位。又以"露才扬己""怨恶椒、兰""强非其人""狂狷景行"等语词批评屈原，认为屈原"露""扬""怨""强"等皆违反了儒家中庸之和、怨而不怒的道德准则。而"狂狷"一语更是直承《论语·子路》"子曰：不得中行而与之，必也狂狷乎！狂者进取，狷者有所不为也"⑤，批评屈原行为之过，不符合孔子所宣扬的

①《史记·屈原贾生列传》，中华书局1982年版，第2482页。

②《汉书·扬雄传》，中华书局1962年版，第3521页，第3521页。

③ 扬雄撰，汪荣宝义疏，陈仲夫点校：《法言义疏·吾子》，中华书局1987年版，第57页。

④ 洪兴祖撰，白化文等点校：《楚辞补注》，中华书局1983年版，第49页。

⑤ 朱熹：《四书章句集注·论语集注》，中华书局1983年版，第147页。

温柔敦厚之义。在班固看来，屈原“愁神苦思，强非其人”是其“露才扬己”的必然结果。所以其“忿怼不容，沉江而死”不过是“贬洁狂狷景行之士”，不值得倡扬赞颂。

对于班固的否定性评价，王逸一一辩驳。首先，王逸从反面指出：“若夫怀道以迷国，详愚而不言……盖志士之所耻，愚夫之所贱也。”① “怀道迷国”典自《论语·阳货》：“怀其宝而迷其邦，可谓仁乎？”② 王逸借此反对班固赞美蘧瑗和宁武的话，以为他们婉娩顺上的做法不可取。接着，王逸从正面赞扬屈原“膺忠贞之质，体清洁之性，直若砥矢，言若丹青，进不隐其谋，退不顾其命”，是“绝世之行，俟彦之英”③。“直若砥矢，言若丹青”出自《论语·卫灵公》孔子对史鱼的称赞之语“直哉史鱼”④，也是继承扬雄评价屈原“如玉如莹，爰变丹青”之语，肯定屈原坚贞正直的人格。最后，王逸直接驳斥班固结论，指明班固所语是“亏其高明”“损其清洁”。“呜呼！小子，未知臧否，匪面命之，言提其耳”⑤ 一句出于《诗经·大雅·抑》：“于乎小子，未知臧否。匪手携之，言示之事。匪面命之，言提其耳。”⑥ 在王逸看来，这种“耳提面命”以示怨刺讽谏的语句，孔子删诗时尚且收录其于《大雅》。屈原之词与此相较，乃是优游婉顺之风。正因为如此，所以班固所谓“露才扬己”“怨主刺上”“强非其人”等观点都是有失中肯之论。

由此我们可以说，对于屈原之为人、之品格，两汉文人普遍持

① 洪兴祖撰，白化文等点校：《楚辞补注》，中华书局1983年版，第48页。
② 朱熹：《四书章句集注·论语集注》，中华书局1983年版，第175页。
③ 洪兴祖撰，白化文等点校：《楚辞补注》，中华书局1983年版，第48页。
④ 朱熹：《四书章句集注·论语集注》，中华书局1983年版，第162页。
⑤ 洪兴祖撰，白化文等点校：《楚辞补注》，中华书局1983年版，第49页。
⑥《十三经注疏·毛诗正义》，上海古籍出版社1997年版，第556页。

肯定赞扬的态度。虽然班固最终得出与王逸等人相反的结论，但是，他们以儒家经典为衡量标准则是一样的。

2. 出处：潜藏自珍——忠正伏节

对于屈原“忠而见疑、信而被谤”，最终沉渊殉国的义举，整个汉代的评论大体倾向于质疑的态度。自贾谊《吊屈原赋》中发出“所贵圣人之神德兮，远浊世而自藏”，“般纷纷其离此尤兮，亦夫子之辜也！瞝九州而相君兮，何必怀此都也”[①]的感叹，痛惜屈原未能全身远害、隐德自珍后，司马迁、扬雄、班彪、班固等人也一脉相承。

司马迁在《屈原贾生列传》中借渔父之口说“夫圣人者，不凝滞于物而能与世推移”[②]，以圣人的准则为标准，认为圣人应不受外界牵绊，而能与世转移，对屈原自沉行为持保留意见。又云：“及见贾生吊之，又怪屈原以彼其材，游诸侯，何国不容，而自令若是。”[③]对其未能如孔子周迈列国而殒身殉国的人生抉择，是痛惜的，也是取否定态度的。

对于屈原自沉，《汉书·扬雄传》中亦有记载：“（扬子）以为君子得时则大行，不得时则龙蛇，遇不遇命也，何必湛身哉！”[④]扬雄持“遇则出，不遇则处”的人生观，对屈原投江自沉的行为予以否定。他的出处态度，在其《反离骚》中表现得更为明晰。如《反离骚》中所谓“不如襞而幽之离房”“何必扬累之蛾眉”“孰焉知龙之所处”[⑤]等，都传达出一个共同的声音——与其怀才不遇，不如隐居自藏。“夫圣哲之（不）遭兮，固时命之所有”，以圣哲为依托，认

①《史记·屈原贾生列传》，中华书局 1982 年版，第 2494 页。
②《史记·屈原贾生列传》，中华书局 1982 年版，第 2486 页。
③《史记·屈原贾生列传》，中华书局 1982 年版，第 2503 页。
④《汉书·扬雄传》，中华书局 1962 年版，第 3515 页。
⑤《汉书·扬雄传》，中华书局 1962 年版，第 3518 页。

为时命如此，就当安然处顺。“昔仲尼之去鲁兮，斐斐迟迟而周迈。终回复于旧都兮，何必湘渊与涛濑！”[①] 在扬雄看来，屈原应像孔子那样虽去其本邦，但意在旧都，迟迟系恋，斐回反复而“周迈”天下，而不应以死报楚，自投江湘。

扬雄的诸多论述，在其后班彪、班固父子的言论中，皆有体现。如班彪《悼离骚》云：“圣哲之有穷达，亦命之故也。惟达人进止得时，行以遂伸，否则诎而坼蠖，体龙蛇以幽潜。”[②] 班固《离骚序》亦云：“且君子道穷，命矣。故潜龙不见是而无闷。《关雎》哀周道而不伤。蘧瑗持可怀之智，宁武保如愚之性，咸以全命避害，不受世患。故《大雅》曰：‘既明且哲，以保其身。’斯为贵矣。”[③] 皆与扬雄的论调相同。班氏父子的相关论述，都渊源有自。其一，渊源于《孟子·尽心上》：“穷则独善其身，达则兼济天下。”[④] 认为一个人的“穷”“达”都是命中注定，惟达人知进退，识时务者为俊杰。其二，渊源于《论语·卫灵公》：“子曰：君子固穷，小人穷斯滥矣。”[⑤] 认为有德之士不为君王重用是命运的安排，不应怨天尤人。其三，以《周易·乾卦》之“潜龙勿用”来说明龙以潜居待云为美，在势力微小时，应该谨慎自处，不可轻举妄动。其四，藉《关雎》“哀而不伤”突显儒家中和之美，批评屈原“数责怀王”“怨恶椒兰”失度。其五，化用《论语》中蘧瑗“持可怀之智”、宁武“保如愚之性”以全命避害、不受世患的典故，认为屈原“竞危小”“离谗贼”不符合儒

①《汉书·扬雄传》，中华书局1962年版，第3521页。

② 严可均：《全上古三代秦汉三国六朝文》（附索引），卷二三，中华书局1958年版，第598页。

③ 洪兴祖撰，白化文等点校：《楚辞补注》，中华书局1983年版，第49页。

④ 朱熹：《四书章句集注·孟子集注》，中华书局1983年版，第351页。

⑤ 朱熹：《四书章句集注·论语集注》，中华书局1983年版，第161页。

家"有道则见,无道则隐"的出处标准。其六,直接引用《诗经·大雅·烝民》"既明且哲,以保其身",批评屈原不能明辨事理,不能聪慧应对时局,最终做出过激举动而自取祸败。简言之,在扬雄、班氏父子等人的眼里,"得时"与"不得时"、"遇"与"不遇"都是君子处世的不同命运,在国家有道时应该出仕为君,在道穷之时则应该潜藏自珍。

自西汉初年以来,诸家对屈原沉渊殉国的不理解,到王逸时才有不同的认识。一方面,针对班固等人持"君子固穷""明哲保身""潜龙勿用"的论调而否定屈子投江之举,王逸在《离骚经序》中作出辩白。他依据孔子对伯夷、叔齐"不降其志,不辱其身"的赞扬,而肯定屈原之行。认为屈原"不忍以清白久居浊世,遂赴汨渊自沉而死"①。另一方面,依照儒家的思想立场,王逸又在《楚辞章句序》中对屈原投江之死作出价值判断:"人臣之义,以忠正为高,以伏节为贤。"②危言以存国、杀身以成仁是历代贤臣之义举。因此与伍子胥不恨浮江、比干不悔剖心,伯夷、叔齐饿死守节一样,屈原自沉汨罗也是高明清洁之举,虽死犹荣。其言之正、其行之当、其品之洁,不容置疑。

由此观之,尽管两汉文人对屈原怀揣敬仰之情,对他投身汨罗抱沉痛之悲,但是对于屈原在不得时时,不能自珍、自持、自藏,反而露才扬己,甚至做出过激的行动,他们则大体予以否定。诸家所论,虽然对其"出"还是"处"持截然不同的态度,但是他们的批判都是从儒家经典出发,从中寻找立论依据,给出合理的解释。

(二)论屈原其文

在经学极盛的时代,文人治学莫不援引经义作依据,依经义作

① 洪兴祖撰,白化文等点校:《楚辞补注》,中华书局1983年版,第2页。
② 洪兴祖撰,白化文等点校:《楚辞补注》,中华书局1983年版,第48页。

评论。除了对屈原个人品格与立身出处的探讨外，汉人也注重挖掘屈原作品与《诗》教之关系，阐发其作品中的儒家经义，呈现出鲜明的“依经立义”的特点。具体而言，两汉文人对屈原作品的评价，是从渊源、旨义、风格等几个方面展开。现分述如下：

1. 渊源：祖圣垂典，渊源有自

寻找《离骚》的正统性，最开始是从比附开始的。汉武帝好《离骚》，淮南王刘安作《离骚传》。率先将《离骚》与《诗经》直接比况，所谓“《国风》好色而不淫，《小雅》怨诽而不乱，若《离骚》者，可谓兼之”①。在汉人眼里，《诗经》是“五经”之首，而刘安指出《离骚》兼有国风“好色不淫”、小雅“怨悱不乱”的特点，就十分鲜明地突显了《离骚》媲美于《诗经》的重要价值。这种依《诗》释《骚》的“宗经”标准和“与日月争光”的推崇好评，不仅开创了汉人将屈原之作与《诗经》比照之先河，是后世“骚自诗出”论之祖；而且初步奠定了后世评论者对屈原其文的评论基调。

司马迁在评论《离骚》时，亦将其与诸儒家经典并列。《史记·太史公自序》及《报任安书》中有大体相似的两段论述：“夫《诗》《书》隐约者，欲遂其志之思也。昔西伯构羑里，演《周易》；孔子厄陈蔡，作《春秋》；屈原放逐，著《离骚》……故述往事，思来者。”②“盖西伯拘而演《周易》，仲尼厄而作《春秋》。屈原放逐，乃赋《离骚》……思垂空文以自见。”③在这两段极为相似的文字中，司马迁将《离骚》与《诗》《书》《周易》《春秋》等儒家经典并列称述，以为它们都是“贤圣发愤之所为作”。扬雄也有将《离骚》与

① 洪兴祖撰，白化文等点校：《楚辞补注》，中华书局1983年版，第49页。

②《史记·太史公自序》，中华书局1982年版，第3300页。

③《汉书·司马迁传》，中华书局1962年版，第2735页。

儒家经典并称的记载。《汉书·扬雄传》云:“(雄)以为经莫大于《易》,故作《太玄》;传莫大于《论语》,作《法言》;史篇莫善于《仓颉》,作《训纂》;箴莫善于《虞箴》,作《州箴》;赋莫深于《离骚》,反而广之。”① 把《离骚》与儒家典籍《周易》《论语》等视为同列,可见评价之高。

更为明显地称述《离骚》渊源有自的是明帝时梁竦所作的《悼骚赋》,赋中有句:“祖圣道而垂典兮,褒忠孝以为珍。既匡救而不得兮,必殒命而后仁。”② 他明显指出,《离骚》是祖经宗道,垂圣之典。扬雄晚年时作《法言》,他视屈原之赋为“诗人之赋”,说明诗与赋有密切联系。班固发展了扬雄之观点,他在《两都赋序》中云:“赋者,古诗之流”,“亦雅颂之亚也”;《汉书·艺文志》亦云:“大儒孙卿及楚臣屈原离谗忧国,皆作赋以风,咸有恻隐古诗之义。”③ 认为屈原《离骚》乃《诗》之余绪。

对《离骚》与儒家经典的关系作进一步探讨的是王逸。在王逸看来,《离骚》具有与五经相类似的“微言大义”。孔子“定经术,删《诗》《书》,正《礼》《乐》,制作《春秋》,以为后王法”④,并将其中的“微言大义”亲承指授给三千弟子。孔子去世后,五经则“大义乖而微言绝”。战国至秦,“道德陵迟,谲诈萌生”,虽有杨朱、墨翟、邹衍、孟轲、荀卿、韩非之徒,“各以所知著造传记,或以述古,或以明世”⑤,但都不如屈原“独依诗人之义”而作《离骚》和《九歌》等篇的“行义”和“文采”。迨至孝武,淮南王刘安奉旨作《离骚经

① 《汉书·扬雄传》,中华书局1962年版,第3583页。
② 赵逵夫:《历代赋评注》(汉代卷),巴蜀书社2010年版,第434页。
③ 《汉书·艺文志》,中华书局1962年版,第1756页。
④ 洪兴祖撰,白化文等点校:《楚辞补注》,中华书局1983年版,第47页。
⑤ 洪兴祖撰,白化文等点校:《楚辞补注》,中华书局1983年版,第48页。

章句》[①]，使其“大义粲然”。后世雄俊仿作虽多，皆叹不能及。唯有刘向另辟蹊径，首次将《楚辞》辑录成书，分为十六卷。时至孝章，为响应“深弘道艺”之号召，班固、贾逵各作《离骚经章句》（一卷），力求“改易前疑”[②]，但遗留的问题仍然很多：其一，章句不全，“其余十五卷，缺而不说”；其二，解释乖谬，“以壮为状[③]，义多乖异”；其三，“事不要括”，故未能真正揭示《离骚》的微言大义。有鉴于此，王逸便“以所识所知，稽之旧章，合之经传，作十六卷章句”[④]，以略见其“大指之趣”[⑤]。

王逸不仅将屈原之《离骚》看成是孔子之后唯一一部能继承和发挥《诗》《书》《礼》《乐》《春秋》等儒家经书“微言大义”之“经”，而且直接将《离骚》与整个五经相比配，认为其文与“五经”渊源有自。如“帝高阳之苗裔”源自《诗·大雅·生民》“厥初生民，时惟姜嫄”；“纫秋兰以为佩”源自《诗·郑风·有女同车》“将翱将翔，佩玉琼琚”；“夕揽洲之宿莽”依托于《易·乾·象辞》“潜龙勿用”；“驷玉虬而乘鹥”依托于《易·乾·彖辞》“时乘六龙以御天”；“就重华而陈词”典自《尚书·皋陶谟》；“登昆仑而涉流

①《汉书·淮南王安传》：“（武帝）使（安）为《离骚传》。”颜师古注：“传，谓解说之，若《毛诗传》。”《离骚经章句》即指此。此书今已佚，班固《离骚序》有略引。

② 如班固《离骚序》在评价刘安“兼与日月争光”之论“似过其真”后，接着指出：“又说五子以失家巷，谓五子胥也。及至羿、浇、少康、二姚、有娀佚女，皆各以所识有所增损，然犹未得其正也。故博采经书、传记、本文，以为之解。”

③ 班固贾逵注文今已佚。《离骚》本文有“壮”字者不少，如“不抚壮而弃秽兮”“及与饰之方壮兮”等。

④ 王本《楚辞》十七卷，前十六卷以刘向的辑录本为底本，第十七卷为王氏本人所作《九思》及班固《离骚序》《离骚赞序》二篇。

⑤ 洪兴祖撰，白化文等点校：《楚辞补注》，中华书局 1983 年版，第 48 页。

沙”典自《尚书·禹贡》,等等。有学者统计,王逸《楚辞章句》文献征引诠释例中,征引《诗经》中的文句多达106次,援引《周易》之句有11次,援引《尚书》《春秋左传》《论语》等,分别为13、7、13次[①]。这种通过援引五经中的句子,用以佐证《离骚》与经典的关系,具有鲜明的“依经立义”的特点。

从西汉初年刘安提出“诗兼风雅”,到司马迁将《离骚》与儒家经典齐观,到梁竦明言“祖圣垂典”,再到班固“古诗之流”,至王逸一一比附,说明《离骚》与儒家经义渊源有自。他们所作的努力,是将本不属于儒家经典的屈骚比附儒家经典,寻找其与儒家经典的种种联系,以确立《离骚》的正统地位。

2. 旨义:上以风谏,下以自慰

将君臣之间的“讽谏”以疏政与个人情感的“怨诽”以抒情明确并举,以明屈原《离骚》的创作旨义,也是汉代屈骚评论的共识。钱树棠论道:“把‘怨’与‘谏’统一起来说《离骚》,本是汉人旧义,始见于淮南王论骚。”[②]钱先生认为自淮南王刘安时起,评论家就留意到《离骚》兼具“讽谏”与“怨诽”之义。他之论述,确有道理。

淮南王刘安《离骚传》云:“上称帝喾,下道齐桓,中述汤、武,以刺世事”;“屈平之作《离骚》,盖自怨生也”[③]。刘安所谓“上称帝喾,下道齐桓,中述汤、武,以刺世事”是对《诗大序》论“风”曰“上以风化下,下以风刺上,主文而谲谏,言之者无罪,闻之者足以戒”的发挥。“自怨生”以及《淮南子》“愤中行外”,皆是继承孔子“诗可以怨”之说。刘安对屈原《离骚》双重旨义的认识,在其后各家

① 邓声国:《王逸〈楚辞〉章句考论》,国家图书馆出版社2011年版,第56页,第76页,第79页,第84页,第86页。

② 钱树棠:《离骚四绎》,中国大百科全书出版社2013年版,第207页。

③《史记·屈原贾生列传》,中华书局1982年版,第2482页。

学说中皆有回响、延伸。

司马迁首先肯定淮南王刘安《离骚传》中对屈原之评价，在其《屈原贾生列传》中，大段引用其说，以表认同与尊崇。与此同时，他也有补充之言。如《太史公自序》云："作辞以讽谏，连类以争义，《离骚》有之。"① 将"讽谏"与"争义"共论，与刘安论旨相近。在司马迁的言述中，有的并不是把"讽谏"与"怨诽"之意并举，而是分开论述。如《屈原贾生列传》云："然皆祖屈原之从容辞令，终莫敢直谏。"② 便把不敢直谏之宋玉、唐勒、景差之辈与敢于直谏之屈原进行对比，以凸显屈原作品的《风》《雅》直谏精神。同篇中"屈平疾王听之不聪也……故忧愁幽思而作《离骚》"③，《太史公自序》中"屈原放逐，著《离骚》"④ 的相关评述，都是从孔教的"风谏"与"诗可以怨"出发，以明屈原穷愁愤懑下的"发愤著书"之旨，从而对屈原之作加以褒奖。

司马迁之后的扬雄、班固等人将此论发挥得更加丰富。扬雄论屈原之作，以为"上援稽古，下引鸟兽"⑤。所谓"上引稽古"，即考稽古道，引用儒家经典《尚书》中圣人之言，这和刘安"上称帝喾，下道齐桓，中述汤、武，以刺世事"⑥ 相类；所谓"下引鸟兽"，则可与孔子论诗"小子！何莫学夫《诗》?《诗》，可以兴，可以观，可以群，可以怨。迩之事父，远之事君。多识于鸟兽草木之名"⑦ 相联系。

①《史记·太史公自序》，中华书局 1982 年版，第 3314 页。
②《史记·屈原贾生列传》，中华书局 1982 年版，第 2491 页。
③《史记·屈原贾生列传》，中华书局 1982 年版，第 2482 页。
④《史记·太史公自序》，中华书局 1982 年版，第 3300 页。
⑤ 扬雄撰，汪荣宝义疏，陈仲夫点校：《法言义疏·法言逸文》，中华书局 1987 年版，第 606 页。
⑥《史记·屈原贾生列传》，中华书局 1982 年版，第 2482 页。
⑦ 朱熹：《四书章句集注·论语集注》，中华书局 1983 年版，第 178 页。

而从创作者的个人情感来说，扬雄不仅"悲其文，读之未尝不流涕也"①，而且摭《离骚》而作《反离骚》；旁《离骚》而作《广骚》；旁《惜诵》以下至《怀沙》而作《畔牢愁》，既使读者对《离骚》中的悲愁幽怨之情感同身受，又向后人明确表白了自己的尊《骚》崇《骚》之旨。班固《离骚赞序》亦云："上陈尧、舜、禹、汤、文王之法，下言羿、浇、桀、纣之失，以风。……在野又作《九章》赋以风谏，卒不见纳。"② 此论与刘安、扬雄相类，充分肯定了屈原作品的征古鉴今的讽谏之义。同篇又云："屈原以忠信见疑，忧愁幽思而作《离骚》。"③ 阐明屈原之《离骚》"怨"之传统。不过，班固对屈原之作亦不乏批评之言，如其《离骚序》便认为《离骚》"多称昆仑、冥婚宓妃虚无之语，皆非法度之正、经义所载"④，批评《离骚》中的神话传说等浪漫主义内容，不合法度，也不见经传，非风谏之义，也非怨悱之情。

对屈原之作，王逸以"上以风谏，下以自慰"八字概括得最为全面，指明《离骚》同《诗经》一样，既具社会政治的讽谏功能，也具个人情感的发摅作用。为此，王逸直呼《离骚》为《离骚经》，并解释说："离，别也。骚，愁也。经，径也。"⑤ 这里王逸释"骚"为"愁"，解"经"为"径"，不仅是为了尊称《离骚》是《诗经》类的"常典"，如刘熙《释名》所谓"经，径也，常典也。如径路无所不通，可常用也"⑥；而且认为《离骚》有如同《诗经》类常典惯用的"讽谏"与"怨刺"功能。也正缘于此，《楚辞章句》一方面依《诗》释

---

①《汉书·扬雄传》，中华书局 1962 年版，第 3515 页。

② 洪兴祖撰，白化文等点校：《楚辞补注》，中华书局 1983 年版，第 51 页。

③ 洪兴祖撰，白化文等点校：《楚辞补注》，中华书局 1983 年版，第 51 页。

④ 洪兴祖撰，白化文等点校：《楚辞补注》，中华书局 1983 年版，第 49—50 页。

⑤ 洪兴祖撰，白化文等点校：《楚辞补注》，中华书局 1983 年版，第 2 页。

⑥ 王先谦：《释名疏证补》，上海古籍出版社 1984 年版，第 309 页。

《骚》,突出肯定了《离骚》《九歌》《九章》《大招》等“上以风谏”的合理性,如《离骚经序》的“放逐离别,中心愁思,犹依道径,以风谏君”[①]和《九歌序》的“上陈事神之敬,下见己之冤结,托之以风谏”[②]等皆是。另一方面,又结合屈原“发愤以抒情”的主张,将孔子“诗可以怨”由功能论转化为动机论,并发挥刘安的“盖自怨生”和司马迁的“发愤著书”说,在《章句》中不遗余力地对屈原的忧心愁苦和愤懑压抑进行了细致描述与深入剖析,深刻揭示了屈原在“上以风谏”难得实效的前提下不得不“下以自慰”[③]的必然性,从而发掘出《离骚》在依承《诗经》“讽谏”传统之际又开创个人情感宣泄渠道的艺术魅力,是“逸与屈原同土共国,悼伤之情与凡有异”[④]的有力佐证。

一方面,王逸细致入微地描摹了屈原“信而见疑,忠而被谤”的“忧心”与“烦乱”以及“冀君觉悟”,“终不见省”的无奈与“叹息”,积极认同了屈原内心不平愤懑情感产生的合理性。如《离骚经序》的“忧心烦乱,不知所诉”和“放逐离别,中心愁思”;《九歌序》的“怀忧苦毒,愁思沸郁”;《天问序》的“忧心愁悴,彷徨山泽”和“嗟号昊旻,仰天叹息”;《九章序》的“思君念国,忧心罔极”;《悲回风序》的“小人之盛,君子所忧”;《远游序》的“章皇山泽,无所告诉”;《卜居序》的“心迷意惑,不知所为”;《渔父序》的“忧愁叹吟,仪容变易”等[⑤]。

① 洪兴祖撰,白化文等点校:《楚辞补注》,中华书局1983年版,第2页。

② 洪兴祖撰,白化文等点校:《楚辞补注》,中华书局1983年版,第55页。

③ 洪兴祖撰,白化文等点校:《楚辞补注》,中华书局1983年版,第48页。

④ 洪兴祖撰,白化文等点校:《楚辞补注》,中华书局1983年版,第314页。

⑤ 洪兴祖撰,白化文等点校:《楚辞补注》,中华书局1983年版,第2页,第55页,第85页,第120页,第162页,第163页,第176页,第179页。

另一方面，王逸又客观公允地肯定了屈原"舒展忧思，乐已悲愁"的"娱心"与"自救"以及"以泄愤懑""援天引圣"的解脱与"自证"，强化突显了屈原个性化情感宣泄抒发的重要性。如《抽思》云："狂顾南行，聊以娱心兮……道思作颂，聊以自救兮。"王逸注曰："中道作颂，以舒怫郁之念，救伤怀之思也。"[①]《怀沙》云："舒忧娱哀兮，限之以大故。"王逸注曰："言已自知不遇，聊作词赋，以舒展忧思，乐已悲愁，自度以死亡而已，终无它志也。"[②]又如《离骚经序》的"援天引圣，以自证明"；《天问序》的"以泄愤懑，舒泻愁思"；《九章序》的"所陈忠信之道，甚著明也"；《惜诵序》的"博采众善以自处"；《抽思序》的"反复其词，以泄忧思"；《悲回风序》的"以泄愤懑"；《远游序》的"思欲济世，则意中愤然"等[③]。在王逸看来，屈原内心的忧哀与愤懑正是通过创作《离骚》来排解与宣泄的。这种借著书舒泄愤懑不平，以求个人心灵慰藉与解脱的方式，即"发愤抒情"正是屈原的创作动力，表现出与《毛诗序》"一国之事，系一人之本"迥然不同的社会观念和时代情趣。而且屈原也正是凭借这种特有的个性化情感打动人心，引起人们共鸣的。也正缘于此，王逸作为屈原同乡，还在揭示屈原"发愤著书"情感之源和伤愍屈原注解《楚辞》的同时，自作《九思》，分别从"逢尤""怨上""疾世""悯上""遭厄""悼乱""伤时""哀岁""守志"等九个方面代屈原抒发了忧愤之情，以"聊叙训谊"。

由此可见，自淮南王刘安至王逸，两汉的文人都着意于"依经

① 洪兴祖撰，白化文等点校：《楚辞补注》，中华书局1983年版，第140—141页。

② 洪兴祖撰，白化文等点校：《楚辞补注》，中华书局1983年版，第145页。

③ 洪兴祖撰，白化文等点校：《楚辞补注》，中华书局1983年版，第2页，第85页，第121页，第128页，第141页，第162页，第163页。

评骚”,从《离骚》中找到儒家经典的“风谏”之义,也汲取了孔子“诗可以怨”的观点而总结出“发愤著书”的论说。虽然他们的评价有褒贬之别,但坚持《诗》之风、雅的立场依然是一致的。

3. 风格:取法比兴,辞温义雅

“比兴”是汉代《诗经》学研究的热门课题。汉代浓厚的依诗立义思潮,屈原作品本身具有的浪漫气质,为两汉文人以“比兴”评骚带来有利的条件。刘勰《文心雕龙·辨骚》列举淮南王刘安、班固、王逸、扬雄四家对屈原作品的是非评论,作结论云:“故其陈尧舜之耿介,称汤武之祗敬,典诰之体也;讥桀纣之猖披,伤羿浇之颠陨,规讽之旨也;虬龙以喻君子,云霓以譬谗邪,比兴之义也;每一顾而掩涕,叹君门之九重,忠怨之辞也:观兹四事,同于《风》《雅》者也。”[①] 对于其第二点的比兴之义,王逸《离骚经序》有详细论述:

> 《离骚》之文,依《诗》取兴,引类譬谕,故善鸟香草,以配忠贞;恶禽臭物,以比谗佞;灵修美人,以媲于君;宓妃佚女,以譬贤臣;虬龙鸾凤,以托君子;飘风云霓,以为小人。[②]

在王逸看来,《离骚》继承了《诗经》的传统,与之有相似的表现手法。因此《诗经》中不直言,采用比喻的婉曲方式以表现政教善恶的内容,在一定程度上被王逸捕捉来品评《离骚》也是切中肯綮的。如朱自清便明确指出:“所谓‘依《诗》取兴’,当是依‘思无邪’之旨而取喻”,“‘引类譬谕’实际上形成了后世‘比’的意念”[③]。充

---

① 刘勰著,范文澜注:《文心雕龙注·辨骚》,人民文学出版社1958年版,第46页。

② 洪兴祖撰,白化文等点校:《楚辞补注》,中华书局1983年版,第2—3页。

③ 朱自清:《朱自清说诗》,上海古籍出版社1998年版,第82页,第83页。

分认可了王逸以“比兴”评《骚》的价值。而在具体注释、解读屈原之作时,王逸也是以“比兴”之法实践的,常常赋予一些名物以象征意义。如《离骚》“杂申椒与菌桂兮,岂维纫夫蕙茝”,《章句》云:“蕙、茝,皆香草也,以谕贤者。”[①]“薋绿葹以盈室兮,判独离而不服”,《章句》云:“三者皆恶草,以喻谗佞盈满于侧者也。”[②]《九歌》“采芳洲兮杜若,将以遗兮下女”,《章句》云:“遗,与也。女阴也。以喻臣,谓己之俦匹。”[③]诸如此类,不胜枚举。对此,邓声国教授在《王逸〈楚辞〉章句考论》中论道:“一般地,人们认为,王逸《章句》的这一见解,是对前贤有关《诗经》比兴手法看法的继承和发展。”[④]

《离骚》继承了《诗经》的“比兴”之法,其文表现出“辞温义朗”的风格。此中缘由,从一方面来说,屈原之作兼“讽谏”与“怨诽”之旨,但是恰如刘安所云,《离骚》兼《风》《雅》“好色而不淫”“怨诽而不乱”之义,符合儒家中庸中和之特点,因此“哀而不伤,乐而不淫”;从另一方面观之,《离骚》之辞“依《诗》取兴,引类譬谕”,沿承汉儒“比,见今之失,不敢斥言,取比类以言之。兴,见今之美,嫌于媚谀,取善事以喻劝之”[⑤],因此其辞能达至温雅而不迫的效果。

在具体的评论中,司马迁《屈原贾生列传》所谓“皆祖屈原之从容辞令”;扬雄《法言·吾子》所谓“诗人之赋丽以则”;班固《离骚序》所谓“后世莫不斟酌其英华,则象其从容”等,都是对屈原作品

---

① 洪兴祖撰,白化文等点校:《楚辞补注》,中华书局 1983 年版,第 7 页。
② 洪兴祖撰,白化文等点校:《楚辞补注》,中华书局 1983 年版,第 19 页。
③ 洪兴祖撰,白化文等点校:《楚辞补注》,中华书局 1983 年版,第 63—64 页。
④ 邓声国:《王逸〈楚辞〉章句考论》,国家图书馆出版社 2011 年版,第 118 页。
⑤《十三经注疏·周礼正义》,上海古籍出版社 1997 年版,第 796 页。

表现出的从容温雅风格之评价。相较而言,王逸的论述更为丰富和深入。如《离骚经序》"其词温而雅";《楚辞章句序》"屈原之词,优游婉顺";《九怀序》"褒读屈原之文,嘉其温雅";《九叹·惜贤》"览屈氏之《离骚》兮,心哀哀而怫郁",《章句》云:"言己观屈原所作《离骚》之经,博达温雅"① 等,亦都是对《离骚》之辞温雅冲和特点的称扬和赞颂。由此不难看出,他们评论屈原之作,都是以儒家"温柔敦厚"的审美风格为准的。对于《离骚》辞中之义,刘安、司马迁所谓"其文约,其辞微"、"其称文小而其指极大,举类迩而见义远"② 突出了《离骚》继《春秋》后"微言大义"的特点;王逸所谓"其义皎而朗"突出其辞简约明朗,可以说是孔子"辞达而已矣"的接续。

在两汉,正面探讨《离骚》"比兴"之法的言论不多,王逸的《楚辞章句》弥补了此中不足,并很好地发挥了"比兴"之法以释《离骚》,使得二者相得益彰。因"比兴"比方于物、托事于物而不直言其事,因此行文表现出词温而义朗的特点。此风格甚得以《诗》为审美标准的两汉人的欣赏,故特别拈出批评。

4. 体例:宗经尊经,传序章句

诚如前文所述,虽然《离骚》称经的具体时间学界众说不一,但《离骚》被尊称为经,乃是一个既成的客观事实。众所周知,汉儒注解经书,创造了多种体式。《离骚》既已称经,那么注解、训释《离骚》亦当是汉人的重任。

奉汉武帝之命,淮南王刘安首开其例。然而,关于刘安所作训释《离骚》之文,在汉代就有三种不同的说法:其一,班固《汉

---

① 洪兴祖撰,白化文等点校:《楚辞补注》,中华书局 1983 年版,第 295 页。

②《史记·屈原贾生列传》,中华书局 1982 年版,第 2482 页。

书·淮南王传》和《离骚序》称为《离骚传》① ;其二,荀悦《汉纪·孝武纪》和高诱《淮南鸿烈解·序》称为《离骚赋》② ;其三,王逸《楚辞章句序》称为《离骚经章句》③。因为“传”之繁体“傳”与“傅”在书写上较为相近,而“傅”“赋”相通,或传抄过程中偶有失误,终致“传”成为“赋”。至于“传”和“章句”,因该文亡佚,现已不可考。但无论哪一种称呼或命名,都是对《离骚》的训释注解无疑。

刘安之后,据王逸《楚辞章句序》载,贾逵、班固都曾作过《离骚经章句》,现已亡佚。值得庆幸的是,班固为《离骚》所作的《离骚序》和《离骚赞序》两篇序文皆存。虽然班固是否尊《离骚》为“经”尚为不确之论,但其为《离骚》作两“序”则间接表明了他对《离骚》的态度。迨至王逸,虽然注经体例之“章句”已堕入“碎义逃难,便辞巧说,破坏形体”④ 的不堪地步。但因一方面《楚辞》屡屡涉及天神地祇、山川地理及各种珍奇异物,不通衍文训诂则文意不明;另一方面,既要合之经传,兼采众说,又要传达屈原其人的人格魅力和其文的艺术匠心,则兼备“传”“注”之长的“章句”

---

①《汉书·淮南王传》云:“初,安入朝,献所作《内篇》,新出,上爱秘之。使为《离骚传》,旦受诏,日食时上。”参见《汉书》,中华书局1962年版,第2145页。班固《离骚序》云:“昔在孝武,博览古文。淮南王安叙《离骚传》。”参见洪兴祖:《楚辞补注》,中华书局1983年版,第49页。

② 荀悦《汉纪·孝武纪》:“初安朝,上使安作《离骚赋》,旦受诏,食时毕。”参见荀悦:《汉纪·孝武纪》,文渊阁《四库全书》本。高诱《淮南鸿烈解·序》:“孝文皇帝甚重之,诏使为《离骚赋》,自旦受诏,日早食已。上爱而秘之。”参见刘文典撰,冯逸点校:《淮南鸿烈集解·叙目》,中华书局1989年版,第2页。

③ 王逸《楚辞章句序》云:“至于孝武帝,恢廓道训,使淮南王安作《离骚经章句》,则大义粲然。”参见洪兴祖:《楚辞补注》,中华书局1983年版,第48页。

④《汉书·艺文志》,中华书局1962年版,第1723页。

之体更能胜任。有鉴于此，王逸便在众多注经体例中精心选择了“章句”一体。需要特殊说明的有二：其一，王逸直接称《离骚》为“经”，并为之作《离骚经序》；其二，《楚辞章句》虽采用了经学章句的一般体式，但它剔除了章句之学的繁琐之弊，并在阐释形式上有所发明和创新，体现出鲜明的“依经立义”特色。

从阐释形式上看，《楚辞章句》主要包括叙（序）录体式、训释讲疏、韵语句疏三种。其一，叙（序）录体式。这种阐释体式源于《诗序》。与《诗经》具有大、小序一样，王逸《楚辞章句》也有“大序”和“小序”之分。“大序”在《离骚经》之后，以“叙曰”引起，今《楚辞章句序》即是。“小序”则指每篇作品前的一段文字，用以介绍作者、考索创作时间、简释题意和阐述作者创作意图等。然而，正是在这些作品前的“小序”中，王逸作为楚辞研究名家的开创之功显露无遗。诚如王齐洲先生所说：“这些序言不仅准确清晰地介绍了屈原的生平事迹，而且具体翔实地交代了屈原作品的写作背景，有些背景材料还是前人未曾言及的，对理解屈原作品极有帮助。这些材料当然不是随意罗列，而是作者研究后的慎重选择，有很高的史料价值。尽管后来也有人对王逸的某些说法表示怀疑，但王逸厘定的屈原生平和创作的基本线索和背景材料一直是人们理解屈原作品的基础。王逸通过《楚辞章句》，实际上规范了人们阅读和欣赏楚辞的思维方向。即是说，人们所接受的楚辞，是王逸给定的楚辞；人们评论楚辞，是以王逸的评论为前提的。”①

其二，训释讲疏。这种依字立训，逐句作解的阐释体式是汉儒释经的通行范式，《楚辞章句》亦不例外。但相较而言，王逸的训释讲疏又体现了自己的释义特点和用语惯例。翻检今本《楚辞

① 王齐洲：《王逸和〈楚辞章句〉》，《文学遗产》1995年第2期。

章句》,"此皆解于……""已解于……""犹(言)……"等相关术语在其注释中尤为常见。汤炳正先生曾谓王逸注:"凡见于前者即略于后,乃王逸《楚辞章句》的惯例。"① 虽不完全属实,但大体公允。而对楚地方言术语的训释则更是王逸的独创和贡献。王逸故乡宜城与屈原故里秭归在两汉同属南郡,两人同土共国,故王逸对《楚辞》中的方言名物深为熟悉。如《离骚》云:"扈江离与辟芷兮。"《章句》曰:"扈,被也。楚人名被为扈。"② 又《招魂》云:"厉而不爽些。"《章句》曰:"爽,败也,楚人名羹败曰爽。"③ 诸如此类,凡二十一条。这些训释不仅解除了非楚方言区读者阅读《楚辞》的语言障碍,而且开拓了《楚辞》音韵训诂和名物考证研究新领域。

其三,韵语句疏。在《楚辞章句》中,除叙(序)录体式、训释讲疏等散语注释外,还有一种韵语注释。《四库全书总目》最早注意到这一点:"《抽思》以下诸篇,注中往往隔句用韵,如'哀愤结縎,虑烦冤也;哀悲太息,损肺肝也;心中结屈,如连环也'之类,不一而足。"④ 对此,今人蒋天枢先生曾作过具体说明:"王逸依据《楚辞》原书而为《章句》,其十六卷中各篇,大都遵照汉人释经旧法,先训解文字,次诠发大义,证以实事,并列举众说。惟《九辩》《抽思》《思美人》《惜往日》《远游》《卜居》《渔父》《招隐士》《九怀》各篇中,全篇或大部分,先后以错落之韵语为文,韵语间时又杂以较详之解释,此则汉人传注中所罕见。"⑤ 以韵语作注,虽在汉儒中少

① 汤炳正:《汤炳正论楚辞》,上海科学技术文献出版社 2008 年版,第 110 页。
② 洪兴祖撰,白化文等点校:《楚辞补注》,中华书局 1983 年版,第 4 页。
③ 洪兴祖撰,白化文等点校:《楚辞补注》,中华书局 1983 年版,第 208 页。
④《钦定四库全书总目》(整理本),"楚辞章句十七卷"提要,中华书局 1997 年版,第 1974 页。
⑤ 蒋天枢:《楚辞论文集》,陕西人民出版社 1982 年版,第 216—217 页。

见，但亦渊源有自。如《四库全书总目》便明确指出其“盖仿《周易象传》之体，亦足以考证汉人之韵”①。而《楚辞章句》则是王逸别出心裁的有意创造，“它最初是脱离于原文独立成篇的，属于纸书替代简帛文书之前的经传分离的注释体例。……这类相对独立的释读文字具有助读、欣赏、评点多种功能，是一种伴读式欣赏；它是对原作的再创造，本身也具有文学价值审美意义，还是一种特殊的文学批评方法，体现了早期文学批评的基本特色”②。

两汉是经学“昌明”和“极盛”时代，在经学的影响下，屈原及《离骚》评论自一开始就浸染着经学色彩。尽管评论家们由于各自的生存与文化经验不同，对屈原及其作品的态度有褒有贬，但有一点却是共同的，那就是几乎所有人都把儒学经义作为屈骚评判的出发点和最终归宿，所谓“及汉宣嗟叹，以为皆合经术”③，无一例外地都以儒家经义作为判定是非的唯一标准，都把“依经立义”作为屈骚解读的首选方法。但相较而言，王逸的依经评骚思想更有理论价值和现实意义。

从理论价值上看，王逸首次全面完善、建构了汉代楚辞学“依经立义”思想系统。诚如上文所述，在王逸之前，虽然贾谊、刘安、司马迁、扬雄、班固等都先后“依经”对屈原及《离骚》进行过或褒或贬的评价，但是他们都重“依”轻“立”，“立义”之创新义在他们那里并未真正建立起来，往往还在具体行文中表现为褒贬互见的矛盾与立场。直到王逸，一方面，继承前人“依经”释《骚》的传统

① 《钦定四库全书总目》（整理本），“楚辞章句十七卷”提要，中华书局 1997 年版，第 1974 页。

② 查屏球：《文学的阐释与阐释的文学——关于王逸〈楚辞章句〉韵体注文的考论》，《文学评论》2008 年第 2 期。

③ 刘勰著，范文澜注：《文心雕龙注 · 辨骚》，人民文学出版社 1958 年版，第 46 页。

思维模式，尊奉《离骚》为经，揭示了《楚辞》之文"依经立义"的基本内涵，不仅指明其与"五经"渊源有自，而且凸显其"依诗人之义，上以讽谏"，"依诗取兴，引类譬喻"，极力挖掘其中的微言大义，并以儒家思想的积极因素全力加以解说。另一方面，为《楚辞》作章句，既依字立训，又自创新体，并将"下以自慰"，"以自证明"视为屈原的创作动力，突出强化了屈原个性化情感的自由表达，昭示着东汉中后期文学渐趋自觉的新鲜气息。

从现实意义上看，王逸依经评骚思想是东汉正直士大夫"婞直之风"的真实写照。王逸所处的东汉中后期，皇权式微，戚宦擅政，朝纲混乱。朝野盛行两种截然不同的风气，一种明哲保身，全身远害；一种直言敢谏，至死不屈。两者都是儒家思想的固有之义，前者偏于谨固中庸、循礼自律；后者偏于伏节死义，杀身成仁。而在王逸的时代，关注现实，直言敢谏的"忠良正直之臣"是朝廷所急迫需要的。如永初五年（111），汉安帝曾因灾祸蜂起，弊端横生下诏曰："朕以不明，统理失中，亦未获忠良以毗阙政。传曰：'颠而不扶，危而不持，将焉用彼相矣。'公卿大夫将何以匡救，济斯艰戹，承天诫哉？盖为政之本，莫若得人，褒贤显善，圣制所先。'济济多士，文王以宁。'思得忠良正直之臣，以辅不逮。"①也正缘于此，在安帝元初四年被召至京城为校书郎并入东观校书的王逸便全面驳斥了历来对于屈原其人的消极批评，着力批判了扬雄、班固等提倡的明哲保身和全身远害观念，热情讴歌了屈原的忠正伏节和积极抗争精神。显然，王逸的依经评骚思想不是僵死呆板的经学教条，而是直面现实、积极入世的思维方式。

总之，有汉一代文学批评史，屈骚的接受和批评是一个重要的

①《后汉书·孝安帝纪》，中华书局1965年版，第217页。

组成部分。一方面，从接受上看，在两汉时期，最为突出的文学文体是赋，而汉赋多祖屈原、宋玉等人，表现出鲜明的拟骚倾向。这些拟骚之作在“追念闵伤”屈原，以“嘉其义”“赞其志”的同时，融入作者自己的人生经历和情感体验，为屈骚的经典化奠定了坚实基础。另一方面，从批评上看，因为两汉时期是以儒家思想为政治工具的，所以两汉文人围绕屈原及其作品展开激烈讨论时也深受影响。对屈原其人，他们虽都以儒家的行为原则为标准从品格、出处上加以探讨，却走出了两条截然不同的人生路向；对屈原其文，则从其渊源、旨义、风格、体例等多方面展开批评，依经立义，以《诗》评骚，力图挖掘其间的相似相同性，从而确立骚的经典地位。

第二节　经学视野中的史论

“史论”自《左传》“君子曰”发端，是针对历史事件、历史人物的自觉评价，它的出现早于史评。“史论”“史评”本分二途[①]，二者差别的关键在于“史论”往往不受历史事件自身的限制，更多地掺杂了撰写者本人的思想。究其根源有二：其一，与“《春秋》笔法”有关，即史料的去取、史事的记载本身蕴含褒贬之意；其二，太史公在《史记》中开创了独特体例，即所谓“寓论断于序事”“藏美刺于互见”“定褒贬于论赞”。二者贯通之处在于：“‘我欲载之空言，不如见之于行事之

① 学界素有混淆“史论”与“史评”之弊，黄永年先生在《古文献学讲义》的“史评”下分“评史法”“评史事”二目：“评史法”即后世所谓“史评”，主要针对史书体例、编纂思想展开研究；“评史事”即本书所谓“史论”，不仅涉及范围较广，且由于立论者观点各异，其影响力波及多个领域。参见黄永年：《古文献学讲义》，中西书局 2014 年版，第 74—75 页。另有瞿林东《谈中国的史论和史评》，《东岳论丛》2008 年第 4 期，亦可参考。

深切著明也。'"[①] 唐司马贞《史记索隐》就"空言"二字所下案语为"空言为褒贬是非也。空立此文,而乱臣贼子惧也。……人臣有僭侈篡逆,因就此笔削以褒贬,深切著明而书之"[②]。"空言"者,即对历史事件或历史人物中的是非对错发表评价,但儒家并不满足于"以成败论英雄",故又有"笔削寓褒贬"的微言大义在其中,此为"史论"诞生之初意。在经学昌盛的两汉社会,以"空言"褒贬是非不能令人满意,遂先有以史公笔法铸一家之言的《史记》,后有班氏四杰缘饰文成之《汉书》,皆为经学视野中"史论"之绚烂画卷。

一、史公笔法

司马迁作史初衷乃秉承父志,后随年岁渐长、阅历渐丰而融孔子作《春秋》为个人之志,故有"意在斯乎!意在斯乎!小子何敢让焉"[③] 之志。然则孔子作《春秋》的精髓在于"贬天子,退诸侯,讨大夫"[④] 以求"达王事",故司马迁本人遭逢李陵之祸而处"身毁不用"之境,其对"厄作《春秋》"之理解更甚于世人,终有"史公笔法"传世。

(一)厄作《春秋》与"发愤著书"

孔子曾于川上曰"不舍昼夜",此乃眼见山川万物之"不变"与流动人世之"变""体悟出历史中的'变'与'不变'"[⑤]。这种深厚的历史意识促使孔子采用"祖述尧舜,宪章文武"的方式来贯彻儒

---

①《史记·太史公自序》,中华书局 1982 年版,第 3297 页。

②《史记·太史公自序》,中华书局 1982 年版,第 3298 页。

③《史记·太史公自序》,中华书局 1982 年版,第 3296 页。

④《史记·太史公自序》,中华书局 1982 年版,第 3297 页。

⑤ 黄俊杰:《儒家思想与中国历史思维》,华东师范大学出版社 2016 年版,第 15 页。

家学说与周代礼乐的紧密联系，并终身以恢复王道为使命。但孔子一生在朝时日极短，真正展现他对历史、政治看法的唯有一部《春秋》。然而，关于孔子和《春秋》的关系，汉儒却众说纷纭，莫衷一是。古文经学家主张“修”，他们虽然以《春秋》为鲁史旧文，但仍主张《春秋》曾经孔子笔削、修订；今文经学家强调“作”，他们极其肯定地认为《春秋》是孔子依鲁史著作的。而师承过董仲舒的司马迁则另辟蹊径，他不再纠结于古今文经学家的或“修”或“作”之争，而直接在如何“作”上做文章。现以《太史公自序》和《报任安书》为例：

> 夫《诗》《书》隐约者，欲遂其志之思也。昔西伯拘羑里，演《周易》；孔子厄陈蔡，作《春秋》；屈原放逐，著《离骚》；左丘失明，厥有《国语》；孙子膑脚，而论《兵法》；不韦迁蜀，世传《吕览》；韩非囚秦，《说难》《孤愤》；《诗》三百篇，大抵贤圣发愤之所为作也。此人皆意有所郁结，不得通其道也，故述往事，思来者。①
>
> 古者富贵而名摩灭，不可胜记，唯倜傥非常之人称焉。盖西伯拘而演《周易》；仲尼厄而作《春秋》；屈原放逐，乃赋《离骚》；左丘失明，厥有《国语》；孙子膑脚，《兵法》修列；不韦迁蜀，世传《吕览》；韩非囚秦，《说难》《孤愤》。《诗》三百篇，大抵贤圣发愤之所为作也。此人皆意有所郁结，不得通其道，故述往事，思来者。及如左丘明无目，孙子断足，终不可用，退论书策以舒其愤，思垂空文以自见。②

---

①《史记·太史公自序》，中华书局1982年版，第3300页。

②《汉书·司马迁传》，中华书局1962年版，第2735页。

显然，在两文中，司马迁都态度鲜明地指出孔子是“厄而作”《春秋》，并将其与西伯“拘而演”《周易》等另七例并列，从而提出了著名的“发愤著书”说。不过，试将上述两段文字稍作对比，还会发现三处明显差异：

其一，前者多出“夫《诗》《书》隐约者，欲遂其志之思也”①。据唐司马贞《史记索隐》，“谓其意隐微而言约也。”唐张守节“正义”曰：“《诗》《书》隐微而约省者，迁深惟欲依其隐约而成其志意也。”②“遂”可译作“称意，满足”“成功”，而“……者，……也”则为一判断句式，故整句可解释为：“《诗》《书》的内容含蓄微妙，是作者考虑到要实现自己的意愿（遂其志）”。而《书》为上古三代圣王的历史，《诗》本就有“主文谲谏”的功能。诚如刘勰所说：“《书》实记言，而训诂茫昧，通乎《尔雅》，则文意晓然。故子夏叹《书》，‘昭昭若日月之明，离离如星辰之行’，言昭灼也。《诗》主言志，诂训同《书》，摛风裁兴，藻辞谲喻，温柔在诵，故最附深衷矣。”③“记言”之《书》和“言志”之《诗》虽自有侧重，各有特点，但前者用字晦涩难懂，后者杂用比兴谲喻，两者均“训诂茫昧”，不易通晓。因此，司马迁要做的，就是仿效《诗》《书》，依其“隐约”的表达方式将潜藏于《史记》中的“志意”展现出来。

其二，后者多出“倜傥非常之人”。所谓“倜傥非常之人”，是特指西伯、仲尼、屈原、左丘、孙子、不韦、韩非七人分别遭遇“拘”“厄”“放

① 对于“夫《诗》《书》隐约者，欲遂其志之思也”的句读，学界稍有分歧。有学者主张当调整为：“夫《诗》《书》，隐约者欲遂其志之思也”。参见孟蓬生：《“夫诗书隐约者欲遂其志之思也”核诂》，《语文研究》2012年第2期。

②《史记·太史公自序》，中华书局，1982年版，第3300页。

③ 刘勰著，范文澜注：《文心雕龙注·宗经》，人民文学出版社1958年版，第21—22页。

(逐)”“失(明)”“膑(脚)”“迁(蜀)”“囚(秦)”七种不同的人生厄运和困境,仍能分别创造出“演《周易》”“作《春秋》”“赋(著)《离骚》”“厥有《国语》”“论《兵法》(修列)”“世传《吕览》”“(著)《说难》《孤愤》”七种“立言不朽”的功绩。这些人之所以都会“发愤之所为作”乃是因为“政治进取的心志在人为地被挫抑而不得伸展之后,在强烈的慷慨不平之感的激发下,转化为巨大的内在动力,按捺不住地向另外的方向,寻求寂寞却不失尊严的可能方式以自我成立”①。显然,“发愤著书”是成就“倜傥非常之人”的关键。

其三,后者多出“及如左丘明无目,孙子断足,终不可用,退论书策以舒其愤,思垂空文以自见”。对于重复强调左丘明和孙子二人,钱钟书先生曾从“气类之感”角度作过说明:“此处不复道屈原、韩非等而重言左氏、孙子者,二子如己之官体废残,气类之感更深也。”②传统气论有天之元气、人之体气、艺之文气三种形态,结合上下文意判断,此处所言应是指人之体气。以气论人实则是万物秉气而生思想在人身上的具体体现,而不同的人所禀之气各有不同。司马迁之所以反复提及左丘明、孙膑,是因为此二人与司马迁均有相似之处——“官体废残”。而孙子之“膑脚”,更与司马迁之“宫刑”相类,皆因遭受外力迫害,而陷入至事功进取无望、宏图大志无期的境地。也正缘于此,虽然上述所举之人“皆意有所郁结”,但是唯有左丘明、孙膑二人与司马迁遭际最相近,所禀之气最相同,故最为司马迁所效法。至于“退论书策以舒其愤,思垂空文以自见”则以“舒愤自见”与“贤圣发愤”相呼应,再次凸显了“发愤著书”的强大效能——初以“自见”,终成“贤圣”。

---

① 于迎春:《汉代文人与文学观念的演进》,东方出版社1997年版,第68页。
② 钱钟书:《管锥编》(三),中华书局1986年版,第936页。

综上,围绕孔子"厄作"《春秋》和贤圣"发愤著书",《太史公自序》和《报任安书》虽文字略异,但主旨无别,皆强调"发愤"。而在举例论证时,两文列举了八个完全相同的案例,五经之《诗》《春秋》《易》皆赫然在列。《书》虽不在"发愤"之属,亦与《诗》相类,有"隐约"之意。细究其理,则各有侧重。

一方面,与差异之一——"夫《诗》《书》隐约者,欲遂其志之思也"相呼应,"发愤著书"强调的是著作内容的"隐约"表达——"著书以发愤"。"发愤"是目的,"著书"是手段。这个"著书以发愤"的传统亦渊源有自。以《诗》为例,孔子曾言:"诗可以兴,可以观,可以群,可以怨。"他将"怨"作为"四情"[①]之一。《诗大序》亦言:"治世之音安以乐""乱世之音怨以怒""亡国之音哀以思",虽未区分"三音"之轻重贵贱,却将"怨而不怒"的诗教传统[②]发展为"怨以怒"("以怨代怒")。而《诗》中亦有不少直抒胸臆的怨愤之辞,如《魏风·葛屦》云:"维是褊心,是以为刺。""褊"通"惼",意为气量狭小、急躁。这是女奴在寒夜为女主人赶制衣服时,有感于天寒地冻而发出的怨言。《小雅·四月》亦云:"君子作歌,维以告哀。""君子"由于被朝廷所逐,而心生怨言。据统计,《诗三百》

① 王夫之《姜斋诗话》云:"'诗可以兴,可以观,可以群,可以怨'尽矣。辨汉魏唐宋之雅俗得失以此,读《三百篇》者必此也。可以云者,随所以而皆可也。于所兴而可观,其兴也深;于所观而可兴,其观也审。以其群者而怨,怨愈不忘;以其怨者而群,群乃益挚。出于四情之外,以生起四情;游于四情之中,情无所窒。"人民文学出版社 1961 年版,第 139—140 页。

② "怨而不怒"语出《国语·周语》:"彘之乱,宣王在邵公之宫。国人围之,邵公曰:'昔吾骤谏王,王不从,是以及此难。今杀王子,王其以我为怼而怒乎?夫事君者险而不怼,怨而不怒,况事王乎?'乃以其子代宣王。宣王长而立之。"其本义是"事君"的态度,与《论语·八佾》所载:"子曰:'《关雎》乐而不淫,哀而不伤'"的诗教传统并无二致。

中的忧怨之作多达164篇，约占总篇数的54%。其中，《国风》104篇；《小雅》54篇；《大雅》6篇；只有《颂》中没怨诗。① 与此相似，“怨”在《春秋》中则表现为微言大义，一字褒贬之“贬”。如《左传·成公一四年》早已明言：“《春秋》之称，微而显，志而晦，婉而成章，尽而不汙，惩恶而劝善，非圣人谁能修之？”② 作为“《春秋》五例”之五——“惩恶而劝善”，其“劝惩”的方式就是一字褒贬。对此，司马迁深有感触。正如他在《史记·孔子世家》中总结所说：“故吴楚之君自称王，而《春秋》贬之曰‘子’；践土之会实召周天子，而《春秋》讳之曰‘天王狩于河阳’：推此类以绳当世。贬损之义，后有王者举而开之。《春秋》之义行，则天下乱臣贼子惧焉。”③ 司马迁效法孔子的就是，通过编纂史书量度世间万事万物，以表达自己的褒贬之意，并通过继承作史传统建构“历史认识的升华和体系化以及据此而来的撰作体例”④。

另一方面，与差异之二和三——“倜傥非常之人”及“及如左丘明无目，孙子断足，终不可用，退论书策以舒其愤，思垂空文以自见”相呼应，“发愤著书”强调的是著作主体的创作动机——立言不朽。“发愤”是契机，“著书”是目的。据《史记·太史公自序》载，司马迁著《史记》是继承其父司马谈“发愤”之遗志：

> 是岁天子始建汉家之封，而太史公留滞周南，不得与从事，故发愤且卒。而子迁适使反，见父于河洛之间。太史公执

① 参见陆晓光：《中国政教文学之起源——先秦诗说论考》，华东师范大学出版社1994年版，第47页。

②《十三经注疏·春秋左传正义》，上海古籍出版社1997年版，第1913页。

③《史记·孔子世家》，中华书局1982年版，第1943页。

④ 于迎春：《汉代文人与文学观念的演进》，东方出版社1997年版，第76页。

> 迁手而泣曰："余先周室之太史也。……今天子接千岁之统，封泰山，而余不得从行，是命也夫，命也夫！余死，汝必为太史；为太史，无忘吾所欲论著矣。……自获麟以来四百有余岁，而诸侯相兼，史记放绝。今汉兴，海内一统，明主贤君忠臣死义之士，余为太史而弗论载，废天下之史文，余甚惧焉，汝其念哉！"迁俯首流涕曰："小子不敏，请悉论先人所次旧闻，弗敢阙。"①

汉武帝东游泰山，行封禅祭天之礼，作为太史令的司马谈却"不得从行"，"不得与从事"，终致"发愤且卒"。临死前，在重复慨叹"是命也夫"和深感惧怕"废天下之史文"之际，以论载"明主贤君忠臣义士"为念，司马谈将"所欲论著"托付给司马迁。而司马迁也不负父望，在"悉论先人所次旧闻"的基础上，著就《史记》，"成一家之言"，最终实现"不朽"。

不过，对于司马迁本人以《史记》为依托的"发愤著书"行为，后人则多选择前者立论。即抛弃"发愤著书"作为著作主体的创作动机——"成一家之言，扬名后世"之内涵，而选取其作为著作内容的隐约表达——"著书以发愤"。具体表现有三：

其一，将《史记》歪曲为"谤书"。如《后汉书》载王允谓"昔武帝不杀司马迁，使作谤书，流于后世"。李贤亦注曰："凡史官记事，善恶必书。谓迁所著《史记》，但是汉家不善之事，皆为谤也。非独指武帝之身，即高祖善家令之言，武帝算缗，榷酤之类是也。"②将《史记》视为诽谤汉室之书，乃是因为其多载汉室不善之事。可是，李贤注解"谤书"时突出强调的"高祖善家令之言，武帝算缗，榷

①《史记·太史公自序》，中华书局1982年版，第3295页。
②《后汉书·蔡邕传》，中华书局1959年版，第2006—2007页。

酷”三事，班固《汉书》亦有所载录。难道《汉书》亦称“谤书”？

其二，将“发愤”曲解为“发私愤”。如班固虽认为司马迁作《史记》是“幽而发愤，书亦信矣”，却又强调其存有“迹其所以自伤悼，《小雅》巷伯之伦”①。并在《典引》中借明帝之口直接评判道：“司马迁著书，成一家之言，扬名后世，至以身陷刑之故，反微文刺讥，贬损当世，非谊士也。”②在明帝和班固看来，司马迁之所以“微文刺讥，贬损当世”，是因为其“以身陷刑”之故。这就明显混淆了司马迁“发愤著书”作为著作主体的创作动机——“成一家之言，扬名后世”和作为著作内容的隐约表达——“著书以发愤”。迨至王若虚，则以为司马迁未能尊奉“信史”原则，在著《史记》时过多地融入了个人私情，直斥为“信史将为法于万世，非一己之书也，岂所以发其私愤者哉”③，这未免过于求全责备了。相较而言，同为汉人的卫宏则略显公允。其《汉书旧仪注》云：“司马迁作《景帝本纪》，极言其短及武帝过，武帝怒而削去之。后坐举李陵，陵降匈奴，故下迁蚕室。有怨言，下狱死。”④今《孝景本纪》较为简略，《孝武本纪》由“褚先生补缺”⑤，《报任少卿》“有怨言”皆为明证。

---

①《汉书·司马迁传》，中华书局1962年版，第2738页。

② 班固：《典引》，萧统编，李善注：《文选》，中华书局1977年，第682页。

③ 王若虚撰，马振君点校：《滹南遗老集》，第二册，中华书局1985年版，第117页。

④ 裴骃《史记集解》引卫宏《汉书旧仪注》，《史记·太史公自序》，中华书局1982年版，第3321页。

⑤ 裴骃《史记集解》案：《汉书·音义》曰：“十篇缺，有录无书。”张晏曰：“迁没之后，亡《景纪》《武纪》……元、成之间，褚先生补缺，作《武帝纪》……言辞鄙陋，非迁本意也。”司马贞《史记索隐》案：《景纪》取班书补之，《武纪》专取《封禅书》。《史记·太史公自序》，中华书局1982年版，第3321页。

其三,将“发愤”归结为“立心褊蔽”。清人李晚芳在《读史摘微》中充分肯定司马迁作《史记》,被后世作史者奉为圭臬之后,笔锋一转,其文曰:

> 独惜其立意措辞,多有愤忿不平之过。或谓其遇使然,亦由其立心褊蔽,未闻圣人之大道也。……而迁则挟一不平之意据于中,虽未必借立言为泄发,而灵台未净,则系累偏僻之私,往往吐露于字里行间而不自检,故其书肆而不纯,谐而多怨。究其大本所失,失在自是而不知其过,自是则褊,不知其过则蔽。……乃君不徇其请则怼君,人不如其意则忿人。尝观其《报任少卿》一书,怼君者十之六七,忿朝臣朋友者十之二三,全无一言反己内咎。所谓自是而不知其过者,非欤!其褊蔽也甚矣。操是心而修国史,大本已失,故《平准》《封禅》,尽属谤书,诸《传》诸“赞”,半借以抒其愤忿不平之气。①

在李氏眼里,司马迁“发愤”之根本原因是“立心褊蔽,未闻圣人之大道”。所谓“褊”,即“自是”;所谓“蔽”,即“不知其过”。正因“自是而不知其过”,故多“愤忿不平之气”,而具体表现则是《报任少卿》《平准》《封禅》、诸《传》诸“赞”等文本。果真如李氏所论,摒弃所谓“谤书”《平准》《封禅》和抒发“愤忿不平之气”的七十篇《列传》及一百三十篇“太史公曰”等文字,《史记》值得称道的内容还有几成?

当然,对司马迁“著书以发愤”的行为持积极肯定者,亦不乏

---

① 李晚芳:《读史摘微》,李晚芳编纂,赵前明、凌朝栋整理:《读史管见》,商务印书馆2016年版。

其人。如明人李贽便认为《史记》是司马迁“发愤之所为作”,“不为后世是非而作”,是司马迁“一人之独见”,“非班氏之所能窥”①。清人储欣亦认为《史记》行文虽“多愤懑无聊不平之辞”,但“后之读者未尝不掩卷太息也”②。袁文典更结合自己阅读《太史公自序》的经验,认为“《史记》一书实发愤之所为作”。在他看来,司马迁为李广、伍子胥、陆贾、屈原、贾谊、伯夷、颜渊、乐毅、田单、廉颇、李牧、淮阴侯、彭越、季布、栾布、黥布、樊灌(樊哙、郦商、夏侯婴、灌婴)、项羽、荆轲等二十多人作传,是“借他人之酒杯,浇胸中之磈磊”,禁不住为其“击碎唾壶,拔剑斫地,慷慨而悲歌”③。而在诸多肯定者之中,章学诚的看法则独树一帜。他跳出前人“著书以发愤”的评价模式,明确指出司马迁“发愤著书”不过是其撰述《史记》“叙述穷愁,而假以为辞”的手段,即“发愤著书”不是“泄私愤”④,而是司马迁创造的史书撰写方式。也正缘于此,有学者总结指出古人对司马迁提出的“发愤著书”说或正面、或负面的评价,“往往把‘发愤著书’学说与发愤著书行为混为一谈,评判的对象似乎不是‘发愤著书’理论,而更多的是司马迁本人‘发愤’著述《史记》的行为”⑤。

由上可见,司马迁提出的“发愤著书”说有理论(学说)和实践(行为)之分。就理论而言,司马迁的“发愤著书”学说根源于“仲

① 李贽:《藏书》卷四十,张建业主编:《李贽文集》(第三卷),社会科学文献出版社2000年版,第795页。

② 储欣选评,凌朝栋编:《史记选》,商务印书馆2014年版,第223页。

③ 袁文典:《袁陶村文集·读〈史记〉》,《丛书集成续编》第130册,上海书店出版社1994年版,第409—410页。

④ 章学诚著,叶瑛校注:《文史通义校注》,中华书局1985年版,第221页。

⑤ 徐正英、路雪莉:《古代司马迁文学思想研究的学术透视》,《中州学刊》2015年第1期。

尼厄而作《春秋》”的“《春秋》笔法”,既是对孔子“诗可以怨”思想的继承,也与《诗》《书》等五经之“隐约”有紧密而直接的联系。就实践而言,司马迁著作《史记》是古代士人在理想遭遇现实的打击、压迫,经过漫长的沉淀后转化的一种情感表达,它虽以“郁结”已久的“愤”“怨”为出发点,且因司马迁本人厚重的家学传统和良好的史官素养而呈现出鲜明的批评现实功能,但其终极目标绝非泄私愤,抨实弊,而是为了实现“通古今之变,究天人之际,成一家之言”的立言不朽。

(二)《春秋》义法与《史记》笔法

虽然从体例上说,《春秋》是编年史,采用的是杜预《春秋序》所谓“以事系日,以日系月,以月系时,以时系年”①的记事方法,而《史记》采用的是纪传体。但纪传体却是从编年体中演变出来的,如章学诚《文史通义·方志立三书议》云:“纪传正史,《春秋》之流别也;……马《史》班《书》以来,已演《春秋》之绪矣。”②也就是说,孔子作《春秋》以纪“天子之事”,而司马迁却因之而创纪传体——作帝王本纪以包举大端,作公卿列传以委曲细事。相应地,孔子作《春秋》的笔法也由此被司马迁奉为“圭臬”,成为他无论修史还是论史都会自觉或不自觉地加以运用和发挥的一个重要典范。

我们先看修史。“书法不隐”语出《左传·宣公二年》孔子论董狐:“董狐,古之良史也,书法不隐。”③“书法不隐”即后人所谓“直笔”,也是《春秋》笔法的基本内涵之一。“书法”是史官记事的法度;“不隐”是不加隐讳。“书法不隐”不仅是史官应当遵循的,就是当政

① 《十三经注疏·春秋左传正义》,上海古籍出版社1997年版,第1703页。

② 章学诚著,叶瑛校注:《文史通义校注·方志立三书议》,中华书局1985年版,第572页。

③ 《十三经注疏·春秋左传正义》,上海古籍出版社1997年版,第1867页。

者也要受其约束。《左传·襄公二五年》记齐国崔杼派人杀死国君庄公后,"大史书曰:'崔杼弑其君。'崔子杀之。其弟嗣书,而死者二人。其弟又书,乃舍之。南史氏闻大史尽死,执简以往。闻既书矣,乃还。"① 由此可见,史官要做到"书法不隐"是很不容易的。不过,令人疑惑的是,为什么孔子对董狐、齐太史、南史氏这样的"良史"赞扬有加,而自己却在《春秋》中大量运用"为尊者讳,为亲者讳,为贤者讳"的"讳书",也即后人所谓"曲笔"?究其实,主要是因为先秦时期人们对于"直笔"的理解不同于后人。

在先秦,史官的任务是记功过,道名分,书法合乎"礼"即为直。用讳也是"礼"的内在要求,故亦可谓之直。如《论语·子路》云:"父为子隐,子为父隐,直在其中矣。"② 由此我们将其称为"据礼直书"。宋代《春秋》学家魏了翁指出:"旧史有所辟讳,圣贤因而从之,以通人事之理,故容有掩恶之法。"③ 这应是符合当时实际的。以事论,子隐父恶,臣隐君恶是曲行;但以礼论,却是直道。董狐等人的直笔就是上述观念指导下产生的。这与《春秋·昭公一九年》所载"许世子止弑其君买"和《春秋·宣公二年》所载"晋赵盾弑其君夷"是同一书法。《公羊传》解释说:"冬,葬许悼公。贼未讨,何以书葬?不成于弑也。曷为不成于弑?止进药而药杀也。止进药而药杀,则曷为加弑焉尔?讥子道之不尽也。"④《穀梁传》解释说:"穿弑也,盾不弑。而曰盾弑,何也?以罪盾也。其以罪盾何也?曰:灵公朝诸大夫而暴弹之,观其辟丸也。赵盾入谏,不听。出亡,至于郊。

①《十三经注疏·春秋左传正义》,上海古籍出版社1997年版,第1984页。
② 朱熹:《四书章句集注·论语集注》,中华书局1983年版,第146页。
③ 魏了翁:《春秋左传要义》,卷十三下,《僖公元年至四年·君亲之恶讳虽有例而无常准》,文渊阁《四库全书》本。
④《十三经注疏·春秋公羊传注疏》,上海古籍出版社1997年版,第2324页。

赵穿弑公,而后反赵盾。史狐书贼曰:'赵盾弑公。'盾曰:'天乎天乎!予无罪,孰为盾而忍弑其君者乎?'史狐曰:'子为正卿,入谏不听,出亡不远。君弑,反不讨贼,则志同。志同则书重,非子而谁?'故书之曰'晋赵盾弑其君夷皋'者,过在下也。"① 也就是说,许世子止之所以被名弑君,是因为止不尝药,未尽子道;赵盾之所以被名弑君,是因为盾不讨贼,未尽臣道。故《穀梁传》将此两者联系起来作结:"于盾也,见忠臣之志;于许世子止,见孝子之至。"② 这样,为了昭示忠臣孝子,史官就不得不牺牲一些事实而"据礼直书"。类似的书法,在《春秋》中还有一些,清代史学家赵翼叹曰:"使无作传者之详其事,则首恶者不几漏网,而从坐者不且覆盆耶?"③ 这是董狐等史官始料未及的。也正缘于此,我们说孔子对"书法不隐"的褒奖和改造是对特定文化语境中史家追求完美境界的一种认可和弘扬。

《左传》是"书法不隐"由"据礼直书"向"据事直书"的过渡。"据事直书"相当于"《春秋》五例"中的"尽而不汙",指史家从客观史实出发,以客观公正的态度著史,不以个人好恶定褒贬。《春秋》笔法"据鲁亲周",对于周天子被诸侯们唤来唤去和鲁国国君被弑的事情多用讳书。如《春秋·僖公二八年》载"天王狩于河阳""公朝于王所",就是晋文公大会诸侯,兼召周襄王逼封霸主的曲笔。而《左传》却将事情始末原原本本地叙述出来。再如鲁国隐、桓、闵三公及未踰年之君子般、子赤都是被弑而亡,《春秋》依"内大恶讳,小恶书"的原则,一概采用曲笔、讳书,而《左传》亦将事实原委交待得清清楚楚。由此可见,《左传》已开创了"据事直书"的先河。不过,

①《十三经注疏·春秋穀梁传注疏》,上海古籍出版社 1997 年版,第 2412 页。
②《十三经注疏·春秋穀梁传注疏》,上海古籍出版社 1997 年版,第 2412 页。
③ 赵翼著,栾保群校点:《陔余丛考》,卷二,"《春秋》书法可疑"条,河北人民出版社 2007 年版,第 38 页。

《左传》所采事实并未超出《春秋》范围,褒贬基调亦不离《春秋》绳墨。诚如王天顺所说:"它虽然补充叙述了被《春秋》讳饰的许多事实,但对《春秋》书法,包括讳书和曲笔基本肯定(传文释《春秋》凡例五十条可证)。《左传》叙事的详明与《春秋》记载的漏略,客观上已表现出直笔与讳书的对立,但从《左传》专门表达作者观点的文字(传文中的'君子曰')却看不出这种对立。《左传》的叙事议论,基本上是就事论事。历史在作者眼里,仍然是松散的片断。这说明《左传》作者还没有学会用综合、概括、抽象的方法来考察历史。因为他不能把历史真正当作历史来研究,所以还不会把'讳书'作为'直笔'的对立物去理解。从史学的角度看,它是一部独立的著作;从经学的角度看,它是《春秋》的附庸。所以直笔精神,在《左传》中并没有大的变化。"① 真正将《春秋》笔法的直笔精神发扬光大的是司马迁,具体表现为"实录"。

司马迁作《史记》,窃比孔子作《春秋》,使左氏开创的"据事直书"传统获得了长足发展。班固《汉书·司马迁传》云:

> 然自刘向、扬雄博及群书,皆称迁有良史之材,服其善序事理,辨而不华,质而不俚,其文直,其事核,不虚美,不隐恶,故谓之实录。②

文直、事核、美恶必显的"实录"就是"据事直书"的写照。班固将"史"与"实录"相联系,与左氏"据事直书"旨为解经相较,略有不同。换言之,"实录"的意涵相当丰富:或指向史文,应"直";或指

① 王天顺:《从"齐史之书崔杼"到"司马迁之述汉非"——试论我国史学直笔传统的早期发展》,《人文杂志》1987年第3期。

②《汉书·司马迁传》,中华书局1962年版,第2738页。

向史事，应“核”，或指向史义，应“不虚美，不隐恶”。

首先，“文直”。即行文多用“直词”，实事求是。如写刘邦，就以“直词”写出了他在不同时间、不同场合和不同条件下的具体活动。刘邦年轻时，“仁而爱人，喜施，意豁如也。常有大度，不事家人生产作业。”① 及长当亭长，“好酒及色”，常在酒店鬼混。常繇咸阳，纵观，观秦皇帝，喟然太息曰：“嗟乎，大丈夫当如此也！”② 领导农民起义，笼络下层，有“宽大长者”③ 之名。进入关中后，约法三章，智脱鸿门宴难关。在楚汉战争中，有智有谋，立韩信为齐王，数项羽十大罪状。称帝后置酒洛阳南宫，论楚汉成败，称赞三杰“夫运筹策帷帐之中，决胜于千里之外，吾不如子房。镇国家，抚百姓，给馈饟，不绝粮道，吾不如萧何。连百万之军，战必胜，攻必取，吾不如韩信。此三者，皆人杰也，吾能用之，此吾所以取天下也。项羽有一范增而不能用，此其所以为我擒也”④。未央宫成，起为太上皇寿，情不自禁地问：“始大人常以臣无赖，不能治产业，不如仲力。今某之业所就孰与仲多？”⑤ 过沛时，酒会故乡父老子弟，酒酣，击筑，自为放歌起舞，“慷慨伤怀，泣数行下”⑥；病危时，答吕后往后安排丞相之问等等。上述“直词”都见于《高祖本纪》，其它如《项羽本纪》直书彭成败亡，推堕孝惠、鲁元；《萧相国世家》直书其刻薄寡恩；《淮阴侯列传》直书其畏恶猜忌，诛戮功臣；至于暴猛伉直之习性，则见载于《张耳陈余传》《张丞相列传》《郦食其列传》

①《史记·高祖本纪》，中华书局 1982 年版，第 342 页。

②《史记·高祖本纪》，中华书局 1982 年版，第 343 页，第 344 页。

③《史记·高祖本纪》，中华书局 1982 年版，第 357 页。

④《史记·高祖本纪》，中华书局 1982 年版，第 381 页。

⑤《史记·高祖本纪》，中华书局 1982 年版，第 387 页。

⑥《史记·高祖本纪》，中华书局 1982 年版，第 389 页。

《佞幸列传》。正是在这一系列叙写刘邦的"直词"中,我们看到了一个"多面"的开国君主。既有其雄才大略的一面,知人善任,知错就改,虚心纳谏,仁爱有信,豁达疏放,不拘小节;又有卑鄙无赖的一面,使酒好色,寡廉鲜耻,猜忌多疑,工于心计,玩弄权术,冷酷无情。

其次,"事核"。即作史有据,忠于史实。如司马迁为陈涉作世家,就在中国历史上第一次详细叙写了陈涉起义的史实。《陈涉世家》开篇即对陈涉其人作了详细介绍。"陈涉少时,尝与人佣耕,辍耕之垄上,怅恨久之,曰:'苟富贵,无相忘。'庸者笑而应曰:'若为庸耕,何富贵也?'陈涉太息曰:'嗟乎,燕雀安知鸿鹄之志哉!'"① 接着叙写他与吴广等揭竿起义,发出"天下苦秦久矣"的控诉,喊出"王侯将相宁有种乎"的口号,打起"伐无道,诛暴秦"② 的旗帜,于是天下云集景从,陈涉乃立为王,号为张楚。后来,由于陈涉忘本,众叛亲离,兼之,严刑苛法,以致失败。然而,陈涉虽已死,但其所置遣侯王将相竟亡秦。故司马迁在《自序》中表白其叙写《陈涉世家》的意旨时说:"桀、纣失其道而汤、武作,周失其道而《春秋》作。秦失其政,而陈涉发迹,诸侯作难,风起云蒸,卒亡秦族。天下之端,自涉发难。"③ 也就是说,陈涉在风云变幻的秦汉之际,建立了首难之功,这是历史事实。倘若没有陈涉的"首事""发难",秦汉之际的历史或许就要重新改写。所以司马迁为陈涉作"世家",是客观、如实地反映了历史。原本在司马迁以前,陆贾《新语》和贾谊《过秦论》也都提到了陈涉起义,但他们都没有给陈涉起义以应

① 《史记·陈涉世家》,中华书局1982年版,第1949页。
② 《史记·陈涉世家》,中华书局1982年版,第1950页,第1952页,第1952页。
③ 《史记·太史公自序》,中华书局1982年版,第3310—3311页。

有的历史地位和公允的评价。甚至到了唐代刘知几仍对司马迁为陈涉作“世家”表示难以理解,《史通・世家》云:“世家之为义也,岂不以开国承家,世代相续?至如陈胜起自群盗,称王六月而死,子孙不嗣,社稷靡闻,无世可传,无家可宅,而以世家为称,岂当然乎?夫史之篇目,皆迁所创,岂以自我作故,而名实无准。”①由此足见,司马迁的“实录”精神不同凡响。

第三,“不虚美,不隐恶”。即不任意夸大或美化好的事物,不回避、隐瞒丑陋的现象,也就是善恶必书。这在封建帝王身上表现得尤为明显。如前文所述汉代开国皇帝刘邦,司马迁对其基本上持肯定态度,但也记下了不少“劣迹”;对吕后司马迁原本没有好感,但仍赞其“女主称制,政不出房户,天下晏然。刑罚罕用,罪人是希。民务稼穑,衣食滋殖”②;对于汉文帝,司马迁在赞其“德至甚也”③的同时,亦记下了时人对其“赏太轻、罚太重”④的不平;对于汉武帝,司马迁在《平准》《封禅》等书和《匈奴》《大宛》等传中,一方面如实记述了汉武帝年间“人给家足,都鄙廪庾皆满”“守闾阎者食粱肉,为吏者长子孙,居官者以为姓号”⑤等一派繁荣、升平、昌盛的景象;另一方面又揭露了汉武帝的穷兵黩武、好大喜功、迷信鬼神、轻国民力、厚敛于民,因而导致“县官大空”“黎民重困”⑥的局面。对于项羽,司马迁则在《项羽本纪》中以极大的热

① 刘知几著,浦起龙通释:《史通通释・世家》,上海古籍出版社 2009 年版,第 38 页。

②《史记・吕太后本纪》,中华书局 1982 年版,第 412 页。

③《史记・孝文本纪》,中华书局 1982 年版,第 437 页。

④《史记・张释之冯唐列传》,中华书局 1982 年版,第 2759 页。

⑤《史记・平准书》,中华书局 1982 年版,第 1420 页。

⑥《史记・平准书》,中华书局 1982 年版,第 1425 页。

情颂扬了项羽的不朽功绩，讴歌了项羽灭秦抗暴的英雄本色，又在《高祖本纪》《陈丞相世家》《淮阴侯列传》《黥布列传》等篇章中对项羽的骄傲自大、刚愎自用、残暴不仁、嫉贤妒能、妇人之仁、匹夫之勇的个性弱点，进行了深刻的批判。在《酷吏列传》中，司马迁对于酷吏的横行霸道、冤杀无辜，都进行了无情的揭露和鞭挞。而对于个别酷吏如张汤的某些好的品德，也给予了肯定。司马迁这种“不虚美、不隐恶”尤其是勇述“汉非”的笔法，致使《史记》被后世目为“谤书”，如东汉末年的王允说：“昔武帝不杀司马迁，使作谤书，流于后世。”①

当然，“文直”“事核”“不虚美、不隐恶”并不是截然分开的，而是紧密联系在一起的，三者共同构成了司马迁的“实录”。

与孔子作《春秋》用讳书、曲笔是“据礼直书”一致，司马迁作《史记》运用的曲笔是对“实录”的发展和深化。《太史公自序》云：

> 太史公曰：“先人有言：‘自周公卒五百岁而有孔子。孔子卒后至于今五百岁，有能绍明世，正《易传》，继《春秋》，本《诗》《书》《礼》《乐》之际？’意在斯乎！意在斯乎！小子何敢让焉。”
>
> 壶遂曰：“孔子之时，上无明君，下不得任用，故作《春秋》，垂空文以断礼义，当一王之法。今夫子上遇明天子，下得守职，万事既具，咸各序其宜，夫子所论，欲以何明？”太史公曰：“唯唯，否否，不然。……余所谓述故事，整齐其世传，非所谓

①《后汉书·蔡邕列传》，中华书局1965年版，第2006页。亦有学者指出“谤书说”主要是针对《史记》贬损汉武帝政治而言。而司马迁的“述汉非”，其实是中国史官秉笔直书的实录传统。详见陈桐生《中国史官文化与〈史记〉》第八章《“谤书说”辨》，汕头大学出版社1993年版，第262—283页。

作也，而君比之于《春秋》，谬矣。”①

表面看来，这两段行文前后似有矛盾，但深入地理解，却不难窥察司马迁写《史记》既要以曲笔褒贬是非，又要为避时难而特作遮掩的孤诣苦心。

司马迁的曲笔变化多姿，具体说来，有三点较为突出。一是“寓主于客”。清人刘熙载说：“叙事不合参入断语。太史公寓主意于客位，允称微妙。”② 顾炎武亦云：“古人作史，有不待论断，而于序事之中即见其指者，惟太史公能之。”③ 所谓“寓主于客”就是在史实的叙述中将自己的主观见解渗透在客观的叙事中而又溢于文外，皮里阳秋地暗寓对史事的是非褒贬。这种曲笔书法在《史记》中甚为多见。但需要指出的是，这种“寓主于客”的曲笔并不是司马迁的首创或独创，而是渊源于《春秋》《左传》。如《春秋·庄公二三年》“秋，丹桓公楹”④；《春秋·庄公二四年》“春，王三月，刻桓公桷”⑤ 就是直书其事，无待乎论断褒贬，而善恶是非自见。因为宫庙丹楹刻桷不合礼制，所以贬损庄公之意自明。《左传》以事传经，直书其事，不待论断而褒贬自明者尤多。⑥《史记》则将《春秋》《左传》的这种笔法发扬壮大。如《卫将军骠骑列传》：

---

①《史记·太史公自序》，中华书局 1982 年版，第 3296 页，第 3299—3300 页。

② 刘熙载撰，袁津琥校注：《艺概注稿·文概》，中华书局 2009 年版，第 64 页。

③ 顾炎武著，黄汝成集释：《日知录集释》，卷二十六，岳麓书社 1994 年版，第 891 页。

④《十三经注疏·春秋左传正义》，上海古籍出版社 1997 年版，第 1778 页。

⑤《十三经注疏·春秋左传正义》，上海古籍出版社 1997 年版，第 1779 页。

⑥ 张高评：《左传文章义法撢微》，台北文史哲出版社 1988 年版，第 90—91 页；亦可参见其《左传之文韬》，高雄丽文文化公司 1994 年版，第 191—193 页。

> 大将军既还，赐千金。是时王夫人方幸于上，宁乘说大将军曰："将军所以功未甚多，身食万户，三子皆为侯者，徒以皇后故也。今王夫人幸而宗族未富贵，愿将军奉所赐千金为王夫人亲寿。"大将军乃以五百金为寿。天子闻之，问大将军，大将军以实言，上乃拜宁乘为东海都尉。①

这是寓贬于叙事的曲笔。大将军卫青为固宠而谄媚王夫人"以五百金为寿"，武帝得知原委不仅不加罪责行贿、受贿者，而且将策划者宁乘拜"为东海都尉"。司马迁对此事的褒贬态度虽未直接道出，而爱憎却溢于文外。又如《李将军列传》：

> 遂引刀自刭。广军士大夫一军皆哭。百姓闻之，知与不知，无老壮皆为垂涕。②

这是寓褒于叙事的曲笔。李广一生抗击匈奴，屡立战功，深得民心、军心。因击匈奴失道不愿对簿而自杀，军民皆哭。与酷吏"张汤死，民不思"③，惟"上惜汤"④相较，以曲笔暗寓褒贬之情是何其强烈。

二是"寓论断于序事"。顾炎武在指出《史记》"有不待论断，而于序事之中即见其指者"的同时，又指出：

> 《平准书》末载卜式语，《王翦传》末载客语，《荆轲传》末载鲁勾践语，《晁错传》末载邓公与景帝语，《武安侯田蚡传》

---

①《史记·卫将军骠骑列传》，中华书局1982年版，第2929页。

②《史记·李将军列传》，中华书局1982年版，第2876页。

③《史记·平准书》，中华书局1982年版，第1434页。

④《史记·酷吏列传》，中华书局1982年版，第3144页。

末载武帝语,皆史家于序事中寓论断之法也。[①]

顾炎武此语确实道出了《史记》序事之一大特点。所谓“寓论断于序事”就是在史实的叙述中穿插论断语,隐讳地表达史家对人事的是非褒贬态度。不过,有两点需要补充说明。其一,“寓论断于序事”之法并不是司马迁的首创,早在《左传》中就十分常见。如《左传·僖公一五年》载韩原之战,卜徒父解占之语,庆郑谏乘异产之言,韩简视师之告,子桑援引古语,无一不在昭示晋惠公之必败。其他如以君子、仲尼、孔子、叔向、臧文仲、范文子、晏子、子产、子贡、子思等时贤之言评判人物史实者,更是不胜枚举。[②] 其二,“寓论断于序事”之法在《史记》中的运用,十分灵活,“不一定是放在篇末,而往往是在篇中;不只是借着一个人的话来评论,而有时是借着好几个人来评论;不一定用正面的话,也用侧面或反面的话;不是光用别人的话,更重要的是联系典型的事例。”[③] 如《淮阴侯列传》旨在为韩信平反冤屈,全篇可分为两大部分。前一部分主要叙写韩信的战功,后一部分主要叙写韩信坚决不反的信念,两部分都据事直书,中间穿插有武涉、蒯通之游说其背汉自立的言辞。这些游说之辞全文长达一千三百余字,篇幅竟占《淮阴侯列传》四分之一。诚如清代赵翼所云:“《史记·淮阴侯传》全载蒯通语,正以见淮阴之心乎为汉,虽以通之说喻百端,终确然不变,而他日之诬以反而族之者之冤痛

① 顾炎武著,黄汝成集释:《日知录集释》,卷二十六,岳麓书社1994年版,第891—892页。

② 张高评:《左传之文韬》,高雄丽文文化公司1994年版,第109—124页。

③ 白寿彝:《司马迁寓论断于序事》,《北京师范大学学报》(社会科学)1961年第4期。

不可言也。"[①]这是典型的结合史事借他人话语作论断的实例,既是历史叙述,又有历史论断。《史记》这种"寓论断于序事"之法是对《春秋》笔法的发展,白寿彝曾精辟地指出:"司马迁结合具体的史事,吸收当时人的评论或反映,不用作者出头露面,就给一个历史人物作了论断。更妙在,他吸收的这些评论或反映都是记述历史事实发展过程中不可分割的部分,它们本身也反映了历史事实。这样写来,落墨不多,而生动、深刻。作者并没有勉强人家接受他的论点,但他的论点却通过这样的表达形式给人以有力的感染。"[②]这一评价充分肯定了司马迁的叙事智慧。

三是"侧笔"。何谓"侧笔"?徐复观研究《史记》曾指出:"侧笔则是轶出于主文之外所穿插的小故事,所以侧笔系对主文而言。史公则常用这种侧笔,以暴露人与事的真实,乃至假此以拆主文的台,使主文成为带有滑稽意味的表现。"[③]也就是说,"侧笔"是琐事丛语,不是主文主干。但其与主文主干互相映照,却能从侧面暴露人与事的真实。"侧笔"在《左传》中已初见端倪。如《左传·僖公一六年》:"十六年,春,陨石于宋五,陨星也。六鹢退飞,过宋都,风也。周内史叔兴聘于宋,宋襄公问焉,曰:'是何祥也?吉凶焉在?'对曰:'今兹鲁多大丧,明年齐有乱,君将得诸侯而不终。'退而告人曰:'君失问。是阴阳之事,非吉凶所生也。吉凶由人,吾不敢逆君

① 赵翼著,栾保群校点:《陔余丛考》,卷五,"史记四"条,河北人民出版社2007年版,第88页。

② 白寿彝:《司马迁寓论断于序事》,《北京师范大学学报》(社会科学)1961年第4期。

③ 徐复观:《两汉思想史》(第三卷),华东师范大学出版社2001年版,第252页。

故也。'"[①] 内史叔兴"退而告人"就是其答宋襄公问的"侧笔",由此"侧笔"可知,内史不信妖祥,而其答宋襄公问所言鲁丧、齐乱、宋将得、诸侯不终皆被否定。这种借侧笔揭露历史人物与历史事件真相的书法,《史记》多有传承,且加以发扬光大。如《史记·萧相国世家》,如果说刘邦定天下论功行封是主文主干,那么萧何获功的原因则是"侧笔"。如果说高帝以"功狗"和"功人"评定萧何与诸功臣还差强人意,那么以"诸君独以身随我,多者两三人。今萧何举宗数十人皆随我,功不可忘也"和"尝繇咸阳时何送我独赢奉钱二也"[②] 论"功人"则令人忍俊不禁。

最后,需要说明的是,司马迁不仅在修史时灵活运用了《春秋》笔法"据礼直书"和"据事直书"的优秀传统,而且在论史时也对《春秋》笔法给予了极大的热情和关注,主要表现在"太史公曰"中。综观"太史公曰",司马迁直接论及《春秋》笔法的有以下几个方面。

首先,揭示孔子作《春秋》恪守的信史原则。如《史记·三代世表》云:

> 太史公曰:"……孔子因史文次《春秋》,纪元年,正时日月,盖其详哉。至于序《尚书》则略,无年月;或颇有,然多阙,不可录。故疑则传疑,盖其慎也。"[③]

关于孔子作《春秋》恪守信史这一原则,早在《穀梁传》中就有论

---

①《十三经注疏·春秋左传正义》,上海古籍出版社 1997 年版,第 1808—1809 页。

②《史记·萧相国世家》,中华书局 1982 年版,第 2015 页,第 2017 页。

③《史记·三代世表》,中华书局 1982 年版,第 487 页。

述。如《穀梁传·桓公五年》云："《春秋》之义，信以传信，疑以传疑。"[①] 又《穀梁传·庄公七年》云："《春秋》著以传著，疑以传疑。"[②] 在这里，《穀梁传》虽是针对《春秋》所记之事而发，但它却从大处着眼，指出了孔子撰述《春秋》的原则。而司马迁则在此基础上作进一步阐发。在司马迁看来，孔子作《春秋》因有史文可以凭借，故年月日都记得很详细；而《尚书》则没有年月，故只好持"疑则传疑"的慎重态度了。这和孔子本人的主张是一脉相承的。如《论语·八佾》云："子曰：'夏礼吾能言之，杞不足征也；殷礼吾能言之，宋不足征也。文献不足故也，足则吾能征之矣。'"[③] 而司马迁的"实录"也正是本着这种"信以传信，疑以传疑"的原则。如《高祖功臣侯者年表》云："于是谨其终始，表其文，颇有所不尽本末；著其明，疑者阙之。"[④]《平准书》云："农工商交易之路通，而龟贝金钱刀布之币兴焉。所从来久远，自高辛氏之前尚矣，靡得而记云。"[⑤]《外戚世家》云："秦以前尚略矣，其详靡得而记焉。"[⑥]《货殖列传》云："夫神农以前，吾不知已。"[⑦] 等等。凡属于这一类情况的，司马迁在《史记》中都给予了相应说明。后来，刘勰《文心雕龙·史传》就明确指出"传闻而欲伟其事，录远而欲详其迹"的荒谬，强调"文疑则阙，贵信史也"[⑧] 也是对这种原则的总结和提倡。

---

①《十三经注疏·春秋穀梁传注疏》，上海古籍出版社 1997 年版，第 2374 页。
②《十三经注疏·春秋穀梁传注疏》，上海古籍出版社 1997 年版，第 2382 页。
③ 朱熹：《四书章句集注·论语集注》，中华书局 1983 年版，第 63 页。
④《史记·高祖功臣侯者年表》，中华书局 1982 年版，第 878 页。
⑤《史记·平准书》，中华书局 1982 年版，第 1442 页。
⑥《史记·外戚世家》，中华书局 1982 年版，第 1969 页。
⑦《史记·货殖列传》，中华书局 1982 年版，第 3253 页。
⑧ 刘勰著，范文澜注：《文心雕龙注·史传》，人民文学出版社 1958 年版，第 287 页，第 287 页。

其次,昭示孔子作《春秋》的目的和效用。如《史记·太史公自序》云:

> 太史公曰:"……夫《春秋》,上明三王之道,下辨人事之纪,别嫌疑,明是非,定犹豫,善善恶恶,贤贤贱不肖,存亡国,继绝世,补敝起废,王道之大者也。……《春秋》辩是非,故长于治人。……《春秋》以道义。拨乱世反之正,莫近于《春秋》。《春秋》文成数万,其指数千。万物之散聚皆在《春秋》。《春秋》之中,弑君三十六,亡国五十二,诸侯奔走不得保其社稷者不可胜数。察其所以,皆失其本已。……故有国者不可以不知《春秋》,前有谗而弗见,后有贼而不知。为人臣者不可以不知《春秋》,守经事而不知其宜,遭变事而不知其权。为人君父而不通于《春秋》之义者,必蒙首恶之名。为人臣子而不通于《春秋》之义者,必陷篡弑之诛,死罪之名。……故《春秋》者,礼义之大宗也。"
>
> 太史公曰:"……'《春秋》采善贬恶,推三代之德,褒周室,非独刺讥而已也。'"①

相较公羊家所谓《春秋》为汉立法的荒谬推演,司马迁虽也对《春秋》给予了极高的评价,但其言说的话语——"《春秋》辩是非""《春秋》以道义""《春秋》者,礼义之大宗也""《春秋》采善贬恶"等要平实合理得多。

再次,指明孔子作《春秋》的特点。如:

①《史记·太史公自序》,中华书局1982年版,第3297—3298页,第3299页。

> 太史公曰:“孔氏著《春秋》,隐桓之间则章,至定哀之际则微,为其切当世之文而罔褒,忌讳之辞也。”①
>
> 太史公曰:“《春秋》推见至隐。”②
>
> 太史公曰:“……故因史记作《春秋》,以当王法,以辞微而指博,后世学者多录焉。”③

在这里,司马迁明确指出了《春秋》中有“讳书”笔法以及“讳书”笔法产生的原因。他认为《春秋》“推见至隐”“辞微而指博”,这是对《春秋》笔法所作的精炼概括。

无独有偶,司马迁论史之“太史公曰”不仅直接点评了《春秋》笔法,还灵活化用了《春秋》之褒贬。如《孔子世家》篇末“太史公曰”:“《诗》有之:‘高山仰止,景行行止。’虽不能至,然心乡往之。余读孔氏书,想见其为人。……自天子王侯,中国言‘六艺’者折中于夫子,可谓至圣矣!”④ 孔子作为天下“至圣”,任何赞美都无法穷尽。司马迁另辟蹊径,引《诗》自况,将孔子的“高山景行”之德和自己的“心向景仰”之情表露无遗。诚如金圣叹所言:“赞孔子,又别作异样淋漓之笔。一若想之不尽,说之不尽也,所谓观海难言也。”⑤ 正可谓“一字之褒,宠逾华衮之赠”。

二、缘饰文成

西汉末年外戚王莽篡权,享国二百一十年之西汉帝国被颠覆。

①《史记·匈奴列传》,中华书局1982年版,第2919页。

②《史记·司马相如列传》,中华书局1982年版,第3073页。

③《史记·儒林列传》,中华书局1982年版,第3115页。

④《史记·孔子世家》,中华书局1982年版,第1947页。

⑤ 金圣叹选批,朱一清注:《天下才子必读书·孔子世家赞》,安徽文艺出版社2003年版,第333页。

十七年之后汉室宗亲刘秀扫荡群雄再次统一天下，史称“光武中兴”。从政策层面上说，光武帝主要针对的是王莽篡权所为并给予拨乱反正。除谶纬等敏感问题外，尚未就文学、史学与汉政权的关系给出明确的态度。迨至明帝，则基本确定了文学、史学回归至武帝、宣帝时代的“缘饰”基调。在此背景下，汉儒对《史记》多有批评之声，代表者如扬雄，他认为：“太史公记六国，历楚汉，讫(记)麟止，不与圣人同，是非颇谬于经。”① 扬氏所言折射出当时文人既要匍匐于皇权之压迫，又要尊圣人之法宪的境遇，这是班氏四杰完成《汉书》同样要面对的现实。诚如班固本人所言：“启发愤满，觉悟童蒙，光扬大汉，轶声前代，然后退入沟壑，死而不朽。”② 他的志向并不亚于司马迁，他写《汉书》也是在追求“不朽”。但不同的是，皇权赋予的“缘饰文成”的定位，迫使他们走到了司马迁及其《史记》的对立面。

(一)旁贯五经

司马迁以“究天人之际，通古今之变”为宗旨，结合自身经历提炼出“发愤著书”的撰史原则，旨在“述往事，思来者”。因此，司马迁的《史记》虽是私人著史，却有囊括古今的宏图大志在其中。汉代仅为他所描绘宏大的史书之一页，无所谓亲疏远近之别。而班彪、班固父子则不然，他们完全是站在天下为汉的立场来从事《汉书》相关写作的，也就必然会受到皇权的制约。兼之，与孔子厄作《春秋》、史迁发愤著书不同，班固是奉敕官修，且深受经学浸染，故重皇权、贯经义必然会在《汉书》中打下深深烙印。而这一点在《汉书·序传下》中有极为详细的阐述：

---

①《汉书·扬雄传》，中华书局1962年版，第3580页。

② 班固《典引·序》，萧统编，李善注：《文选》，中华书局1977年版，第682页。

> 固以为唐虞三代,《诗》《书》所及,世有典籍,故虽尧舜之盛,必有典谟之篇,然后扬名于后世,冠德于百王,故曰:“巍巍乎其有成功,焕乎其有文章也!”汉绍尧运,以建帝业,至于六世,史臣乃追述功德,私作本纪,编于百王之末,厕于秦、项之列。太初以后,阙而不录,故探纂前记,缀辑所闻,以述《汉书》,起元高祖,终于孝平王莽之诛,十有二世,二百三十年,综其行事,旁贯《五经》,上下洽通,为春秋考纪、表、志、传,凡百篇。①

在这里,班固依次阐明了三点意思:首先,先秦史籍有优良传统。所谓“唐虞三代,《诗》《书》所及”不仅是对史书编纂传统的追溯,也是对史书撰写应符合经学标准的强调。而“扬名于后世,冠德于百王”则更是为皇权张目。其次,当前史籍颇令人担忧。在班固看来,一方面,司马迁撰述《史记》是“私作本纪”,终导致汉室帝王出现“厕于秦、项之列”的不堪局面。另一方面,《史记》载述的是从中国上古传说的黄帝到汉武帝当政时期的历史,其后则付之阙如。最后,简介《汉书》的基本内容。尤其是《汉书》的体例及其撰写原则被班固本人总结为“综其行事,旁贯《五经》,上下洽通”,即以经义为标准综合评价人的行为并指导史书编纂,这是一种全然不同于司马迁及其《史记》的史学精神。而造就《汉书》独特体例的根本原因,正在于班氏父子与司马迁有着截然不同的史观。具体而言,“旁贯五经”通过下述四个方面得到体现。

其一,原经义立意定篇。班固写作《汉书》意在尊汉,高祖刘邦自然成为重中之重。他在《叙传下》中盛赞高祖道:“革命创制,

---

①《汉书·叙传下》,中华书局1962年版,第4235页。

三章是纪，应天顺民，五星同晷。”[①] 这是对《周易·革·彖传》中“汤武革命，顺乎天而应乎人”的间接引用。而紧承其后的“西土宅心”“龚行天罚”的文辞也很容易让人想到《尚书》中的《康诰》《甘誓》。其他诸如《汉书》八表多引五经，七十列传多引经据典则更是不胜枚举[②]。在《汉书》中，“旁贯五经”的原则不仅通过内容得到体现，也可在《汉书》的篇目中显露出来。如近人刘咸炘便将其总结为“志《律历》，原上古，志《礼乐》《刑法》，原《易》《书》《礼》，《食货》《郊礼》原《周礼》，《五行》《地理》原《尚书》，《沟洫》原《书》《礼》，《艺文》综六艺，以及论断，皆原经义，是纬六经，缀道纲也”[③]。刘咸炘为一代学术大家，其对《汉书》上承经义的分析极为精辟。虽部分观点值得商榷，但无妨于学界达成共识，即五经经义与《汉书》写作有直接联系。

其二，依经义开创新体。与司马迁在《史记》中“私作本纪”相对，班固在《汉书》中独创“春秋考纪”一体。何谓“春秋考纪”，颜师古注曰：“春秋考纪，谓帝纪也。而俗之学者不详此文，乃云《汉书》一名春秋考纪，盖失之矣。”[④] 在颜师古看来，“春秋考纪”就是“帝纪”，并非常人所谓《汉书》之另一书名。那么班固独创“帝纪”意欲何为？为了说明这个问题，我们先看看史迁之“本纪”。在《史记·太史公自序》中，司马迁详细介绍了“本纪”的创作方法：“网罗天下放失旧闻，王迹所兴，原始察终，见盛观衰，论考之行事，略

---

①《汉书·叙传下》，中华书局1962年版，第4236页。

② 参见王振红：《〈汉书〉“旁贯五经”与汉代史学精神的转变》，《湖北师范学院学报》（哲学社会科学版）2011年第3期。

③ 刘咸炘著，黄曙辉编校：《刘咸炘学术论集·史学编》，广西师范大学出版社2007年版，第235—236页。

④《汉书·叙传下》，中华书局1962年版，第4236页。

推三代,录秦汉,上记轩辕,下至于兹,著十二本纪"①。简言之,"原始察终,见盛观衰"的"王迹"是"本纪"的精髓所在。对此,司马贞《索隐》注曰:"纪者,记也。本其事而记之,故曰本纪。又纪,理也,丝缕有纪。而帝王书称纪者,言为后代纲纪也。"② 刘知几亦云:"纪者,纲纪庶品,网罗万物。考篇目之大者,其莫过于此乎?"③ 作为"王迹","本纪"的重要功能是"纲纪",这与汉初贾谊对《春秋》社会功能的分析完全一致。贾谊认为:"《春秋》者,此之纪者也。"④ 有鉴于此,"本纪"的目的有二:其一,记贤君忠臣、乱臣贼子,目的在于纲纪天下;其二,为后世立法,使后人明晓天下根本大法。但这种责任本应由天子承担,孔子、史迁僭天子之位而行"素王"之业,故有"罪我者其惟《春秋》乎"之叹。以《项羽本纪》为例,项羽并非帝王,而司马迁为其立本纪。一者为尊重史实,无项羽与秦主力作战则无楚汉之争局面之形成;二者则如徐复观先生所说,司马迁为项羽立本纪目的在于"以亡秦之功归项羽"。而为吕后立本纪,不为惠帝立本纪,亦是"一以著历史之真实,一以著吕后之篡夺"⑤。换言之,司马迁立《项羽本纪》《吕太后本纪》而不为义帝、惠帝立本纪,正是落实纲纪天下的具体表现,体现了"本纪"之"原始察终,见盛观衰"的目的。与史迁深受宫刑之辱略微相似,班固亦曾被诬告私改国史而下狱。出狱后奉命官修《汉书》

---

①《史记·太史公自序》,中华书局 1982 年版,第 3319 页。

②《史记·五帝本纪》,中华书局 1982 年版,第 1 页。

③ 刘知几著,浦起龙通释:《史通通释·本纪》,上海古籍出版社 2009 年版,第 33 页。

④ 贾谊撰,阎振益校注:《新书校注·道德说》,中华书局 2000 年版,第 325 页。

⑤ 徐复观:《两汉思想史》(第三卷),华东师范大学出版社 2001 年版,第 210 页。

时，班固不得不改弦更张，故对“春秋考纪”之名必有考究。对此，宋人刘子翚曾作过解释：“班固作《汉书》，惟纪最为严密，事皆详载于传，而撮其要书于纪，固自名之曰春秋考纪，其言有深意焉。”[①]在刘子翚眼里，“春秋考纪”是《汉书》中“最为严密”的体裁，寄托着班固修史之深意。这种解释原本无可厚非，但因“传”详“纪”要，且考虑到该体例以“春秋”为名，便大胆揣测其是班固自比孔子作《春秋》，则未免有点言过其实。朱熹虽曾对此提出过批评，但似乎并不影响后人仍作如是观。如明人杨慎便发问：“班之《叙传》，自目为《春秋考纪》，有意于续获麟乎？”[②]杨慎看似持有疑问，实则是对刘子翚的认同。直至近人王先谦更是明确补注曰：“春秋考纪，谓帝纪也。言考核时事，具四时以立言，如《春秋》之经。”[③]王先谦所注实本于李贤《后汉书》注之引《前书音义》，其注释的重点仅在于考辨书名，并未就“春秋考纪”的具体内容加以说明。而《后汉书·班固传》所述内容与其基本一致，亦未作详解。

其三，藉经义去取史料。司马迁著《史记》虽是以“发愤著书”为内在动力，却始终遵循“考信于六艺”的原则来选取史料，而班固则注重以经义为标准去取史料。以《史记》《汉书》中的“董仲舒传”为例：

> 董仲舒，广川人也。以治《春秋》，孝景时为博士。下帷讲诵，弟子传以久次相受业，或莫见其面，盖三年董仲舒不观

① 刘子翚：《屏山集》（宋集珍本丛刊第四十二册），卷四，线装书局2004年版，第229页。

② 杨慎撰，王大淳笺证：《丹铅总录笺证》卷一，“如日夜出”条，浙江古籍出版社2013年版，第5页。

③ 王先谦：《汉书补注》，中华书局1983年版，第1737页。

于舍园，其精如此。进退容止，非礼不行，学士皆师尊之。今上即位，为江都相。以《春秋》灾异之变推阴阳所以错行，故求雨闭诸阳，纵诸阴，其止雨反是。行之一国，未尝不得所欲。中废为中大夫，居舍，著《灾异之记》。①

董仲舒，广川人也。少治《春秋》，孝景时为博士。下帷讲诵，弟子传以久次相授业，或莫见其面。盖三年不窥园，其精如此。进退容止，非礼不行，学士皆师尊之。②

董仲舒为经学得以确立的关键人物，其所治"《春秋》公羊学"更是直接影响了汉代经学的发展走向。作为曾亲炙于董仲舒的司马迁，在《史记》中仅以200余字将其列入"儒林传"中，不可谓不简略。对比之下，班固在《汉书》中不仅为董仲舒单独列传，还将董仲舒与汉武帝的奏对完整录入。围绕着同一人物、同一事件，《史记》和《汉书》采取了截然不同的史料，其中透露的以经义为准则去取史料的痕迹不言自明。

其四，以经义述史入赞。如班固在《汉书·艺文志》中所言："昔仲尼没而微言绝，七十子丧而大义乖。故《春秋》分为五，《诗》分为四，《易》有数家之传。……《易》曰：'河出图，雒出书，圣人则之。'……《书》曰：'诗言志，歌咏言。'……《易》曰：'有夫妇父子君臣上下，礼义有所错。'而帝王质文世有损益，至周曲为之防，事为之制，故曰：'礼经三百，威仪三千。'"③班固在详细叙述儒家典籍的同时，还将相关经典的生成过程、言说方式以直接引用经

①《史记·儒林列传》，中华书局1982年版，第3127—3128页。
②《汉书·董仲舒传》，中华书局1962年版，第2495页。
③《汉书·艺文志》，中华书局1962年版，第1701—1710页。

义的方式来处理，可视为“以经义述史”的具体案例。诚如章学诚所言：“由刘氏之旨，以博求古今之载籍，则著录部次，辨章流别，将以折衷六艺，宣明大道。”[①] 所谓“刘氏之旨”当是指《汉书》写作以尊汉为要的总体特征，而“折衷六艺，宣明大道”则是指班固撰述《艺文志》的入思方式和准的。儒家经义在此不仅是历史叙事的一种修辞手段，也是一项重要内容。由此，班固还在《汉书》中多次引用经典入赞，如在《董仲舒传》的赞语中就写道：“董仲舒有王佐之材，虽伊吕亡以加，筦晏之属，伯者之佐，殆不及也。”又说：“伊吕乃圣人之耦，王者不得则不兴。故颜渊死，孔子曰：‘噫！天丧余。’唯此一人为能当之，自宰我、子赣、子游、子夏不与焉。”[②] 前者借刘向之口引述经典称赞董仲舒；后者则直接以《论语》所载孔子对颜渊的称赞，作为对董仲舒的肯定。班固认为董仲舒是超越伊尹、吕望、管仲、晏婴等贤臣的关键人物，其对儒学发展的贡献可概括为“《六经》离析，下帷发愤，潜心大业，令后学者有所统一”[③]。其立论的出发点、归宿均为儒家经义，是“旁贯五经”的撰史原则极为生动的写照。

综上，《春秋》笔法作为孔子表达是非褒贬的言说方式，在经学氛围更为浓厚的东汉受到了更多的尊崇。其影响力渗透至史学最为直接的表现形式是班彪、班固对司马迁所著《史记》的批评，班氏父子认为《史记》存在着“是非颇缪于圣人”[④] 的缺陷。因此，班彪强调要按照“依五经之法言，同圣人之是非”的原则来成就一部新的“太史公

① 章学诚著，叶瑛校注：《文史通义校注 · 原道》，中华书局 1985 年版，第 952 页。

②《汉书 · 董仲舒传》，中华书局 1962 年版，第 2526 页。

③《汉书 · 董仲舒传》，中华书局 1962 年版，第 2526 页。

④《汉书 · 司马迁传》，中华书局 1962 年版，第 2737—2738 页。

书”，并在班固的努力下终成“综其行事，旁贯五经”之《汉书》。

（二）以史宣汉

“宣汉”语出王充《论衡·宣汉》篇，其言汉室“四海混一，天下安宁”，对俗儒“好褒远称古”的做法极为不满。在王充看来，圣人也是禀气而生，而汉代并不缺少祥瑞，只是由于“帝王之瑞，众多非一”才会导致“今瑞未必同于古，古应未必合于今”的情况。① 由于王充本人曾言“《宣汉》之篇，论汉已有圣帝，治已太平。”② 故后人或视《宣汉》一文仅为美颂帝业之文，实则该篇另有深意。《宣汉》云：

> 汉之高祖、光武，周之文、武也。文帝、武帝、宣帝、孝明、今上，过周之成、康、宣王。
>
> 周之受命者，文、武也，汉则高祖、光武也。文、武受命之降怪，不及高祖、光武初起之祐。孝宣、明之瑞，美于周之成、康、宣王。③

王充将刘邦、刘秀与文王、武王作比，即以汉比周。其下涌动的是“周汉一脉”的思想，即汉代越过秦而直承周代火德。作为“周汉一脉”思想的具体表现，《宣汉》以“观猎不见渔，游齐、楚不愿宋、鲁”为喻，说明周有《尚书》，汉应有“汉书”。否则，将会出现“汉劣不若（周）”的恶果。他认为“唐、虞、夏、殷，同载在二尺四寸，儒者推读，朝夕讲习”，即《尚书》记载了周代的历史，并成为儒者研习的经典。但在现实中却“不见汉书”，即没有一部能够全面反映汉代

① 王充撰，黄晖校释：《论衡校释·宣汉》，中华书局 1990 年版，第 816 页。
② 王充撰，黄晖校释：《论衡校释·须颂》，中华书局 1990 年版，第 849 页。
③ 王充撰，黄晖校释：《论衡校释·宣汉》，中华书局 1990 年版，第 821、822 页。

历史的史书。因此，他希望有“弘文之人，经传汉事，则《尚书》《春秋》也。儒者宗之，学者习之，将袭旧六为七”。① 王充所论并非他一人所思，“继《尚书》（周书）”而作“汉书”实乃东汉社会士人阶层的共识。

与王充处于同一时期的班固自然也受到了“周汉一脉”思想的影响，这一点可从他以《两都赋》续“雅”“颂”的创作宗旨中得到印证。而不同于王充仅提出“弘文之人，经传汉事”的理论主张，班氏一门将其落到了实处。一部《汉书》就是“班门四杰”——班彪、班固、班超、班昭的心血。据班固本人讲述，班氏为楚令尹子文之后，后避祸于楼烦。四世至班婕妤而成为望族，其后颇受汉室信任。虽于王莽篡权之际“不显”，亦因此“不罹咎”。班彪遭逢更始之乱投靠隗嚣，隗氏见班彪大喜过望，随即问道：“往者周亡，战国并争，天下分裂，数世然后乃定，其抑者纵横之事复起于今乎？”② 隗嚣所问可理解为王莽篡汉之后的乱世是否是春秋战国再现，亦即他能否再现刘邦一统天下的帝业。班彪答曰：“周之废兴与汉异。昔周立爵五等，……今民皆讴吟思汉，乡仰刘氏，已可知矣。”③ 在隗嚣看来，刘邦起兵之际，天下人并不知道他会成为皇帝，而当时托名刘姓而争天下均有问鼎之志。而在班彪眼里，周与汉的兴废是不同的，天下百姓思汉已久，故隗嚣之类的愿望是无法实现的。可见，班彪始终秉承汉室再造的愿望。为了进一步阐述自己的思想，班彪创作了著名的《王命论》，着重表达了三层意思。首先，班彪指出“汉绍尧运”，即刘室得天下与尧据火运一致，都是

① 王充撰，黄晖校释：《论衡校释 · 宣汉》，中华书局 1990 年版，第 821 页。

② 班固：《汉书 · 序传下》，中华书局 1962 年版，第 4207 页。

③ 班固：《汉书 · 序传下》，中华书局 1962 年版，第 4207 页。

"五德终始"的具体表现。因此,他强调刘邦得天下是"神器有命",绝非世俗人所谓的"以智力求"[①]。不仅强化和巩固了刘汉政权的合法性,实则也是对隗嚣等觊觎天下之心的回应。其次,班彪举陈婴、王陵之母的言行为佐证,旨在强调刘氏必兴、项氏必亡。此处以小人物为例,亦是为了强调汉室的影响力之广。再次,班彪还认为刘邦得天下仰仗的是"帝尧之苗裔""体貌多奇异""神武有征应""宽明而仁恕""知人善任使"[②]等五种因素。若单纯从文字上看,班彪的观点颇有几分宿命论的味道。实则不然,班彪所言是以汉代流行的"五德终始"说为理论依据,加上数个遥远的例子和史书中关于刘邦神异的记载,最终目的是要告诫类似于隗嚣的天下群雄"汉绍尧运"的天命不可违。

班固接续了其父班彪强调的"汉绍尧运"的思想,并将其进一步发展成"以史宣汉"的著史行动。《汉书》诞生于汉帝国由崩溃至回归有序的背景下,其早期文本形成于西汉末期帝国崩溃之时,中期则处于社会由无序到有序的过渡,后期正处明、章两朝渐趋稳定之际。故《汉书》最终文本绝非是一家之言,而是既渗透著史者个人的思想,又是"缘饰文成"的意识形态落实于史书撰写的具体表现——以史宣汉。这一点通过对比《史记》《汉书》中关于"鸿门宴"的记载就可以看出:

> 沛公旦日从百余骑来见项王,至鸿门,谢曰:"臣与将军戮力而攻秦,将军战河北,臣战河南,然不自意能先入关破秦,得复见将军于此。今者有小人之言,令将军与臣有卻。"项王曰:

① 班固:《汉书·序传下》,中华书局1962年版,第4209页。

② 班固:《汉书·序传下》,中华书局1962年版,第4211页。

> “此沛公左司马曹无伤言之；不然，籍何以至此。”项王即日因留沛公与饮。项王、项伯东向坐，亚父南向坐。亚父者，范增也。沛公北向坐，张良西向侍。①
>
> 沛公旦日从百余骑见羽鸿门，谢曰：“臣与将军戮力攻秦，将军战河北，臣战河南，不自意先入关，能破秦，与将军复相见。今者有小人言，令将军与臣有隙。”羽曰：“此沛公左司马曹毋伤言之，不然，籍何以至此？”羽因留沛公饮。②

司马迁以“互见法”将鸿门宴置于《项羽本纪》中，不仅是为了凸显项羽的主体地位，实则也是对刘邦诸多劣迹的展览。而同样的事件在《汉书》中则采取了截然不同的处理方式，一方面，班固将该事件置于《高帝纪》中，实则是要宣示高祖刘邦的历史作用。另一方面，班固将《史记》中“东向坐”“南向坐”等语尽数删除，意在淡化项羽势强、刘邦势弱的客观史实。由此可见，皇权参与史书编纂赋予“以史宣汉”的内涵在于，帝王和撰史者以“合谋”的方式将历史以符合其需要的方式“虚构”出来，这是一种建立在权力基础上的历史文本。封建帝王采取此种策略与其说是顺应社会发展需要，不如说是为了巩固皇权。

诚然，“以史宣汉”的精髓在于宣扬大汉帝国的丰功伟业，故班固著史的立场与司马迁有较大差异。但“以史宣汉”的出发点，并未让班固及其所著《汉书》悖弃中国史学一以贯之的“秉笔直书”传统。尤其是他继承了司马迁所创的“互见法”，对汉室统治下存在的诸多弊端也给予了有力的揭露。比如《汉书·食货志》中收

① 司马迁：《史记·项羽本纪》，中华书局1959年版，第312页。
② 班固：《汉书·高帝纪》，中华书局1962年版，第26页。

录有晁错所著《论贵粟疏》,《史记》未收录该篇文字。该文强调了农业为本的汉帝国所应坚持的经济政策,并对底层民众春耕夏种秋收冬藏的艰辛生活状况表达了同情之心,故也被视为反映民生疾苦的檄讨之文。班固将其收录入《食货志》而未放在《晁错传》中,正是充分利用"互见法"以补充历史细节。因为此文所描绘的情景发生在历来受到肯定的"文景之治"时期,民众在所谓的"盛世"尚且仅能维持生存,一旦遭遇天灾人祸就往往无法避免卖田卖儿的悲惨命运。此外,班固在《汉书》中还对汉武帝穷兵黩武的扩边政策、汉室的腐败有所揭露。如他仿效《史记》,在《汉书》中也设有"酷吏传"。一方面通过对张汤、赵禹等酷吏的记载,以达昭示后人的著史目的;另一方面则从侧面揭示了汉帝王统治的残暴,需知如无帝王的默许则无酷吏的猖狂。而《汉书·景十三王传》对刘姓诸侯王残暴、荒淫生活的描写,亦是对汉室腐败的揭露。

不过,尚需说明的是,"缘饰文成"的时代任务不仅通过《汉书》的编纂等"正向"工作得到彰显,还通过班彪、班固父子对司马迁的批评等"反向"工作得到体现。班彪曾在《王命论》中对汉室复兴表达了坚定的信念,其子班固被拜为"兰台令史"后,正式开始了"斟酌前史而讥正得失"的工作。所谓"前史",即指司马迁所著《史记》。《后汉书》详细记载了班彪对司马迁的批评:"诚令迁依五经之法言,同圣人之是非,意亦庶几矣。……司马迁序帝王则曰本纪,公侯传国则曰世家,卿士特起则曰列传。又进项羽、陈涉而黜淮南、衡山,细意委曲,条例不经。"[①] 所谓"条例不经"即是以五经为评价标准去考核司马迁所撰《史记》的成败。据《后汉书》记载,班彪认为《史记》存在着"论术学,则崇黄老而薄五经;序货

①《后汉书·班彪列传》,中华书局 1965 年版,第 1325—1327 页。

殖，则轻仁义而羞贫穷；道游侠，则贱守节而贵俗功”[①]的问题。班彪的观点对班固产生了直接的影响，班固在《汉书·司马迁传》中指出：“其是非颇缪于圣人，论大道则先黄老而后六经，序游侠则退处士而进奸雄，述货殖则崇势利而羞贱贫，此其所蔽也”[②]。显然，班固对司马迁的批评实则来源于班彪。下面我们一一分述之。

“论述学，崇黄老而薄五经”，或曰“论大道则先黄老而后六经”应是指司马谈。司马迁素来强调“考信于六艺”，绝不可能有悖离五经之论。班彪指出时人之所以可以知古，依靠的是《左氏》《国语》《世本》《战国策》《楚汉春秋》《太史公书》，但司马迁所著《太史公书》“条例不经”，不足为法。因为班彪不仅对司马迁所强调的“贬天子”不以为意，还对司马迁著《太史公书》的动机、目的有较多误读。徐复观先生在分析班氏父子对《史记》的批评时指出：“在未立五经博士以前的五经的精神，广博而生动；在立五经博士以后，五经之出于博士者，其精神自然狭隘而拘滞。……史公所习者盖立五经博士以前之六艺，故能深入于社会生活之中。”[③]徐氏所论虽带有鲜明的新儒家色彩，却也很好地点明了司马迁与班彪立场的差别，后者论史的目的在于“以史宣汉”。这一点被班固所继承，他在《汉书·司马迁传》中删去了“太史公自序”中的“贬天子”，略采班彪之文并加以推演，根本立场仍局限在“司徒掾班彪曰”的视野之内。

“道游侠，则贱守节而贵俗功”，或曰“序游侠则退处士而进奸雄”是班氏父子对司马迁批评的纬度之二。“进”即颂、赞美，“退”即否定、批评。司马迁认为儒士都是靠阿谀奉承才得到公卿的地位

---

①《后汉书·班彪列传》，中华书局1965年版，第1325页。
②《汉书·司马迁传》，中华书局1962年版，第2737—2738页。
③ 徐复观：《两汉思想史》（第三卷），华东师范大学出版社2001年，第289页。

和君主的宠爱，他对这些儒士所持的是讽刺的态度；但他对下层社会的学士所持的是怜爱之情，更让他赞颂的是游侠，这一点却引起班氏父子的不满。因为汉代游侠是一种复杂的社会分子，既有社会中上层的“豪杰”人物（如朱家之流），也有下层各色人等（即“闾巷之侠”“乡曲之侠”“布衣之侠”）；有义士侠客，也有地痞流氓。他们无严密组织，依从著名的头脑人物，活动范围较广，社会能量较大，最大的特点是结成社会团伙，自行其是，不遵官府法度。随着国家的发展，汉代君主对权力的把控愈演愈烈。如“光武中兴”时，统治者致力于整顿吏治，加强中央集权。“权”只能专属于封建统治的皇朝，其他人尤其“布衣”阶层是没有任何权力的。“游侠”在当时实属“布衣”，所以一旦“游侠”触犯皇权，就会有杀身之祸。如郭解之父“任侠”，文帝时被诛死，他本人被逼得到处流窜躲匿，武帝时亦死于官府屠刀下。《史记·游侠列传》载御史大夫公孙弘之语曰：“解布衣为任侠行权，以睚眦杀人，解虽弗知，此罪甚于解杀之，当大逆无道。”① 这里郭解行使了只有王权统治者才能行使的权力，是“奸雄”行为。但司马迁却把他列入了《游侠列传》，所以班固认为这是“进奸雄”的表现。

“序货殖，则轻仁义而羞贫穷”，或曰“述货殖则崇势利而羞贱贫”也是班氏父子批评司马迁的重点。司马迁认为人们在“利”面前是平等的，每个人都有追求利益的自由。大官、名士、军士、少妇、美女、渔翁、猎人、医方诸食技术之人、奸猾吏士、农工商贾畜长的生产经营者，都想争富求利，正是这些互夺利益的人才产生了许许多多的货殖人物，才促进了国家经济的健康发展，司马迁认为这些人物在国家的发展中有不可替代的作用，所以把他们写进了《史记》。

①《史记·游侠列传》，中华书局1982年版，第3188页。

但司马迁在肯定人们通过求富争利使国家富强的同时，亦反对官府与民众争夺利益，尤其是反对那些以特权谋取利益的恶行。他说："故善者因之，其次利道（导）之，其次教诲之，其次整齐之，最下者与之争。"① "因"→"利导"→"教诲"→"整齐"→"争"之依次递降层级足以证明他反对统治者与民争利，只要人民遵纪守法，通过正确的渠道争取利益，国家就不必对他们严加管制，而应该对通过权力获得财富的人进行管教限制。只有这样才能鼓励人民谋生营利，使国家变得富强。与此相反，班固认为司马迁在生产和贸易问题上涉及大量的农工商贾畜长的生产经营者，是重利轻义的表现。在班固看来，贫富之分，贵贱之别，不可逾越，应当"贵谊（义）而贱利"，只有这样才能上下有序，百姓安分守己；不能破坏礼法，不能助长贪欲，否则要加以限制或压制；侵犯皇朝权利及"犯奸成富"是不轨行为，是造成社会动乱的因素，自然要加以教化管制。所以班固反对"崇势利而羞贱贫"。而导致二者观点差异的根源亦不言自明：班固的《汉书》是奉旨而作，故而他秉持的是统治者的立场；而司马迁的《史记》是私史，秉持的是个人的观点。

综上，中国史学有其独特的"历史哲学"，其精神之源为孔子寄寓于《春秋》的"微言大义"和绝笔于获麟的痛哭之中。在经学话语形成之初，司马迁秉承着"贬天子，退诸侯，讨大夫"的原则来完成《史记》，实则是继承了孔子作《春秋》的精神。而在经学话语成为官方唯一认可的意识形态话语和全体社会成员的政治信仰之后，"贬天子"就从班固《汉书·司马迁传》中消失不见。这不仅说明中国古代很长一段时间里，文史哲并非泾渭分明。更印证了后世学者所言："经史一物也。史而不经，则为秽史矣，何以垂戒鉴

①《史记·货殖列传》，中华书局1982年版，第3253页。

乎？经而不史，则为说白话矣，何以彰事实乎？故《春秋》一经，春秋一时之史也。《诗经》《书经》，二帝三王以来之史也。而《易经》则又示人以经之所自出，史之所从来，为道屡迁，变易匪常，不可以一定执也。故谓'六经'皆史可也。"① 于本书而言，经学视野下的史论着力于解决三个问题：其一，孔子厄作《春秋》与司马迁"发愤著书"的关系；其二，《春秋》义法与《史记》笔法的关联，《汉书》缘饰文成、以史宣汉的经学因子；其三，汉人基于经学视野给予司马迁及其所著《史记》何种评价。前者是经史互渗的开端，中经司马迁、班固各自的发挥而成《史记》《汉书》，后者则以汉人对司马迁及《史记》的评价而成一大文化盛景。无论是史作，还是史评，都表征出汉代经学对史学的统摄与归约。

第三节　经学视野中的赋论

作为"一代之文学"，赋是汉代最富时代气息的文学样式。一方面，汉赋创作具有鲜明的"尚文求美"之艺术倾向；另一方面，汉赋批评则有着特殊的"尚用讽谏"之功利要求。因此，创作上艺术美潜滋暗长，批评上功能论贯穿始终，两者并驾齐驱，共同形成了两汉赋学唯美、尚用的重要特色。然而，汉人论赋以"依经立义"为出发点和归宿，囿于儒家"美刺"功利致用之文学观念，往往在汉赋尚美的艺术倾向和讽谏的思想追求上表现出矛盾。其关于赋体（赋之文体论）、赋法（赋之创作论）、赋美（赋之艺术美）、赋用（赋之功能论）、赋评（赋之批评论）的丰富思想，无不打上经学的烙印。

---

① 李贽：《读史·经史相为表里》，《焚书》，中华书局1974年版，第593—594页。

一、本体论

作为一种新兴的文学样式，汉赋并非简单地从某一种文学样式直线发展而来。在创作形式上，它脱胎于以屈原为主的楚辞；在指导思想上，它深受儒家诗教的影响。也正缘于此，就赋的文体性质及汉赋的起源与发展问题，汉代赋论家司马迁、刘歆、班固等人主要从文体本身形成发展的角度，探寻了赋与《诗经》《楚辞》的渊源关系。司马迁以“辞赋无别”显示出其对汉赋渊源及辞赋关系的理解，认为汉赋直承《楚辞》发展而来。班固在辞赋混同的背景下，紧承刘歆“不歌而诵”的观点，进一步提出赋为“古诗之流”，从诗赋共同的政治作用着眼，探讨赋体的起源和发展方向，使赋与《诗经》具有了清晰的渊源关系。除此之外，汉人论赋还往往诗赋连论，或以颂称赋，表现出多源性和丰富性。

其一，辞赋无别。即言汉赋源于楚辞，直承楚辞发展而来。汉代士人对此虽无明确的理论阐述，但行文叙述时往往辞、赋连称。如司马迁《史记·司马相如列传》言“景帝不好辞赋”；班固《离骚序》说屈原“其文弘博丽雅，为辞赋宗”，均为辞赋不分。据《文心雕龙·谐隐》载：“汉世隐书十有八篇，歆固编文，录之歌（案，歌当为赋）末。”①从《诗赋略》的辞赋著录及分类情况来看，刘歆、刘向乃至班固均称屈原之作为赋，同时又将“隐书”著录于“杂赋”类中。由此可见，他们也并未对辞、赋、隐书加以细致区别。而司马迁对汉赋渊源问题的看法，则可从他作《史记》将屈原、贾谊合传，并统称屈贾以及宋玉、唐勒、景差的辞、赋作品为“赋”的实际做法中显露出来。《史记·屈原贾生列传》除评论《离骚》外，还载录了《渔父》《怀沙》《吊屈原》

① 刘勰著，范文澜注：《文心雕龙注·谐隐》，人民文学出版社1958年版，第271页。

《鹏鸟》四篇作品。传中谓屈原“乃作《怀沙》之赋”，以“赋”称屈原的楚辞作品；又言贾谊“为赋以吊屈原”，“为赋以自广”，称《吊屈原》《鹏鸟》为赋。显然，他认为贾谊赋作无论在艺术结构还是精神实质上都直承楚辞而来，与楚辞并无本质区别。同时，《屈原传》有“屈原既死之后，楚有宋玉、唐勒、景差之徒者，皆好辞而以赋见称”①之言，说宋玉等人都好文辞并以赋见称，将他们的楚辞体和赋体文学作品一概称之为“赋”。可见在司马迁眼里，楚辞与汉赋都可称为“赋”，“辞”“赋”无别。当然，同在汉代，亦有对楚辞和赋两种文体略作区分者，如西汉末刘向编《楚辞》，东汉王逸作《楚辞章句》都未收贾谊《吊屈原赋》《鹏鸟赋》。

其二，“不歌而诵”。刘歆引其父刘向语，指出了赋与诗歌文体性质的区别，认为诗可合乐歌唱，赋则“不歌而诵”。《汉书·艺文志·诗赋略序》论曰：

> 传曰：“不歌而诵谓之赋，登高能赋可以为大夫。”②言感物造耑，材知深美，可与图事，故可以为列大夫也。古者诸侯卿大夫交接邻国，以微言相感，当揖让之时，必称《诗》以谕其志，盖以别贤不肖而观盛衰焉。故孔子曰“不学《诗》，无以言”

①《史记·屈原贾生列传》，中华书局1982年版，第2491页。

② 此处《传》疑为刘向《别录》，《诗·鄘风·定之方中》的《毛传》云：“升高能赋，……可以为大夫。”但“不歌而诵”不见于《毛传》。刘勰以为是刘向所言（见《文心雕龙·诠赋》），认为“传曰”应置于“不歌而诵谓之赋”句之后。班固《汉书·艺文志》以二刘《七略》为蓝本“辑略”而成，因而其《诗赋略》所载及其论述，并非一定为班固个人意见，也应视作刘向、刘歆之汉赋观。不过，今有学者认为《汉志·诗赋略》“不歌而诵谓之赋”一语不涉及赋体定义。参见曹虹：《“不歌而诵谓之赋”考论：关于赋体定义的一点厘清》，《中国辞赋源流综论》，中华书局2005年版，第13—25页。

> 也。春秋之后，周道浸坏，聘问歌咏不行于列国，学《诗》之士逸在布衣，而贤人失志之赋作矣。大儒孙卿及楚臣屈原离谗忧国，皆作赋以风，咸有恻隐古诗之义。其后宋玉、唐勒，汉兴枚乘、司马相如，下及扬子云，竟为侈丽闳衍之词，没其风谕之义。是以扬子悔之，曰："诗人之赋丽以则，辞人之赋丽以淫。如孔氏之门人用赋也，则贾谊登堂，相如入室矣，如其不用何！"①

班固站在儒家诗教立场上，引刘向父子汉赋之源流说，论述了从"称《诗》谕志"发展到"贤人失志"再到"作赋以风"的过程，将由《诗》至赋的流变脉络勾勒得非常清楚：首先，将春秋"赋《诗》言志"的传统视为汉赋起源的文化土壤，言"古者诸侯卿大夫交接邻国，以微言相感，当揖让之时，必称《诗》以谕其志"，突出诗"别贤不肖"和"观盛衰"的功能。接着，从政教功用入手，论述赋体起源。认为"赋《诗》言志"的传统在春秋中断以后，学《诗》之士依赋诗以讽、颂的传统写下了"贤人失志之赋"。并以屈原、荀卿为代表，言其通过"作赋以风，咸有恻隐古诗之义"，直接将赋之"讽"与《诗》之"讽"对接，道明赋的产生与《诗》的同一基础。然后，批评宋玉以降至汉赋的主要作家如司马相如、扬雄等人赋皆词尚侈丽，"没其风谕之义"，丧失了屈、荀及古诗的讽谕精神。最后，引录扬雄《法言·吾子》中"丽则"观，以批评赋家与诗人之悖离，认同扬雄"孔门用赋"之说，进一步突出了诗赋之关联。

其三，"古诗之流"。班固以社会历史为背景，对辞赋的产生和发展作了史的稽考，并以此说明汉赋与《诗经》的继承、发展关系——"赋者，古诗之流"，言明赋是古诗的一个流脉，是从《诗经》

---

①《汉书·艺文志》，中华书局1962年版，第1755—1756页。

发展而来。其《两都赋序》曰：

> 或曰："赋者，古诗之流也。"昔成康没而颂声寝，王泽竭而诗不作。大汉初定，日不暇给。至于武宣之世，乃崇礼官，考文章，内设金马石渠之署，外兴乐府协律之事，以兴废继绝，润色鸿业。是以众庶悦豫，福应尤盛。《白麟》《赤雁》《芝房》《宝鼎》之歌，荐于郊庙，神雀、五凤、甘露、黄龙之瑞，以为年纪。故言语侍从之臣，若司马相如、虞丘寿王、东方朔、枚皋、王褒、刘向之属，朝夕论思，日月献纳。而公卿大臣御史大夫倪宽、太常孔臧、太中大夫董仲舒、宗正刘德、太子太傅萧望之等，时时间作。或以抒下情而通讽谕，或以宣上德而尽忠孝，雍容揄扬，著于后嗣，抑亦《雅》《颂》之亚也。故孝成之世，论而录之，盖奏御者千有余篇，而后大汉之文章，炳焉与三代同风。①

在此，班固将汉赋形成、发展分为大汉初定、武宣之世、孝成之世三个历史阶段，以直探本源的论述方式，围绕"赋者，古诗之流"这一论点，阐述了赋是"《雅》《颂》之亚"，继承了雅颂之诗"抒下情""宣上德"的精神传统。首先，引旧说"赋者，古诗之流"肇端，说明古诗与赋的关系，承续前人"赋"承"诗"的观点，为赋体注入了正宗的经学"血统"，认同赋的源头是《诗》。接着，发展刘向父子"不歌而诵谓之赋"之说，将论述焦点聚于汉廷"献赋"制度，以汉代"献赋"制度为上古"献诗"制度的承续立论，立足武宣之世的瑞应，以隐写盛世，从司马相如等"言语侍从"和倪宽等"公卿大臣"

① 萧统编，李善注：《文选》，中华书局 1977 年版，第 21—22 页。

的赋作展开论述，将从“献诗”到“赋诗言志”的全部诗歌（政治）活动都看作是汉赋起源的文化前提，突出其相似的政教功用——“颂”。第三，从赋用论出发，基于赋对诗教之“美”“刺”精神的传承，进一步将赋“讽”“颂”之政教功用表述为“抒下情而通讽谕”和“宣上德而尽忠孝”，并对“美”是汉赋发挥政教作用的主要功能之一进行明确规定，谓辞赋乃“《雅》《颂》之亚”，以至延及孝成之世，“奏御者千有余篇”，终使“大汉文章，炳焉与三代同风”。由此，班固不仅发展了《艺文志》中仅仅立足“周道浸坏”的衰世，强调“作赋以风”的赋之“讽谏”功用，避免了西汉时期从司马迁到扬雄等汉赋批评家一味地强调“以赋讽谏”的片面性；而且将“大汉文章”之赋与《诗》之雅、颂直接比况，凸显了汉赋与三代《诗》在班固眼中的同等地位。

其四，诗赋连论。在班固明确提出赋为“古诗之流”后，汉人多以诗赋连称。如王符便直接将诗赋两种文学体裁合二为一连论，其《潜夫论·务本》云：

> 诗赋者，所以颂善丑之德，泄哀乐之情也，故温雅以广文，兴喻以尽意。今赋颂之徒，苟为饶辩屈蹇之辞，竞陈诬罔无然之事，以索见怪于世，愚夫戆士，从而奇之，此悖孩童之思，而长不诚之言者也。①

这里，王符从理论主张和实践操作两方面为诗赋两种文学体裁立论：从理论主张上看，王符继承发扬了《诗大序》《礼记·乐记》以

① 王符著，汪继培笺，彭铎校正：《潜夫论笺校正·务本》，中华书局1985年版，第19—20页。

来关于诗乐的相关论述，认为诗赋的主要内容是美、刺“善丑之德”，抒写、宣泄“哀乐之情”；诗赋的表现手法是“兴喻以尽意”；诗赋的风格趋向是“温雅以广文”。在美、刺之外，同时强调诗赋的情感宣泄功用，注重诗赋的抒情特质，尤其难能可贵。从实践操作上看，王符则对当时的赋颂之徒极为不满，认为其赋作所用之辞“饶辩屈蹇”，所陈之事“诬罔无然”，所达效果“见怪于世”，具有“悖孩童之思”“长不诚之言”的消极影响。这种评判客观地说，有失公允。诚如何新文先生所说：“王符继承了桓谭、王充以来对虚妄、不实的批判精神，但却缺少了对当时诗赋创作思想艺术成绩的分析肯定。”①

其五，以颂称赋。“赋”和“颂”原本是两种不同的文体，但汉代往往可见以赋为颂，或赋颂通称者。司马迁《史记·司马相如列传》称《大人赋》为“大人颂”；《汉书·王褒传》称《洞箫赋》为“洞箫颂”；王充《论衡·遣告》篇称扬雄《甘泉赋》为“甘泉颂”，且在《定贤》《案书》《自纪》等篇，均多“赋、颂”连称之处。基于对赋之“颂美”价值的肯定，王延寿《鲁灵光殿赋序》曰：

> 曰：“嗟乎！诗人之兴，感物而作。故奚斯颂僖，歌其路寝。而功绩存乎辞，德音昭乎声。物以赋显，事以颂宣，匪赋匪颂，将何述焉！”遂作赋。②

在此，王延寿本着“感物而作”的创作原则，又鉴于奚斯作诗歌颂鲁僖公宫庙正寝而作《诗经·鲁颂·閟宫》的前代事实，提出“物

① 何新文等：《中国赋论史》，人民出版社2012年版，第49页。

② 萧统编，李善注：《文选》，中华书局1977年版，第168页。

以赋显,事以颂宣,匪赋匪颂,将何述焉"的"以赋为颂"的赋颂思想。他懂得"诗人之兴,感物而作"之创作原理,对赋颂的内容特点及价值意义给予了全面肯定,认为赋的创作在于铺采摛文,以宣扬事业,赋颂德音。因此,王延寿"在《鲁灵光殿赋》中,就完全是以一种无比惊喜、赞叹的笔调,来描写自己所亲见亲历的事物,来表现为之所激起的真实感情的。从而也使他的赋作极为鲜明地表现了一种既赋且颂、以赋为颂的思想倾向"①。

综上,汉人关于赋体性质的探讨和论述,无论是辞赋无别、"不歌而诵""古诗之流",还是诗赋连论、以颂称赋,都是在不同程度或不同层面上将赋比附于《诗》,以攀援上"经"的权威与光辉,为赋争取立足于文坛的重要地位。

二、创作论

汉人就赋法的讨论,主要涉及论赋的创作原则和写法技巧。汉代赋作家多从自身创作实践出发,亲验作赋之法。一方面抓住赋家创作之关键——"赋家之心",提出"摹拟"以达"神化"之境的创作路径,突出赋家"控引天地、错综古今"的超强艺术想象力和高度艺术概括力;另一方面受经学法度限制又对汉赋之过度虚构夸张颇有微词,主张"疾虚妄""务实诚",以"义正""事实"为创作原则,强调创作内容的真实性。

(一)"赋家之心"

作为汉代的一位赋大家,司马相如率先从自身创作实践出发,直接阐述了作赋之关键——"赋家之心"。《西京杂记》卷二载录

---

① 何新文:《辞赋散论·王延寿和他的〈鲁灵光殿赋〉》,东方出版社 2000 年版,第 108 页。

了其回答友人盛览作赋方法的一段话说：

> 司马相如为《上林》、《子虚》赋，意思萧散，不复与外事相关，控引天地，错综古今，忽然如睡，焕然而兴，几百日而后成。其友人盛览，字长通，牂牁名士，尝问以作赋，相如曰："合綦组以成文，列锦绣而为质，一经一纬，一宫一商，此赋之迹也。赋家之心，苞括宇宙，总览人物，斯乃得之于内，不可得而传。"①

关于"心"，曹顺庆先生说："'心'可以成为我们探寻中国古文论特色的一个窗口，可以成为寻求文学魅力千古之谜的一把钥匙。"②在文学活动中，"心"是发现美、创造美和接受美的关键。这里，司马相如从赋家主观层面来谈作赋之法，抓住了艺术创作的关键概念——"赋心"。"赋家之心"涉及艺术创作中的形象思维问题，是赋家创作的前提，或谓赋家作赋必须具备的基本素质。所谓"苞括宇宙，总览人物"与《史记·孟子荀卿列传》中载战国时齐人邹衍骇人的宇宙意识、时空观念——"称引天地剖判以来"，"及海外人之所不能睹"③，从思想到手段上都极为相似，反映出当时经学特别是今文经学的宇宙观、时空观对赋家辞赋观的渗透④。赋既是时间艺术，也是空间艺术。赋作内容广博，篇幅宏达，它要求赋家内心

① 葛洪：《西京杂记》，中华书局1985年版，第12页。

② 曹顺庆：《中国文化与中国文论》，内蒙古教育出版社2000年版，第122页。

③《史记·孟子荀卿列传》，中华书局1982年版，第2344页。

④ 齐文化中阴阳家代表邹衍的宇宙意识、时空观念在今文经学吸纳齐文化的思想意识并成为一种学术文化思潮之后流行开来，司马相如亦可能受其启迪影响。参见边家珍：《汉代经学与文学》，华龄出版社2005年版，第230—232页。

具备超强的艺术想象力与总体把控大千世界的高度艺术概括力，要能囊括宇宙天地，总览世界万物，了解历史和现实生活中的各色人等，积累丰富的创作素材。唯有如此，赋家才可能驱遣自如，纵横驰骋。也正缘于此，后世赋家多在如何培养"赋家之心"上下工夫。这就形成了扬雄以"摹拟"达"神化"之境的创作方法。

扬雄早年以其敏锐的目光，体察到相如赋自由驰骋、出神入化、控引天地、超越时空的高度浪漫主义精神，并极力加以推崇和模仿。其《答桓谭书》云："长卿赋不似从人间来，其神化所至邪，大谛能读千赋，则能为之。谚云：'伏习象神，巧者不过习者之门。'"[①] 扬雄直承相如"赋心说"，从"心"的问题进一步谈到"神化"这一错综古今、驰骋想象的艺术境界。在扬雄看来，就像谚语"伏习象神，巧者不过习者之门"所说那样，作赋也遵循熟能生巧的规律，能读千赋，则能为赋。不过，就如何达到"神化"这一艺术境界，扬雄在《法言·问神》中还作了明确的答复："昔乎，仲尼潜心于文王矣，达之。颜渊亦潜心于仲尼矣，未达一间耳。神在所潜而已矣。"[②] 显然，"神化"需"潜心"才可得。换句话说，要写好赋，"伏习"、摹拟固不可少，但"潜心"更为重要。也正缘于此，盛览听闻司马相如"赋家之心"说后，便产生了"终身不复敢言作赋之心"的想法。而与《西京杂记》载司马相如为《上林》《子虚》赋"几百日而后成"相似，《新论·道赋》亦详载桓谭和扬雄作赋之艰难，如桓谭作小赋"用精思太剧，而立感动致疾病"，扬雄自言作赋情景云："成帝时，赵昭仪方大幸，每上甘泉，诏使作赋，一首

① 严可均：《全汉文》，卷五十二，商务印书馆 1999 年版，第 535 页。

② 扬雄撰，汪荣宝义疏，陈仲夫点校：《法言义疏·问神》，中华书局 1987 年版，第 137 页。

始成，卒暴倦卧，梦五藏出地，以手收内之，及觉，大少气，病一年。”①由此可见，只有通过对汉赋的广泛学习，积累丰富的经验，并呕心沥血地精心拟作，佳作方得。也正是在这个意义上，我们说扬雄拟《易》而作《太玄》，拟《论语》而作《法言》，拟相如赋而创作著名的四大赋，并不是为摹拟而摹拟，而是通过向经典学习，向圣人靠拢，以“摹拟”达“神化”之境，与其宗经、征圣、明道的思想倾向不无关系。

（二）务真求实

王充论赋崇尚“真”，极力批判虚假、迷妄，倡导真实、纯净的文风，关注真情实感在创作中的重要作用，推崇文学作品的独创与个性。在他眼里，真实是一切言语著作（包括文学作品）应遵循的根本准则，他极力贬责汉赋虚构夸张的艺术表现手法。其《论衡·谴告》云：

> 孝武皇帝好仙，司马长卿献《大人赋》，上乃仙仙有凌云之气。孝成皇帝好广宫室，扬子云上《甘泉颂》，妙称神怪，若曰非人力所能为，鬼神力乃可成。皇帝不觉，为之不止。长卿之赋，如言仙无实效；子云之颂，言奢有害，孝武岂有仙仙之气者，孝成岂有不觉之惑哉？然即天之不为他气以谴告人君，反顺人心以非应之，犹二子为赋颂，令两帝惑而不悟也。②

王充极力抨击汉赋“虚妄”之言，否定其夸张虚构的浪漫主义特色。他指责《大人赋》造就的那种虚无缥缈、若有若无的“仙仙之

① 桓谭撰，朱谦之校辑：《新辑本桓谭新论·道赋》，中华书局2009年版，第52页。

② 王充撰，黄晖校释：《论衡校释·谴告》，中华书局1990年版，第641—642页。

气”,批评《甘泉赋》“妙称神怪”的非现实的虚构和夸张,言其造成了“言仙无实效”“言奢有害”,反“令两帝惑而不悟也”的后果,均为虚妄不实的言辞,无法达到讽谏之目的。

不仅如此,王充还直接忽略掉文学与其他社会科学的界限,将赋中荒诞不经、仙怪灵异的描写、夸张虚构的浪漫主义手法,甚至想象这双文学创作的翅膀全纳入“虚妄”范畴。如司马相如《天子游猎赋》中连篇累牍的铺张描绘与十分大胆的夸张、驰骋云天的想象,在他看来亦属于“虚妄之言”,不是“实事”,不符合“实诚”的要求。

这里,王充对“虚妄之言”的抨击,对汉赋夸张虚构的浪漫主义手法的否定,与其反对今文经学和谶纬经学有密切的关系。他直面汉代谶纬神学盛行的现实,将矛头直指汉代经学家和方术士制造的当代“神话”,对今文经学的荒谬之处进行了理论上的颠覆,揭示出今文学家失却真实、流于“怪异”的理论弊端,极力提倡文学创作的真实性,以疾虚妄、求真美为主旨,将“疾虚妄”“务实诚”视为文学创作的基本原理。但与此相反,王充对经书的论著又持不同的评判标准,其《艺增》对《尚书》《易经》《诗经》《论语》等的虚妄成分又做了恰当的分析和肯定,也反映出他对儒家经典的极力推崇以及自身思想的某些内在矛盾。

与王充标举“疾虚妄”“务实诚”相似,班固在汉赋创作上提出了“义正”“事实”主张。“义正”强调歌颂封建礼制、明君贤臣;“事实”强调信而有征。一切“事实”内容都应符合“义正”之法度,代表了封建时代正统的审美理想。班固赞同并支持古文经学,进而在辞赋创作中贯彻了其求真务实的运思理路,提倡创作需“义正”“事实”。在《两都赋》结尾,班固借西都宾和东都主人的对话表明自己的创作原则:

> 主人曰："复位，今将授子以五篇之诗。"宾既卒业，乃称曰："美哉乎斯诗，义正乎扬雄，事实乎相如，匪唯主人之好学，盖乃遭遇乎斯时也。小子狂简，不知所裁，既闻正道，请终身而诵之。"①

班固将《明堂诗》《辟雍诗》《灵台诗》《宝鼎诗》《白雉诗》五诗直接与扬雄、相如之赋相比附，认为其"义正乎扬雄，事实乎相如"。在这里，班固一方面将马、扬之赋视为崇高典范，其作《两都赋》在结构形式上明显模仿了司马相如《子虚》《上林》赋。另一方面，又不满于马、扬之赋夸诞不信的藻词丽句，其作《两都赋》内容上减少了很多夸饰成分，更加注重征实，"能够运用较多的实际史地材料，对当时的社会风貌的描写有一定的真实性，较之司马相如、扬雄的赋作，有不少实在的内容。其间虽用了一些夸张的比喻，但还是比较真切、具体的。其布局谋篇、遣词用句方面，也经过了严谨的考虑，有较强的逻辑性，表现出较为严整、富赡、平实、晓畅的特色"②。

当然需要指出的是，与把艺术真实完全等同于生活真实的"征实"原则不同，班固虽然强调"义正""事实"，但又认为出于艺术表现的需要，在一定范围内适当地夸张、想象又是必需的，其评述扬雄《甘泉赋》言："故遂推而隆之，乃上比于帝室紫宫，若曰此非人力之所为，党（倘）鬼神可也。"③即是明证。

① 萧统编，李善注：《文选》，中华书局1977年版，第35页。
② 边家珍：《汉代经学与文学》，华龄出版社2005年版，第144页。
③《汉书・扬雄传》，中华书局1962年版，第3535页。

三、艺术论

汉赋作为一种唯美尚丽之文学,是一种追求极致艺术美的典范文体。它以铺采摛文、华丽多夸的宏衍巨丽为特色,深受汉代统治者喜爱。汉代赋论家们注意到汉赋语言文辞之"丽",对其文学性、艺术性加以体认,关注汉赋穷极文辞之丽、崇尚宏达之美的艺术表现形式;同时又批评其过度地夸饰与"綦组",提出事辞相称的"丽则"观和丽雅征实的"典实"观,倡导汉赋思想内容与艺术形式的统一,体现了"依经立义"的鲜明特色。

(一)"赋迹"——綦组锦绣的艺术特征

《西京杂记》卷二载,司马相如回答友人盛览作赋之关键时曾提到"赋之迹":"合綦组以成文,列锦绣而为质,一经一纬,一宫一商,此赋之迹也。"[①]"赋之迹"是言作赋铺陈排比、竖横叙列之技巧,要求结构严整,音声和美,为赋的艺术表现与艺术形式之美。"合綦组以成文,列锦绣而为质",相如赋予儒家常说的"文""质"两个概念不同的解释,突出强调作赋的铺写技巧和文辞之艳丽,即綦组锦绣,宏衍巨丽的艺术特色。"綦(或作"纂")组""锦绣"在先秦两汉连用,以视作过度地文饰。"綦组",即彩色丝线织成的丝带,"文"喻丝带,"质"喻"锦绣",赋的文与质如纺织时经纬相错那样"合""列"而成,"一经一纬,一宫一商",具有对偶排比和音韵协和之美。可见,于赋而言,作品无论辞藻或是音律,都应达到文辞华丽、音律谐美的境界。唯有如此,方成美文。司马相如《子虚》《上林》《大人》等诸赋,均体现了汉赋穷极丽靡之辞、崇尚宏达之美的艺术特征。

不过,针对司马相如汉赋"綦组锦绣"形式美的追求,汉儒形

① 葛洪:《西京杂记》,中华书局1985年版,第12页。

成了两种迥然不同的看法。一种以扬雄为代表，其《法言·吾子》云："或曰：'雾縠之组丽。'曰：'女工之蠹矣。'"李轨注曰："雾縠虽丽，蠹害女工；辞赋虽巧，惑乱圣典。"[①]薄如云雾的轻纱丝带虽然华美无比，但它伤害了日夜劳作女工的健康。与此相类，辞赋虽然文辞华丽，音律谐美，但若迷惑淆乱圣典，不能发挥讽谕劝人的作用，则于事无补。这既是对司马相如过分强调汉赋形式美的一种纠偏，也是对其本人倡导"丽则"标准的一种呼应。另一种以桓谭为代表，其《新论·离事》云："五声各从其方，春角、夏徵、秋商、冬羽，宫居中央而兼四季，以五音须宫而成，可以殿上五色锦屏风谕而示之。望视则青赤白黄黑，各各异类，就视则皆以其色为地，五色文饰之。欲其为四时五行之乐，亦当各以其声为地，而用四声文饰之，犹彼五色屏风矣。"[②]以"五色屏风"为喻谈及五声之美，"虽不是直接针对赋的美而言，但明显地同赋的美相关，并且恰好是对司马相如关于赋的美的说法的一种具体说明"[③]。

（二）"丽则"——事辞相称的艺术追求

赋为唯美尚丽之文体是古代赋论家的共识，也是赋文学作品最基本的艺术特征。西汉扬雄第一次从审美的高度明确提出赋文学作品的这一本质特征——"丽"，即语言文辞之美。其《法言·吾子》云：

① 扬雄撰，汪荣宝义疏，陈仲夫点校：《法言义疏·吾子》，中华书局1987年版，第45页。

② 桓谭撰，朱谦之校辑：《新辑本桓谭新论·离事》，中华书局2009年版，第45页。

③ 李泽厚、刘刚纪：《中国美学史》，第一卷，中国社会科学出版社1984年版，第556页。

> 或问:"景差、唐勒、宋玉、枚乘之赋也,益乎?"曰:"必也淫。""淫、则奈何?"曰:"诗人之赋丽以则,辞人之赋丽以淫。如孔氏之门用赋也,则贾谊升堂,相如入室矣。如其不用何?"①

扬雄从汉赋创作实际出发,提出了其重丽主用的"丽则"观,他肯定了汉赋"丽"的特点,将美善统一的"丽则"原则作为汉赋的最高境界。他继承刘向、刘歆父子赋学思想,进一步将汉赋纳入经学轨道,将宋玉以来的辞赋分为"诗人之赋"与"辞人之赋",概括出其共同艺术特质——"丽",并指出二者"则"与"淫"的区别。这里,"则"承续了《诗》之传统,是指合乎儒家的法度、准则;"淫"承续楚辞之传统,指不符合儒家法度的过分铺陈渲染,追求华靡。"丽则",即文"丽"而有"用",是扬雄对于追求赋作美善统一的基本原则。他基于"文必丽靡"的前提,将意存讽谏、合于古诗之意者归为"诗人之赋"予以肯定,将景差、唐勒、宋玉、枚乘等人的赋作归为"辞人之赋"加以评判。

显然,扬雄"丽则"观是"重丽主用"的,其提倡讽谏、主张尚用,以不"丽"则不"文"为前提,他在肯定文学内容之主导地位的同时,并没有完全废弃辞采之美。丽与则、华与实、辞与事相似,都是文学作品形式与内容的统一,要求文辞与内容、美与善的统一。在谈到文质即内容与形式的关系问题时,扬雄进一步提出华实相副、事辞相称的主张:

① 扬雄撰,汪荣宝义疏,陈仲夫点校:《法言义疏·吾子》,中华书局1987年版,第49—50页。

> 或问："君子尚辞乎？"曰："君子事之为尚。事胜辞则伉，辞胜事则赋，事、辞称则经。"①
>
> 实无华则野，华无实则贾，华实副则礼。②

扬雄宗经立言，视儒家经典为最高的准则和典范，继承了孔子"文质彬彬"的观点，就事与辞、实与华的文质关系作了辩证的理论阐发。他认为，事胜辞、实无华则言之无文、少辞无华，不免率直，显得粗野，缺乏美感；辞胜事、华无实则丽而不则、华而不实，就如同商贾，显得空虚，不切实用；唯有事辞相称、华实相副、丽则相应，才符合"经"，符合"礼"，才具有实用与审美的双重意义，达到文学作品的最高标准。他尚用重讽谏而又不废丽言，要求赋作既要有华丽的形式、艳丽的语言，又要有雅正的内容、实际的效用，是其"宗经立义"观念在汉赋思想上的渗透和反映。

（三）"典实"——丽雅征实的审美趣味

班固主张文学作品靡丽、典雅和征实的统一，崇尚丽而雅、典而实的艺术审美趣味。其《典引序》云：

> 相如《封禅》，靡而不典；扬雄《美新》，典而亡实，然皆游扬后世，垂为旧式。臣固才朽，不及前人。盖咏《云门》者难为音，观隋和者难为珍。不胜区区，窃作《典引》一篇，虽不足雍容明盛万分之一，犹启发愤满，觉悟童蒙，光扬大汉，轶声前

① 扬雄撰，汪荣宝义疏，陈仲夫点校：《法言义疏·吾子》，中华书局 1987 年版，第 60 页。

② 扬雄撰，汪荣宝义疏，陈仲夫点校：《法言义疏·修身》，中华书局 1987 年版，第 97 页。

代，然后退入沟壑，死而不朽。[①]

班固《典引》与司马相如《封禅文》、扬雄《剧秦美新》皆为封禅之作，都以美颂功业、宣扬德音为主旨，辞尚端雅、义归道德。然而，班固在此指斥“相如《封禅》，靡而不典；扬雄《美新》，典而亡实”，道明自己作《典引篇》以“述叙汉德”“盖自谓得其致焉”[②]之旨，认为理想的文学需同时具备实、典、靡三个特点。

基于此，班固作《东都赋》盛赞“建武之理，永平之事”一段，仅以“雨师泛洒，风伯清坐，千乘雷起，万骑纷纭”等句子渲染气氛，其余部分基本上采取了平实的叙述方式，非常典型地体现了班固雅而正，丽而实的审美趣味。不过，需要说明的是，班固这种“丽雅征实”的文学审美追求，虽直接派生于“宣上德”的尚用目的，但在更高层次上，又受制于其崇儒思想。因“宣德”作用于“崇儒”而显出的保守与正统色彩又不能不渗透于班固的文学思想体系中，使其讽谏失去锋芒，思想趋于中庸，理论光彩为经学价值观所湮没，但这也正是班固文学思想的基本特征，是其“丽雅征实”的艺术美学观的又一种表现[③]。

与班固对汉赋“丽雅征实”审美趣味的追求一致，王充本着文为“世用”的观点，又提出了为赋应有益于“崇实之化”的思想。其《定贤》云：

以敏于赋颂，为弘丽之文为贤乎？则夫司马长卿、扬子云

① 萧统编，李善注：《文选》，中华书局1977年版，第682页。
②《后汉书·班固列传》，中华书局1965年版，第1375页。
③ 刘怀荣：《论班固的文学思想》，《青岛海洋大学学报》（社会科学版）2001年第4期。

> 是也。文丽而务巨，言眇而趋深，然而不能处定是非，辩然否之实。虽文如锦绣，深如河、汉，民不觉知是非之分，无益于弥为崇实之化。①

在这里，王充一方面指出赋颂是“文丽而务巨”的“弘丽之文”，其语言风格是“言眇趋深”。另一方面，又批评司马相如、扬雄之赋指意难晓，不切实用。在王充看来，赋尽管辞采华丽，篇幅宏大，但若用意微而不显，让人不能明辨是非，知晓对错，那么即使它文如锦绣、深如河汉，也无实际用处。也正缘于此，他便在《自纪》中直截了当地道明：“夫口论以分明为公，笔辩以荴露为通，吏文以昭察为良。深覆典雅，指意难睹，唯赋颂耳。”②受汉代诗乐教化思想的熏陶和影响，赋作家原本也在赋作中表达了讽谏教化意旨，但因文辞华丽，铺排敷陈，终使读赋者难睹其指意，也就无益于教化。所以王充“崇实之化”思想的倡导，究其实，仍然是汉赋讽谏教化作用在语言运用上的具体要求和反映。

四、功能论

就赋体之功用，汉代赋论家主要从政治关怀与心理调节两个方面予以探讨：一方面将汉赋视为“古诗之流”，紧承《诗经》“美”“刺”二端，形成了“或以抒下情而通讽谕，或以宣上德而尽忠孝”的颂扬与讽谏两大传统，要求赋具有颂美与讽谏两方面的政治功用；另一方面，在汉代帝王以娱乐至上之汉赋观的影响下，宫廷“听赋娱乐”之风盛行，汉赋作为取悦帝王之工具的娱乐作用明显。

---

① 王充撰，黄晖校释：《论衡校释・定贤》，中华书局1990年版，第1117页。

② 王充撰，黄晖校释：《论衡校释・自纪》，中华书局1990年版，第1196页。

此外,汉赋内容广博,囊括宇宙天地,总览世间万物,同时具备较强的认识功能。

(一)"劝百讽一"——讽

在经学至上的汉代,有著名的"五谏"说。其具体名目在《孔子家语·辩政》《说苑·正谏》《白虎通·谏诤》《公羊传·庄公二十四年》"三谏不从"何休注中虽略有不同[①],但都异口同声地高扬"讽谏"。既不发扬、暴露君过,又可尽为臣责任的所谓"讽谏",颇合于诗教。"劝百讽一",又称"不讽则劝""欲讽反劝"或"劝而不止",即受汉赋尚美倾向的冲击以及儒家诗教"温柔敦厚""主文而谲谏"传统的束缚,汉赋创作往往"劝"多于"讽",赋作内容多为对帝王行为的劝勉、颂美之辞,而失其"讽谏"意义。它是赋论家们基于"讽谏"之功用的标准对赋作的否定性评价,展现出汉赋在文学与经学的双重掣肘下既要追求唯美尚丽之审美属性,又要归于讽谏之旨的两难境地。

司马迁首开以经学言赋风气之先,他从儒家诗论的功利立场出发,第一个将《诗》的"讽谏"引入汉赋评论领域,以"讽谏"论赋,高度张扬赋体"讽谏"的社会功能,肯定赋"讽谏"的政治意旨与《诗》相通,使赋攀比上作为文艺权威的儒家经典,但同时对汉赋夸张虚构的浪漫主义表现手法又予以批评。如司马相如赋多夸张虚构、淫辞丽说,司马迁便在《史记》之《司马相如列传》与《太

---

①《孔子家语·辩政》:"孔子曰:'忠臣之谏君,有五义焉:一曰谲谏,二曰戆谏,三曰降谏,四曰直谏,五曰风谏。唯度主而行之,吾从其风谏乎。'"刘向《说苑·正谏》:"谏有五:一曰正谏,二曰降谏,三曰忠谏,四曰戆谏,五曰讽谏。"班固《白虎通·谏诤》:"人怀五常,故有五谏。谓讽谏、顺谏、窥谏、指谏、陷谏。"《公羊传·庄公二十四年》"三谏不从"何休注:"谏有五,一曰讽谏……二曰顺谏……三曰直谏……四曰争谏……五曰赣谏……"本书第三章第四节关于"刺上"的相关论述亦可参。

史公自序》中分别评论曰：

> 相如虽多虚辞滥说，然其要归引之节俭，此与《诗》之风谏何异。[①]
>
> 《子虚》之事，《大人》赋说，靡丽多夸，然其指风谏，归于无为。[②]

一方面，肯定了司马相如赋“虽多虚辞滥说”但“引之节俭”的旨归用意“与《诗》之风谏”无异；另一方面，又批评了《子虚》《大人》两赋因“靡丽多夸”而致使其“讽谏”之指“归于无为”的实际效果。在这里，司马迁抓住了赋的“风谏”功能和“虚辞滥说”“靡丽多夸”的表现形式两个主要特征，已经初步显露出汉赋本身尚文欲丽之形式与尚用讽谏之内容要求之间的矛盾。

扬雄随之对汉赋的讽谏价值做出呼应和强调，他将“讽谏”视为汉赋的立身之本。如其摹拟司马相如《子虚》《上林》二赋而创作的《甘泉》《河东》《羽猎》《长杨》“四赋”都非常重视赋的讽谏意义。《汉书·扬雄传》曾分别载其“四赋”序文曰：

> 正月，从上甘泉，还奏《甘泉赋》以风。
>
> 雄以为临川羡鱼不如归而结网，还，上《河东赋》以劝。
>
> 又恐后世复修前好，不折中以泉台，故聊因《校猎赋》[③]以风。

---

①《史记·司马相如列传》，中华书局 1982 年版，第 3073 页。

②《史记·太史公自序》，中华书局 1982 年版，第 3317 页。

③ 学界对《羽猎赋》和《校猎赋》持有不同看法。有以为二者相同，有以为二者不同。参见易小平：《〈校猎赋〉就是〈羽猎赋〉吗？——兼论扬雄初为郎的时间及年龄》，《广西大学学报》（哲学社会科学版）2007 年第 3 期。

> 雄从至射熊馆，还，上《长杨赋》，聊因笔墨之成文章，故藉翰林以为主人，子墨为客卿以风。①

单从“四赋”序文即可强烈地感受到扬雄对“讽谏”的重视。不过，结合自己长期的亲身创作实践，扬雄逐渐意识到辞赋的讽谏作用只是赋作家的一厢情愿，在现实生活中往往难以实现。《汉书·扬雄传》云：

> 雄以为赋者，将以风也，必推类而言，极丽靡之辞，闳侈钜衍，竞于使人不能加也，既乃归之于正，然览者已过矣。往时武帝好神仙，相如上《大人赋》，欲以风，帝反缥缥有凌云之志。由是言之，赋劝而不止，明矣。又颇似俳优淳于髡、优孟之徒，非法度所存，贤人君子诗赋之正也，于是辍不复为。②

在扬雄看来，汉赋之所以难以实现“讽谏”作用，主要原因有三：其一，“文情难鉴，谁曰易分”。诚如前文所述，赋是一种追求华丽形式的美文，其“推类而言，极靡丽之辞，闳侈钜衍，竟于使人不能加”，虽卒章显志，“归之于正”，但“览者已过”，终致其“指意难睹”。其二，创作瓶颈，不易突破。在创作实践中，扬雄深感作赋“欲谏则非时，欲默则不能已”③之两难，清楚地意识到汉大赋创作目的（在讽不在劝）与创作方式（在劝不在讽）的悖离，认识到赋作“谲谏”的创作要求与“推而隆之”“推类而言”的创作手法必然会

---

①《汉书·扬雄传》，中华书局1962年版，第3522页，第3535页，第3541页，第3557页。

②《汉书·扬雄传》，中华书局1962年版，第3575页。

③《汉书·扬雄传》，中华书局1962年版，第3535页。

导致辞赋讽喻意图隐而不显。其三,“知多偏好,人莫圆该”。作者意图与读者期待不相吻合,无可厚非。如汉武大帝“好神仙”,而司马相如“欲以风”,故“劝而不止,明矣”。也正缘于此,扬雄便在《法言·吾子》中总结慨叹:“或曰:‘赋可以讽乎?’曰:‘讽乎!讽则已,不已,吾恐不免于劝也。’”①

当然,汉赋之所以难以真正发挥讽谏作用,归根结蒂,还是因为赋和诗是两种不同的文学样式。但在以读经为本、解经为事、依经立义的汉代,赋仍要依《诗》而立论。所以扬雄再三重申“归之于正”“法度所存”“诗赋之正”,不仅与其“原道”“征圣”“宗经”三位一体的思想遥相呼应,而且直接规约他对自己及他人赋作的评价。一方面,他全面总结自己的作赋生涯,如《法言·吾子》云:“或问:‘吾子少而好赋。’曰:‘然。童子雕虫篆刻。’俄而,曰:‘壮夫不为也。’”② 扬雄少“好辞赋”,极力推崇相如赋,“常拟之以为式”③;晚年则悔其前作,认为其早年之作乃“童子雕虫篆刻”,“壮夫不为”。另一方面,对他人赋作几近都给予了否定性评价。如他从汉赋讽谏的主观意图和客观效果的矛盾着眼,批评了司马相如之赋“奢靡之辞多,而节俭之言少也”④,“文丽用寡”⑤,云其赋“为靡丽之赋,劝百而风一,犹骋郑卫之声,曲终而奏雅”⑥。这样,扬雄

① 扬雄撰,汪荣宝义疏,陈仲夫点校:《法言义疏·吾子》,中华书局1987年版,第45页。

② 扬雄撰,汪荣宝义疏,陈仲夫点校:《法言义疏·吾子》,中华书局1987年版,第45页。

③《汉书·扬雄传》,中华书局1962年版,第3515页。

④《汉书·司马相如传》颜师古注,中华书局1962年版,第2610页。

⑤ 扬雄撰,汪荣宝义疏,陈仲夫点校:《法言义疏·君子》,中华书局1987年版,第507页。

⑥《汉书·司马相如传》,中华书局1962年版,第2609页。

由推崇“弘丽温雅”到否定“靡丽多夸”的前后不同态度就显示出“文学在走向独立之前,因审美愉悦和政教功用的对立、僵持而难以消解的时代矛盾”①。

汉代“千门相似,万户如一”的摹拟之风盛行,辞赋创作越来越成为学力而非才思的凝结,愈显匠气。加之儒家讽谏的功利要求直接作用于赋作,使得辞赋从紧关个人心志的产物逐渐沦为讽谕、美刺的工具,写作首先成为了一种政治活动。东汉初,杜笃直接以赋为章奏之用,其《论都赋序》曰:“窃见司马相如、扬子云作辞赋以讽主上,臣诚慕之,伏作书一篇,名曰《论都》。”② 张衡“乃拟班固《两都》,作《二京赋》,因以讽谏。精思傅会,十年乃成”③。出于自觉的社会批评意识的《二京赋》,篇幅巨大,是张衡“精思傅会,十年乃成”的心血结晶,但其大量的铺叙描写因缺乏真实丰沛的情感,已流于平板、单调和枯燥。在这里,张衡“依经立义”,以儒家经典为武器批判一切与之相违背的人事。他意识到“欲劝反讽”“劝百讽一”的局限,为了达到讽谏的目的,一改之前“主文谲谏”的风格,代之以长篇大段的道义德行说教,直面议论与说理,讽谏之意显然、明确且分量大,将近一半篇幅等同于谏书。这在一定程度上化解了汉大赋“劝百讽一”的内在矛盾,但汉赋赖以生存的那种激昂澎湃的精神力量,以及博大无比的恢宏气势已不复存在,其文学性最终被解构,文学向非文学转化,汉大赋艺术价值走向衰退。

“优美文艺装上‘讽谏’,很容易使人‘览其文而忘其用’。”④ 赋的体式与人们对它的功能期待之间存在难以调和的矛盾,读者的

① 于迎春:《汉代文人与文学观念的演进》,东方出版社 1997 年版,第 53 页。

②《后汉书·文苑列传》,中华书局 1965 年版,第 2595—2596 页。

③《后汉书·张衡列传》,中华书局 1965 年版,第 1897 页。

④ 罗根泽:《中国文学批评史》(一),上海古籍出版社 1984 年版,第 98 页。

阅读效果往往背叛作者讽谏之初衷。这里，基于对汉赋“讽谏”功用的重视，无论贬抑或者肯定，其本质并无区别，只是其评论的角度各异罢了：从作者用意角度切入，则肯定其旨归于讽谏；从读者接受角度考虑，则批评其不能真正起到讽谏的作用，认为其“极靡丽之辞”，仅让读者看到华丽的辞藻，以达娱人耳目之作用，而难以透过文字贯以讽谏的意味。恰如拙著《〈春秋〉笔法与中国文论》所言：“综观司马迁、扬雄、班固和王充的汉赋评论，虽然他们褒贬殊异，却同声标举‘讽谏’：肯定者借助‘讽谏’的理想功能来提高汉赋的地位，贬抑者则借助‘讽谏’的既成实效来否定汉赋的价值，尽管针锋相对、壁垒分明，入思理路却惊人一致。”①

（二）“润色鸿业”——颂

班固在司马迁和扬雄侧重赋之“讽谏”功用论述的基础上扩充了汉赋的社会功能，强调其“润色鸿业”的颂扬之功，表明其赋颂注重政治功利的儒家文学观。其《两都赋序》在开门见山明确提出赋是“古诗之流”之后，便从诗之政教功用着手，先指出“昔成康没而颂声寝，王泽竭而诗不作”；接着分析大汉初定、武宣之世、孝成之世汉赋的发展情况；最后阐明自己创作《两都赋》的旨意。全序不仅将赋与《诗》相提并论，而且突出两者政教功用相袭、相通。在班固看来，与诗之“美”“刺”功能相对应，赋之社会价值可明确表述为“或以抒下情而通讽谕，或以宣上德而尽忠孝”两个方面，“通讽谕”和“尽忠孝”，即赋之“讽谏”和“颂美”两大功能。与司马迁、扬雄仅仅强调“讽谏”不同，班固在其二者基础上进一步补充了赋之“润色鸿业”的“颂扬”之功，规定了“颂”是汉赋发挥政

① 张金梅：《〈春秋〉笔法与中国文论》，中国社会科学出版社2012年版，第314页。

教作用的主要功能之一,从理论上提出了以“讽谏”“揄扬”为旨归的“赋用”思想,自此汉赋就完全具备了与“诗”相同的政教功能。

在汉赋两大功能中,诚如前文所述,司马迁、扬雄等前贤虽极力标举“讽谏”,但出现了“劝百讽一”的不良效果,所以班固特以歌颂、揄扬大汉功德为己任,极为重视汉赋与“讽谏”相辅相成的“颂扬”之功。在《两都赋序》中,他从文学与政治的关系入手,有感于大汉王朝“兴废继绝”“众庶悦豫”的国势之盛,反复提到“颂声”“王泽”“宣上德”“尽忠孝”“润色鸿业”“雍容揄扬”“《雅》《颂》之亚”。认为赋作家有“赋颂”当时的责任。辞赋创作兴盛于国力繁荣强大的大汉王朝,赋作家们在社会现实的激发下,以汉赋作为点缀升平的工具,以其博富丽靡的文辞为繁荣强盛的时代高唱赞歌,宣扬汉德、颂扬功业,以尽忠孝。班固在理论上是这样倡导的,在实践上也是这样履行的。其《两都赋序》最末一段文字曰:

> 且夫道有夷隆,学有粗密,因时而建德者,不以远近易则,故皋陶歌虞,奚斯颂鲁,同见采于孔氏,列于《诗》《书》,其义一也。稽之上古则如彼,考之汉室又如此。斯事虽细,然先臣之旧式,国家之遗美,不可阙也。臣窃见海内清平,朝廷无事,京师修宫室,浚城隍,起苑囿,以备制度。西土耆老,咸怀怨思,冀上之眷顾,而盛称长安旧制,有陋洛邑之议。故臣作《两都赋》,以极众人之所眩曜,折以今之法度。①

在班固看来,“颂扬”是“先臣之旧式,国家之遗美”,不可或缺。诚

① 萧统编,李善注:《文选》,中华书局 1977 年版,第 22 页。

如“皋陶歌虞”“奚斯颂鲁”因得到孔子激赏而被收入《诗经》和《尚书》一样，有感于“海内清平，朝廷无事”的大汉盛世和“西土耆老，咸怀怨思”的迁都之论，班固要借助《两都赋》来歌颂大汉功德，揄扬东都之美。班固以歌颂、揄扬为主的作赋宗旨被为其作传的史家范晔看得清清楚楚。《后汉书·班固列传》云：“时京师修起宫室，浚缮城隍，而关中耆老犹望朝廷西顾。固感前世相如、寿王、东方之徒，造构文辞，终以讽劝，乃上《两都赋》，盛称洛邑制度之美，以折西宾淫侈之论。”①

与班固着力强调汉赋“颂扬”之功相似，王充也极力主张赋应颂美汉德。王充自己虽未创造赋作，但本着“齐世”“宣汉”“恢国”“须颂”的基本立场，他对班固颂美汉德的赋作给予了极高的评价。《论衡·须颂》云：“唯班固之徒称颂国德，可谓誉得其实矣。颂文谲以奇，彰汉德于百代，使帝名如日月，孰与不能言，言之不美善哉？”② 在王充看来，作为“百代之上”的汉国，若要彰鸿德，闻万世，则需要“鸿笔之臣”；而作为汉国之士，亦应有“晓主德而颂其美，识国奇而恢其功”的历史担当。班固生逢其时，“颂”逢其用，值得称赞。更为难能可贵的是，在以读经为本、解经为事、依经立义的汉代，班固为代表的颂赋虽不会引起文坛重视，也未给班固带来文坛美名，但王充仍然坚信，班固最终将会因美颂当朝的颂赋而名垂不朽：“善（盖）才有浅深，无有古今；文有伪真，无有故新。广陵陈子回、颜方，今尚书郎班固、兰台令杨终、傅毅之徒，虽无篇章，赋颂记奏，文辞斐炳，赋象屈原、贾生，奏象唐林、谷永，并比以观好，其美一也。当今未显，使在百世之后，则子政、子云之党

① 《后汉书·班固列传》，中华书局 1965 年版，第 1335 页。

② 王充撰，黄晖校释：《论衡校释·须颂》，中华书局 1990 年版，第 855 页。

也。”①

（三）“倡优博弈”——娱

从理论上说，与诗之“美”“刺”一样，赋亦有讽谏和颂扬功能。但诚如“《诗》无达诂，《易》无达占，《春秋》无达辞”②，赋亦无达诂。众所周知，汉大赋主要是呈献给汉代帝王的，所以汉代帝王的解释最有说服力。在汉代帝王眼里，汉赋不仅具有讽谏、颂扬功能，还有极强的娱乐功能。楚汉宫廷，“听赋娱乐”之风盛行，宋玉作《高唐》《神女》，以娱襄王。枚乘诵《七发》，楚元太子“涊然汗出，霍然病已”。《汉书·王褒传》载汉宣帝“征能为《楚辞》九江被公，召见诵读”③。《汉书·元后传》载汉成帝召刘歆“诵读诗赋，甚说之”④。汉代帝王多好辞赋，招揽御用辞赋作家，组织创作辞赋活动，看赋听赋成为他们的一种娱乐方式。汉宣帝曾有一段关于汉赋的精彩评论，语载《汉书·王褒传》：

> 上令褒与张子侨等并待诏，数从褒等放猎，所幸宫馆，辄为歌颂，第其高下，以差赐帛。议者多以为淫靡不急，上曰：“不有博弈者乎，为之犹贤乎已！辞赋大者与古诗同义，小者辩丽可喜，辟如女工有绮縠，音乐有郑卫，今世俗犹皆以此虞说耳目，辞赋比之，尚有仁义风谕，鸟兽草木多闻之观，贤于倡优博弈远矣。”⑤

① 王充撰，黄晖校释：《论衡校释·案书》，中华书局1990年版，第1174页。
② 苏舆撰，钟哲点校：《春秋繁露义证·精华》，中华书局1992年版，第95页。
③《汉书·王褒传》，中华书局1962年版，第2821页。
④《汉书·元后传》，中华书局1962年版，第4019页。
⑤《汉书·王褒传》，中华书局1962年版，第2829页。

汉宣帝对汉赋的社会功用有着较为全面的认识。首先,从大处看,辞赋与“古诗同义”,故有与诗一样的“仁义风谕”功能。其次,从小处看,辞赋具有“辩丽可喜”“虞说耳目”的娱乐功能。汉赋作品辞藻华美、声韵铿锵,有着强大的艺术感染力,读之可悦目娱心,获得快感,其巨丽华美的审美特征,使得它成为宫廷娱乐的一种形式。第三,汉朝地大物博,汉赋控引天地、错综古今,其内容囊括宇宙万物、世间百态,因而,汉赋同时又具有很强的认识功能。而汉宣帝所谓“鸟兽草木多闻之观”,正是指汉赋可以使人扩大视野,增长知识,广见博闻,与孔子论诗“多识于鸟兽草木之名”相通。

不过,需要突出说明的是,两汉帝王的汉赋观从欣赏汉大赋恢宏气势、华丽语言的巨丽之美到对充满市井气味的小赋、俗赋的青睐,两者并没有本质的区别。前者重审美,后者重娱乐,都悬置、无视讽谏。即使是“罢黜百家,独尊儒术”的汉武帝,其讽谏观亦不外乎是“以讽谏说来装点的,以崇廉尚俭为招牌的,而在实质上却是追求新奇、华丽、夸张、宏富的艺术境界,极尽耳目之欲、视听之娱的享乐的文艺观”①。至东汉灵帝时,伴随经学的式微,形成了以汉灵帝和鸿都门士为代表的新型汉赋观,逸出经术之外。他们崇尚世俗生活,追求感官享受,恣肆市井浮世,将汉赋的娱乐功能发挥到极致。终致蔡邕批评说“其高者颇引经训风喻之言;下则连偶俗语,有类俳优”②。

就颂美、娱乐功用而言,汉赋与俳优确有相似之处。一方面,赋作家诵赋娱乐主上与倡优娱乐主上类似;另一方面,帝王看赋听赋,因悦其目娱其心,给予赋作家赏赐亦类同对待以歌舞为业的艺

① 踪凡:《汉赋研究史论》,北京大学出版社 2007 年版,第 114 页。

②《后汉书·蔡邕列传》,中华书局 1965 年版,第 1996 页。

人。因此,赋作沦为供帝王娱乐的工具,赋作家亦有感于其“为赋乃俳,见视如倡”的地位而“自悔类倡”。如扬雄在意识到辞赋“劝百讽一”局限的同时,就看清了赋作家“颇似俳优淳于髡、优孟之徒”,而发誓“辍不复为”①。

从汉赋的审美娱乐功能出发,汉宣帝又派生出汉赋可以治病的社会功用。汉赋奇幻宽广的意境、华丽美艳的文辞及音声和美的声韵都是最具疗效的良药。与枚乘诵读《七发》给楚元太子听以致太子霍然病愈相似,《汉书·王褒传》载王褒用汉赋给太子,即此后的汉元帝刘奭治病:“其后太子体不安,苦忽忽善忘,不乐。诏使褒等皆之太子宫虞侍太子,朝夕诵读奇文及所自造作。疾平复,乃归。太子喜褒所为《甘泉》及《洞箫颂》,令后宫贵人左右皆诵读之”②。此后汉宣帝用汉赋为太子治病以及汉元帝因此令后宫贵人诵读王褒赋也成为了赋学史上的一大趣事。

五、批评论

品评论析赋篇的成就得失、风格特色,是中国赋论的重要内容。司马迁、扬雄、班固等人“依经立论”,以儒家“讽”“颂”功能为批评标准,从各自的角度对汉赋具体作家作品予以褒贬,其方式方法具有开创性意义:司马迁首次以经评赋,将孟子“知人论世”的解诗方法引入赋学批评领域,开创了作家传记式文学批评;扬雄以承续《诗经》法度的“丽则”为准的,扬屈抑马,在赋学史上最早对赋进行分类比较评价;班固高举儒家“讽谏”旗帜评点解析赋家赋作,最早论及作品风格与作家个性之关系;班昭首次为班固《幽

①《汉书·扬雄传》,中华书局1962年版,第3575页。

②《汉书·王褒传》,中华书局1962年版,第2829页。

通赋》作注,开启汉赋注释路径。

(一)司马迁作家传记批评

司马迁发表了最早的汉赋评论,强调汉赋的社会价值和讽谏功用,开创了作家传记式文学批评方法,并将其运用于对辞赋作品的评点和解析,形成了鲜明的"依经立义"特色。

其一,司马迁首开以经评赋之先河。《史记·司马相如列传》云:"太史公曰:《春秋》推见至隐,《易》本隐之以显,《大雅》言王公大人而德逮黎庶,《小雅》讥小己之得失,其流及上。所以言虽外殊,其合德一也。相如虽多虚辞滥说,然其要归引之节俭,此与《诗》之风谏何异。"① 在司马迁眼里,《春秋》"推见至隐",有微言大义;《周易》释隐至显,钩深致远;《大雅》虽言王公大人却德系黎民众庶;《小雅》虽讥"小己"得失却影响朝廷政治;儒家经典之《春秋》《周易》《大雅》《小雅》虽各有特点,但本质相通,都言在此而意在彼,且终关教化。而司马相如之赋与儒家经典言说方式异曲同工,虽"多虚辞滥说"却"引之节俭",故与《诗》之含蓄委婉的讽谏无异。这里,司马迁率先将司马相如之赋与儒家经典之《春秋》《周易》《大雅》《小雅》相比附,开创了依经评赋之先河,意义深远。

其二,司马迁运用、发展了孟子"知人论世"的解诗方法,第一次将其引进赋学批评领域。一个作家的作品与其个人及其所处的时代密切相关。司马迁对作品主旨的理解与评论往往切中肯綮,与其能联系赋作家亲身经历,设身处地揣摩赋作家创作时所思所感的"知人论世"之法密不可分。司马迁对作家的生平、时代、思想和作品做系统研究,率先为赋作家立传,并就其赋作提出精辟的见解。如《贾谊传》云:"贾生为长沙王太傅三年,有鹏飞入贾生

①《史记·司马相如列传》,中华书局1982年版,第3073页。

舍，止于坐隅。楚人命鸮曰‘服’（鵩）。贾生既以谪居长沙，长沙卑湿，自以为寿不得长，伤悼之，乃为赋以自广。”[1]贾谊被贬谪长沙，见鵩鸟飞入房舍，便以为自己寿命不长了，遂成《鵩鸟赋》。此处司马迁不仅明确交代了贾谊作《鵩鸟赋》的时间、因由，而且阐明了作赋的主旨：为排遣命寿不长，“为赋以自广”。

基于对“知人论世”文学批评法的运用，司马迁特别重视作家一生的思想、德行和政治态度等因素在作品思想内容中的具体表现，以及对作品艺术特色的制约作用。如他对司马相如辞赋讽谏之旨的社会意义、政治态度表示肯定，却对其赋因“靡丽多夸”而使讽谏之旨难显的实际效果予以微辞。同时又对遭受权贵排挤，政治抱负无法施展，只能在作品里抒发满腔怨忿的贾谊，给予了很高的评价，并将其与屈原合传，同情他们相似的身世遭遇，颂扬他们洁身自好的高贵品质。

（二）扬雄分类比较批评

在赋学史上，扬雄最早对赋作进行分类比较评价。前文已述，扬雄将赋分为“诗人之赋”与“辞人之赋”两类，认为两者虽均具“丽”的特征，但又存在“丽则”“丽淫”的区别。“丽以则”者，系诗人所作；“丽以淫”者，实辞人所为。因“丽则”承续的是儒家经典《诗经》的法度、规则，所以扬雄把屈原之作视为“诗人之赋”而奉为楷模；将司马相如之赋视作“辞人之赋”而加以批判，并进一步对“诗人”屈原与“辞人”司马相如作了比较分析：

> 或问：“屈原、相如之赋孰愈？”曰：“原也过以浮，如也过以虚。过浮者蹈云天，过虚者华无根。然原上援稽古，下引鸟

①《史记·屈原贾生列传》，中华书局1982年版，第2496页。

兽,其著意子云,长卿亮不可及。"①

扬雄最早就屈原、司马相如的高下予以评骘,并清楚地指出了司马相如赋作忽略思想内容、崇尚靡丽形式的弊端。扬雄早年曾羡慕"长卿赋不似从人间来,其神化所至邪",认为司马相如之赋已达"神化"境界。然而通过屈、马对比,发现司马相如赋不过是虚幻放诞、华丽无归的"华无根",远不及屈原辞驰骋天地、纵横八荒的"蹈云天"。理由有二:

其一,屈原辞多借助超现实的神话传说、历史人物来构造情节,抒发情感,其遨游太空、驱遣神灵的描写尤为奇特,所以扬雄言其"过以浮",认为其辞著意飘浮而超脱尘世;而司马相如赋则针对人世间的事物进行夸饰渲染,往往子虚乌有,描写失实,所以扬雄言其"过以虚",认为其赋虚假而不合事实。这里,扬雄虽敏锐地体察到了屈原、司马相如辞赋在丰富的想象、夸张、虚构等浪漫主义表现手法上的异同,但囿于儒家经世致用的文学观念,并没有对此表示真正的理解与认同,故都以"过"来评价。

其二,在扬雄看来,虽然屈原和司马相如都广泛运用了浪漫主义表现手法,但相较而言,屈原之"上援稽古,下引鸟兽",与汉儒解经并无二致。如桓谭《新论·正经》载:"秦近(延)君能说《尧典》,篇目两字之说,至十余万言,但说'曰若稽古'二三万言。"② 孔子亦云诗可"多识于鸟兽草木之名"。扬雄依经立义,故曰司马相如"亮不可及",虽然"然原"以下诸文应非《法言》原文,但《汉书·扬雄

① 扬雄撰,汪荣宝义疏,陈仲夫点校:《法言义疏·法言逸文》,中华书局1987年版,第606页。

② 桓谭撰,朱谦之校辑:《新辑本桓谭新论·正经》,中华书局2009年版,第38页。

传》中“屈原文过相如”[①]的明确记载亦可呼应。

（三）班固赋家赋作评析

班固《汉书》沿承司马迁《史记》开创的作家传记批评体例，既继承发展了司马迁品评赋家赋作的优良传统，又创立了崭新的评判角度和方法。

其一，以儒家“讽”“颂”功能为批评标准，高度评价司马相如之赋，将其敬为辞赋的最高峰。他遵从司马迁“讽谏说”，一方面在《汉书·叙传》中自言其为司马相如立传的缘由：“文艳用寡，子虚乌有，寓言淫丽，托风终始，多识博物，有可观采，蔚为辞宗，赋颂之首。述《司马相如传》第二十七。”[②]认为司马相如之赋虽有“文艳用寡”等疵病，但更有“托风终始”等优点，瑕不掩瑜，故将其标榜为“辞宗”，称为“赋颂之首”；另一方面，全文载录司马相如《天子游猎赋》《大人赋》，全面引述司马迁关于司马相如传《赞》的评论却改掉了最后的关键字眼，其文曰：“相如虽多虚辞滥说，然要其归引之于节俭，此亦《诗》之风谏何异？扬雄以为靡丽之赋，劝百而风一，犹骋郑卫之声，曲终而奏雅，不已戏乎！”[③]将“亏”改为“戏”，在整体上不苟同扬雄对辞赋“劝百讽一”的批评，而肯定司马相如赋“引之节俭”的讽谕精神。

其二，评枚皋之赋，将赋作家个性与赋作风格、作赋习惯、作赋效果等联系起来，论及作品风格与作家个性之间的关系，具有开创性意义。首先，《汉书·贾邹枚路传》对枚皋赋作未加收录，却对其赋诙谐逗笑的娱乐性质及赋作风格进行了讨论：“皋不通经术，

①《汉书·扬雄传》，中华书局1962年版，第3515页。

②《汉书·叙传下》，中华书局1962年版，第4255页。

③《汉书·司马相如传》，中华书局1962年版，第2609页。

诙笑类俳倡，为赋颂，好嫚戏”，“其文骫骳，曲随其事，皆得其意，颇诙笑，不甚闲靡”①。在以读经为本，解经为事，依经立义，通经致用的汉代，“通经术”是天下士人最基本的学术素养，枚皋却不具备，这必然影响其立身行事。为博取帝王欢颜，他不得不“诙笑类俳倡”。虽然《汉书》本传亦载：“初，卫皇后立，皋奏赋以戒终。”颜师古注曰：“令慎终如始也。”②或许枚皋本人也确有发挥赋作讽谏功用之初心，但仍然改变不了其留给世人“诙笑类俳倡”的总体印象。其人“诙笑”，其赋颇“得其意”，亦以“诙笑”见称，其个人性情与作品风格浑然相融。其次，在《汉书》本传中，班固还将其与司马相如、东方朔作了比较，认为“皋为赋善于朔也”，“为文疾，受诏辄成，故所赋者多。司马相如善为文而迟，故所作少而善于皋”③。一方面，在同为“类俳倡”的赋作家群体中，枚皋“善于朔”。另一方面，从为赋的速度、成品、成效上看，枚皋和司马相如形成了鲜明的对比，前者创作快，作品多，质量逊；后者创作慢，作品少，质量胜，从一个侧面反映了创作主体才学品性对赋作风格成就的影响。第三，对于“诙笑类俳倡”的身份、地位，枚皋本人也深为不齿。《汉书》本传载枚皋“自言为赋不如相如，又言为赋乃俳，见视如倡，自悔类倡也”④。这与其说是枚皋本人的自评，不如说是班固为代表的汉代士人的通识。在依经立义、经学致用的汉代，理想与现实的矛盾犹如一把达摩克利斯之剑，将汉代士人的品格、性情、操行等展露无遗。

此外，班昭（曹大家）为其兄班固《幽通赋》作注，开启了汉赋

①《汉书·贾邹枚路传》，中华书局1962年版，第2366页，第2367页。

②《汉书·贾邹枚路传》，中华书局1962年版，第2367页。

③《汉书·贾邹枚路传》，中华书局1962年版，第2367页。

④《汉书·贾邹枚路传》，中华书局1962年版，第2367页。

注释路径，受经学影响明显。踪凡《赋学文献论稿》将其注释与《毛诗故训传》《楚辞章句》进行对比，细致描述了《幽通赋注》与《毛诗故训传》的因革关系，认为“首先，曹注没有揭示比兴和阐释经义的成分，其释语更加准确恰当，切合赋意。其次，《毛传》以释词为主，兼有解句（大多数条目都不含解句），而曹注却将二者并重，其解句皆以‘言’字领起，体例比《毛传》更为谨严。再次，曹注增加了‘征引’一项，并且依照释词、解句、征引的顺序进行”①。确乎的论。

① 踪凡：《赋学文献论稿》，商务印书馆2017年版，第108页。

第五章　汉代经学与文论的赓续影响

经学作为汉代最具权威性的学术，既是汉代文论的重要组成部分，又对汉代文论沾溉良多。而作为“五经”之一的《诗经》，不仅在汉代享受着立于“官学”的殊荣，还成为自汉迄清建构“七经”“九经”“十一经”“十二经”“十三经”甚至“二十一经”[①]的重要文本，也是中国文学史上历代文人墨客的心中最爱。由是，围绕《诗经》展开纲领式阐述的《毛诗序》就不可避免地成为历代经学与文论研究的“重镇”。一方面，在经学史上，《毛诗序》尊废纷纭，僵持难下；另一方面，在文论史上，《诗大序》泽被后世，影响深远。尤其是《诗大序》中“风——风诗——风用”的风喻以经学话语渗透、浸润、滋养文论言说，堪称汉代经学与文论会通化成的典范。

第一节　《毛诗序》之尊废的学术演进

作为汉代经学和文论的双重代表，《毛诗序》不仅是儒家诗教的经典文本，也是儒家话语的典范形态，对中国文学、文论、文化、美学、儒学都产生了深刻影响。然而，在自汉迄清的中国学术史

① 清人段玉裁在“十三经”的基础上增列《大戴礼记》《国语》《史记》《汉书》《资治通鉴》《说文解字》《九章算术》《周髀算经》八部典籍为“二十一”经。此说影响力不大，未被大家接受。

上,《毛诗序》却被四库馆臣称为“说经者第一争诟之端”。它引发了一场旷日持久的存《序》、尊《序》与疑《序》、反《序》、废《序》之争,直至今日。诚如创立哲学阐释学的加达默尔所说:“每一时代都必须按照它自己的方式来理解历史流传下来的本文,因为这本文是属于整个传统的一部分,而每一时代则是对这整个传统有一种实际的兴趣,并试图在这传统中理解自身。当某个本文对解释者产生兴趣时,该本文的真实意义并不依赖于作者及其最初的读者所表现的偶然性。至少这种意义不是完全从这里得到的。因为这种意义总是同时由解释者的历史处境所规定的,因而也是由整个客观的历史进程所规定的。”① 因此,要全面观照和整体认知《毛诗序》在中国经学史、文论史上的遭遇、地位与影响,就必须回归到不同的历史语境和历史进程中,切实详尽地梳理其学术发展史,从而在一定程度上表征中国经学与文论曲折发展的隐秘。

一、“尊序”与汉唐经学

儒家在先秦虽长期贵为显学,但亦仅为诸子一脉而已,始终未能施诸国是,甚至未如墨家、纵横家、法家、兵家曾付之治国理政或施诸战事纷争,基本处于孔子所谓“待贾”状态,可谓“显而不用”。有秦一代,法家独尊,诸子百家之学近乎废绝,儒学亦不得传,“焚书坑儒”更使儒家遭致灭顶之灾。汉初统治者尊奉黄老之学,儒学虽未遭禁,却也不得昌明。但随着黄老之学在治国施政与维护统治权威方面的缺陷不断显现,刘汉王朝需要一种新的政治构架来维系和加强统治。儒家在“道”与“术”(即所谓“道统”与“治

①[德]汉斯-格奥尔格·加达默尔著,洪汉鼎译:《真理与方法——哲学诠释学的基本特征》,上海译文出版社1999年版,第380页。

统”）的结合既符合统治阶级维护权威的需要，也能满足宗法血缘社会的价值追求。因此，汉武帝“表彰六经、独尊儒术”实乃历史必然。儒术治国凭借的是对圣贤经典的高度推崇与不断阐释，尊经为求“道统”，新释方合“治统”，二者的结合臻至“道术兼修”，即所谓“通经致用”。而“通经致用”作为古代士人（尤其是儒士）恪守的价值观念，影响所及不可谓不深远，用现今的学术话语来讲，即是儒学（主要是经学）“成功地将一种意识形态转化为社会文化观念”①。

儒家地位提升最为直接的结果便是经学勃兴，且迅速占据学术思想的制高点。匡衡指出：

> 六经者，圣人所以统天地之心，著善恶之归，明吉凶之分，通人道之正，使不悖于其本性者也。故审六艺之指，则人天之理可得而和，草木昆虫可得而育，此永永不易之道也。②

于此可见，时人以为大凡人道天理皆为经学所范围，其至高无上的学术地位和思想统摄力可见一斑。《诗经》列“六经”之首，在汉代有齐、鲁、韩、毛“四家《诗》”。齐、鲁、韩三家《诗》为今文经学，皆立学官，置博士，故为官学。惟毛《诗》不得立，多传于民间，故为私学。虽未得官方认可，但《毛诗》在汉代的影响却不容小觑。尤其是今文经烦琐之弊在东汉日益凸显之时，习古文经者日多。又经马融、郑玄诸大师的弘扬与阐发，《毛诗》遂胜于三家《诗》。在后世流传过程中，《毛诗》独传，而三家亡佚。作为《毛诗》核心的

---

① 姜广辉：《中国经学思想史》（第一卷），中国社会科学出版社2003年版，第14页。

②《汉书·匡张孔马传》，中华书局1962年版，第3343页。

《毛诗序》是在承续先秦以来儒家文艺美学思想的基础上，密切联系汉代思想文化状况与社会实际而形成的理论结晶，是儒家文化话语权的集中体现。《大序》中的"六义"说、情志合一说、变风变雅说、讽谏说、美刺教化说、"发乎情，止乎礼义"及《小序》以"美刺"解《诗》都影响中国文学与美学发展两千多年。因此，《毛诗序》不仅是《毛诗》之纲领，还是儒家文论、美学最具典范性且影响最大的文本形态。

儒家"诗教"是《毛诗序》的核心，虽然文学承担教化功能是其重要使命，但这无疑会大大削弱文学的审美功能，因为"发乎情"却必须在根本上"止乎礼义"。《小序》"美刺"之说于史不乏证据，但牵强附会之处也不在少数。但这是"四家《诗》"的共同特征，决非《毛诗》独然。因此，虽然"四家《诗》"之间有抵牾龃龉之处，但是相合者甚多，故攻讦《毛诗序》者似未见。当然，另一解释是《毛诗序》综三家诗《序》之长而晚出。通儒郑玄作《毛诗传笺》虽于《毛传》有所修正、补定，但"正变美刺"之说显然与《毛诗序》一脉相承。因此，在经学昌明的汉代，虽《诗》分四家，但未见反《序》之声。

随着刘汉政权走向衰落，经学走向衰微，尤其是当玄学与佛学在魏晋六朝风行之时，儒家的独尊地位不再，且走向了玄学化道路。在儒学式微的大背景下，《毛诗序》的话语权也无疑会遭遇挑战。但是总体而言，"儒学虽然受到佛、道的挑战，但仍然是社会上有影响的学术思潮"①。因此，这一时期尊《序》依旧占据绝对主流，未见直接反《序》之说。"缘情"是魏晋南北朝文学的主导方向，

① 张岂之：《中国思想学说史》（魏晋南北朝卷），广西师范大学出版社 2008 年版，第 2 页。

直接挑战了《毛诗序》的“情志统一”说。但我们翻检这一时期的史料，却未见直接攻击这一儒家诗教的典范文本者。这貌似吊诡的现象启示我们：那种武断认为魏晋风度反儒家的观点似乎存在诸多疑问，绝非不易之论。魏晋六朝士人敢议周孔，为何不议《毛序》？这自然是饶有兴味的话题。检视这一时期的《诗经》学著作，无论是王肃、孙毓、王基、孙炎、马昭、陈统等陷于郑王之争诸家，还是陆玑、刘芳、刘焯、刘炫等长于音韵、名物训释及义疏之辈，皆未见攻击《毛诗序》者。在文学批评方面，虽然倡导缘情与注重辞藻已对《毛诗序》的话语权构成挑战，但挑战者未直接以之为攻击标靶，反而是出现了一些尊崇或申说之论。如萧统将《诗大序》录入《文选》，且《文选序》大量引述《诗大序》原文以证己说。以儒家思想为精神核心的文论家自然于《毛诗序》有申说之论，刘勰和裴子野便是如此：

> 四始之至，颂居其极。颂者，容也，所以美盛德之形容也。昔帝喾之世，咸墨为颂，以歌九韶。自商已下，文理允备。夫化偃一国谓之风，风正四方谓之雅，容告神明谓之颂。风、雅序人，事兼变正；颂主告神，义必纯美。①
>
> 古者四始六义，总而为诗，既形四方之风②，且彰君子之志，劝美惩恶，王化本焉。③

二人提及的“四始”说及对风、雅、颂特点与功能的阐发显然直接

---

① 刘勰著，范文澜注：《文心雕龙注·颂赞》，人民出版社 1958 年版，第 156—157 页。

②《全梁文》“风”作“气”，后据《文苑英华》改。

③ 裴子野：《雕虫论》，严可均：《全梁文》，商务印书馆 1999 年版，第 575 页。

源自《毛诗序》。同时,亦有论者出于对六朝文风的不满,提倡文学的政教功能。持论多与《毛诗序》相近,亦可看作是对《毛诗序》的申说,王通、李谔便有相关论述。另外,这一时期尤其值得关注的是,范晔于《后汉书·儒林传》中言卫宏"从曼卿受学,因作《毛诗序》,善得《风雅》之旨,于今传于世"①。与郑康成"子夏作《序》"之说不同,这成为后世关于《毛诗序》争论的一大焦点,因为《毛诗序》是否为圣人所作直接影响其权威性。总而言之,魏晋南北朝虽玄佛大盛、世风陡转以至被皮锡瑞称之为经学之"中衰"与"分立"时代,但《毛诗序》却未遭致直接攻击,反而是时有尊《序》之论出现。

由于儒学在安邦治国方面较之其他思想有明显优势,因此,儒学正统地位在唐代得以恢复,但独尊地位却被三教鼎立所取代。面对南北朝经学双峰并峙的分立状态,唐统治者希望取二者之长并为天下法,遂出现了由孔颖达奉敕编撰的综合汉代笺注之学与南北朝义疏之学结晶而成的《五经正义》。《五经正义》的编撰标志着汉唐经学统一局面的正式形成。是书颁行之后,"自唐至宋,明经取士,皆尊此本。夫汉帝称制临决,尚未定为全书;博士分门授徒,亦非止一家数;以经学论,未有统一若此之大且久者"②。《五经正义》包罗甚广且融贯群言,自然具有集大成之功。但是由于"官学"强调规范与守成,并试图获得作为"唯一真理"的权威地位,必然会禁锢思想而阻碍唐代经学的发展,如《诗经》学在唐代便不甚发达。由于汉唐经学的权威地位十分稳固,《毛诗序》在中唐儒学革新以前未遭致质疑,如孔颖达《毛诗正义序》一仍《诗序》旧义。其云:

---

①《后汉书·儒林传》,中华书局1965年版,第2575页。

② 皮锡瑞著,周予同注释:《经学历史》,中华书局1959年版,第198页。

> 夫《诗》者，论功颂德之歌，止僻防邪之训，虽无为而自发，乃有益于生灵。六情静于中，百物荡于外，情缘物动，物感情迁。若政遇醇和，则欢娱被于朝野，时当惨黩，亦怨刺形于咏歌。作之者所以畅怀舒愤，闻之者足以塞违从正。发诸情性，谐于律吕，故曰“感天地，动鬼神，莫近于《诗》”。此乃《诗》之为用，其利大矣。
>
> 若夫哀乐之起，冥于自然，喜怒之端，非由人事。故燕雀表啁噍之感，鸾凤有歌舞之容。然则《诗》理之先，同夫开辟，《诗》迹所用，随运而移。①

孔颖达所论《诗》之功用、产生及与政治之关系大体沿袭了《毛诗序》的基本精神，但也可以看出经学玄学化与魏晋六朝思想的浸入，如“无为自发”“物感情迁”“冥于自然”均超越了《毛诗序》的范围。但我们需要清醒认识到，这种超越是由于时代思潮的发展所致，即“随运而移”，而非观念之抵牾。也就是说，孔颖达是尊《序》而非反《序》的。

总体而言，虽然《毛诗序》话语权曾遭遇各种挑战，但“依《序》解诗”是讫汉至中唐以前《诗经》学的基本特征，尊《序》派也得以一统天下。

二、“废序”与宋明理学

中唐不仅是有唐一代社会政治及思想的转折点，也是中国社会与文化的一大转关。叶燮在《百家唐诗序》称中唐为“古今百代

---

①《十三经注疏·毛诗正义》，上海古籍出版社 1997 年版，第 261 页。

之中,而非有唐之所独得而称中者也"[①]。章太炎也认为"中国废兴之际,枢于中唐"[②]。中唐大变革是在社会政治与学术思想的合力下出现的,如置安史之乱及相关的社会历史原因不论,在学术思想领域,《五经正义》僵化守旧及钳制思想的弊端日益凸显,同时道佛思想的兴盛对儒学也形成了巨大压制,加之贯穿中国思想始终的怀疑精神推波助澜,出现儒学革新运动势所必然。伴随儒学革新运动,出现的便是疑经思潮。中唐以前虽也有疑经者,如王元感、刘知几等人,但是在中唐儒学革新运动出现后表现得更为明显,啖助、赵匡、陆淳疑"《春秋》三传"最具代表性。在《诗经》学领域,施士丐治《诗》已不专守《毛传》,成伯玙《毛诗指说》疑《序》,认为《小序》"子夏唯裁初句耳,……其下皆是大毛自以诗中之意而系其辞也"[③]。成伯玙开中国思想史疑《序》先河,故四库馆臣认为,"定《诗序》首句为子夏所传,其下为毛苌所续,实伯玙此书发其端"[④]。成伯玙只取《小序》首句在后世影响颇为深远,苏辙、邱铸、钱文子等人承之。韩愈认为《诗序》不是"六经之志",实乃汉人伪托子夏所作。其《诗之序议》指出:

> 诗之序明作之所以云,其辞不讳君上,显暴丑乱之迹、帏薄之私,不是六经之志。……故子夏不序诗之道有三焉。知不,一也。暴扬中遘之私,《春秋》所不明不道,二也。诸侯犹

① 吴宏一、叶庆炳:《清代文学批评资料汇编》(上集),成文出版社1978年版,第261页。

② 章太炎撰,庞俊、郭诚永疏证:《国故论衡疏证》,中华书局2008年版,第419页。

③ 成伯玙:《毛诗指说·解说》,《文渊阁四库全书》本。

④《钦定四库全书总目》(整理本),"毛诗指说一卷"提要,中华书局1997年版,第190页。

> 世不敢以云，三也。察夫《诗序》，其汉之学者欲自显立其传，因藉之子夏。①

韩愈志在恢复儒家道统，并认为孟子以后道统不得而传，故对包括汉儒在内的释经言论表示怀疑。其疑《序》从表面看是疑作者，而怀疑的根据在于内容，即“不是六经之志”，故“韩愈怀疑子夏作序之说，并指出汉儒借子夏之名的动机和目的。这个说法对宋以后疑序之风，影响极大”②。韩愈之后，唐末五代邱光庭也疑《序》。不过，此一阶段疑《序》思潮虽已显现，但尚显微弱，尊《序》的呼声依旧很高。如白居易于《毛诗序》便多有遵从，其《新乐府序》直接采用《毛诗》大小《序》体制；其《读张籍古乐府》亦曰：“为诗意如何？六义互铺陈。风雅比兴外，未尝著空文。”③ 显然是对《毛诗序》强调诗歌社会政治功用精神的承续与弘扬，而重视“风雅比兴”传统正是白居易文学批评的核心。

中唐儒学变革直接影响到宋代儒学尤其是理学化经学的产生与发展，其疑经思潮更是被宋儒发扬光大，且在疑经辨伪的方法、思路、规模、深度及影响力方面都有很大拓展，进而成为宋学的标志性特征之一。伴随着席卷宋代思想界的疑经浪潮，《毛诗序》也被宋儒作为质疑对象。欧阳修作《诗本义》，开宋儒疑《序》先河。他提出《诗序》作者非子夏，且于《小序》颇多质疑，“至于二《南》，其《序》多失，而《麟趾》《驺虞》所失尤甚，特不可以为信，疑此二篇之《序》为讲师以己说汩之，不然，安得谬论之如此也”④。故四

① 屈守元、常思春：《韩愈全集校注》，四川大学出版社1996年版，第3038页。
② 洪湛侯：《诗经学史》，中华书局2002年版，第158页。
③ 白居易著，顾学颉校点：《白居易集》，中华书局1979年版，第2页。
④ 欧阳修：《诗本义・麟之趾》，《四部丛刊三编》。

库馆臣认为:“自唐以来,说诗者莫敢议毛、郑,虽老师宿儒,亦谨守《小序》,至宋而新义日增,旧说俱废。推原所始,实发于修。”① 继欧阳修之后,有宋一代尚可考疑《序》甚而废《序》者有刘敞、王安石、司马光、晁说之、苏辙、张载、郑樵、王质、朱熹、杨简、王柏、章如愚、李樗、程大昌、辅广、邱铸、董逌、曹粹中、戴溪、陈埴、钱文子、王应麟等。他们或疑《序》之作者,或疑《小序》,或全盘否定《诗序》,甚而废《序》言《诗》。韩愈已否定子夏作《诗序》,宋人在韩愈基础上多有阐发。或认为是“毛氏之学,而卫宏所集录”(苏辙);或认为乃“诗人所自制”(范家相);或认为是“诸儒之所纂集而成,非出于一人之手”(李樗)②;或认为“村野妄人所作”(朱熹引郑樵语);或认为是毛公“门人互相传授,各记其师说”(曹粹中);或认为是“山东学究等人做”(朱熹);或认为“实出于汉儒”(章如愚)。成伯玙于《小序》只取首句,宋儒对《小序》疑之更甚。如朱熹弟子辅广作《诗童子问》,攻击《小序》言辞激烈,甚于乃师朱熹。周中孚《郑堂读书记》评曰:

> 潜庵受学于朱子,故专主阐发师说,其攻击小序,较朱子更甚,所谓变本加厉也。于是黄勉斋(干)之再传弟子王柏有《诗疑》之作,流及明代,则丰坊伪托《诗传》《诗说》,何楷自撰《诗序》(见《诗注世本古义》)出焉,亦势所必然矣。③

---

①《钦定四库全书总目》(整理本),“毛诗本义十六卷”提要,中华书局 1997 年版,第 190 页。

② 李樗虽然于《序》之作者和部分《小序》有疑,但是在整体上他又推崇诗教,且从《序》者远多于疑《序》者,参见黄忠慎:《尊〈序〉? 反〈序〉? ——析论〈毛诗李黄集解〉的解〈诗〉立场》,《台大文史哲学报》第 76 期,2012 年 5 月。

③ 周中孚著,黄曙辉标校:《郑堂读书记》,上海书店出版社 2009 年版,第 116 页。

《诗童子问》广纳诸经，推崇《集传》攻击《诗序》为其基本特征，故不但为朱说张目且影响后世甚远。更有论者全面否定《毛诗序》，章如愚认为“《诗序》之坏诗，无异三传之坏《春秋》。然三传之坏《春秋》而《春秋》存，《诗序》之坏《诗》而《诗》亡”①。《诗序》致《诗》亡显系夸大之词，但从中可以窥见章氏对《毛诗序》的基本态度。由于宋儒对《毛诗序》的作者和内容都持怀疑态度，因此舍（废）《序》言《诗》便是顺理成章的事。正如林庆彰先生所言：“《诗序》的作者既非子夏，而是东汉人卫宏，且《序》中又有诸多不合理的地方，则将其废弃也不足惜。宋人之废《序》言诗，理由大抵如此。”②

在宋代疑《序》思潮中，郑樵与朱熹最为引人关注。郑樵作《诗辨妄》力驳《诗序》之不可信，他对《诗序》之作者、正变说及《风》《雅》《颂》之分都有异议，尤其对《小序》牵强附会以美刺解《诗》极为不满，认为“作《序》者有可经据则指言其人；无可经据则言其意”③，并断定《诗序》“皆是村野妄人所作”（此语出自《朱子语类》，乃朱熹引郑樵之言）。郑樵疑《序》、驳《序》不仅言辞激烈，而且在深度上确实超乎前人，彻底打破了《诗序》《毛传》《郑笺》《孔疏》一统天下的传统《诗经》学局面，标志着宋代疑《序》的全面深入与彻底完成。郑樵对《毛诗序》的批驳得到朱熹支持，朱熹认为《序》之作者“如山东学究”，绝非圣人所作，他对大、小《序》均有不满，对《小序》攻之尤甚：

---

① 章如愚：《山堂考索》，中华书局 1992 年版，第 1305 页。

② 林庆彰：《郑樵的〈诗经〉学》，《宋代经学国际研讨会论文集》，“中研院”中国文哲研究所 2006 年版，第 319 页。

③ 郑樵著，顾颉刚辑点：《〈诗序〉辨》，《诗辨妄》，朴社 1933 年版，第 3 页。

> 《诗小序》全不可信。如何定知是美刺那人？诗人亦有意思偶然而作者。又，其《序》与《诗》全不相合。……《小序》极有难晓出，多是附会。……因论《诗》，力言《小序》大无义理，皆是后人杜撰，先后增益凑合而成。多就诗中采摭言语，更不能发明《诗》之大旨。①

《小序》对每首诗都强冠以“美刺”，以致牵强附会与《诗》本义不合。由于朱子在学术思想领域中的显赫地位，其疑《序》对当时及后世学术走向都产生了极大影响。正如张海晏所言：“在宋代学者反对《毛诗序》的‘疑经’、‘疑传’的浪潮中，朱熹虽不是始作俑者，但却是影响最大的一位。由此之后，《毛诗》的尊崇地位才真正被动摇。”② 而且在以后很长一段时间里，有关《毛诗序》的尊废之争在很大程度上演变为《毛序》与《朱传》之争。但对朱子疑《序》有两点需特别指明，一是朱熹对《毛诗序》的态度有一个由信《序》到疑《序》的转变过程，皮锡瑞于之总结道：

> 朱子早年说《诗》，亦主毛、郑；吕祖谦《读诗记》引朱氏曰，即朱子早年之说也。后见郑樵之书，乃将《大小序》别为一编而辨之，名《诗序辨说》。其《集传》亦不主毛、郑，以《郑》、《卫》为淫诗，且为淫人自言。③

① 黎靖德编，王星贤点校：《朱子语类》，中华书局1986年版，第2074—2075页。

② 张海晏：《经典崇拜与道德自觉——朱熹的诗学思想》，姜广辉：《中国经学思想史》（第三卷），中国社会科学出版社2010年版，第784页。

③ 皮锡瑞著，周予同注释：《经学历史》，中华书局1959年版，第244页。

二是朱熹并非完全否定《诗序》,他对《诗经》的阐释守成多于新解,其《诗集传》与《毛传》相异者甚至不及三分之一。方玉润认为"朱虽驳《序》,朱亦未能出《序》范围也"[①],姚际恒更是直言朱熹"阳违《序》而阴从之",二者对之体察深微。另外,我们需要认清的是,宋代疑经思潮的本质是尊经。宋儒并非对经典的神圣性产生质疑,而是认为是后人(尤其是汉唐儒生)的阐释蒙蔽了圣人大意及经典所承担的道统。因此,诸般乱经旨之说便不具备神圣性。正如吴怀祺所言,"疑经不是否定经,而是更好地尊经,要使尊崇的经籍能宣传天理之正、纲常等级制度的永恒意义"[②]。因此,汉唐儒生的经学传注自然成为宋儒怀疑与攻击的直接对象。

在疑经思潮风行的宋代,疑《序》与废《序》似乎已成为学术主流。但由于《毛诗序》长期以来所拥有的权威地位,加之疑《序》本身存在诸多问题,使尊《序》派依然有着相当实力。程颐、黄櫄、吕祖谦、杨时、魏了翁、戴溪、范处义、陈振孙、陈傅良、严粲、段昌武、唐仲友、薛季宣、林岊、黄度、李公凯及陈孚等都在不同程度上维护《诗序》的权威性,坚称《诗序》不可废。程颐认为《诗大序》乃圣人所作,《小序》国史作,而"学《诗》而不求《序》,犹欲入室而不由户也"[③];被四库馆臣称之为南宋初"最尊《序》者"的范处义从"尊圣""宗经"高度反对废《序》,即所谓"《诗序》尝经圣人笔削之手,不然,则取诸圣人之遗言也。故不敢废《诗序》者,信'六经'也,尊圣人也"[④];吕祖谦反对只存《小序》一言的做法,且与朱熹为《序》之尊废问题产生了争辩;陈孚更是作《非诗辨妄》驳斥郑樵《诗

① 方玉润撰,李先耕点校:《诗经原始·自序》,中华书局1986年版,第3页。

② 吴怀祺:《宋代史学思想史》,黄山书社1992年版,第8页。

③ 程颐:《程氏经说》(《周南·关雎》),《文渊阁四库全书》本。

④ 范处义:《诗补传·〈诗补传原序〉》,《文渊阁四库全书》本。

辨妄》之谬妄，在尊《序》派中有着较大影响，四库馆臣于之评价很高：

> 郑樵作《诗辨妄》，决裂古训，横生臆解，实汩乱经义之渠魁。南渡诸儒，多为所惑，而孚陈四十二事以攻之，根据详明，辨证精确，尤为有助于《诗》教。今樵书未见传本，而孚书岿然独存，岂非神物护诃，以延风雅一脉哉！是尤可为宝贵者矣。①

《四库全书》编撰者以维护经典的权威为出发点，贬郑扬陈，甚至以为《非诗辨妄》乃延续“风雅”传统之神物。

另外，在尊《序》派与废《序》之外，宋代已经出现了调和折衷一派，叶适《习学记言》与黄震《读诗一得》均表现出折衷倾向。由此，宋代已经基本奠定了《毛诗序》尊废之争的基本格局，即尊《序》、废《序》与折衷三派争鸣。

元代统治者提倡程朱理学，并定为“国是”，列为“官学”。朱子学更是元代儒学的主流，其《诗经》学思想自然也不乏承续者，吴澄、胡一桂、胡炳文、安熙、陈栎、刘瑾、许谦、朱公迁、朱倬、刘玉汝主《朱传》反《诗序》。如四库馆臣评介刘玉汝《诗缵绪》“其大旨专以发明朱子《集传》，故名曰《缵绪》。体例与辅广《童子问》相近，凡《集传》中一二字之斟酌，必求其命意所在。……虽未必尽合诗人之旨，而于《集传》一家之学，则可谓有所发明矣”②。在反

①《钦定四库全书总目》（整理本），“蠹斋铅刀编三十二卷”提要，中华书局1997年版，第2135页。

②《钦定四库全书总目》（整理本），“诗缵绪十八卷”提要，中华书局1997年版，第201页。

《序》或废《序》盛行的元代，尊《序》的势力显得极为薄弱，马端临可以看作元代尊《序》派的代表。他认为，《诗序》不但于解读《国风》至为重要，而且还可明“孔子删诗之意”，故不可弃而废之：

> 至于读《国风》诸篇，而后知《诗》之不可无《序》，而《序》之有功于《诗》也。盖风之为体，比兴之辞多于叙述，风谕之意浮于指斥，盖有反覆咏叹，联章累句，而无一言叙作之之意者，而《序》者乃一言以蔽之曰为某事也。苟非其传授之有源，探索之无舛，则孰能臆料当时指意之所归，以示千载乎？……而后之君子乃欲尽废《序》以言《诗》，此愚所以未敢深以为然，故复摭“述而不作”多闻阙疑之言以明孔子删诗之意，且见古《序》之尤不可废也。[①]

当然，与汉唐儒者奉《毛诗序》为金科玉律不同，马端临并非否认《诗序》有强解和语辞鄙浅等不足，故要择善而从。

由于宋元理学的流行及维护统治的需要，程朱理学在明代正式被确认为官学，科举考试也以程朱之论为准绳，加之“合众途于一轨，会万理于一源”的《五经大全》《四书大全》《性理大全》等官方纂修典籍颁行，程朱理学在明代前期成为思想主流，而朱子学无疑是此时儒生研习的重点。《明史・儒林传》载：“明初诸儒，皆朱子门人之支流余裔，师承有自，矩矱秩然。”[②] 因此，在《毛诗序》的尊废问题上，明前期承袭朱熹之说为多。胡广、梁寅、朱善、梁本之、薛瑄、王鏊、张邦奇等大体上申朱《传》反《毛序》。如薛瑄认

① 马端临：《文献通考》，中华书局 1986 年版，第 1539—1543 页。

②《明史・儒林传》，中华书局 1974 年版，第 7222 页。

为："《诗》困于《小序》之牵强，晦于诸家之穿凿，至朱子《集传》一洗相沿之陋习，洞开千古之光明，真所谓豁云雾而睹青天也。"[①]当然这一时期也有为《毛诗序》申说之论，如湛若水坚称学《诗》必依《序》：

> 《大序》明其本矣，《小序》明其迹矣。《大序》者，其子夏之徒推夫子之志而为之者乎。《小序》者，其史臣之良述作者之指而为之者乎。故《大序》曰"国史明乎得失之迹"。"得失之迹"，夫有所受之矣。是故《大序》废，则学《诗》者不知其本；《小序》废，则学《诗》者不知其迹。迹且不知，而况其本乎？是故沿流而求其源，诵言而得其意，会意以畜其德，《小序》之谓矣。[②]

湛若水将《毛诗序》作为学《诗》基本指南，故坚决反对废《序》。另外，蒋悌生认为《小序》固有纰缪之处，但朱子攻之太过，表现出折衷汉宋的倾向；吕柟说《诗》以《小序》为主，但不明确反对朱说；袁仁贬抑朱子学、不废《序》，但也不纯主《序》说。

三、"尊序"与汉学复兴

随着社会历史状况的改变及各种矛盾的渐次显现，明代中期的社会危机不断加重，加之理学支离、繁琐及陈腐的弊端日益凸显，儒学已悄然发生转变。虽然理学依旧占据官方哲学地位，但重新审视以至反思批判程朱的思想不断出现。如《明史·儒林传》

---

① 薛瑄：《读书录》(卷二)，《文渊阁四库全书》本。

② 湛若水：《厘正诗小序》，《湛甘泉先生文集》，广西师范大学出版社 2014 年版，第 728—729 页。

所言“嘉、隆而后，笃信程、朱，不迁异说者，无复几人矣”[①]。故在官方哲学之外，各种思想旁枝斜出已初见端倪。如王守仁心学影响不断扩大，而一些昭示后世学术走向的思想也开始滥觞。如杨慎的考据学已导清代经典考据学风气之先，林庆彰认为，“在中明心学和复古风潮笼罩中，用修之出现，无异一颗彗星。其挣脱宋学羁绊，倡复汉学运动，并开创数百年考据学风之贡献，正可与王阳明之心学相媲美”[②]。明代中期的儒学状况反映在《毛诗序》问题上即是尊《朱传》反《毛序》一派虽不乏其人，但是尊《序》和折衷派较之元代及明前期势力更盛。杨守陈、季本、王樵、许天赠承续朱子《诗》说，而郭子章、李舜臣、陈言、张瑞、崔铣、何良俊、袁仁等明显对朱熹颇有微词，对《毛诗序》则多持肯定态度。如何良俊认为，所谓《诗序》乃子夏所作并非无根游谈，后世疑之太甚，即便乃汉儒所为，但汉儒去古未远，也较后世臆测更可信。其云：

> 《诗小序》世以为子夏作。今虽无所考，然梁昭明集《文选》，其于《毛诗大序》，亦云是子夏作。想汉晋以来相传如此。夫《大序》既出于子夏，则《小序》为子夏何疑？夫夫子删诗而子夏亲受业于其门，且夫子亦尝以《孝经》属参《春秋》属商矣。子夏以文学称，故夫子又以《诗》属之。故子夏为之作序，此可以理推也。今世乃不信亲有传授之人，而必以后世推测臆度者为是，抑又何哉？纵不出于子夏，而为汉儒所作，然汉儒去圣人未远，诸儒之授受有绪，与后之去圣人千五百年，况当绝学之后者又自有别。故诗旨必当以《小序》为据。[③]

①《明史·儒林传》，中华书局1974年版，第7222页。
② 林庆彰：《明代考据学研究》，华东师范大学出版社2015年版，第47页。
③ 何良俊：《四友斋丛说》，中华书局1959年版，第5—6页。

同时,这一时期兼采汉宋一派也较之前代尤甚,王渐逵、沈鲤、潘恩、陆深、皇甫涍、李先芳、陈凤梧、陆垹、冯时可、蒋以忠等都大体持折衷汉宋态度。折衷论不断涌现既是当时学术状况的反映,同时也表明思想界对《毛诗序》及宋人《诗经》学的认识趋于辨正,不盲从一端,尤其注意甄别汉宋得失。另外,前文提及的杨慎言《诗》少门户之见,不专主一家,对毛、郑、朱皆有驳正,认为朱子废《序》言《诗》矫枉过正,在明代思想界独树一帜。

晚明进入所谓"天崩地陷"乱世,"万历三大贤"之吕坤在万历二十五年上疏道:

> 今天下之势,乱象已形,而乱势未动。天下之人,乱心已萌,而乱人未倡。今日之政,皆播乱机使之动,助乱人使之倡者也。①

社会乱象在思想层面表现为学术流派群峰并起,中期兴盛的心学也因为空疏之弊而饱受诟病,儒学陷入各种学说竞相争鸣的杂语共生状态。由于时代思潮的影响,士人所秉持的价值观念也变得模糊或摇摆不定。言《诗》者受其濡染,其状况芜杂难以一言论定。他们或以己意解《诗》,或《毛序》《朱传》兼而采之,较少泾渭分明之论。但总体而言,尊《序》和折衷一方的力量已经远远超过废《序》宗朱一方。倾向朱子一派虽有顾国辅、顾起元、唐文献、骆日升、陈以蕴、宋景云、郝孔昭、魏浣初、徐凤采、俞指南等人,但衰退之气已显。由于朱子之学乃官方哲学,以上论者为举业所撰之书(如唐文献等撰《诗经文林正达》)多宗《朱传》反《毛序》,它

---

①《明史·吕坤传》,中华书局1974年版,第5937页。

们在形式上受时文影响大，在内容上较少新意，影响比较有限。存《序》或尊《序》的力量较之宗朱派为盛，凌濛初、张次仲、黄道周、朱朝瑛、何楷、郝敬、张溥、陈子龙、田有年、田逢年、胡绍曾、陈元亮、王介之等都认为《毛诗序》对于阐释《诗经》依然有其效力。如郝敬认为，《毛诗序》对于了解作者之志十分重要，并非都如朱子所言千篇一律，无所新意。其云：

> 序者，遂也。作者有未达之志，《序》以遂之。故古《序》即是诗人之志，诗辞明显，则《序》不及，但道《诗》所未言，后人所不知者，故《序》不可废也。朱子必责诗中语为征，正与古《序》反。苟诗辞已直，又焉有《序》为？如朱说依样葫芦，都似重复语。《书序》所以孟浪，正坐此，虽不用，亦无伤也。若《诗》无古《序》，则似夜行，乌可少乎？①

调停《朱传》与《毛序》的折衷派也不乏其人，吴炯、张彩、曹学佺、张以诚、陆化熙、徐奋鹏、姚舜牧、钱天锡、唐汝谔、何大伦、陈组绶、高承埏、夏大辉、贺贻孙②、张星懋等皆是。如贺贻孙《诗触》秉持"斟酌毛、朱，标以己见"，四库馆臣评介认为贺氏论《诗》"大旨调停于《小序》、《朱传》之间。作诗之旨，多从序；诗中文句，则多从传。国风多从序，雅颂则多从传"③。另外，晚明思想流派纷呈，意味着拥有较之前代更为自由的解经环境。有论者于《毛序》与《朱

① 郝敬：《毛诗原解·序》，上海古籍出版社2002年版，第229—230页。

② 贺贻孙跨明清两代，《四库全书总目》将其《诗触》列为明人著述，本文从之。

③《钦定四库全书总目》（整理本），"诗触四卷"提要，中华书局1997年版，第225页。

传》皆有驳正，不主一端。如钟惺对《朱传》时有攻讦，不主《毛序》；沈守正仅存《序》首句，但又以《朱传》废《序》为非。今人于明代《诗经》学多有忽视，认为前不及宋元，后无望清儒。但细而察之，其继往开来之功不可轻废。

清朝是中国最后一个封建王朝，但清代儒学却极为隆盛，出现了许多精深广博的儒学著作与彪炳千秋的鸿儒。清代儒学以经典考据学（或称汉学、朴学）成就最为显著，但是我们经常忽视了一个事实，那就是代表官方意识形态的科举制度依然沿袭明代旧制，即以程朱理学为宗，“考官衡文，首要考查的便是看文章阐发的‘义理’是否符合程朱的解释”[①]，科举出题也大体不出《四书》范围，举子仍将朱熹《四书章句集注》奉为圭臬。因此，清代儒学实际上是程朱理学与经典考据学双轨并行。而学界称清代儒学多总言之为“朴学”，显然忽视了程朱理学对清代学术的影响。理学与朴学双轨并行在学术上的直接反映便是折衷汉宋倾向广泛存在，表现在《毛诗序》的尊废问题上便是调和《朱传》与《毛序》的力量较之前代更为强大。

清代前期士人心中，理学与心学是导致明朝覆亡的重要原因，因此，经世之学大行于世，而程朱理学则相对沉寂，这从清代前期无一部专守朱学的《诗经》学著作便可见一斑。由于汉学在清代长期占据学术主流，因此，在总体上肯定《毛诗序》的力量更为雄厚。换句话说，尊《序》派在清代远胜废《序》派。钱澄之、杨柱朝、钱谦益、诸锦、李塨、刘青芝、恭鉴、陈启源、胡承珙、姜兆锡、惠周惕、纪昀、陈奂、朱鹤龄等便认为《毛诗序》并非如宋儒所说乃无根游谈，

① 龚延明、高明扬：《清代科举八股文的衡文标准》，《中国社会科学》2005年第4期。

应该作为解《诗》的基本依据。如陈启源《毛诗稽古编·总诂·举要·小叙》云：

> 夫论世方可诵《诗》，而《诗》不自著其世，得意方可说《诗》，而《诗》又不自白其意，使后之学《诗》者，何自而入乎？古国史之官早虑及此，故《诗》所不载者，则载之于叙，其曰某王、某公、某人者，是代诗人著其世也，其曰某之德、某之化、美何人、刺何人者，是代诗人白其意也。既知其世，又得其意，因执以读其诗，譬犹秉烛而求物于暗室中，百不失一矣。故有《诗》必不可以无叙也，舍叙而言《诗》，此孟子所谓害意者也。①

显然陈启源赞同以"美刺"解《诗》，故不可"舍叙而言《诗》"。钱澄之也认为"解经断宜尊《小序》之言"（《田间诗学·凡例》）。与此同时，由于汉学的强势，清代兼采汉宋者虽然试图调停《毛序》与《朱传》，但是在一定程度上对《毛序》的遵从多于《朱传》。田雯、阎若璩、顾镇、孙承泽、范家相、姜炳璋、毛奇龄、马瑞辰、严虞惇、杨名时等都属调和折衷派。阎若璩认为《小序》不可尽信，但朱子疑之太过；毛奇龄认为毛说"必有明据"，朱子废《序》实非明智之举，但他以为"风雅正变"之说有不妥之处；姜炳璋试图合《毛序》与《朱传》为一；严虞惇《读诗质疑》兼采《毛序》与《朱传》，其从《序》者远超从《集传》者；顾镇编撰《虞东学诗》也试图调停毛朱之争，为折衷派著述之代表，故四库馆臣认为《虞东学诗》"于汉

① 陈启源：《毛诗稽古编》，《儒藏》精华编二九，北京大学出版社1999年版，第691—692页。

学、宋学之间，能斟酌以得其平”[①]。由于《诗序》本身存在诸多疑点与朱学依然作为官方哲学，因此，反对《毛诗序》的声音依然时而有之，崔述、牟应震、牟庭、陆奎勋、袁枚、方苞、魏源于《毛诗序》颇有微词。牟庭将《小序》列为《诗》之“七害”之一；牟应震《诗问》不信《诗序》；方苞作《朱子诗义补正》宗朱；崔述《读风偶识》更是于《毛诗序》攻击较甚，尤其对以“美刺”言《诗》颇为不满。认为“《诗序》好以诗为刺时刺其君者，无论其词何如，务委曲而归其故于所刺者。夫诗生于情，情生于境，境有安危亨困之殊，情有喜怒哀乐之异，岂刺时刺君之外遂无可言之情乎！”[②]魏源面对“衰世”及朴学流弊提倡文学经世，其《诗古微》站在今文经学立场主“三家《诗》”反对《毛诗序》，尤其对“美刺”说极为不满：

> 经师各有例，明其例而后说可通；例有所泥，破其例而后经可明。《毛诗》宜破者曰“美刺”之例，“世次”之例。……夫诗之道，今古一同，志有所之而形于言，岂有书写怀抱之作十不一二，而篇篇美刺他人者？欢愉哀怨，不病代呻，是今有性情，古无性情也。[③]

清代儒学隆盛之表现不仅在于集前贤之大成，更在于能在兼采众说的基础上自出机杼。因此，在《毛诗序》的尊废问题上，清

① 《钦定四库全书总目》（整理本），“虞东学诗十二卷”提要，中华书局1997年版，第213页。

② 崔述撰著，顾颉刚编订：《崔东壁遗书》，上海古籍出版社1983年版，第527页。

③ 魏源：《诗古微·三家发微下》，《魏源全集》（第一册），岳麓书社2004年版，第59—60页。

儒并非完全拘泥于汉宋之争，诸多儒者能于旧说之外自成一家，可谓超越尊废之争的既定框架，无门户之见，应予以充分重视。戴震、姚际恒、方玉润等言《诗》均未陷于《毛序》与《朱传》争斗之泥潭。戴震认为汉宋相攻不可取，惟有通过字义训释、名物疏证并采取知人论世之法方可明夫子“思无邪”之意；姚际恒认为由于“汉人失之固，宋人失之妄，明人失之凿”，因此其言《诗》“惟是涵咏篇章，寻绎文义，辨别前说，以从其是而黜其非”①；方玉润治《诗经》坚持“务求得古人作诗本意而止，不顾《序》，不顾《传》，亦不顾《论》，惟其是者从而非者正”②。我们认为，这种超越汉宋之争，坚持无征不信、广参互证的治学原则颇能代表清代学术的基本特征。

另外，清朝统治者对《毛序》和《朱传》的态度并非一成不变，而且态度的转变依然与儒学的变迁完全一致。康熙下令编纂、成于雍正之时的《钦定诗经传说汇纂》坚持“首列《集传》而采汉唐以来诸儒讲解训释之，与《传》合者存之，其义异而理长者，别为《附录》，折中同异，间出己见”③。虽然声称折中同异，且案语也对朱说之失有所揭示，但尊朱倾向十分明显，典型体现了康熙、雍正时期的官方意识形态。但是书编成数十年之后，汉学大盛，清廷官方意识形态也随之发生了转变。乾隆在《月令七十二候诗》“虹始见”篇中已言“晦翁兹语我疑生”④，对朱子《集传》有所怀疑。其于《题毛公祠》更是认为《集传》于汉唐诸儒外“别立解说，如《郑

① 姚际恒著，顾颉刚点校：《诗经通论》，中华书局 1958 年版，第 7—9 页。

② 方玉润撰，李先耕点校：《诗经原始》，中华书局 1986 年版，第 3 页。

③ 王鸿绪：《钦定诗经传说汇纂·世宗宪皇帝御制诗经传说汇纂序》，《文渊阁四库全书》本。

④ 爱新觉罗·弘历：《月令七十二候诗·虹始见》，《清高宗御制诗文全集》（八），卷五十七，台北故宫博物院 1976 年版。

风》则自《缁衣》以下，惟六篇与旧说相仿，余十五篇悉以‘淫奔’斥之，盖泥于‘郑声淫’之一语，以致拘而过当，遂与汉唐诸儒历传旧说显相柢牾，亦不得云有得无失也”①。因此，乾隆二十七年敕编《诗义折中》“分章多准康成，征事率从《小序》”②，解《诗》首列《小序》，或兼采《毛序》与《朱传》，是编与《钦定诗经传说汇纂》以《朱传》为准绳突转为宗《序》解《诗》。因此，该书不仅是清代学术变迁的表征，还“可以看作官方提倡《诗》学从宗朱返回尊崇毛郑的一个重要信号”③。

四、“废序”与现代转型

康乾盛世之后，不但清代国势转衰，而且经典考据学在取得辉煌成就的同时流弊也不断显现，其末流陷入琐碎一路，整个清代朴学也由此显露偏枯之象。1840 年，随着鸦片战争的第一声炮响，西方列强在用坚船利炮顺利打开中国国门的同时，“西学”也如潮水般渐次涌入。中国传统文化被视为导致民族受辱及社会落后的根本原因而成为众矢之的，从统治阶级到文人学士都对之进行了批评：

> 至若高谈性命，崇尚虚无，实于国计民生曾无毫末裨益；等而下之，章句之儒，记于记诵考据之末习，非所用更无实际之可言。尝有泛览群籍而不能成寻常书牍之文，精研数理而

---

① 爱新觉罗・弘历：《题毛公祠》按语，《清高宗御制诗文全集》（九），卷二，台北故宫博物院 1976 年版。

②《钦定四库全书总目》（整理本），“钦定诗义折中二十卷”提要，中华书局 1997年版，第 205页。

③ 洪湛侯：《诗经学史》，中华书局 2002 年版，第 482 页。

> 不能通日用簿记之法，予人口实，亦安用此学为也。[①]
>
> 四千年文物，九万里中原，所以至于斯极者，其教化学术非也。不徒嬴政、李斯千秋祸首，若充类至义言之，则六经五子亦皆责有难辞。嬴、李以小人而陵轹苍生，六经五子以君子而束缚天下，后世其用意虽有公私之分，而崇尚我法，劫持天下，使天下必从己而无或敢为异同者则均也。因其劫持，遂生作伪；以其作伪，而是非淆、廉耻丧，天下之弊乃至不可复振也。[②]

由此可见，无论是作为传统学术政治依靠的统治阶级，还是作为文化传承者与践行者的文人学士都已将传统学术视为思想流弊。那么，居于传统文化中心的儒家自然也成为攻击的重心，所谓“自汉武以来，学尚一尊，百家废黜，吾族聪明，因之锢蔽，流毒至今，未之能解”[③]。职是之故，作为儒家话语典范形态的《毛诗序》也必然难逃遭挞伐的命运。

一方面，旨在救亡图存主张变法革新的维新派对《毛诗序》进行了全面的质疑和否定。魏源、康有为、梁启超等出于其宣传维新改良的政治需要，均对《毛诗序》大加鞭笞，甚至产生了废除《毛诗序》的言论。魏源力主三家诗说而反对《毛诗序》，其《诗古微》一方面考辨《国风》中三家诗说与《毛诗序》之异同得失，指明《毛诗序》穿凿附会、歪曲本义之谬误十八处；另一方面则依三家诗说极

① 舒新城：《近代中国教育史料·学部奏请宣示教育宗旨折》（第二册），中华书局1928年版，第101页。

② 严复：《救亡决论》，王栻主编：《严复集》（第一册），中华书局1986年版，第53—54页。

③ 陈独秀：《再答常乃德》，《独秀文存》，安徽人民出版社1987年版，第649页。

力发挥今文经学微言大义之特长，附会引申，力证其改良主张。康有为《新学伪经考》则认为，《毛诗序》非圣人之言，实乃刘歆伪造，卫宏完成，大、小毛公也是刘歆捏造的。《新学伪经考》作为康氏"托古改制"之工具，其功用在于"通过对古文经的怀疑和否定，进而怀疑和否定占统治地位的封建意识形态和封建专制制度"[①]。梁启超承续乃师之革新理念，对《毛诗序》展开了猛烈抨击，其《〈诗序〉之伪妄》认为：

> 千余年共认为神圣不可侵犯之宝典，真不可思议之怪象矣！……若细按其内容，则捧腹喷饭之资料更不可一二数。例如《郑风》见有"仲"字则曰祭仲，见有"叔"字则曰共叔段。余则连篇累牍皆曰"刺忽""刺忽"。郑立国数百年，岂其于仲、段、忽外遂无他人？而诗人讴歌，岂其于美刺仲、段、忽外遂无他情感？凿空武断，可笑一至此极！其余诸篇，大率此类也。故欲治《诗经》者非先将《毛序》拉杂摧烧之，其蔀障不知所极矣！[②]

梁启超对《毛诗序》攻击之激烈可谓前无古人，其"不可思议之怪象""捧腹喷饭之资料""凿空武断，可笑一至此极""蔀障不知所极"的评判与"千余年共认为神圣不可侵犯之宝典"的共识形成了极大反差，并以"拉杂摧烧"的坚决态度告诫治《诗经》者应摒弃《毛诗序》而不用。

---

① 边家珍：《经学传统与中国古代学术文化形态》，人民出版社 2010 年版，第 292 页。

② 梁启超：《要籍解题及其读法·〈诗经〉》，陈引驰编校：《梁启超国学讲录二种》，中国社会科学出版社 1997 年版，第 63 页。

另一方面，在席卷全国的“反序”“废序”声浪中，传统文化的坚守者依然信奉《毛诗序》解《诗》话语，章太炎便是其中一位。他在辨析诸家解《诗》优劣之后坚称：“今治《诗经》，不得不依《毛传》，以其序之完全无缺也。诗若无序，则作诗之本意已不明，更无可说。”[①] 显然，在章太炎看来，《毛诗序》乃解《诗》正途，舍《序》言《诗》必然走入邪路。

不过，尚需说明的是，在晚清维新革新的思想先驱中，亦有超出“尊序”“废序”之争而力主己说的所谓“独立思考”者。如龚自珍《己亥杂诗》云：“经学家法夙所重，诗无达诂独不用。我心即是四始心，泬寥再发姬公梦。”并自注曰：“为《诗非序》《非毛》《非郑》各一卷。予说《诗》，以涵泳经文为主，于古文毛，今文三家，无所尊，无所废。”[②] 这种辩证客观的态度在当时实属少见，龚自珍将宣传社会改革与研习学术学问分而治之的实事求是精神，值得发扬。

简言之，在“西学东渐”和封建社会日趋分崩离析的近代中国，《毛诗序》在“尊”“废”及“独立”三种态势中多样凸现，“废”为主流。

“五四”以后，传统文化作为封建“余毒”遭致更为猛烈的挞伐。作为封建意识形态核心的儒学迅速走向衰微，《诗经》也由“不刊之鸿教”而被普遍视为文学作品，并遭遇了更为全面彻底的清算。不过，诚如中国《诗经》学会会长夏传才先生所说：“这与古代的废序之争已有本质上的不同。它不是一个封建经学学派反对

① 章太炎：《经学略说》，《国学讲演录》，华东师范大学出版社1995年版，第94页。

② 刘逸生：《龚自珍己亥杂诗注》，中华书局1980年版，第92页。

另一个封建经学学派，不是以一种封建经说去代替另一种封建经说，而是现代的革命民主主义者高举反封建的旗帜，要求用科学和民主的思想重新探求诗义，汉学、宋学、古文、今文，一切不符合实际的封建诗说都在废除之列。"① 换句话说，抨击《毛诗序》是其表，反对《毛诗序》代表的传统文化才是其里。也正缘于此，儒家话语典范形态的《毛诗序》恰如一过街之鼠，人人喊打。虽偶有申辩诉说，但无济于事。为论述方便，此处将之粗略划为三股力量分述。

其一，在"五四"时代精神的影响下，古史辨派的傅斯年、胡适、郑振铎、顾颉刚、俞平伯等人率先从不同角度展开了对《毛诗序》的质疑与抨击。胡适将《诗经》视为"世界最古的有价值的文学的一部"，研究《诗经》必须以"小心的精密的科学的方法"②，而非传统的训诂与题解，《毛诗序》作为题解一类自然遭其否定。顾颉刚认为《毛诗序》以"政治盛衰""道德优劣""时代早晚""篇第先后"四事解《诗》，其"指鹿为马，掩耳盗铃之状至为滑稽。二千年来，儒者乃日诵而不悟"③，今人解《诗》需与之划清界限，方可得《诗》之本义。郑振铎认为，在传统的《诗经》阐释体系中，《毛诗序》"是一堆最沉重，最难扫除，而又必须最先扫除的瓦砾"④，并指出《毛诗序》最大的坏处乃"附会诗意，穿凿不通"⑤。由于古史

① 夏传才：《诗经学四大公案的现代进展》，《河北学刊》1998 年第 1 期。

② 胡适：《谈谈〈诗经〉》，顾颉刚：《古史辨》（三），上海古籍出版社 1982 年版，第 576 页，第 580 页。

③ 顾颉刚：《〈毛诗序〉之背景与旨趣》，顾颉刚：《古史辨》（三），上海古籍出版社 1982 年版，第 402 页。

④ 郑振铎：《读〈毛诗序〉》，顾颉刚：《古史辨》（三），上海古籍出版社 1982 年版，第 385 页。

⑤ 郑振铎：《读〈毛诗序〉》，顾颉刚：《古史辨》（三），上海古籍出版社 1982 年版，第 388 页。

辨派对《毛诗序》的抨击极为深入细微，且顺应了时代思想潮流。因此，古史辨派对《毛诗序》的否定不仅在当时极为引人注目，而且对之后《毛诗序》的接受都产生了深远影响。正如洪湛侯所言："当代论《诗》诸家，每多不信《诗序》，是则古史辨派论《诗》的影响，至今还依稀可见。"①

其二，治"中国文学批评史"的罗根泽、郭绍虞、朱东润等对《毛诗序》也颇有微词。一方面，他们大多承认《毛诗序》在中国文学批评史上的地位，如将《毛诗序》中被称为"大序"的那一部分文字抽离出来独立成篇，作为重要文学理论文献编入大学教材。另一方面，又对其解《诗》之旨归、方法均有怀疑。如罗根泽视"美刺"说为解《诗》的"障碍物"；郭绍虞认为《诗大序》终归是杂取周秦旧说"略加整理"，无甚新意；朱东润指出《毛诗序》可疑之处至少有"风雅颂之说""风刺之说""变风变雅之说""政有小大，故《雅》有小大之说"四端②，故不可信。

其三，鲁迅、郭沫若、闻一多等文学家也表达了对《毛诗序》解《诗》传统的不满。鲁迅视《诗经》"是中国现存的最古的诗选"③，并在《摩罗诗力说》中指出"三百之旨"为"无邪所蔽"，而"强以无邪"，其实质"即非人志"④。换句话说，鲁迅认为，包括《毛诗序》在内的解《诗》传统遮蔽了人之真性情。郭沫若倡导创立"马克思主义"《诗经》研究体系，对《诗经》的文学特征与史料价值颇为

① 洪湛侯：《诗经学史》，中华书局 2002 年版，第 174 页。

② 朱东润：《中国文学批评史大纲》，上海古籍出版社 2001 年版，第 13—14 页。

③ 鲁迅：《选本》，《鲁迅全集》第七卷，人民文学出版社 2005 年版，第 137 页。

④ 鲁迅：《摩罗诗力说》，《鲁迅全集》第一卷，人民文学出版社 2005 年版，第 70 页。

重视,无疑与《毛诗序》解《诗》话语不合。而作为当代杰出的《诗经》研究者闻一多则对包括《毛诗序》在内的汉宋《诗经》阐释传统均予否定,强调以文艺眼光观照《诗经》。他说:

> 汉人功利观念太深,把《三百篇》做了政治的课本;宋人稍好点,又拉着道学不放手——一股头巾气;清人较为客观,但训诂学不是诗;近人囊中满是科学方法,真厉害。无奈历史——唯物史观的与非唯物史观的,离《诗》还是很远。明明一部歌谣集,为什么没人认真的把它当文艺看呢!①

这种视《诗经》为文学作品的解读范式是近代《诗经》学主潮,且直接影响到当下学界对《诗经》性质的判断。由于用文学标准来评判《诗经》,因此,作为儒家话语典范形态的《毛诗序》几乎遭致全盘否定。

新中国成立后,社会政治生态与学术思想环境都发生了剧烈变化。虽然新生政权对传统文化采取"古为今用"态度,但是直到新时期以前,尤其受极左思潮的影响,传统文化一直处于被批判地位。作为传统文化主干的儒学自然是讨伐的重点,而《毛诗序》在此阶段遭遇强烈的批评也自然在所难免。代表人物是古史辨派张西堂,其《关于〈毛诗序〉的一些问题》一文综采前人之论并附以己意,认为《毛诗序》存在"杂取传记""叠见重复""随文生义""附经为说""曲解诗意""不合情理""妄生美刺""自相矛盾""附会书史""误解传记"等十大谬妄之处,对之进行了全面、激烈的抨

① 闻一多:《匡斋尺牍》,《闻一多学术文钞·诗经研究》,巴蜀书社2002年版,第54页。

击[1]。

显然，现代《诗经》学的主流是"反序"甚至"废序"的。不过，在"反序""废序"声浪高涨的同时，依然有坚持以《序》解《诗》的异响。换言之，《毛诗序》在遭遇全盘否定之际，尚存微许阻碍因素。吴闿生、黄焯、林义光等便肯定《诗序》之合理性，视之为解《诗》的重要依据。吴闿生《诗义会通》虽然认为"《序》之穿凿，以《周南》为最"，但"自《二南》之外，则《序》之可信者为多"[2]；黄焯《毛诗郑笺平议》论《诗》宗旨也以《毛诗序》为尊，并视《毛诗序》为获取《诗》之"本义"的惟一渠道；林义光《诗经通解》言《诗》旨大体上依从《诗序》，多采毛、郑之论，但论证较为科学严谨，不拘泥旧说。

五、"争鸣"与当代学术

新时期以来，随着社会环境与学术生态的改变，人们对传统文化的态度也随之发生变化。传统文化不再被简单粗暴地视为"封建余毒"，人们更多辩证看待传统资源。尤其是"国学热"的兴起及由之引发的社会效应，整个社会对传统文化的态度更趋理性。儒学也不再被简单以封建统治者麻木人民的工具视之，人们逐渐认识到其蕴含的合理因子。虽然依旧有人坚持"儒学游魂"说（余英时）或"儒门淡薄，花果飘零"（杜维明），但是大多数人则认为儒学在当代中国复兴已成必然。不过，需要认清的是，尽管儒学在当代有复兴迹象，但当代儒学与传统儒学有着本质区别。当代人更多将儒学视为一种知识或者是作为疗救心灵与社会的药方，而非传

---

① 张西堂：《诗经六论》，商务印书馆 1957 年版，第 133—138 页。

② 吴闿生：《诗义会通》，中华书局 1962 年版，第 9 页。

统社会将之作为价值信仰或意识形态。

在儒学复兴的大潮下，中国《诗经》学也日显兴盛。学界对《毛诗序》的评判不再如前代那般有着较为明确的尊废倾向，而是试图超越简单的尊废对立，“无所尊，无所废，寻绎文意，考察背景，加以辨析，从其是而黜其非，具体问题具体分析”①，通过客观分析与理性评判在争鸣中平稳推进。作为儒家话语典范形态的《毛诗序》迎来了现代学术生命旅程中的“春天”。具体而言，主要表现在以下诸端：

首先，在《诗经》注释方面，注释者多采用《诗序》可信之处而弃其无端臆测之论。较有影响力的《诗经》注本如高亨《诗经今注》、程俊英、蒋见元《诗经注析》、周振甫《诗经译注》均如此。如《诗经注析》注者认为，对“《毛序》中正确的自当吸收，但大部分必须否定”②。全书基本贯彻了这一原则，注者对《毛诗序》不盲目采取尊废分明之态度，而是从其是而黜其非。

其次，关于《毛诗序》的评价，以现代学术史的视野观照，持论更为公允。曹道衡率先指出“关于《毛诗序》的评价问题，似不应仅仅着眼于其对某些篇章的解说是否正确，而更应注意到它在两千多年来的《诗经》研究中，它究竟起着什么作用，有什么历史地位”③。而治“中国文学批评史”的专家们从文学批评史角度对《毛诗序》进行评骘也较之于郭绍虞、罗根泽、朱东润等更为客观、辩证。如《中国文学批评通史》（先秦两汉卷）的编著者认为，“《诗大序》是我国诗歌理论的第一篇专论，它概括了先秦以来儒家对于诗

① 夏传才：《再谈〈毛诗序〉和关于〈毛诗序〉的争论》，《河北师院学报》（社会科学版）1995年第3期。
② 程俊英、蒋见元：《诗经注析·序言》，中华书局1991年版，第1页。
③ 曹道衡：《试论〈毛诗序〉》，《文学遗产》1994年第2期。

乐的若干重要认识，同时在某些方面又有补充和发展，从而构成了较为完整的理论，可以说是先秦到两汉时代儒家诗论的总结"[①]。张少康亦认为"《毛诗大序》所提出的一些根本理论问题，成为两千多年来封建正统的文艺纲领，影响极大"[②]。

再次，将《毛诗序》置入其所处历史文化语境深入全面考察，时有争鸣。如对《毛诗序》的政治伦理批评，许志刚便从文学审美角度出发，批评《毛诗序》以政治伦理解《诗》，忽视甚至扼杀了《诗经》的审美怡情功用：

> "正得失，动天地，感鬼神，莫近于诗"。把诗的感染作用夸张到极致，并归结为特殊的政治目的："先王以是经夫妇，成孝经，厚人伦，美教化，移风俗。"弱化了文学的审美、陶冶性情的功能，代之以政治的功能，使之成为政治的附庸、工具和奴婢。[③]

许志刚对《毛诗序》将诗歌与政治功用强制关联的倾向颇为不满，认为以"政治"解《诗》忽视文学的审美功能，有着极大的危害。而胡晓明则从中国古代政治话语的巨大影响出发，分析指出《毛诗序》政治伦理批评具有存在与不断传承的合理性：

> 文学批评一方面要知人论世，切近地抉发出文学家最真实的创作动机与兴奋点，另一方面也要引发共鸣，切实地进入

① 顾易生、蒋凡：《中国文学批评通史》（先秦两汉卷），上海古籍出版社1996年版，第400页。

② 张少康：《中国文学理论批评史》，北京大学出版社2005年版，第105页。

③ 许志刚：《〈诗大序〉历史地位再评价》，《文学评论》2002年第1期。

> 当时读者的文化脉络之中，而政治伦理正是这个兴奋点与文化脉络，这即是政治伦理批评得以存在并传承的合理性之一，这也是《诗序》得以千年传承不废的理由所在。①

许、胡二人的研究代表着当下学界《毛诗序》研究的探索路径与基本立场，那就是超越简单的尊废之争，在更为宏阔深微的历史语境下辨而析之。如汪春泓便明确指出学界多注意到《毛诗序》与荀子思想之关系，视阈明显太过狭隘，应“返回孔孟早期儒家之源头，《毛诗大序》人文主义的伟大意蕴，才得以拨云见日的重新发现”②。

当然，这一时期并非没有尊废态度鲜明之论。如李端清就认为《小序》几近全是荒谬之辞，“说《毛诗序》是《诗经》的大敌，一点也不过分。它的影响又是那样深远，如果不首先推翻《毛诗序》，则压在《诗经》上的层层瓦砾是难以清除干净的”③。是论与郑振铎之言极为相似，有古史辨派遗风，但在新时期以来的《诗经》学中较为少见。

总之，在自汉以来的学术思想体系中，由于其在经学、美学与文学批评史上的重要地位，《毛诗序》一直是学人关注与讨论的重点，且将在未来继续扮演学术“热点”角色。因此，“粗暴的否定，不加分析地全面肯定，是两个极端。分析鉴别，取其精华，弃其

---

① 胡晓明：《正人君、变今俗与文学话语权——〈毛诗序〉郑笺孔疏今读》，《文学评论》2011 年第 6 期。

② 汪春泓：《关于〈毛诗大序〉的重新解读》，《北京大学学报》（哲学社会科学版）1999 年第 6 期。

③ 李端清：《〈毛诗序〉评议》，《昆明师专学报》（哲学社会科学版）1989 年第 2 期。

糟粕，相信《毛诗序》这一瑕瑜互见的重要文献，还能为研究古代文学批评和阅读《诗经》，提供帮助”①。而作为儒家话语典范形态的《毛诗序》研究也定会在日益开放活跃的中国学术生态中绽放异彩。

第二节　《诗大序》之风喻与诗教传统

《诗大序》是儒家《诗》论发展史上继孔子、孟子、荀子文艺思想而后的一篇经典性论述，作为先秦至汉代儒家诗说的集大成之作，显示了汉代诗论的最高水平。《诗大序》不仅创建了“诗经学”的文学与美学理论范畴，为《诗经》研究作为一门独立的学科奠定了基础，在中国诗论史上起到了提纲挈领的作用，而且提出了文学干预政治的理论原则，使得儒家的政教文艺观得以强化，追求美刺讽谏的社会功利目的的“正统”文艺观深入人心，在中国文学批评史上具有深远的影响。古文论界历来对此一致公认，几无质疑。对其研究，代不乏人，从作者考证到历史地位，从年代考察到美学内涵，层出不穷，俨然一部《诗大序》学术研究史。然而，短小精悍的《诗大序》，却出现了17处“风”②。其音义多元，内涵丰富，一直未引起学界足够的重视。更为重要的是，其蕴含的风喻批评和诗教传统既与汉代经学的兴盛密切相关，又与中国文论的自身发展

① 洪湛侯：《诗经学史》，中华书局2002年版，第176页。

②《诗大序》是《毛诗故训传》在《诗经》首篇《国风·关雎》题下的一篇序言。自陆德明率先提出“大序”“小序”之分后，纷争不断。陆氏认为，自“《关雎》，后妃之德也”至“用之邦国焉”，为《关雎序》，是小序；自“风，风也”至“是《关雎》之义也”通论全书，为大序。参见陆德明：《经典释文》，中华书局1983年版，第53页。本书将《关雎序》中出现的“风”加在一起进行考究，凡17处。

圆融契合，是汉代经学与文论会通化成的重要结晶，值得深入审视和探讨。

一、《诗大序》“风”之辨析

《诗大序》是我国较早也较为完备的诗歌理论文本，陈良运称之为“我国古代第一篇专论诗的理论文章”[①]。对于一个诗的国度来说，其在诗论史上的地位与作用不言而喻。而《诗大序》更是汉学系统《诗经》阐释的义疏中心，汉字作为华夏文化传承的重要载体，对于文化的发展有着彪炳史册的作用，“风”字在《诗大序》中尤其起着重要作用。

（一）“风”之音义

现代汉语中，“风”字有三种读音：阴平、上声和去声，《辞源》《辞海》《汉语大字典》《汉语大词典》均有所记载。

其一，“风”现代汉语普通话读作 fēng，古亦读平声。《广韵》：方戎切，平东非；《玉篇》：甫融切；《集韵》：方冯切。本义指自然界中一种由于空气流动而形成的自然现象。常与“气”并提，虽无色无形，却无处不在。此音义古今习见，古人注书时多不注。随着历史的进步和社会的发展，引申出流行、流传的社会现象，即由自然风演变为社会风（如风俗、风气）。段玉裁注《说文解字》“风”曰：“凡无形而致者，皆曰风。”[②]自然风与社会风都有无形而致的特点。后经过发展演变，人们又将收集地方的民歌、民谣活动称之为“采风”。于是以“风”代诗，便有了“风”这种文体。如《左传·隐公三年》“风有《采蘩》《采苹》”的“风”即指诗。

---

① 陈良运：《中国诗学批评史》，江西人民出版社 1995 年版，第 37 页。

② 许慎撰，段玉裁注：《说文解字注》，上海古籍出版社 1988 年版，第 677 页。

其二,“风”现代汉语普通话读作 fèng,是由“风”读作 fēng 的本义演变而来的。在《汉语大字典》中有两种含义:第一种,吹拂、纳凉,如《孟子·公孙丑下》云:“有寒疾不可以风。”《说苑·贵德》云:“吾不能以春风风人。”1936 年修《牟平县志·方言》云:“纳凉曰风。”第二种,教育、感化,如颜师古注《汉书·武帝纪》“导民以礼,风之以乐”曰:“风,教也。《诗序》曰:‘上以风化下。’”① 不过,“风”作“教育、感化”义解时,在古代则有两种读音。一种,仍被注为平声,如《广韵》:“风,教也,佚也,告也,声也。《河图》曰:‘风者,天地之使。’《元命包》曰:‘阴阳怒而为风。方戎切。’”②《玉篇》风部亦未收去声一读。另一种,被注为去声。如颜师古注《汉书·食货志》“布告天下,以风百姓”为“风读曰讽”③。(此处“讽”读去声,但不表“讽”义,下文详论,不赘。)至于“风”作“吹拂、纳凉”义解时,在古代是被注为平声还是去声,则找不到明确的证据。

其三,“风”现代汉语普通话读作 fěng,与“讽”相通。大体有三个义项:讽诵;用委婉含蓄的语言暗示或劝告;讽刺、讥讽。第一个义项现在已不常见,后两个为现在使用的主要义项。然而,“讽”字在古代的使用却较为复杂:第一,“讽”字虽在上古就已经出现,如《说文》言部:“讽,诵也。从言,风声。”段注曰:“芳奉切,古音在七部。”④ 但其本义“讽诵”——口中生风,可能是从风之“吹拂”一义引申而来,且旧读为去声,即“芳奉切”(《集韵》方凤切),直到《中原音韵》《正字通》,现代汉语普通话读作 fěng,是例

①《汉书·武帝纪》,中华书局 1962 年版,第 171—172 页。

② 周祖谟:《广韵校本》,中华书局 1960 年版,第 28 页。

③《汉书·食货志》,中华书局 1962 年版,第 1168 页。

④ 许慎撰,段玉裁注:《说文解字注》,上海古籍出版社 1988 年版,第 90 页。

外音变[1]。第二,作为委婉含蓄的劝告、讽谏义的"讽",虽在传世的先秦古籍中偶有使用,如《庄子·外物》云:"已而后世辁才讽说之徒,皆惊而相告也。"却不排除后人改字的可能性。因为《诗经》《尚书》《左传》等先秦典籍中都没有出现"讽"字,而以"讽"字载录"讽谏"义,大约在曹魏时代出现。如《广雅·释诂》四:"讽,谏也。"第三,在"讽"字载录"讽谏"义之前,凡表示"讽谏"义的都以"风"字代替。如颜师古注《汉书·艺文志》"大儒孙卿及楚臣屈原离谗忧国,皆作赋以风";《汉书·卫青霍去病传》"于是长公主风白皇后";李贤等注《后汉书·文苑列传》"琦以言不从,失意,复作《白鹄赋》以为风"等,都注为"风读曰讽"。第四,大约近古开始,"讽"又由委婉含蓄的劝告、讽谏义引申发展为"讽刺、讥讽"义。如苏轼《送李公恕》:"酒酣箕坐语惊众,杂以嘲讽穷诗骚。"

综上,在现代汉语普通话中,"风"字有三种读音,读作 fēng 时(古读平声),意义最多,有本义、引申义,既指自然界的风,也指国风、风俗、风气等;读作 fěng 时(古读去声),指委婉含蓄地讽谏;读作 fèng 时(古兼读平去),指教化。而《诗大序》中的 17 处"风"在古代虽只有平、去两种读音,但因其语义场的不同尚需略作考辨。如颜师古《匡谬正俗》卷一"风"字条云:

> 《毛诗·序》云:"《关雎》,后妃之德也,风之始也,所以风天下而正夫妇也。"今人读"风"为"讽天下"。案《序》释云"上以风化下,下以讽(此处"讽"当为"风",恐有误。笔者

[1] 案,"奉"是全浊上声字,用来给读去声的"讽"注音,反映了后代全浊上声变去声;又"芳"为敷母字,作帮母"讽"之切上字,反映了后代帮敷合流,均不合于古。参见孙玉文:《汉语变调构词考辨》,商务印书馆 2015 年版,第 255—256 页。

注）刺上”，此当言“所以风天下”，不宜读为“讽”。又云“风，风也，教也。风以动之，教以化之”。今人读云“风以动之”，不作“讽”音。案此盖《序》释“风”者训讽训教，讽刺谓自下而上，教化谓自上而下，今当读云“讽以动之”，不宜直作“风”也。①

颜师古之所以不厌其烦地辩证分析《毛诗序》中“风”之读音，乃是因为“风”之变调构词在《毛诗序》中表现得最为明显。风作为“变调构词”的一个重要范例，宋人贾昌朝和当代语言学家、音韵学家周祖谟、唐纳、周法高、唐作藩均有著录，且贾氏《群经音辨·辨字音清浊》“上化下曰风，方戎切；下刺上曰风，方凤切”为各家所本。有鉴于此，下文便以现代汉语普通话三种读音和古代两种读音一一辨析之。

（二）读作fēng（旧亦读平声）

“《关雎》，后妃之德也，风之始也。”《诗大序》开篇之“风”现代汉语普通话读作 fēng②（旧亦读平声）。《国风》是十五个诸侯国的诗歌之总称，简称为风。《诗经》有“四始”之说，《关雎》为《国风》之始。《关雎》录于《国风·周南》，位于《诗经》之先、《周南》之始，即为风诗之始。“风”指风诗，读作 fēng（旧亦读平声）。

“风，风也，教也。”第一个“风”读作 fēng（旧亦读平声），紧承上文“《关雎》，后妃之德也，风之始也”提出，它与“风之始也”中的“风”都指风诗，此处对风之所以称诗或者诗之所以为风进行解释，突出说明风诗之教化作用，故读作 fēng（旧亦读平声）。

---

① 刘晓东：《匡谬正俗平议》，山东大学出版社 1999年版，第 6页。

② 后文所注汉语拼音，凡未注明，皆指现代汉语普通话读音。

“先王以是经夫妇,成孝敬,厚人伦,美教化,移风俗。”这里在前文点明诗之教化作用之后,进一步将风诗的政治教化作用具体化。即诗歌可以稳定家庭夫妇关系,实现长幼人伦孝敬,促进社会风俗美好。因此,此处“风”指风俗和风气,读作 fēng(旧亦读平声)。

“故诗有六义焉:一曰风,二曰赋,三曰比,四曰兴,五曰雅,六曰颂。”虽然紧承《周礼》“六诗”而来的“六义”说仁者见仁,智者见智,但孔颖达将其分为诗歌体制和表现手法两类,学界比较认可。郭绍虞先生释此“风”为《诗经》中的国风,认为它比较广泛地反映了人民的生活、感情和愿望,基本上是人民的诗歌,具有地域的特征。这是它跟雅、颂有地方乐歌和朝廷乐歌的区别[①]。“风”既然是作为一种诗歌体制,自然是读作 fēng(旧亦读平声)。相应地,雅、颂也是风诗中的一种体制。

“上以风化下,下以风刺上,主文而谲谏。”此句两个“风”歧义最多,涉及三种读音和五种读法。第一种,两处“风”都读作 fěng(旧读去声),“风化”为两个词,“风刺”为一个词,即在上的统治者通过诗对臣民进行讽谏和教化,在下的臣民通过诗对统治者进行讽谏。显然,这种读法不大符合古代汉语表达习惯。因为上句中“风”为讽谏义,与“化”之教化义构成互补;而下句“风”为讽谏义,与“刺”之讽谏义却构成同义反复,这在词义与语法上都极不工整,欠当。第二种,两处“风”都读作 fèng(旧兼读平去),着重突出诗的教化作用,即统治者和臣民可以通过诗来达到互相教化的目的。但是“风化”一词为教化义无可厚非,“风刺”一词亦表示教化义则有所牵强,故舍弃。第三种,前一处“风”读作 fèng(旧

① 郭绍虞:《中国历代文论选》(一),上海古籍出版社 2001 年版,第 65 页。

兼读平去),表示上层对下层的教化或指风诗;后一处“风”读作fěng(旧读去声),表示下层对上层的讽谏。如陆德明就颇为赞同此种读法,其《经典释文》对前一处“风”不注,对后一处注曰:“下以风,福凤反。注‘讽刺’同。”此种读法初看似乎有理,但是联系紧承其后的“主文而谲谏”,则明显不通。因为“主文谲谏”所言说的并非一个对象,而是要以诗歌为载体、譬喻为技巧进行教化和劝谏,因此必然涉及另一个对象。换言之,无论是“上化下”,还是“下刺上”都是“譬喻,不斥言”,都得有凭借物——即“风诗”。与此恰好相反,还有第四种读法,即前一处“风”读作fěng(旧读去声),后一处“风”读作fèng(旧兼读平去)。这种让上层讽谏下层和让下层教化上层的方向旨趣与古代森严的等级制度和时代背景明显不合,故舍去。有鉴于此,我们认为这两处“风”都应读作fēng(旧亦读平声),理由有二:其一,“以”在古代汉语中作连词、介词和副词皆可。显然这里是介词,表示“用”义,其后的宾语是讽谏、风化的工具——风诗,即上用风诗来教化民众,下用风诗来美刺君王。这样的解读既符合古汉语表达习惯,又与历史时代背景相合。其二,联系后文“主文而谲谏”的风诗的美学要求,把“风”理解成风诗更合文意。在上的人君用诗歌来风化、教化在下的臣民,以维护统治秩序;在下的臣民用诗歌来讽谏、讽刺在上的人君,以改良社会政治。这是对孔子“兴观群怨”中“观”(观诗知俗)和“怨”(赋诗讽谏)的社会作用的继承和发扬,突出强调了诗的政教意识形态功能,将发源于西周的工具主义文论观发展到了顶峰。

“言之者无罪,闻之者足以戒,故曰风。”此处“风”在古代亦有分歧。陆德明音义:“故曰风,福凤反,又如字。”陆氏将此处“风”平去兼注,留下了多种解读的可能。若读平声,则是对风诗的一种定义。若读去声,则有两解,一曰“教化”,其“上化下”的意涵与“言之者无罪，闻之者足以戒”语意不合，故舍弃；一曰“讽谏”，意指讽谏时所达到的自我保护与行为目的。单就字义看，似乎风诗和讽谏两种音义皆可。但是“曰”作为训诂术语，被释之词一般放在其后，所以这句话的前面部分是在对“风”进行解释。结合前文，可知全句既说明了风诗的上下沟通作用——“上以风化下，下以风刺上”，又规定了风诗的美学要求——“主文而谲谏”，更对风诗产生的效果——“言之者无罪，闻之者足以戒”做了强调，整句话都在说明“风诗”。兼之，后文提到“变风”，此处应指“正风”，故读作 fēng（旧亦读平声）。

“至于王道衰，礼义废，政教失，国异政，家殊俗，而变风变雅作矣”，此句“变风”读作 fēng（旧亦读平声），与前面的“正风”相联系且对照而来。“正风”指雍容典雅代表“安以乐”的风雅传统的诗篇，要求“主文而谲谏”，如国风中“二南”。它产生在社会稳定、经济繁荣的和谐社会，符合儒家的礼乐精神。“变风”是以怨刺为主调（或兼有美刺）的风诗，主要产生于周王政治衰败之时，即上文“乱世之音”“亡国之音”，是诗人慷慨悲歌、不平则鸣的忧愤之言。

“故变风发乎情，止乎礼义”，这里的“变风”与上文之“变风”同义，指十五国风中的部分作品，自然是读作 fēng（旧亦读平声）。着重强调了“变风”“发乎情”的缘由和“止乎礼义”的作用。按郭绍虞先生所注，十五国风中，以邶风为界，其下十三国风皆为与“正风”相对的“变风”①。由此可知，“变风”不仅与“礼崩乐坏”的社会政治状况直接相关，还是不同地域、风俗的反映。

“是以一国之事，系一人之本，谓之风；言天下之事，形四方之风，谓之雅。”这里两处“风”都读作 fēng（旧亦读平声）。前一处

① 郭绍虞：《中国历代文论选》（一），上海古籍出版社 2001 年版，第 66 页。

“风”指上面提到的风诗，是对国风的进一步解释。国风虽出自一人之口却反映了一个诸侯国的风貌，从而让统治者通过观风察俗以实现风化于诸侯国内。后一处“风”是风俗的意思，同时也是对“雅”的解释。诗人所表达的是关乎王朝统治的天下大事，行王政之教于四方各地，形成习俗，这样的诗篇称为“雅”。

“然则《关雎》《麟趾》之化，王者之风，故系之周公。”《关雎》和《麟趾》是《诗经·国风·周南》的首篇和末篇，周公在其封地施行仁政教化，效果显著，遂产生了这些可以用来教化民众的风诗。“《鹊巢》《驺虞》之德，诸侯之风也，先王之所以教，故系之召公。”《鹊巢》和《驺虞》则是《诗经·国风·召南》的首篇和末篇，是召公在其封地感化百姓而产生的诗篇。显然，这两处“风”都是风诗之义，都读作 fēng（旧亦读平声）。

（三）读作fěng（旧读去声）

风是讽的古字，现代汉语普通话读作 fěng，旧读去声，表委婉含蓄的讽谏，在《诗大序》中有三处。

“风，风也，教也；风以动之，教以化之。”此处出现的第二、三个“风”，自古就存在着音义分歧。陆德明音义曰：“‘风，风也’，并如字，徐上如字，下福凤反。崔灵恩集注本下即作‘讽’字，刘氏云：‘动物曰风，托音曰讽’；崔云：‘用风感物，则谓之讽。’沈云：‘上风即《国风》，即《诗》之六义也；下风即是风伯鼓动之风，君上风教能鼓动万物，如风之偃草也’。今从沈说。又，‘风以动之’，如字，沈福凤反，云：‘谓自下刺上，感动之，名变风也。’今不用。”① 陆氏在这里共梳理了徐邈、崔灵恩、沈重三种代表性意见，其中，第二个“风”，有“如字”（指风教义）、“福凤反”、“讽”三种音义；第三个

①《十三经注疏·毛诗正义》，上海古籍出版社 1997 年版，第 269 页。

"风",有"如字"、"福风反"(指讽谏义)两种音义。经过比较分析,陆氏认定第二、三个"风"字都为"如字",指风教义。

然而,在孔颖达看来,"风"和"教"的关系十分复杂。一方面,"风"和"教"大体同义,或者说,"风"是一种特殊的"教","风训讽也,教也"。另一方面,"风"和"教"又略有差异。其一,两者的程度深浅不同,"讽谓微加晓告,教谓殷勤诲示",其二,两者的先后顺序有别,"风"之与"教"是"始末之异名",故王者施行教化,"先依违讽喻以动之,民渐开悟,乃后明教命以化之"①。这里"风"和"教"的混同和区分,说明诗对于人的教化,既不是干巴巴地叙说,也不是冷冰冰地讲礼,而是以艺术形象去感染和启迪,使受教者在受教过程中得到一种自由且自愿的教育和感化。按照这种解释理路,第二、三处"风"既可以解作讽喻,也可以解作教化。如李春青先生在《中国古代文论新编》中便将此处"风"解释为"讽喻,教化"②。以"风""教"并举,构成互文结构,作为一种同义反复,起双重强调作用,也有一定合理性。但是从上下文看,这一句话是对风诗的一种解释。而风诗的活动范围不会仅仅限于上层统治者对下层百姓(即下文"上以风化下"),其意义也不会仅仅局限于教化,它也有劝谏、讽谏的作用(即下文"下以风刺上")。如魏源在《毛诗大序义》一文中,便明确指出《诗大序》中"风,风也,教也。风以动之,教以化之"后两个"风"字,均应读作"讽",并将此句的第三处"风"直接改为"讽",还补充解释:"《序》言'讽以动之',匡其情之过也;'教以化之',归于情之正也。"③ 在这里,魏源虽未明言"讽"作劝谏、讽谏

①《十三经注疏·毛诗正义》,上海古籍出版社 1997 年版,第 269 页。

② 李春青:《中国古代文论新编》,北京师范大学出版社 2010 年版,第 46 页。

③ 魏源:《诗古微·毛诗大序义》,《魏源全集》(第一册),岳麓书社 2004 年版,第 192 页。

解，但其对“讽”和“教”关于“情”的严格区分，则值得重视。我们认为此两处“风”字应是讽喻、讽谏义，现代汉语普通话读作 fěng（旧读去声），与“教”之教育、教化义共同构成风诗的两大作用。“风”是下对上，而“教”是上对下。两者前后构成并列互补关系，下“风以动之”，上“教以化之”，上下齐力共达和谐文明，从而完整地再现风诗的政治教化作用，凸显汉儒强烈的政治批评意识。

“国史明乎得失之际，伤人伦之废，哀刑政之苛，吟咏情性，以风其上。”史官们源于礼崩乐坏的社会现实，感伤人伦的沦丧，哀痛刑政的残酷，于是作诗讽谏天子诸侯。这既是一种处异求变的策略，又是对传统风俗的怀念。以复古为通变，有一定的积极意义。如春秋战国时期的法家代表人物商鞅、韩非和李斯等在不同的斗争境遇中，曾异口同声地批判《诗经》，认为它讽刺了新兴地主阶级，危害了新兴的政治经济制度。而这种讽刺和危害当然也应该首先是由《国风》中的讽刺诗来落实的。因此“风”是讽谏、讽刺义，现代汉语普通话读作 fěng（旧读去声）。

（四）读作fèng（旧兼读平去）

风作动词，作为“教化”这一义项，现代汉语普通话读作 fèng，旧兼读平去，在《诗大序》中仅有一处。

“《关雎》，后妃之德也，风之始也，所以风天下而正夫妇也。”这里第一处“风”上文已辨析，读作 fēng（旧读平声），指风诗。第二处“风”自古也存在读音分歧。如陆德明音义曰：“‘风之始’，此‘风’谓十五《国风》，风是诸侯政教也。下云‘所以风天下’，《论语》云：‘君子之德风’，并是此义。‘所以风’，如字，徐福凤反。今不用。”① 魏源《毛诗大序义》则曰：“‘风天下’之‘风’，刘瓛、崔灵

①《十三经注疏 · 毛诗正义》，上海古籍出版社 1997 年版，第 269 页。

恩皆从徐读为‘讽’，是也。……《广韵》《集韵》皆‘风’‘讽’连文同用。”① 徐邈、刘瓛、崔灵恩、魏源以为“福风反”（讽谏义）；陆德明认定“如字”（风教义）。从上下文看，此处“风”与其视为讽喻或讽谏，不如视为风化或教化更有说服力。因为这句话旨在说明《关雎》是周王朝用来教化民众，使其正天下夫妇之道的，突出诗歌对于民众的教育感化作用。虽然今人多将其题解为抒写男恋女之情②，但古人则不同。《毛诗》认为其赞后妃之德；鲁诗、齐诗、韩诗认其为刺诗；而新出土的《孔子诗论》和帛书《五行》则认为其“礼色兼美”。虽然各家论诗主旨不同，但都认同《关雎》的政治教化作用。所以这里的“风”是教化之义，现代汉语普通话应读作 fèng。体现的是上对下的次序，即借“后妃之德”感化教育普通百姓。

为使其音义辨析更显直观、明了，现按行文顺序，将 17 处“风”简表略示：

<table>
<tr><th rowspan="2">序号</th><th rowspan="2">文本位置</th><th rowspan="2" colspan="2">读音歧义</th><th rowspan="2">音义辨析</th><th colspan="2">辨后读音</th></tr>
<tr><th>今读</th><th>古读</th></tr>
<tr><td>1</td><td>风之始也</td><td colspan="2">无，fēng</td><td>风诗</td><td>fēng</td><td>平声</td></tr>
<tr><td>2</td><td>风天下而正夫妇也</td><td>有</td><td>①fěng
②fèng</td><td>①fěng：讽喻、讽谏
②fèng：风化、教化</td><td>fèng</td><td>兼读平去</td></tr>
<tr><td>3</td><td>风，风也，教也</td><td colspan="2">无，fēng</td><td>风诗</td><td>fēng</td><td>平声</td></tr>
<tr><td>4</td><td>风，风也，教也</td><td rowspan="2">有</td><td rowspan="2">①fěng
②fèng</td><td rowspan="2">①fěng：与教互补
②fèng：与教反复</td><td rowspan="2">fěng</td><td rowspan="2">去声</td></tr>
<tr><td>5</td><td>风以动之，教以化之</td></tr>
<tr><td>6</td><td>移风俗</td><td colspan="2">无，fēng</td><td>风俗</td><td>fēng</td><td>平声</td></tr>
</table>

① 魏源：《诗古微·毛诗大序义》，《魏源全集》（第一册），岳麓书社 2004 年版，第 192 页。

② 余冠英：《诗经选》，人民文学出版社 1979 年版，第 15 页。

续表

<table>
<tr><th rowspan="2">序号</th><th rowspan="2">文本位置</th><th rowspan="2" colspan="2">读音歧义</th><th rowspan="2">音义辨析</th><th colspan="2">辨后读音</th></tr>
<tr><th>今读</th><th>古读</th></tr>
<tr><td>7</td><td>故诗有六义焉：一曰风</td><td colspan="2">无，fēng</td><td>风诗</td><td>fēng</td><td>平声</td></tr>
<tr><td>8</td><td>上以风化下</td><td rowspan="2">有</td><td rowspan="2">①fēng
②fěng
③fèng</td><td rowspan="2">①fēng：风诗
②fěng：讽谏
③fèng：风化</td><td rowspan="2">fēng</td><td rowspan="2">平声</td></tr>
<tr><td>9</td><td>下以风刺上</td></tr>
<tr><td>10</td><td>闻之者足以戒，故曰风</td><td>有</td><td>①fēng
②fěng
③fèng</td><td>①fēng：风诗
②fěng：讽谏
③fèng：教化</td><td>fēng</td><td>平声</td></tr>
<tr><td>11</td><td>变风、变雅作矣</td><td colspan="2">无，fēng</td><td>风诗</td><td>fēng</td><td>平声</td></tr>
<tr><td>12</td><td>吟咏情性，以风其上</td><td colspan="2">无，fěng</td><td>风谏</td><td>fěng</td><td>去声</td></tr>
<tr><td>13</td><td>变风发乎情</td><td colspan="2">无，fēng</td><td>风诗</td><td>fēng</td><td>平声</td></tr>
<tr><td>14</td><td>系一人之本，谓之风</td><td colspan="2">无，fēng</td><td>风诗</td><td>fēng</td><td>平声</td></tr>
<tr><td>15</td><td>形四方之风</td><td colspan="2">无，fēng</td><td>风气</td><td>fēng</td><td>平声</td></tr>
<tr><td>16</td><td>王者之风</td><td colspan="2">无，fēng</td><td>风诗</td><td>fēng</td><td>平声</td></tr>
<tr><td>17</td><td>诸侯之风</td><td colspan="2">无，fēng</td><td>风诗</td><td>fēng</td><td>平声</td></tr>
</table>

二、《诗大序》之风喻批评

《诗大序》中，“风”屡次繁现，似乎零散，但是把它们综合为一个整体，就不难发现这并非随意巧合，而是反映了一种极富民族特色的思维引向和文学观念。“风”一身多任，诗之本原、诗之体制乃至诗之作用，都由一个“风”字囊括。对此，钱钟书先生曾在《管锥编》中总结出“风”之“一名三训”：(一)言其本源(origin and provenance)，为土风、风谣，今语所谓地方民歌；(二)言其作用(purpose and function)，为讽谏、风教；(三)言其体制(mode of existence and medium of expression),为风咏、风诵,今语所谓口头歌唱文学。即所谓"'风'之一字而于《诗》之渊源体用包举囊括,又并行分训之同时合训矣"[①]。不过,在我们看来,钱先生的解释有待圆融。其一,将"土风"(钱先生解释为"土地风俗")和"风谣"混为一体,都视为"今语所谓地方民歌",有欠公允。其二,"今语所谓口头歌唱文学"——风咏、风诵,侧重"喉舍唇吻"的动作,与"今语所谓地方民歌"——风谣,都是就诗之体制而言。其三,诗之本源与作用应是自然之风(包括在此基础之上形成的土地风俗,即钱先生所说的"土风")和讽谏、风教。也是在这个意义上我们说,《诗大序》中的17处"风"都不可缺少。它们水乳交融,自为一体,形成了"风——风诗——风用"整体的风喻。

(一)缘风喻诗

"风"本指自然风,在传统农业社会,对于人们生产和生活都至关重要,人们对其感知也最为强烈。风,由空气的流动而形成。它飘忽不定,给人以神秘感。同时又无处不在,无孔不入。无论何时何地,都可寻见它的身影。用风作喻,也不会使人们产生时代隔阂和地域差异。而且,不得不承认,"风"字本身也散发出一种独特的美感。它,和煦,让人神清气爽;它,清凉,让人心旷神怡;它,强劲,让人充满力量。由于风本身所具有的自然流动性、广为传播性等特点,使其从自然物质层面向人文精神层面提升具备了坚实基础。所以风可以由自然风发展到社会风,由社会风发展到采风,由采风发展成为具有地方民族情感、群体文化风致的风诗的代称。

《礼记·乐记》云:"昔者舜作五弦之琴,以歌《南风》。"其中"风"就指诗,既有南方的诗之义,又有《诗经》中的国风之义。而

---

① 钱钟书:《管锥编》(一),中华书局1986年版,第58—59页。

其以“风”代诗不仅因为舜首次以“风”入诗，更主要在于“采风”是形成《诗经》的重要一环，且其中的精华部分又被命名为《国风》。自周之后，人们不仅以“风”代《诗经》，也用“风”言诗人，更把采风的官员称作“风人”，《诗经》和《楚辞》也被简称为“风骚”。质言之，以“风”代诗成为说诗者不言自明的规则。诚然，风诗以自然风和社会风为基础，不断引申、扩展而变得日趋灵活和复杂。但以风代诗，缘风喻诗，却是植根于中国浓厚的农耕文明沃土而形成的一种文化积淀。

首先，从产生看，自然风和风诗都是自然而然发生的，不是有意识地矫揉造作。自然风自由地运行于天地之间，不受万事万物的束缚，它无孔不入，无处不在，无所不能。而诗歌是由情感引发的，“思风发于胸臆，言泉流于唇齿”（陆机《文赋》），情感流荡无形，恰如风的吹拂流行。在这个意义上说，诗和风的确是相通的。换句话说，情由心生使诗具有与自然风一样自然而然、无所不能的特点。所以陆时雍《诗镜总论》云：“诗之佳，佛佛如风。”将风的自然力量和诗的力量直接比况，认为如风之诗即是好诗。苏轼《答谢民师书》亦有“求物之妙，如系风捕影”这种喻文行自然的经典说法。以风喻文喻诗，都是基于风与诗、文的这个类似点。

其次，从特点看，自然风与诗歌也有相似之处，都是含蓄迂曲，妙不可言的。自然风无形无状，飘忽不定，让人难以切实估料。而中国诗歌的含蓄蕴藉，往往如风一样让人摸不着头脑，但又因其最切近生命的言说而给人舒服的感觉，如《大雅·生民》“穆如清风”那般美好。不过，众所周知，诗人在进行诗歌创作时常常会被言意之间的矛盾所困惑，其一，语言不能准确传达出“意”的内涵，即陆机所谓“文不逮意”；其二，“意”本身不可言说也言说不尽，甚至只可意会不能言传，即陶渊明所谓“此中有真意，欲辨已忘言”；其三,那些先于个人而存在的语言及其所特有的语法习惯也会对人的表情达意产生限制。正是由于言与意之间的这几种矛盾,人们才需要“立象以尽意”。而“风”那飘忽不定的特性也正与“意”的特性相符,自然会格外受到诗人们的青睐。

再次,从流传看,自然风和风诗也有着相似的传播功效。殷墟发掘的甲骨卜辞中有“帝其另风”“帝风”的记录①,作为“帝史”,“风”是上帝和人类之间相互沟通的媒介,具有相通六合的传播功用。诗歌流传也如风。一方面,诗歌流传像风一样不受时空限制,如“风恢恢而能远”(《文心雕龙·议对》),最终实现“歌谣文理,与世推移,风动于上,而波震于下”(《文心雕龙·时序》)的理想效果。另一方面,诗歌流传又像风一样极具感染力,如《新唐书·虞世南传》载:唐太宗喜好宫体诗,自己创作一首后,便命虞世南唱和。虞世南却婉拒曰:“上之所好,下必有甚者,臣恐此诗一传,天下风靡。不敢奉诏。”②而袁枚《随园诗话》更以“风传一时”评价流行的诗歌。

正是基于上述自然风和诗歌的相似之处,在《诗大序》17处“风”中,表示“风诗”之义的就达13处之多。以“风”代风俗、风气、风诗,即“缘风喻诗”,形象生动地表明了诗之特点。具体而言,其表现有三:

首先,《诗大序》中“风”多喻为国风,是统治者用来实现教化的工具。一方面,《诗大序》对国风诗篇做了解释,如“上以风化下,下以风刺上,主文而谲谏,言之者无罪,闻之者足以戒,故曰风”。这里既指出了风诗抑扬顿挫、声律和谐的形式美,又表明了

① 姚孝遂:《殷墟甲骨刻辞类纂》,中华书局1989年版,第660—663页。
②《新唐书·虞世南传》,中华书局1975年版,第3972页。

它具有教化作用的突出特点。另一方面,正因为风诗能被解读出教化之意,所以风诗不再仅仅被作为一种诗歌体制,人们对它的认识也已不再是单纯地停留在审美层面,特别是统治者,他们会有意地把风诗作为一种教化的工具,以确立有利于自身统治的意识形态。

其次,在"风"多喻为国风中,《诗大序》首次提出了一种特殊现象,即"变风"("变雅")。"变风"("变雅")是相对于"正风"("正雅")而言的。"正风"("正雅")中的主人公大多都是正面的人物,所以"正风"("正雅")对他们是满满的赞美与歌颂。如《生民》记录周朝始祖后稷充满传奇的人生经历;《关雎》描绘美好纯洁的爱情。无论是始祖英雄还是平民百姓,我们从这些主人公身上感受到的始终是一种中正、平和的美学情怀。而"变风"("变雅")的出现无疑是对这种传统的一种挑战。面对礼崩乐坏、王纲解纽、诸侯称霸的社会环境,"变风"("变雅")的作者们不再以歌咏赞美为主题,不再以粉饰太平为基调,而是大胆地抒发内心的忧愤之情。也正是在这个意义上,我们说"变风"("变雅")就其本质而言是"春秋文学的精神之变,是传统风雅精神向新的风雅精神的转变。摆脱了西周强大政治统治和思想控制的诗人们,带着怀疑和自信的复杂心理走上历史舞台,以新的眼光审视世界。一种自然的而不是骄矜的、个人的而不是集体的、忧伤的而不是和乐的、写实的而不是夸饰的新的文学不断发展、成熟"①。

第三,风也喻为一种社会风气、风俗。"先王以是经夫妇,成孝敬,厚人伦,美教化,移风俗。"这里为我们描绘了一幅祥和的社会

① 傅道彬:《"变风变雅"与春秋文学的精神转向》,《文艺研究》2016年第2期。

生活图,人们生活其乐融融,社会秩序安稳,人伦关系和睦,是人们对"安以乐"的和谐社会的向往。这里的"风"既喻为一种民风,是淳朴的风俗,也是良好的社会风气的代表。而"变风"则为我们展现了一种礼崩乐坏的社会风貌,社会秩序不稳,人伦关系混乱,社会风气也变得浑浊不堪,喻为一种不良的社会风气。也正缘于此,清人陈启源便总结说:"风俗之风,正当国风之义矣。然必有风教,而后风俗成,有风俗,而后风刺兴,合此三者,国风之义始备。"①

(二)托风喻用

"风"既指自然风,又指社会风,从风土到风情,风的影响力和主观性逐渐增强。因此在《诗大序》中,"风"不仅喻诗之体,还喻诗之用。换句话说,《诗大序》在"缘风喻诗"的同时,还"托风喻用",以整体风喻的形式,将"风"及"风诗"所具有的巨大政治作用发挥得淋漓尽致。而"风"在《诗大序》中之所以具有风教之用,或者说以风喻教,亦渊源有自,且意涵丰富。

首先,"托风喻用"渊源于古人对自然的依恋和崇拜。自给自足的农耕文明和生产力低下有限使古人一直以来都对自然怀有敬畏之心。他们崇尚亲近自然,渴望与自然融合,希冀达到一种天人合一的境界。而"风"由空气流动形成,是自然的代表,人们对风的喜爱亦是对自然的珍视。如《周易》就宛如一个"风"的大集合,不少卦象都以"风"来描述。《周易·巽》解释巽卦云:"随风,巽。君子以申命行事。"②即把君子遵命行事,不自作主张的行为比作"风"。其他如"小畜"(风天)、"姤"(天风)、"蛊"(山风)、"观"

① 陈启源:《毛诗稽古编》,《儒藏》精华编二九,北京大学出版社 1999 年版,第 695 页。

②《十三经注疏·周易正义》,上海古籍出版社 1997 年版,第 69 页。

（风地）、"涣"（风水）、"中孚"（风泽）、"家人"（风火）等卦则分别表现出"风行天上""天下有风""山下有风""风行地上""风行水上""泽上有风""风自火出"的区别。另有"大过"（泽风）、"恒"（雷风）、"益"（风雷）、"升"（地风）、"井"（水风）、"鼎"（火风）、"渐"（风山）等。它们亲和自然的趋向既是对原初生命力的一种彰显，也是对自然的依恋和崇拜。

其次，受先秦比德说的影响，"风"多用来形容人的高尚道德所具有的力量。《论语·颜渊》云："君子之德风，小人之德草。草上之风，必偃。"[①]孔子将君子之德比喻为风，将子民之德比喻为草，风行草上，草必然会顺着风的方向倒去。孔子的意思是有德之君子教化百姓万民犹如风吹草偃一样自然而然。也正缘于此，刘向《说苑·君道》就直接化用孔子之语："夫上之化下，犹风靡草，东风则草靡而西，西风则草靡而东，在风所由，而草为之靡。是故人君之动，不可不慎也。"[②]在这里，"风"之道德义已被提升为政教义。而风诗对社会和人们情感的感染力量和教化力量，与风对自然界和人们的无形影响力量相似。这就为《诗大序》中风教——"上以风化下"的孕育和产生奠定了坚实的基础。

第三，从各自的作用本身看，自然风和风诗都有利于规范、秩序的建立。自然风媒合天地万物，促进影响万物生长，形成四时周期变化，在维护宇宙平衡、促进生态和谐等方面发挥着重要作用。而风诗既来源于民众生活，又高于民众生活。风诗在民众之间，上可以观风知政，以风行教；下可以赋风达情，因风美刺，对于整个社会的和谐和秩序的维护亦有着重要作用。如《尚书·说命下》云：

① 朱熹《四书章句集注·论语集注》，中华书局1983年版，第138页。
② 刘向撰，向宗鲁校证：《说苑校证·君道》，中华书局1987年版，第3页。

“四海之内,咸仰朕德,时乃风。”孔安国传:“风,教也。”① 即是说天下之所以都敬仰商王武丁的德行,乃是因为其贤臣傅说的教化所致。此篇真伪虽无定论,但“风”作为一种具有强大政教作用的观念却在后来的《诗大序》中确立并集大成。这样,重视诗教的力量与上古信仰风的传统,不仅因涉及秩序建立而相通,而且在风诗的意义上因自然风的信仰而使风教神圣化。

正是在以上诸种因素的综合作用下,《诗大序》首次构建了“托风喻用”的诗教理论体系。如孔子说“君子之德风”,即把风比喻成君子的美好品行,以无形的自然之风来比喻抽象的美好品德,既贴切,又形象。而《诗大序》则把“风”神圣化,借“风”代表君子的美好德行来教化民众。风是自由飘浮的,它无处不到且无孔不入。因而可以将美好的品行带给每一位百姓,让他们受到熏陶和感染。同时,风也能够传播各种正能量,让社会成员之间的关系更加和谐稳定,从而最终实现统治者的愿望。具体而言,《诗大序》着重从三个方面对风教进行了论说。

首先,《诗大序》开门见山地描述了风诗的教化作用。“《关雎》,后妃之德也,风之始也,所以风天下而正夫妇也。”郑玄笺曰:“风之始,此风谓十五国风,风是诸侯政教也。”② 显然,“风教”是一种国家行为。而在儒家“修齐治平”的理想建构中,“家”是一个非常重要的环节。正因为如此,《诗大序》将《关雎》释为歌咏后妃之德。封建社会里对于女子有着诸多要求,作为天子之妻则更应该规范自身言行,树立典范。当然,《关雎》中的君子和淑女并不仅仅专指天子和他的配偶,我们完全可以把他们和一切有美好品行的男女相联

①《十三经注疏·尚书正义》,上海古籍出版社 1997 年版,第 176 页。
②《十三经注疏·毛诗正义》,上海古籍出版社 1997 年版,第 269 页。

系。翻检《诗经》可以发现,“淑人”与“君子”错出者屡见。以“君子”配“淑人”,在一定程度上可以看作是一对道德意义相当的特定语汇。所以无论是君王夫妇还是君子淑女,他们都可以看作是一种美好模范的化身,用他们可以来教化民众,改善夫妻之间的关系,提升人们的道德修养,从而形成良好的社会风气和稳定的社会秩序。

其次,《诗大序》方向鲜明地区分了风诗的教化途径。“风,风也,教也;风以动之,教以化之”;“上以风化下,下以风刺上”。风诗的确具有这样的向上讽谏和向下风化的风教作用。风诗活动于民众之间,在上下层形成沟通,表现为上对下的风教和下对上的讽喻。一般情况下,这两个方面(层面)是一个双向互动的过程。如对于《郑风·萚兮》的解读,毛传和郑笺都认为,诗人是以风吹草木脱落的皮叶来比喻君臣唱和。这说明诗用即诗对人的影响就像风对万物的育养,风吹万物使之变动,一如诗歌使人感动。风变世界悄无声息,一如诗歌潜入人心兴发感动于无形。诗歌可以如风一般潜移默化地润物细无声,在君臣之间兴发感动,达到某种默契,以改变社会风气。就从上而下的教化而言,《诗大序》还对《国风》中的“二南”给予了充分的肯定与高度的评价,认为它们才是“正始之道,王化之基”,是“正风”的代表。这种评价既“官宣”了它们的地位,也在无形中拔高了“正风”的教化作用。

第三,《诗大序》雷厉风行地规范了风诗的教化方式。其一,“主文而谲谏”。这是《诗大序》对“上以风化下,下以风刺上”的共同要求。何谓“主文而谲谏”,自古以来学界对其解读众说纷纭,但无论哪种解释,都可归结为“中和”,有思想和艺术两方面的要求。思想上,有利于维护封建统治秩序;艺术上,要求含蓄委婉,不直接说出。其二,“发乎情,止乎礼义”。这是《诗大序》对“变风”感情抒发所做的符合人性和时代特点的规定。一方面,承认“变风”是出于人自身的情感而作，是“民之性”；另一方面，又认为“变风”的情感抒发不能毫无节制，必须“止乎礼义”。用“礼义”对诗人情感进行引导、规范和抑制，实则也是对普通百姓感情和行为的一种规范。汉儒要求的是一种中和有度的感情，即孔子所谓“乐而不淫，哀而不伤”。

总之，《诗大序》中，无论是“缘风喻诗”，还是“托风喻用”，都以“风”为喻体，借“风”丰富的美学内涵形成了关于诗之源、诗之体和诗之用整体的风喻批评。从风诗、风俗、风化和讽谏的关系看，风俗必定会渗透在风诗中，风诗也反过来会潜入在风俗里。风俗对于风诗，可以算是孕育孵化之母；而风诗对于风俗，亦有敦厚提纯之功。在风诗与风俗相互作用的同时，也产生了风化和讽谏作用。不仅风诗具有风化和讽谏之功，风诗影响下的风俗或者产生风诗的风俗，对风教也有很大的抟合作用。这样，在《诗大序》里，从自然风到风俗、风诗、乃至于其作用风化和讽谏，皆用一个“风”字表示，既形成了风喻，又丰富了风用。自此，“风”便自然而然成为教化的代名词，被纳入了政治、伦理的教化系统，并借助后代士人关于诗文的形象言说，寓政教和审美为一体，形成了富有中国特色的风喻批评。

三、风喻批评与诗教传统

风喻批评是我国古代文学批评中的一种源于中国原初生态和宇宙观念，又触及文学根本问题以及功能意义和具有华夏民族特色的一种文学批评。它基于人与自然的一种天人合一的理念，建立在比喻和类比的生成机制上，自《诗大序》明确建立后，逐步演变为一种融审美和教化为一体的文学批评现象和范式，将中国的诗教传统发挥得淋漓尽致。

（一）风喻作为教化

在中国文学批评史上，风喻批评兼有审美和教化两大功能。而《诗大序》以“风”为喻体，通过对“风”丰富的美学内涵的隐喻，揭示了风诗之本质、特征、功能及其意义。短小精悍的五百多字中，“风”一词出现最多，其意义也最为厚重。风不仅喻诗，亦喻似“风”一样的美文学的特点以及情感所具有的道德伦理教化作用，后世以风代诗成为一种传统，以风言教延续至今。这种以“风”整体性象喻诗之特征以及诗之作用的批评方式为汉代首创，在中国文学批评史上是个特殊又重要的存在。

《诗大序》中，“风”一词形成了自然风、社会风、风诗与风用之间相互转换作用的柔和中介，在某种意义上，诗的特点和“风”的特点、诗的作用与“风”的作用相互融通。《诗大序》将诗本身理解为“风”，《诗》分三体，“风”首先是种诗歌体裁，这种体裁之所以名为“风”，就在于它本身就像风一样具有风的力量，这是一种潜移默化的无形无色的感化、鼓动力量，雅颂亦有，所以风雅颂的合集《诗经》也被称为风。“温柔敦厚，诗教也。”诗更具有一种和风一样感化人性的力量，是一种能够潜在地、非直接地发生作用的东西。所以风诗构成政治生活中一种“迂回的艺术”，因其“主文而谲谏”的美学特色而在政教上成为柔性中介。不仅人君能以之感化百姓于无形，而且臣子可咏歌“依违风谏”其上。这种融审美和政教为一体的风喻就构成了风教的基本内涵。

然而，发人深思的是，先秦以降的诗教、乐教怎么发展到《诗大序》就骤然变成了“风教”？换言之，《诗大序》的“风教”与先秦以降的诗教、乐教到底有何关联？

在甲骨文中，“风”和“凤”是同形字。对于两者的关系，郭沫若先生曾明确指出古人以凤为风神，并解释说：“盖视凤为天帝之使,而祀之以二犬。"[①] 过常宝先生亦云:"在甲骨文时代,自然风与拥有神性的风,并不是两种东西,而是二而一;也就是说,自然风本身就具有莫大的神性,而'风'在一开始就是自然风和神性的复合体。用鸟形来表明无形而有神性之风,正与初民的思维能力相称。"[②] 也正缘于此,在后世文献中,神"风"的出现往往伴随着歌舞,与音乐密切相关。如《山海经·大荒西经》云:"有弇州之山,五采之鸟仰天,名曰鸣鸟。爰有百乐歌舞之风。"[③] 不过,具体地说,"风"和乐的关联主要表现如下:

首先,"风"乃乐之源。如《淮南子·主术训》云:"乐生于音,音生于律,律生于风,此声之宗也。"[④] 而早在距今七千多年前的新石器时代,原始人用飞禽腿骨做成骨笛的考古发现,也为音乐起源于"风"的观念做了绝妙的注脚。《吕氏春秋·古乐》亦云:"惟天之合,正风乃行,其音若熙熙凄凄锵锵。帝颛顼好其音,乃令飞龙作效八风之音,命之曰《承云》,以祭上帝。"[⑤] 将音乐看成是对"风"声的模仿。也正是在这个意义上,高亨先生说:"乐曲为什么叫做风呢?主要原因是风的声音有高低、大小、清浊、曲直种种的不同,乐曲的音调也有高低、大小、清浊、曲直种种的不同,乐曲有似于风,所以古人称乐为风。"[⑥]

---

① 郭沫若:《卜辞通纂》,科学出版社 1983 年版,第 376 页。

② 过常宝:《"风"义流变考》,《北京师范大学学报》(社会科学版)1998 年第 2 期。

③ 袁珂:《山海经校译·大荒西经》,上海古籍出版社 1985 年版,第 271 页。

④ 刘文典撰,冯逸点校:《淮南鸿烈集解·主术训》,中华书局 1989 年版,第 296 页。

⑤ 许维遹撰,梁运华整理:《吕氏春秋集释·古乐》,中华书局 2009 年版,第 123 页。

⑥ 高亨:《诗经今注·诗经简述》,上海古籍出版社 1980 年版,第 4 页。

其次,“听风”以成乐。《国语·郑语》载:“虞幕能听协风,以成乐物生者也。”[①]所谓“协风”,即“和风”。这种依据季候合理安排农业生产的行为是早期人类对自然规律的自觉总结,虽不乏神秘之嫌,但亦有科学的成份。如李纯一先生便推测说:“古人由于长期的社会实践,逐渐意识到四时各有来自不同方向的四方之风,这些风各自具有不同的特点,如湿度、温度特别是强度的差异,表现为音高不同的风声。于是产生了用不同音高的乐音或音律来表示乃至测知四时四方之风的想法和做法,并使之服务于农事。”[②]

第三,“省风”以作乐。《左传·昭公二十一年》载:“夫乐,天子之职也。夫音,乐之舆也。而钟,音之器也。天子省风以作乐,器以钟之,舆以行之。”杜预注曰:“省风俗作乐以移之。”[③]也就是说,“省风作乐”可以起到移恶风易恶俗的作用。这是一个良性循环,天子省察各地风俗,既可以依据各地风俗作乐,又可以对各地风俗起美化作用。也正因为此,所以陆德明在《经典释文》中引王肃注《大雅·崧高》八章“其诗孔硕,其风肆好”中的“风”为“音也”。王引之在《经义述闻》中则更直接将“八风”解释为“八音”。他说:“‘八风’,非谓八方之风也。古者八音谓之八风。……‘八风’与‘七音’、‘九歌’相次,则是八音矣。八音皆人所为,故曰‘为九歌’。‘八风’若八方之风,具是天籁,不得言‘为’矣,故知‘八风’谓八音也。”[④]

结合古代社会的生产水平和思维水平看,以效仿自然界的风声

---

① 邬国义等:《国语译注·郑语》,上海古籍出版社1994年版,第488页。

② 李纯一:《先秦音乐史》,人民音乐出版社2005年版,第97页。

③《十三经注疏·春秋左传正义》,上海古籍出版社1997年版,第2097页。

④ 王引之撰,虞思征等校点:《经义述闻》,上海古籍出版社2016年版,第901页。

而作乐，无论是“听风”，还是“省风”，都使“风”和音乐形成了妙合无垠的关联，这就为《诗经》称十五地乐歌为十五“国风”奠定了坚实基础。而《诗大序》以风教代言诗教、乐教也就不是无源之水，无本之木。现将《诗大序》和《礼记·乐记》两文本列表对读，以示印证。

<table>
<tr><th>《诗大序》</th><th>《礼记·乐记》</th></tr>
<tr><td rowspan="3">诗者，志之所之也。在心为志，发言为诗。情动于中而形于言，言之不足，故嗟叹之；嗟叹之不足，故咏歌之；咏歌之不足，不知手之舞之足之蹈之也。</td><td>凡音者，生人心者也。（《乐本》）</td></tr>
<tr><td>故歌之为言也，长言之也。说之，故言之；言之不足，故长言之；长言之不足，故嗟叹之；嗟叹之不足，故不知手之舞之足之蹈之也。（《师乙》）</td></tr>
<tr><td>是故君子反情以和其志，广乐以成其教。（《乐象》）</td></tr>
<tr><td>情动于中而形于言
情发于声，声成文谓之音。</td><td>情动于中，故形于声；声成文，谓之音。（《乐本》）</td></tr>
<tr><td>治世之音安以乐，其政和；乱世之音怨以怒，其政乖；亡国之音哀以思，其民困。</td><td>治世之音安以乐，其政和；乱世之音怨以怒，其政乖；亡国之音哀以思，其民困。（《乐本》）</td></tr>
<tr><td rowspan="2">故正得失，动天地，感鬼神，莫近于诗。先王以是经夫妇，成孝敬，厚人伦，美教化，移风俗。</td><td>乐也者，圣人之所乐也，而可以善民心。其感人深，其移风易俗，故先王著其教也。（《乐施》）</td></tr>
<tr><td>故乐行而伦清，耳目聪明，血气和平，移风易俗，天下皆宁。（《乐象》）</td></tr>
</table>

由上表可知，从诗、乐发生论到诗、乐的教化责任；从诗、乐通乎政到诗、乐的政教性质，《诗大序》和《礼记·乐记》的论述基本上都是相同或相通的。也正缘于此，我们说先秦以降的乐教传统、孔子的诗教传统以及《诗大序》中的风教传统从本质上看是相通的。它们在一定程度上说，都是依据“风”的原型而建构的。在文学尚未独立，又重视教化的封建社会，“风”的丰富内蕴使得儒家的诗学观念和政治理想达到一种完美的内在的统一。“风”对那个时代有着不可忽略的重要作用，一个地域一个时期的价值取向、道

德风尚、文化风俗、审美偏好全与之联系，自然界的天然风于是含有了政治层面、伦理层面、心理层面、社会层面和美学层面的意蕴。而汉儒说诗多附以政教义，认为诗歌即“风”，具有一种风一样的自然而然的力量，在这里也就找到了合理的诠释和说明。风教正是这样一种可以无形之中使世界自由且自然地趋于和谐的力量，既不付诸具体工具，也不形式化为外在事物，如乐教和诗教那种以情感人、以文化人的美育传统一样，润物细无声。

对于“风”和诗，汉儒正是抓住了其共同的不诉诸具体的规范的形式，不可把握而又潜移默化的特点才将两者合二为一。自然风所具有的这样一种潜移默化、无影无踪的神奇力量，也只有诉诸情感的诗歌（文学）可以做到。“风”和诗的同一性表明在中国古代文化中，政治学、伦理学、美学是一个统一体，政治的力量、伦理的原则和美学的效果通过“风”这一概念得到统一。这种统一在于它们都能将一种潜在的、柔性的、自然而然的力量作为人与事物得以有效作用的根本性力量，而这种力量恰恰是儒家诗教的一种理想。

（二）风喻作为审美

诚然，以风喻诗是以风之特征来比喻诗之性质。但是比喻只是一种参照，实质是将“风”作为一种范式来批评文学。所谓范式，即典范性或曰经典性的方式。“风”就是这样一种文学批评的范式。“由于批评术语的提出者是用以表达自己的审美感受，因此往往使术语带上具象比喻的色彩。批评术语的具象性使批评文本具有隐喻的特点，如果这种具象比喻贴切中肯綮，便能超出批评家一己之感受，为后世批评家所用。”① 而“风”的模糊性、多义性和具

① 赖力行：《中国文学批评的传统与转化》，湖南师范大学出版社 2008 年版，第 119 页。

象性特点,决定了其被后世广为接受的必然性。

作为儒家诗论的总结,一方面,《诗大序》以“风”喻诗,风的“主文而谲谏”的美学要求与《礼记·经解》中提出的“温柔敦厚,诗教也”一同构成了汉儒的意识形态诗学。“风化”“风谏”“发乎情,止乎礼义”等汉代诗学话语,都奠基在儒家主流意识形态之上,有着深层的文化逻辑和内在发展理路。故我们在阐释“风喻批评”时,于审美性之外尤其强调其政教性,否则就如清代学者魏源所说“《国风》以‘讽’为谊,《雅》以‘正’为谊,后人不知‘讽谏’为‘风’之谊,而《大序》即不可读矣”[①]。而这也是《诗大序》之“风教”与先秦以降乐教、诗教相融相通的根本原因。但是,另一方面,“以风喻诗”是先秦由来已久的传统,而“托风喻用”则被汉儒发扬光大。从其所处的文化语境——“大一统”的政治局面与推崇儒学的文化氛围所带来的矛盾的现实条件——君权空前膨胀来看,士大夫们不得不采取“迂回表达的艺术”来获得存在的“自由”。换言之,汉代儒生们普遍的意识形态阐释或者说政教化批评都必须借助于一种艺术性的外衣来实现自我保护。而这种“艺术性的外衣”从本质上说,也就是一种审美。就《诗大序》本身而言,其审美则是借助风喻实现的。

现代认知语言学认为隐喻不仅仅是一种修辞的手段,更是一种思维的机制和认知的力量,对人的思想观念的形成有着一种引导性作用。在直接的语言表达存在缺陷的时候,人们往往需要用隐喻来描述关于世界的经验和感受,通过意象象征来实现意思的转换与传达。因此,隐喻被看做文学语言言说的本质。在《诗大序》中,风

① 魏源:《诗古微·毛诗大序义》,《魏源全集》(第一册),岳麓书社2004年版,第192页。

喻就是这样一种典型的隐喻。其“风——风诗——风用”整体的隐喻,实现了自然、社会、艺术三种不同世界的自由穿越与转换。

首先,《诗大序》以风喻诗发挥了汉语的隐喻功能。古人不但作诗惯用比兴,说诗、评诗亦喜用比兴。这种借象说诗的审美策略源于人类远祖与自然之间相依相成的关系,认为一切要顺应自然,自然的就是极好的。古人认为诗歌发自胸臆,如《诗大序》所云“情动于中而形于言”,因此以自然风为喻。又因为诗之作用犹如自然界之风,诚如孔颖达《正义》所云:“风之所吹,无物不扇,化之所被,无往不沾。”① 诗歌对于人的教化作用,像风吹动万物一样,摇荡人们的性情;像风化育万物一样,入人也深,化人也速,让人们在不知不觉之中,潜移默化地受到教育感化,因此又以风来喻具有风一样特点的诗歌的作用。诗歌的本质、特征以及功用是难以用语言具体描述的,但是以风为喻,不仅巧妙破解了“书不尽言,言不尽意”的问题,而且借一个可以使人产生无限想象的喻体将诗的本质、诗的特点、诗的功用传达得可感可思,真正达到了“言已尽而意无穷”的境界,切实再现了汉语丰富的隐喻功能。

其次,《诗大序》以风喻诗体现了士人的审美理想。因风所具有的生机勃勃、灵动自由、神气远出的特点,而将其隐喻为风诗;因风所具有的无孔不入、无所不在、潜移默化的特点,而将其隐喻为风用,使《诗大序》中的风喻在丰富诗歌教化作用的同时,也具备了审美意蕴,体现了古代士人的审美追求。黑格尔“生气灌注”说也是这个道理,只有灵动如风的艺术才会使人有如沐春风的感觉。艺术高于自然物的根本“靠心灵所灌注给它的生气”②,“在心

---

①《十三经注疏·毛诗正义》,上海古籍出版社 1997 年版,第 269 页。

②[德]黑格尔著,朱光潜译:《美学》,第一卷,商务印书馆 1979 年版,第 37 页。

为志,发言为诗"的诗作为艺术应该具有兴发感动、触及人心的作用。德国批评家君特·缪勒(Günther Müller)和霍斯特·奥贝尔(Horst Oppel)特别重视"艺术作品同生物体之间的相似之处"①,即如《诗大序》中的风诗和自然界的天然风,都体现着自然美和生气美。而这也是《诗大序》以风喻诗所追求的一种诗歌本质。

第三,《诗大序》以风喻诗倡扬了士人的审美追求。一方面,无论"上以风化下"的教化,还是"下以风刺上"的劝谏,都必须以"主文而谲谏"的委婉、不直言为创作宗旨,这虽是古代士人在特定的政治生态中为实现自己远大抱负或政治理想而采取的一种规避风险的策略,体现了他们的生存智慧,但与此同时也为后世诗歌含蓄蕴藉美的孕育与培植奠定了坚实基础。另一方面,"变风"既要"达于事变而怀其旧俗",又要"发乎情,止乎礼义",则分别成为后世诗歌继承与革新理论、陆机"诗缘情"说、宋明理学家"为文害道"说的理论渊薮。

总之,风喻批评在魏晋以前主要是与诗教相联系的。虽然其中也不乏审美因子,如上文所述,《诗大序》中的风喻批评也追求诗歌"真"和"美"的审美特性,如风诗的自然生发美、生气灌注美、情感真挚美、含蓄蕴藉美等,但那终究仍是为了以一种美的方式而服务于"善",即政教。而这正是汉代经学和文论的共同特质。

"文变染乎世情,兴废系乎时序。"(《文心雕龙·时序》)汉代之后,文学进入"自觉时代",风喻批评亦由内蕴审美外向教化渐次走向审美一路。不过,诚如宗白华先生所说:"中国美学竟是出发于'人物品藻'之美学。美的概念、范畴、形容词,发源于人格美的评

①[美]勒内·韦勒克著,罗钢等译:《批评的诸种概念》,上海人民出版社2015年版,第69页。

赏。”[①] 具体到风喻批评，魏晋南北朝兴起的“人物品藻”则延承《论语·颜渊》的“君子之德风”和《诗大序》的“王者之风”“诸侯之风”，将人物的品格和风姿融为一体，出现了令后世知识分子广为艳羡倾慕的“魏晋风度”。这在《世说新语》和《颜氏家训》中都有集中表现。《世说新语》以风品藻人物，比比皆是。如《容止》赞嵇康“风姿特秀”；《任诞》赞阮浑（阮籍之子）“风气韵度”，赞周伯仁“风德雅重”；《德行》赞李元礼“风格秀整”；《方正》赞王恭“风流秀出”；《雅量》赞庾亮“风仪伟长”。《颜氏家训》则专设《风操》一文，希冀“学达君子，自为节度，相承行之，故世号士大夫风操”[②]。还为士大夫们分别树立了“清风”“仁风”“贞风”“直风”的榜样人选：“且劝一伯夷，而千万人立清风矣；劝一季札，而千万人立仁风矣；劝一柳下惠，而千万人立贞风矣；劝一史鱼，而千万人立直风矣。”[③]

受以风品藻人物的影响，魏晋南北朝时期以风喻审美风格几近成为文坛通识。如曹植赞吴季重书信“文采委曲，晔若春容，浏若清风”（《与吴季重书》）；陆机赞王粲有“风飞而飚竖”之气（《文赋》）；刘勰以“风清而不杂”倡文风（《文心雕龙·宗经》），并赞刘琨“雅壮而多风”（《文心雕龙·才略》）；钟嵘赞范云诗“轻便婉转，如流风回雪”（《诗品》）。除文学以外，风喻批评在六朝书法、绘画中也运用得不少。如西晋成公绥《隶书体》以“漂若清风厉水，漪澜成文”喻书法飘逸自然；南朝梁袁昂《古今书评》赞索靖书法如“飘风忽举，鸷鸟乍飞”；南朝齐谢赫《古画品录》评陆绥画作“体韵遒举，风彩飘然”。正是在人物、文学、绘画、书法的广泛风喻

---

① 宗白华：《美学散步》，上海人民出版社1981年版，第209—210页。

② 王利器：《颜氏家训集解（增补本）·风操》，中华书局2007年版，第59页。

③ 王利器：《颜氏家训集解（增补本）·名实》，中华书局2007年版，第312—313页。

中,刘勰的"风骨"、钟嵘的"风力"等具有理论品格的审美范畴得以正式形成。

魏晋以降,风喻批评的审美化之路越来越宽广。唐代司空图《二十四诗品》① 以风喻诗,极具代表性。如以"寥寥长风"喻雄浑;以"犹之惠风"喻冲淡;以"月出东斗,好风相从"喻高古;以"御风蓬叶,泛彼无垠"喻飘逸;以"巫峡千寻,走云连风"喻劲健;以"天风浪浪,海山苍苍"喻豪放;以"大风卷水,林木为摧"喻悲慨。唐代李嗣真《续画品录》以风喻画,认为郑法士"气韵标举,风格遒俊";刘乌"不少风格,但未遒耳"。宋代郭若虚《图画见闻志》以"吴带当风,曹衣出水"喻两种画风。金代赵秉文以风喻文,认为欧阳修之文"如春风和气,鼓舞动荡,了无痕迹"(《翰林学士承旨文献党公碑》)。明代徐上瀛《溪山琴况》以"松之风而竹之雨"喻琴。明代茅坤《刻汉书评林序》以风评史,认为《史记》以"风神"胜于《汉书》。

作为汉代经学与文论会通化成的经典篇章,《诗大序》以频繁出现的 17 处"风"承续了先秦以来的"缘风喻诗"传统,生发出汉代特有的"托风喻用"诗教。在"风——风诗——风用"的整体性风喻中,《诗大序》完成了风喻批评内蕴审美外向教化的整体建构。既附载了汉代深厚的社会文化内涵,又开启了后世丰富的审美批评意蕴。

① 关于《二十四诗品》作者的争论,始于 1994 年陈尚君、汪涌豪先生在中国古代文论年会上提交的文章《司空图〈二十四诗品〉辨伪》(后刊于《中国古籍研究》1996 年创刊号)。该文认为是著非司空图所作,并初步认定,乃明人据《诗家一指》所伪造。是文一出,引起强烈关注,是之,非之,众说纷纭。其具体争议,参见张少康《中国文学理论批评史教程》,北京大学出版社 1999 年版,第 140 页。

结语　依经立义与文论的话语重建

作为汉代经学与文论的话语言说方式、意义建构方式和话语解读模式，“依经立义”固然有其僵化、保守甚至曲解、误读的一面，但在今天的文化建设中仍具有一定的普适性。一方面，随着经学的衰落，“依经立义”的传统范式日渐式微；另一方面，西学的全面涌进，置换了中国知识分子的整个学术根基，并最终导致“失语”。因此，如何在现代汉语语境中重建中国文论话语，充分发挥“依经立义”这一基本范型的现代方法论作用，既是一个值得探讨的热门话题，也是本书的研究意义和学术价值之所在。

一、“依经立义”的普适性与局限性

作为汉代经学和文论的话语言说方式、意义建构方式和话语解读模式，“依经立义”话语规则是随着汉代经学的产生与兴盛而出现的。

首先，“依经立义”话语言说方式、意义建构方式和话语解读模式是汉代政治制度建设的必然产物。汉初，百废待兴，高祖至景帝，经学仅作为一派学术而存在，并未在现实政治中发挥重要作用。如《汉书·邹阳传》载：“邹鲁守经学，齐楚多辩知，韩魏时有奇节，吾将历问之。”[①] 逮至武帝“罢黜百家，独尊儒术”，将中国文化圣人孔子所

①《汉书·邹阳传》，中华书局 1962 年版，第 2353 页。

删、定、著的典籍——《诗》《书》《礼》《春秋》《易》确立为“恒久之至道”“不刊之鸿教”，经学始成为官方学术，《五经》亦在社会政治方面获得正统地位。然而，需要说明的是，武帝确立经学和《五经》的官方学术地位并非完全依靠“法定”的行政手段，而是在“立《五经》博士，开弟子员”之余，辅以“设科射策，劝以官禄”[①]的“劝诱”“利导”等“怀柔”方式，终使“天下之学士靡然乡风”[②]，而经学与经术亦因之混而难分。那么，“天下学士”应如何明经呢？朱熹曾说：“圣人千言万语，只是说个当然之理。恐人不晓，又笔之于书。”[③]又说：“读书以观圣贤之意；因圣贤之意，以观自然之理。”[④]这就分别从创作和接受两个层面揭示了中国传统文化中“道沿圣以垂文，圣因文以明道”的“道—圣—文”密切关系：从创作方面看，“圣人”将其所理解明白的“道”通过“文”（经）表达出来；而从接受方面看，则是人们通过对圣人之“文”（经）的接受和阐释，从而明白了圣人之“道”。更为重要的是，在获得“道”的同时，人们还可以依据经典阐发出经典中没有的新的意义。诚如李清良先生所说：“在中国，历来的经典阐释者，一般都可以分为两类：一类是学者型，一类是思想家型。相对来说，学者更注重对经典‘文义’的准确解释，思想家则更倾向对作者‘深意’的探求，并在其中掺进自己的‘深意’。”[⑤]这就是“依经立义”话语言说方式、意义建构方式和话语解读模式形成的学理逻辑，也是“经学”走向“经术”的必然之路。

其次，“依经立义”话语言说方式、意义建构方式和话语解读模

---

①《汉书·儒林传》，中华书局1962年版，第3620页。

②《史记·儒林列传》，中华书局1982年版，第3118页。

③ 黎靖德编，王星贤点校：《朱子语类》，中华书局1986年版，第187页。

④ 黎靖德编，王星贤点校：《朱子语类》，中华书局1986年版，第162页。

⑤ 李清良：《中国阐释学》，湖南师范大学出版社2001年版，第513页。

式是汉代儒家经典阐释的整合演绎。有汉一代，以儒家经典为依托，今文经学、古文经学和谶纬经学三大派别的产生和兴盛是汉代“依经立义”话语言说方式、意义建构方式和话语解读模式的重要载体和核心内容。在西汉中叶盛行的“今文经学”中，董仲舒为代表的《春秋》公羊学红极一时。他以“微言大义”作为意义生长点，结合“大一统”主流意识形态的政治需求，构建出一套完整的《春秋》学体系。而西汉末年兴起的“古文经学”则以崇奉周公来反对“今文经学”对孔子的神化。他们认为，孔子并不是“今文经学”所宣扬的“素王”，而只是一代“先师”；群经也不是“今文经学”所宣扬的孔子“托古改制”的产物，而是孔子“信而好古，述而不作”所运用的史料。谶纬作为谶和纬的合称，初不相涉，后混成一体，西汉末年借助政治动荡而起并在东汉初期盛极一时，显称“内学”或“秘经”。其附会儒家经典的神化孔子、神化经典的相关言说被今文经学和古文经学有所选择地迎合、利用、吸纳，并与两者产生了微妙而复杂的关系。面对同为当时主流意识形态的“经”，思想家型的今文家和学者型的古文家各自形成了截然不同的解释。他们或以义解经，或章句训诂，但都“立”出了不同的“新义”，并在汉代社会舞台此消彼长、整合再生。

第三，“依经立义”话语言说方式、意义建构方式和话语解读模式是汉代文化机制建设的利益诉求。从汉代经学注重对经典“本义”和孔子“深意”的发掘，我们可以看出，虽然古今文学派注经说经的方法不同，但其注经说经的目的却无异：第一，通过义解或训诂圣人言论来确立经典；第二，通过义解或训诂圣人言论来彰显经义。第三，无论是确立经典还是彰显经义，其最终目的都是为了树立圣人言论的权威性，诚如杨慧林所说“圣言至尊，圣言中的歧义不仅关涉到生存的理解，也关涉到生存的方式；圣言失去了确定性，信仰者也就失去了安身立命的依托"[①]。在这里，圣人言论中的"歧义"和"确定性"与阐释者、信仰者对经典的确立和经义的彰显就充分体现出了汉代士人们的一种生存智慧——在面向现实之际，依托于对儒家经典的确认来争取批评权力，表现出当时文化机制中某一类人或社会集团浓厚的利益诉求。而这也正是汉代"依经立义"话语言说方式赖以形成和焕发生命力的根本原因。

一方面，"依经"是汉代士人们话语言说之所以能获得说服力的根本保证。由上可知，儒家经学在当时制度建设、经典阐释演绎和文化利益诉求的综合作用下，已逐渐成为汉代社会唯一合法的学术形态，故"依经"的话语运思必然成为汉代士人对社会文化发展施加积极影响的唯一选择。建武年间，少传父业潜心研究《春秋左氏传》的陈元在其《立左氏博士疏》中信誓旦旦地说："臣元愚鄙，尝传师言。如得以褐衣召见，俯伏庭下，诵孔氏之正道，理丘明之宿冤；若辞不合经，事不稽古，退就重诛，虽死之日，生之年也。"[②] 为了能让《左传》立为博士，陈元竟然以"合经""稽古"向光武帝起誓生死，这不仅凸显了"依经"是政治权威之下取得根本信任的一种话语言说方式，而且强化了上至天子，下至臣民对"依经"言说的神圣性和权威性的话语崇拜。

另一方面，"立义"是汉代士人们话语言说之所以能获得生命力的重要源泉。《左传・襄公二十四年》云："大上有立德，其次有立功，其次有立言，虽久不废，此之谓不朽。"孔颖达疏曰："立德谓创制垂法，博施济众"；"立功谓拯厄除难，功济于时"；"立言谓

① 杨慧林：《基督教的底色与文化延伸》，黑龙江人民出版社2002年版，第27页。

②《后汉书・郑范陈贾张列传》，中华书局1965年版，第1232页。

言得其要，理足可传”[①]。“三立不朽”中，“立德”旨在“济众”；“立功”重在“济时”；而“立言”则主在“传理”。传何理呢？传“立德”“立功”之人开创的“济众”“济时”之“理”。如何传理？“言得其要”——言“立德”“立功”之人开创的“要务”，即“创制垂法”“拯厄除难”的丰功伟绩及其重要意义。考量所谓“立德”“立功”之人选，虽意见稍殊[②]，但皆不出《五经》之崇尚。因此，“依经立义”之“立义”作为“立言”的方式之一，“得要”是其言说的手段，关键在“依经”；“传理”是其言说的旨归，目的是“立义”。既“依”且“立”，方能“寄身于翰墨，见意于篇籍，不假良史之辞，不托飞驰之势，而声名自传于后”[③]。若只“依”不“立”，则不会有推进，更难能有创新。如《汉书·扬雄传》载扬雄：“实好古而乐道，其意欲求文章成名于后世，以为经莫大于《易》，故作《太玄》；传莫大于《论语》，作《法言》；史篇莫善于《仓颉》，作《训纂》；箴莫善于《虞箴》，作《州箴》；赋莫深于《离骚》，反而广之；辞莫丽于相如，作四赋：皆斟酌其本，相与放依而驰骋云。”[④]扬雄《太玄》《法言》《训纂》《州箴》《反离骚》《甘泉赋》《羽猎赋》《长杨赋》《河东赋》等皆有所“依”和有所“立”，故成为一代名作。

简言之，在汉代经学昌明的文化场域中，“依经立义”是一种特

① 《十三经注疏·春秋左传正义》，上海古籍出版社1997年版，第1979页。

② 据孔颖达疏：“立德”之人“服以伏羲、神农”；“杜以黄帝、尧、舜”；《礼运》“称禹、汤、文、武、成王、周公”；孔颖达本人则在《礼运》基础上加补了孔子。“立功”之人，“服、杜皆以禹、稷当之”；孔颖达本人则以《祭法》为证，认为“劝民、定国、御灾、捍患皆是立功者”。参《十三经注疏》，上海古籍出版社1997年版，第1979页。

③ 曹丕：《典论·论文》，郭绍虞：《中国历代文论选》（一），上海古籍出版社2001年版，第159页。

④ 《汉书·扬雄传》，中华书局1962年版，第3583页。

殊的运思方式。在依傍经典的话语叙述中，“依经立义”话语言说方式、意义建构方式和话语解读模式蕴含着一种追慕圣人并力求创新的豪情。无论是今文经学家，还是古文经学家，抑或谶纬经学家，他们都既对“经典文义”进行了“准确解释”，也对“作者深意”进行了“发掘探求”，甚至掺进了“自己的深意”，并最终建构其“依经立义”思想，体现出鲜明的宗经意识和创新精神。

关于两汉之后的经学，《四库全书总目·经部总叙》曾有一段高度概括：“自汉京以后，垂二千年，儒者沿波，学凡六变：其初专门授受，递禀师承，非惟诂训相传，莫敢异同，即篇章字句，也恪守所闻，其学笃实谨严，及其弊也拘。王弼、王肃稍持异议，流风所扇，或信或疑，越孔、贾、啖、陆，以及北宋孙复、刘敞等，各自论说，不相统摄，及其弊也杂。洛、闽继起，道学大昌。摆落汉、唐，独研义理，凡经师旧说，具排斥以为不足信，其学务别是非，及其弊也悍。学脉旁分，攀援日众，驱除异己，务定一尊，自宋末以逮明初，其学见异不迁，及其弊也党。主持太过，势有所偏，才辨聪明，激而横决，自明正德、嘉靖以后，其学各抒心得，及其弊也肆。空谈臆断，考证必疏，于是博雅之儒引古义以抵其隙，国初诸家，其学征实不诬，及其弊也琐。要其归宿，则不过汉学、宋学两家，互为胜负。夫汉学具有要根柢，讲学者以浅陋轻之，不足服汉儒也。宋学具有精微，读书者以空疏薄之，亦不足服宋儒也。消融门户之见，而各取所长，则私心祛而公理出，公理出而经义明矣。”① 这是在清代经学极盛之时对汉以来两千年经学得失的总结。在经学“六变”过程中，无论是经学的汉宋之争，还是今古之争，因经学一直大体占据着主流意识形态的霸权地位，故“依经立义”话语言说方式、意义建构

①《钦定四库全书总目·经部总叙》(整理本)，中华书局 1997 年版，第 1 页。

方式和话语解读模式一直都在发挥着重要作用，并对中国文论产生重要影响。

首先，儒家以尊经为尚、读经为本、解经为事、依经立义的著述形态影响了中国文论的表现形态。我国注疏之学（或称笺注之学）虽历史悠久，据章太炎《国故论衡》载"《书传》素多族类，自孔子时已有数种"[①]，《易传》亦相传为孔子所作，但真正建立或形成规模则缘于汉代经学的兴盛。在汉代崇圣尊经、依经立义思潮影响下，今文经学、古文经学都十分注重对经书的笺注，逐步形成了传、注、笺、章句、训诂等经学阐释体式。本着"注不离经，疏不破注"的解经原则，后经唐宋明清经学的发展而继续完善。受此影响，中国文论史上"传""注""章句"亦不乏精品。汉代较为著名的，《诗经》四家诗自不待言，郑玄《毛诗笺》、王逸《楚辞章句》等皆为经典。后世如《文选注》、孔颖达《毛诗正义》、朱熹《诗集传》；宋代有"千家注杜"之说；清代曾出现"千家注苏，万人评说"现象；即便是现当代，钱钟书《宋诗选注》，郭绍虞、王文生《中国历代文论选》（一卷本和四卷本），霍松林《古代文论名篇详注》，张少康《中国历代文论精选》，黄霖、蒋凡《中国历代文论选新编》（精选本和四卷本），人民文学出版社隆重推出的《中国历代文论选》（七卷本），李壮鹰《中华古文论释林》（十卷本）等，都是注疏体例的继承与发展。

其次，儒家以尊经为尚、读经为本、解经为事、依经立义的著述内容促成了中国文论的"引经据典"之风。"引经据典"的风气在经学登上政治舞台的汉代尤其流行，上自皇帝，下至权臣，或下诏，或议政，或上疏，无不竭力引经据典，以示言而有据，合先圣之道。与此

① 章太炎撰，庞俊、郭诚永疏证《国故论衡疏证》，中华书局 2008 年版，第 332 页。

相一致，中国文论也兴盛引经据典之风，如“子曰”“《诗》云”随处可见。不过，需要说明的是，这是明引。究其实，在中国文论大多数著述中，更多更为突出的表现则是暗引。如《诗大序》与《礼记·乐记》中一些几近相同的关于诗乐产生、特点、功用的论述文字；司马迁《史记·屈原贾生列传》中关于刘安《离骚传》的引述；《史记·乐书》与《礼记·乐记》的雷同与差异①；刘勰《文心雕龙》对“五经”尤其是《周易》的引述②。因为中国古人的版权意识比较薄弱，所以据典引经之时往往较少一一注明出处，而这也是中国古代编辑出版业的一大“怪象”。常言云“天下文章一大钞”也即缘于此。

第三，受“宗经为文”文学观念的熏陶，一些经学家也致力于文学创作或文论研究，从而形成了一个文学（论）家与经学家兼于一身的特殊群体。从文论家的构成来看，汉代文论家大部分都是经学家，他们在阐释经学或论述自己政治、学术观点的过程中，往往会零星涉及一些文学理论问题或提出一些文论观点，虽不成体系，但影响深远。如董仲舒在创建《春秋》公羊学的同时，便涉及了“《诗》无达诂”“中和”“文质”等文学理论问题，而其倡导的阴阳五行灾异思想和天人感应天人相通观点，则诚如李泽厚、刘纲纪所说：“几千年来，‘天人合一’、‘天人感应’、‘天人相通’，实际上是中国历代艺术家所遵循的一个根本原则。”③其他诸人，如少

---

① 杨合林：《〈礼记·乐记〉与〈史记·乐书〉对读记》，《文学遗产》2011 年第 1 期。

② 潘晓侃：《〈文心雕龙〉文之枢纽引述〈周易〉考论》，《赤峰学院学报》（汉文哲学社会科学版）2015 年第 4 期；《〈文心雕龙〉“论文叙笔”引述〈周易〉考论》，《哈尔滨师范大学社会科学学报》2015 年第 3 期。

③ 李泽厚、刘纲纪：《中国美学史》，第一卷，中国社会科学出版社 1984 年版，第 489 页。

治《穀梁春秋》的刘向,有"晓合经义,文章可观"、"积内形外,明意达旨"、"美刺并兴,讽君劝世"、"诗无通诂"、譬喻修辞等语言艺术的研究、对古代妇女文学的重视等文学思想[①];遍注群经集今古文经之大成者郑玄有《诗谱序》《六艺论》等文论著述;公羊学大师何休《春秋公羊传解诂》有"劳者歌其事,饥者歌其食"的诗歌创作观;反对把经学神学化的扬雄和将白虎观经学会议内容整理成《白虎通义》的班固都有鲜明的文学理论观点;而解释《诗经》的四家诗本身兼有经学和文学思想无疑。即使是不以经学阐释名家的司马迁和王充,亦与经学有着不解之缘。如司马迁曾向经学大师孔安国求教古文《尚书》,其《史记》亦保存有相关古文经材料[②]。王充虽极力反对谶纬神学,但其文为"世用",尤其"劝善惩恶"思想则是《春秋》五例之五"惩恶而劝善"的直接化用[③]。汉代以降,儒学独尊的局面虽一去不复返,但沾溉经学的文论家亦不在少数。据刘再华先生《论经学与中国古代文论的关系》一文考析,唐代韩愈,宋代欧阳修、王安石、司马光、苏氏父子,元代郝经、许衡、刘因,明代宋濂、刘基、方孝孺、杨荣、冯梦龙、王廷相、唐顺之、王慎中、李贽,明末清初的顾炎武、黄宗羲、王夫之,清代纳兰性德、阮元、王先谦、朱彝尊、翁方纲、洪亮吉,近代王国维等都是同时兼有经学家和文学(论)家的双重身份;甚至连以儒学正宗传人

① 蒋凡:《刘向文学思想述评》,《复旦学报》(社会科学版)1989年第5期。

②《汉书·儒林传》载:"司马迁亦从安国问故。迁书载《尧典》、《禹贡》、《洪范》、《微子》、《金縢》诸篇,多古文说。"参见《汉书·儒林传》,中华书局1962年版,第3607页。

③ 王充《论衡·佚文》云:"文艺岂徒调笔弄墨为美丽之观哉?载人之行,传人之名也。善人愿载,思勉为善;邪人恶载,力自禁裁。然则文人之笔,劝善惩恶哉。""劝善惩恶"一语直接化用《左传·成公十四年》:"《春秋》之称,微而显,志而晦,婉而成章,尽而不汙,惩恶而劝善。"

自居，理性上对文学持轻视甚至否定态度的周敦颐、邵雍、程颐、朱熹和王守仁等在治经的同时也仍然对文学表现出一定的关注和热情，常常发表一些与文学相关的言论，有些观点还对文学的发展产生了巨大的影响①。

不过，这种"依经立义"话语言说方式、意义建构方式和话语解读模式在方法论上也有其固有的缺陷。

首先，"依经立义"所依之经并不是传统文化的所有经典，而是仅限于儒家传统的经典。换言之，经学之所以会呈现出一种相对封闭的状态，主要是从孔子开始，就奠定了经典文本的解读模式，即"述而不作"，"以读经为本、解经为事、依经立义的普遍的解读模式和意义建构方式"②。正如有学者所说："中国儒家学派前后绵延两千余年，其所以能够基本上维系于一个大致相同(或相通)的思想体系之中，除去以'宗师仲尼'为其主要旗帜之外，重要原因之一就在于它有一批贯通古今的基本典籍，就是孔子所整理编纂删订的《六经》。"③而所依之经的局促却导致了严重后果，诚如童真所说，"清代朴学主张'无征不信'、'孤证不立'，强调用证据说话，反对望文生义，确实具有实证的科学精神。但宗儒轻子、墨守经籍的用证规则，使朴学把观察对象拘泥在十分狭窄的范围内"，导致"学问道路狭隘，转入歧途，渐呈偏枯之象"④。

其次，"依经立义"解读模式和意义建构方式以尊奉经典、效法古人为圭臬，以对儒家经典的整理解释为意义生成的基点，虽然

---

① 刘再华《论经学与中国古代文论的关系》，《中国文学研究》2004年第3期。
② 曹顺庆：《中外比较文论史(上古时期)》，山东教育出版社1998年版，第403页。
③ 谢祥皓、刘宗贤：《中国儒学》，四川人民出版社1993年版，第52—53页。
④ 童真：《阐释学与中国依经立义的意义生成方式》，《求索》2004年第9期。

逐渐发展成为“中国文人对古代经典的师承传统以及‘序’、‘传’、‘笺’、‘注’、‘正义’、‘疏正’、‘经解’等等名目繁多的注解方式，成为中国文化一大奇观，是中国文化一个极有特色的、非常重要的基本解读方式”[①]。但其唯古是崇、唯经典是崇的读解倾向，仅是一种满腹经纶的“博学”，而不是追问原因的“创新”。而这则又从根本上决定了中国文化与文论的“尊经”复古保守传统。也正因为如此，中国文化与文论历代都存在复古与革新的斗争，而且复古派的势力在很大程度上都超过了革新派，而革新派甚至以牺牲自己的生命为代价。

第三，中华先民们崇奉文化经典，主要就是为了在新的社会文化背景下借鉴和运用文化经典。但要根据现实要求借鉴和运用文化经典，又必须遵循一定的观念，运用一定的方法理解和解释文化经典，从中阐发出新的思想理论。诚如成中英先生所说：“‘诠释’是就已有的文化与语言的意义系统作出具有新义新境的说明与理解，它是意义的推陈出新，是以人为中心，结合新的时空环境与主观感知展现出来的理解、认知与评价。它可以面对历史、面对现在、面对未来，作出陈述与发言，表现诠释者心灵的创造力，并启发他人的想像力，体会新义，此即为理解。事实上，诠释自身即可被看为宇宙不息创造的实现。”[②]作为一种意义生成方式，“依经立义”就是一种诠释。但是这种诠释方式发展到清代朴学，由于其“考据繁复，规矩森严，使得学问不易普及，丢失了广泛的民间基

① 曹顺庆：《中外比较文论史（上古时期）》，山东教育出版社 1998 年版，第 423 页。

② 成中英：《从真理与方法到本体与诠释（代前言）》，《本体与诠释》，生活·读书·新知三联书店 2000 年版，第 6 页。

础，最终导致了经学的衰落”[①]。

近现代以来，随着经学的衰落，关于儒家经典的研究渐渐只在学术的范围内展开，但是“依经立义”的话语言说方式、意义建构方式和话语解读模式并未随着经学在现当代的消失而消失，它仍然有着生命与活力，具有一定的普适性，是完全可以进行现代转换，并进而发扬光大的。

二、“依经立义”的现代方法论意义

我们认为，要充分发挥“依经立义”这一话语言说方式、意义建构方式和话语解读模式的现代方法论作用，就应该立足于当代，并从时空两个方面去寻求发展动力。所谓时间寻求，就是内求传统经典，即“依经立论”——在文学思想和文学理论的层面，重新解读儒道释文化元典和历代文论经典，重新阐释中国文化和文论经典的范畴术语和理论命题，进而揭示其当代价值。而空间寻求，则是外求他国理论，即“借石攻玉”——通过对西方文化、文论的借鉴、印证及比较对话来达到互识、互补的目的。而无论是时间寻求还是空间寻求，都应该遵循“依”为前提，“立”为动力的辩证统一、有机结合的建构规则。

（一）时间寻求：依经立论

文论是文化的组成部分，中国文论的发生及演变既以儒道释文化为思想背景，而中国文论本身又是中国文化巨苑中一道靓丽的风景。因此让文论经典向中国传统文化（包括儒家、道家、法家、墨家等）敞开，并结合当下新语境进行重新理解、认知与评价，进而揭示其当代价值，具有十分重要的现实意义和理论意义，而这也

① 童真：《阐释学与中国依经立义的意义生成方式》，《求索》2004 年第 9 期。

是“依经立义”作为中国文论研究方法的学理依据。具体而言,作为中国文论的研究方法之一,“依经立义”解读方式主要应从三个层面进行整体把握。

首先,将“中国古代文论”改称为“中国文论”。之所以不叫“中国古代文论”,是基于当前学界对中国文论的一种基本判断。如上海社会科学院文学研究所陈伯海先生曾指出:“尽管目前高校的有关专业多设有古文论的课程,学术领域里的古文论研究亦仿佛搞得火旺,而究其实质,基本未越出清理历史遗产的层面,也就是不被或很少应用于当前文学理论批评的实践。不仅当代文学和外国文学的评论中罕见古文论应用的痕迹,就是今人从事中国古典文学的研究,亦未必常沿袭古文论的学理,反倒要时时参用现代文论乃至西方文论的理念。……要改变这一被动的局面,必须增强理论自身的活力,以适应时代的需求,一条明显的出路便是变古文论为中国文论。”① 四川大学文学与新闻学院曹顺庆先生则更将其视为一种历史发展的必然:“曾经失落的中国传统文论话语,在今天为什么又开始受到当代文学理论界的高度重视?这种大规模的关于中国文论的现代转化、关于中国文论‘失语症’和‘重建’的学术讨论和学术论战,实际上是中国文学理论另外一个转折的开始。……这不是哪一个人的一厢情愿,或者某一些人的一厢情愿,而是历史发展的规律使然。”② 由此可见,将“中国文论”代替“中国古代文论”不是个人臆想,而是学界的一个信号!中国文化又一次转折的信号!这种转折不是一个、两个人的意愿,而是一种

---

① 陈伯海:《从古代文论到中国文论—— 21 世纪古文论研究的断想》,《文学遗产》2006 年第 1 期。

② 曹顺庆:《中国文学理论的世纪转折与建构》,《中州学刊》2006 年第 1 期。

潮流。这种潮流已经成为我们今天学术研究的一个焦点,是一个学术前沿问题,也是我们国家整个文化发展战略的一个重大问题。如果我们处理得好,认识得清楚、深刻,那就是文化发展的一个机遇;处理得不好,就很可能会困扰我们的文化发展,困扰我们的学术研究。

其次,在关注中国文论“说什么”的同时,重视“怎么说”。一个民族的文学批评的言说过程及其结果大体上含有两个层面的问题,即“说什么”与“怎么说”。早在先秦,儒道两家对“言说”这一存在方式的基本立场就为此奠定了基调:“儒家主‘言’,认为一切可以言说,并且通过言说的内容(说什么)施行教化,完成‘自然的人化’;道家由‘道’出发,认为‘言而无言’、‘不可言说’,但又必须得说,道家这种‘不可言说之说’使道家在‘怎么说’上形成了自己的言说方法——立意,并最终指向了审美。”① 直到近代,梁启超的“三界革命”和王国维的“词以境界为最上”亦不例外。他们或标举“说什么”,或重视“怎么说”,抑或兼收并蓄。因此我们今天研究中国文论应同时注重“说什么”和“怎么说”,唯有如此,才能创造性地承续已被中断近一个世纪的文论传统。具体而言,可分两步走。第一步,解决“说什么”的问题。“中国文学批评史”(或曰“中国文论”)这门学科自20世纪初诞生伊始,就一直格外关注“说什么”,中国文学批评史学科建设意义上的教材从1927年陈钟凡的第一部《中国文学批评史》到1995年上海古籍出版社出版的《中国文学批评通史》七册丛书即是明证。当前研究中国文论的“说什么”问题我们应从两方面去思考。一方面,思考我们

① 蔡安延:《儒道两家的言意冲突:立言与立意——浅析儒家的“说什么”与道家的“怎么说”》,《贵州社会科学》2005年第4期。

说的是不是真正的中国文学批评史，另一方面，思考我们要说什么样的中国文学批评史；前者强调的是解决价值判断问题，后者强调的是处理材料取舍问题，两者直接构成了中国文论的思想资源和理论传统。第二步，解决"怎么说"的问题。中国文论"怎么说"具有悠久的历史和鲜明的特点，当前中国文论研究应如何揭示、分析，武汉大学文学院李建中教授已率先做出了尝试，其《古代文论的诗性空间》（湖北人民出版社2005年版）、《中国古代文论诗性特征研究》（武汉大学出版社2007年版）以中国文论"怎么说"的悠久历史为基础，分析其在文体样式、话语风格、范畴构成等方面表现出鲜明的诗性特征，并结合其言说的具象性、直觉性和整体性，揭示出中国文论在思维方式上的诗性特质，为延承中国文论"怎么说"提供了成功的范例。诚然，"说什么"是有限的，但是"怎么说"却是无穷的。中国文论研究秉持此二端，必将焕发其永久的诗性生命力！

第三，合理阐释中国文论的当代意义。费尔巴哈在《基督教的本质》的序言中曾说："虽然作者是以古代作为出发点来写作的，但是，他的写作毕竟不是在古代，而是在现代并且为了现代而写作的，从而在他研究鬼怪的原始本质时，就不会丢掉现代的鬼怪。"① 诚然，任何时代的学术研究，单纯地为古而古，都是无用的。因此对本土经验和当下生态的关注，也是"依经立论"研究方法的题中之义。古代文论作为中华民族文化的有机组成部分虽然已成为过去，"但其中仍包含大量富于生命力的成分。诚然，特定的理论思维总是特定历史条件下人的实践经验的总结，所以会有其独一无二的个性，但任何一种思想形成了相当的规模，产生了足够的

①［德］费尔巴哈著，荣震华译：《基督教的本质》，商务印书馆1997年版，第6页。

影响，又必然会具备某种普适性的功能，个性中因亦寓有共性。将传统诗文评里（小说、戏曲等批评同样）蕴藏着的普遍性意义发掘出来，给予合理的阐发，使之与现代人的文学活动、审美经验乃至生存智慧相连结，一句话，使传统面向现代而开放其自身，这便是古文论向着中国文论的转换生成，亦即众说纷纭的'古文论的现代转换'所要达成的中心目标"①。现在我们有不少学人正从事这种工作，让我们以宏观的视野、开放的心态、严谨的态度投入其中，使古代文论像中医一样，逐渐走进中国当下的文学理论园地里，融化到现代的文学理论中，变古代文论为名副其实的中国文论。

（二）空间寻求：借石攻玉

迄今为止，在中国乃至在全世界范围内，尚没有一部跨越东西方文化、融全世界文论为一体的文化或文论专著，建设总体文学理论或曰一般的文学理论（General Literary Theory）仍是一个遥不可及的神话。《诗经·小雅·鹤鸣》云："它山之石，可以攻玉。"中国文论作为世界文论的一个重要组成部分，理应也能充分发挥其应有的重大作用。而"依经立义"作为中国文论研究方法之一，其意义生成方式和意义建构方式也具有了坚不可摧的学理依据，既扩大了所依之经的范围，又加强了所立之义的效用。具体说来，有以下三个层面的内涵：

第一，借鉴异域文化、文学理论阐释中国古代文化、文学现象。作为一种研究方法或手段，"阐发研究"早在 1976 年就由古添洪、陈鹏翔（陈慧桦）正式提出过，也早已出现在近现代学者（如王国维、吴宓、朱光潜等）的学术实践之中，并由港、台及海外学者

① 陈伯海：《从古代文论到中国文论——21 世纪古文论研究的断想》，《文学遗产》2006 年第 1 期。

和留学生发扬光大。作为比较文学研究方法之一，阐发研究的单向维度一直为学界所诟病。但用以研究中国文论，却不失是一个好方法。借此，我们不仅能更清楚地认识到中国文论的民族特色，而且还可以从一个新的角度重新认识中国文论的丰富内涵。我们许多研究中国文论的人都有这样的体会，中国文论中的许多概念、术语（如“文气”“风骨”等）常常不易说清楚，已经到了《文心雕龙·序志》所言“马郑诸儒，弘之以精；就有深解，未足立家”的程度，而借鉴异域的眼光、他者的视界却往往具有“泛议文意，往往间出，并未能振叶以寻根，观澜而索源”的意义。因为各国各地区的文化、文论不但具有共同的规律，同时也必然具有各自特殊的规律，通过借鉴、阐释，中国文化、文论的魅力才能更准确地表现出来。不过，这种借鉴应在准确理解中国文化、文论的基础上进行，尽量避免生吞活剥，牵强附会。

第二，以他国文化、文学现象印证中国文化、文学理论。李建中先生曾明确指出：“当你认认真真地借石攻玉的时候，你最终发现，在你自己的国土上并不缺少良玉，缺少的是艰辛的挖掘和精细的打磨。而在众多的良玉之中，最有历史和现实价值的自然是各个领域的经典。”① 这些经典既是民族的，也是世界的。不仅能跨越时间长度，而且能缩短空间距离。也正因为如此，20 世纪 90 年代以来国内曾一度出现了“读经热”。这可以从很多学者身上看出来。有很多学者，包括在西方待了很久的学者，他们当年提出主张学习西方文化，后来却都开始倡导中国文化、东方文化。如季羡林先生留德十年，他从 90 年代开始就重视中国文化和东方文化，

① 李建中：《中国文化与文论经典讲演录》，广西师范大学出版社 2007 年版，第 512 页。

认为不能完全唯西方文化马首是瞻。他曾经说过:“三十年河东,三十年河西。21世纪东方文化必将复兴。”现在回过头来看,季先生的眼光是很敏锐的。而以研究西方后现代为主要方向的王岳川先生也提出重新“发现东方”,倡导将中国文化“输出东方”。相较以前那种“言必称希腊”的错误导向,中国文化、文论研究已形成了一个良好的氛围。而以他国文化、文学现象印证中国文化、文学理论的方法不仅能激发我们研究中国文化、文论的信心和热情,而且能变被动为主动,立足于我,兼收并蓄,丰富、完善中国文论。

第三,中外文化、文学理论比较研究。鲁迅先生曾在《摩罗诗力说》中明确指出:“欲扬宗邦之真大,首在审己,亦必知人,比较既周,爰生自觉。”①的确,要想将中国文论介绍出去,让世界充分认识,势必需要进行比较研究。唯有比较,我们才能用雄辩的事实证实中国文论的巨大理论价值及其在世界文论史上的重要地位。不过,严格地说,将中外文化、文学理论进行比较研究是比较诗学或曰比较文艺学的基本内容。但在中国文化与文论的研究中运用此方法,则能凸现中国文化与文论的当代价值和学术意义。中国文化与文论经典既源远流长,又独具特色,在概念术语以及入思方式等方面,都与西方、印度有很大的差别。这使得处于完全不同文化背景下的他国学者,难以进入其中,彼此相互印证也十分困难。而中国学者如能摆脱过去那种比较封闭的思维模式,用一种开放的眼光来审视中国传统文化与文论,以西方、印度文化与文论为参照,打通中外文化与文论,对它们进行比较研究,则一方面能寻找本民族文化与文论在世界文化与文论中的地位,另一方面又能发现本民族

① 鲁迅:《摩罗诗力说》,《鲁迅全集》,第一卷,人民文学出版社2005年版,第67页。

文化与文论和世界其他民族文化与文论之间的会通点，这对中国文论与文论走向世界和世界性文化与文论的形成都有重要意义。

（三）建构规则：依立结合

经典之所以成为经典，是一个历史的过程。或者说，经典本身就是历史的产物。一方面，它是固定的，是由具体的作家创作出来的，但是诚如艾略特所言："他们（指作家）唯独不能指望自己写一部经典作品，或者知道自己正在做的就是写一部经典作品。经典作品只是在事后从历史的视角才被看作是经典作品的。"① 另一方面，它又是开放的，是在历代读者的不断阐释中建构的，"文学经典的确定最终不是他者的行为，而是具体的读者的行为，只有与经典实际相遇和攀谈着的读者能够让休眠的文本重新复活，进而使经典被确定"②。所以经典是一个固定性和开放性交织的集合体。也正缘于此，在经典传承与建构的当代中国文论界，根据经典本身的特征，我们倡导一种"依"与"立"辩证统一、有机结合的建构规则。具体说来，其要求有三：

首先，"依"是经典阐释和建构的前提，它要求我们对经典始终保持一颗敬畏之心。陆扬先生曾明确指出："经典问世之初，原本或许也并不具有后代添加上去的那一层光辉。但是，圣哲既然已成为圣哲，经典既然成为经典，作为一个既定文化立足的基石，假如我们不是抱定决心同这个文化过不去，那么就有充分的理由对它们抱有一份敬畏之心。……对于经典的阅读，保持一份敬畏之心，应是一个无条件的前提。"③ 中国文化（论）和西方文化（论）经

①［英］艾略特著，王恩衷编译：《艾略特诗学文集》，国际文化出版公司 1989 年版，第 190 页。

② 王确：《文学经典的历史合法性和存在方式》，《文学评论》2007 年第 2 期。

③ 陆扬：《经典与误读》，《文学评论》2009 年第 2 期。

典是中国和西方各自的历史文化遗产，都有其产生、发展的特定语境和适用范围。对它们保持充分的尊重和敬畏，就是要确保它们是真实的中国文化（论）和西方文化（论），而不是我们虚构的中国文化（论）和西方文化（论），这需要我们的阐释和建构忠实经典文本，不违背经典原义。

其次，“立”是经典阐释和建构的动力，它要求我们对经典始终保存一种革故鼎新的冲动。经典不是“死”的，是“活”的，其“意义和价值会在同各代读者的对话中不断生成”①。而对话的前提是视野融合。“所谓‘视野融合’是指解释主体的视野与解释对象既有的视野融为一体的结合；只有在解释者的成见和被解释者的内容能够融合在一起产生新的意义时，才会出现真正的理解”②，而真正的理解都是趋向创新的，都是经典建构过程不可或缺的。无论“古代文论现代化”，还是“西方文论中国化”，都是一场活生生的对话，前者是古今对话，后者是中西对话。当代中国文论只有在古今、中西对话中源源不断地创新，才能保持其旺盛的生命力。

第三，在“依”的基础上“立”，坚持“依”与“立”的辩证统一和有机结合。现代新儒家的代表人物冯友兰先生提出研究中国哲学的两种重要方法：“照着讲”和“接着讲”。“照着讲”即是“依”，“接着讲”即是“立”。“依”和“照着讲”是坚守传统，“接着讲”和“立”是开拓创新。众所周知，经典的意义和价值并不存在于经典本身之中，而是存在于它的不断再现和解释中。因此，我们理解和阐释经典，仅复制、发现（即“依”）经典的意义是远远不够的，

① 程正民《经典在对话中生成》，《文化与诗学》2008年第1期。

② 王先霈、王又平：《文学理论批评术语汇释》，高等教育出版社2006年版，第480页。

还需要发明、创造(即“立”)。也正是在这个意义上,我们说坚持“依”“立”辩证统一和有机结合是建构有中国特色当代文论的必由之路。但如何保持“依”与“立”之间的张力,则是我们面临的重大而又难以把握的课题,亟需当代中国文论界的共同努力。

参考文献

古代文献

班固撰，颜师古注：《汉书》，中华书局1962年版。

陈立撰，吴则虞点校：《白虎通疏证》，中华书局1994年版。

陈启源：《毛诗稽古编》，《儒藏》精华编二九，北京大学出版社1999年版。

陈寿撰，裴松之注：《三国志》，中华书局1959年版。

成伯玙：《毛诗指说》，《文渊阁四库全书》本。

程树德撰，程俊英点校：《论语集释》，中华书局1990年版。

范晔撰，李贤注：《后汉书》，中华书局1965年版。

方玉润撰，李先耕点校：《诗经原始》，中华书局1986年版。

葛　洪：《西京杂记》，中华书局1985年版。

郭庆藩撰，王孝鱼点校：《庄子集释》，中华书局2012年版。

郝　敬：《毛诗原解》，上海古籍出版社2002年版。

洪兴祖撰，白化文等点校：《楚辞补注》，中华书局1983年版。

桓谭撰，朱谦之校辑：《新辑本桓谭新论》，中华书局2009年版。

蒋礼鸿：《商君书锥指》，中华书局1986年版。

蒋天枢：《楚辞校释》，上海古籍出版社1989年版。

荆门市博物馆编：《郭店楚墓竹简》，文物出版社1998年版。

黎靖德编,王星贤点校:《朱子语类》,中华书局 1986 年版。
黎翔凤撰,梁运华整理:《管子校注》,中华书局 2004 年版。
刘宝楠撰,高流水点校:《论语正义》,中华书局 1990 年版。
刘文典撰,冯逸点校:《淮南鸿烈集解》,中华书局 1989 年版。
刘　熙:《释名》,中华书局 1985 年版。
刘向撰,向宗鲁校证:《说苑校证》,中华书局 1987 年版。
刘勰著,范文澜注:《文心雕龙注》,人民文学出版社 1958 年版。
刘知几撰,浦起龙释:《史通通释》,上海古籍出版社 2009 年版。
陆德明:《经典释文》,中华书局 1983 年版。
马端临:《文献通考》,中华书局 1986 年版。
马王堆汉墓帛书整理小组:《战国纵横家书》,文物出版社 1976 年版。
皮锡瑞著,周予同注释:《经学历史》,中华书局 1959 年版。
司马迁撰,裴骃集解,司马贞索隐,张守节正义:《史记》,中华书局 1982 年版。
苏舆撰,钟哲点校:《春秋繁露义证》,中华书局 1992 年版。
谭业谦:《公孙龙子译注》,中华书局 1997 年版。
王充撰,黄晖校释:《论衡校释》,中华书局 1990 年版。
王符著,汪继培笺,彭铎校正:《潜夫论笺校正》,中华书局 1985 年版。
王夫之:《周易外传》,中华书局 1977 年版。
王国轩,王秀梅译:《孔子家语》,中华书局 2014 年版。
王利器:《文子疏义》,中华书局 2000 年版。
王利器:《新语校注》,中华书局 2012 年版。
王利器:《盐铁论校注》,中华书局 1992 年版。
王聘珍撰,王文锦点校:《大戴礼记解诂》,中华书局 1983 年版。
王先谦:《汉书补注》,中华书局 1983 年版。

王先谦撰，沈啸寰点校：《荀子集解》，中华书局1988年版。
王先谦撰，吴格点校：《诗三家义集疏》，中华书局1987年版。
王先慎撰，钟哲点校：《韩非子集解》，中华书局2013年版。
王引之撰，虞思征等校点：《经义述闻》，上海古籍出版社2016年版。
邬国义等：《国语译注》，上海古籍出版社1994年版。
吴毓江撰，孙启治点校：《墨子校注》，中华书局2006年版。
萧统编，李善注：《文选》，中华书局1977年版。
许富宏：《鬼谷子集校集注》，中华书局2010年版。
许慎撰，段玉裁注：《说文解字注》，上海古籍出版社1988年版。
许维遹撰，梁运华整理：《吕氏春秋集释》，中华书局2009年版。
荀　悦：《汉纪》，《文渊阁四库全书》本。
严可均：《全上古三代秦汉三国六朝文》（附索引），中华书局1958年版。
扬雄撰，汪荣宝义疏，陈仲夫点校：《法言义疏》，中华书局1987年版。
姚际恒著，顾颉刚点校：《诗经通论》，中华书局1958年版。
袁　珂：《山海经校译》，上海古籍出版社1985年版。
章学诚撰，叶瑛校注：《文史通义校注》，中华书局1985年版。
赵在翰辑，钟肇鹏、萧文郁点校：《七纬》（附论语谶），中华书局2012年版。
朱谦之：《老子校释》，中华书局1984年版。
朱　熹：《四书章句集注》，中华书局1983年版。
朱熹集注，赵长征点校：《诗集传》，中华书局2011年版。
《十三经注疏》，上海古籍出版社1997年版。
［日］安居香山、中村彰八：《纬书集成》，河北人民出版社1994年版。

现代文献

边家珍:《汉代经学与文学》,华龄出版社 2005 年版。

边家珍:《经学传统与中国古代学术文化形态》,人民出版社 2010 年版。

曹　虹:《中国辞赋源流综论》,中华书局 2005 年版。

曹顺庆:《中外比较文论史(上古时期)》,山东教育出版社 1998 年版。

陈　来:《古代宗教与伦理——儒家思想的根源》,生活·读书·新知三联书店 2009 年版。

陈良运:《文质彬彬》,百花洲文艺出版社 2001 年版。

陈　槃:《古谶纬研讨及其书录解题》,上海古籍出版社 2010 年版。

陈松青:《先秦两汉儒学与文学》,湖南师范大学出版社 2005 年版。

程　勇:《汉代经学文论叙述研究》,齐鲁书社 2005 年版。

程　勇:《早期儒家文论话语研究》,中国社会科学出版社 2015 年版。

邓声国:《王逸〈楚辞〉章句考论》,国家图书馆出版社 2011 年版。

冯浩菲:《历代诗经论说述评》,中华书局 2003 年版。

冯良方:《汉赋与经学》,中国社会科学出版社 2004 年版。

冯友兰:《中国哲学简史》,北京大学出版社 1996 年版。

高晨阳:《中国传统思维方式研究》,山东大学出版社 1994 年版。

高　亨:《诗经今注》,上海古籍出版社 1980 年版。

葛兆光:《中国思想史》(第一卷),复旦大学出版社 2001 年版。

龚鹏程:《汉代思潮》,商务印书馆 2008 年版。

顾颉刚:《古史辨》,上海古籍出版社 1982 年版。

顾颉刚:《中国上古史研究讲义》,中华书局 1988 年版。

郭沫若:《卜辞通纂》,科学出版社 1983 年版。
何九盈:《汉字文化学》,辽宁人民出版社 2000 年版。
何新文:《辞赋散论》,东方出版社 2000 年版。
何新文等:《中国赋论史》,人民出版社 2012 年版。
洪湛侯:《诗经学史》,中华书局 2002 年版。
侯乃峰:《上博楚简儒学文献校理》,上海古籍出版社 2018 年版。
侯文学:《汉代经学与文学》,人民出版社 2010 年版。
黄俊杰:《儒家思想与中国历史思维》,华东师范大学出版社 2016 年版。
蒋伯潜:《十三经概论》,上海古籍出版社 1983 年版。
姜广辉:《中国经学思想史》(第三卷),中国社会科学出版社 2010 年版。
姜广辉:《中国经学思想史》(第一、二卷),中国社会科学出版社 2003 年版。
金春峰:《汉代思想史》(增补第三版),中国社会科学出版社 2006 年版。
李纯一:《先秦音乐史》,人民音乐出版社 2005 年版。
李冬君:《孔子圣化与儒者革命》,中国人民大学出版社 2004 年版。
李　零:《郭店楚简校读记》(增订本),中国人民大学出版社 2007 年版。
李清良:《中国阐释学》,湖南师范大学出版社 2001 年版。
李思屈:《中国诗学话语》,四川人民出版社 1999 年版。
李泽厚:《论语今读》,安徽文艺出版社 1998 年版。
刘松来:《两汉经学与中国文学》,百花洲文艺出版社 2001 年版。
刘泽华:《中国的王权主义:传统社会与思想特点考察》,上海人民出版社 2000 年版。

鲁　迅：《鲁迅全集》，人民文学出版社 2005 年版。
罗根泽：《中国文学批评史》，上海古籍出版社 1984 年版。
庞　朴：《儒家辩证法研究》，中华书局 2009 年版。
钱树棠：《离骚四绎》，中国大百科全书出版社 2013 年版。
钱钟书：《管锥编》，中华书局 1986 年版。
任　鹏：《中国美学通史》（汉代卷），江苏人民出版社 2014 年版。
仝晰纲等：《中华伦理范畴——义》，中国社会科学出版社 2006 年版。
王葆玹：《今古文经学新论》（增订版），中国社会科学出版社 2004 年版。
王利器：《谶纬五论》，《当代学者自选文库·王利器卷》，安徽教育出版社 1999 年版。
吴从祥：《谶纬与汉代文学》，中国社会科学出版社 2015 年版。
吴建民：《经学与古代文论之建构》，南京大学出版社 2016 年版。
吴闿生：《诗义会通》，中华书局 1962 年版。
夏传才：《诗经研究史概要》，中州书画社 1982 年版。
徐复观：《两汉思想史》，华东师范大学出版社 2001 年版。
徐克谦：《先秦儒学及其现代阐释》，南京师范大学出版社 1999 年版。
徐中舒：《甲骨文字典》，四川辞书出版社 1989 年版。
杨国荣：《善的历程——儒家价值体系研究》，中国人民大学出版社 2012 年版。
姚孝遂：《殷墟甲骨刻辞类纂》，中华书局 1989 年版。
于迎春：《汉代文学与文学观念的演进》，东方出版社 1997 年版。
于迎春：《秦汉士史》，北京大学出版社 2000 年版。
袁济喜：《两汉精神世界》，中国人民大学出版社 1994 年版。

张峰屹:《两汉经学与文学思想》,生活·读书·新知三联书店2014年版。

张金梅:《〈春秋〉笔法与中国文论》,中国社会科学出版社2012年版。

张荣明:《中国的国教:从上古到东汉》,中国社会科学出版社2001年版。

张少康:《中国文学理论批评史》,北京大学出版社2005年版。

张西堂:《诗经六论》,商务印书馆1957年版。

赵逵夫:《历代赋评注》(汉代卷),巴蜀书社2010年版。

朱维铮:《中国经学史十讲》,复旦大学出版社2002年版。

朱维铮:《周予同经学史论》,上海人民出版社2010年版。

朱自清:《朱自清说诗》,上海古籍出版社1998年版。

宗白华:《美学散步》,上海人民出版社1981年版。

踪　凡:《汉赋研究史论》,北京大学出版社2007年版。

[美]爱德华·萨丕尔著,陆卓元译:《语言论》,商务印书馆1985年版。

[德]顾彬著,马树德译:《中国文人的自然观》,上海人民出版社1990年版。

[德]汉斯-格奥尔格·加达默尔著,洪汉鼎译:《真理与方法——哲学诠释学的基本特征》,上海译文出版社1999年版。

[德]黑格尔著,朱光潜译:《美学》(第一卷),商务印书馆1979年版。

[美]勒内·韦勒克著,罗钢等译:《批评的诸种概念》,上海人民出版社2015年版。

[美]刘若愚著,杜国清译:《中国文学理论》,江苏教育出版社2006年版。

[法]米歇尔·福柯著,谢强译:《知识考古学》,生活·读书·新知三联书店2003年版。

[美]宇文所安著,王柏华译:《中国文论:英译与评论》,上海社会科学院出版社2003年版。

后　记

本书是我主持的国家社科基金青年项目“汉代经学与中国文论”（批准号:13CZW009）的最终结项成果。李师建中先生为之拨冗作序,让我深感荣幸。李建中先生是我进入武汉大学中国语言文学博士后流动站的导师。我虽早已出站,但先生仍一如既往地提携、鞭策着我的成长。在此,谨向先生致以最诚挚的敬意和最衷心的感谢!

自 2004 年跟随曹师顺庆先生进入“中国经学与文论”领域至今,我已摸爬滚打十有八年余。在这十八年里,我的学术兴趣大体可分为两个阶段。第一阶段,专注于“《春秋》笔法与中国文论”的探讨。严沧浪告诫学诗者云:“入门须正,立志须高。”曹先生勉励弟子们说:“博士论文出版之日,即是学界立足之时。”忝列先生门墙,时有压力。所幸《〈春秋〉笔法与中国文论》出版后,学术反响还不错,先后获得了恩施州政府、湖北省教育厅、湖北省政府、教育部人文社会科学优秀成果奖。

第二阶段,枝蔓于“汉代经学与中国文论”的研究。如果说前一阶段单纯求学为主,有条不紊;那么这一阶段则教学科研兼治,杂乱无序。说来惭愧,虽承蒙国家社会科学基金项目评审专家不弃,两阶段课题都顺利获批,但结项都差强人意,从未获得“优秀”。因此,课题的结项工作虽已完成,但成果的打磨完善远未结束。也正缘于此，与中华书局签订出版合同后，我迟迟未交最终定稿。这固然和新冠疫情有一定关系，但主要还是自己“借口”太多。如孩子高中，家长陪读；工作调动，过渡适应等。所幸书局豁达仁厚，给予了足够的自由。

书稿即将付梓，感慨良多。最令人难以忘怀的是，在“不按期结项即撤项”的危急关头，我可亲可爱的学生们纷纷助力。湘潭大学的郭明浩、湖北民族大学的陈梦熊、罗玲、嘉应学院的徐钰茹等四位青年才俊分别提供了“文论空间里的汉代经学书写”“汉代经学与文论的文化场域”“经学视野中的汉代文论叙述”相关章节的部分初稿。他们当中，有的原是课题成员；有的只是命题作文。但无论何种身份，他们都竭尽所能。所以这个结项成果，实不相瞒，有他们的一份辛劳。有生如此，幸甚！

最后，由衷感谢书局罗华彤主任的推荐和葛洪春编辑的付出！子曰：“三人行，必有我师焉。”“一校”时，由于本人的疏忽，书稿出现了不少“状况”。认真谨严的葛老师不仅一一指出其症结，还就一些相关文献的引用与分析仔细纠偏，让我在深感愧疚的同时，也被其宝贵的学术良心和高度的学术责任感所折服。“二校”时，我耐着性子，书，一本一本地找；文章，一篇一篇地查，将书稿中引用的大量文献出处重新核对一遍，力争不让它发生任何一点错误。所以拙著的出版，也有葛老师的心血。有“作嫁衣者”如此，幸甚！

中南财大晓南湖畔

2022 年 1 月